新时代新文化

季为民 等 ◎ 著

The New Culture of the New Era

经济管理出版社
ECONOMY & MANAGEMENT PUBLISHING HOUSE

图书在版编目（CIP）数据

新时代新文化/季为民等著．—北京：经济管理出版社，2023.12
ISBN 978-7-5096-9560-9

Ⅰ.①新… Ⅱ.①季… Ⅲ.①中华文化—文集 Ⅳ.①K203-53

中国国家版本馆 CIP 数据核字（2024）第 024653 号

责任编辑：胡　茜
助理编辑：杜羽茜
责任印制：许　艳
责任校对：王淑卿

出版发行：经济管理出版社
　　　　　（北京市海淀区北蜂窝 8 号中雅大厦 A 座 11 层　100038）
网　　址：www. E-mp. com. cn
电　　话：(010) 51915602
印　　刷：唐山玺诚印务有限公司
经　　销：新华书店
开　　本：720mm×1000mm/16
印　　张：27.75
字　　数：447 千字
版　　次：2024 年 6 月第 1 版　　2024 年 6 月第 1 次印刷
书　　号：ISBN 978-7-5096-9560-9
定　　价：128.00 元

序言　努力创造发展新时代新文化

季为民

习近平总书记在文化传承发展座谈会上指出："在新的起点上继续推动文化繁荣、建设文化强国、建设中华民族现代文明，是我们在新时代新的文化使命。要坚定文化自信、担当使命、奋发有为，共同努力创造属于我们这个时代的新文化，建设中华民族现代文明。"①

党的十八大以来，中国特色社会主义进入新时代，党的宣传思想文化工作取得了历史性成就。习近平总书记将文化建设置于治国理政、定国安邦的高度，立足中国实际，洞察时代大势，把握历史主动，保持战略定力，把文化自信融入中华民族的精神气质与文化品格，践行于强国建设的伟大实践和守正创新，不断深化对中国特色社会主义文化建设规律的认识，深刻把握中华文明发展规律，在新时代文化建设方面提出了一系列新思想新观点新论断，构成了习近平新时代中国特色社会主义思想的文化篇，形成了习近平文化思想。这一思想内涵十分丰富、论述极为深刻，是新时代党领导文化建设实践经验的理论总结，丰富和发展了马克思主义文化理论，并在我国社会主义文化建设中展现出了强大伟力，为做好新时代新征程宣传思想文化工作、担负起新的文化使命提供了强大思想武器和科学行动指南。

一、深刻理解新时代新文化的内涵和价值

在一般意义上，文化是相对于政治、经济而言的人类全部精神活动及

---

① 《习近平在文化传承发展座谈会上强调担负起新的文化使命努力建设中华民族现代文明》，《人民日报》2023 年 6 月 3 日第 1 版。

其产品。新时代新文化是指在新的历史条件下产生和发展的，融汇先进思想、观念、价值观的，推动社会发展进步并被社会广泛接受形成共识的文化形态。

党的十八大以来，中国特色社会主义进入新时代。新时代是承前启后、继往开来、在新的历史条件下继续夺取中国特色社会主义伟大胜利的时代。新文化则在这一时代背景下应运而生，是对传统文化的传承和创新，以及对外来文化的借鉴和融合，不仅仅包括新的艺术形式、文学作品和娱乐方式，更反映了社会的变迁和时代的发展，代表着新时代的精神风貌和文化内涵，旨在为人民群众提供更多元化、更高质量的精神文化产品和服务，满足人民群众日益增长的精神文化需要。创新创造新时代新文化也将大大提升国家文化软实力，推动文化创新和文化产业发展。

具体来说，新时代新文化的基本内容至少包括中华优秀传统文化、革命文化和社会主义先进文化等代表社会主义核心价值观的内容和理念。中华优秀传统文化是中华民族五千年文明的智慧结晶，凝聚着中华民族自强不息的精神追求和历久弥新的精神财富，其中蕴含的天下为公、民为邦本、为政以德、革故鼎新、任人唯贤等精神，已经成为中国人民日用而不觉的宇宙观、天下观、社会观、道德观的重要体现，也是社会主义核心价值观的重要源泉，为建设中华民族共同精神家园提供了文化基础和价值共识。革命文化凝聚着新时代新文化的理想信念和精神追求，是中国共产党带领中国人民在进行革命、建设、改革的伟大斗争中孕育和锻造出来的宝贵精神财富，承载着党的初心和使命，凝结着党的鲜明品格和独特标识。社会主义先进文化体现新时代中国特色社会主义文化发展的共识和愿景，坚持马克思主义在意识形态领域的指导地位，把马克思主义基本原理同中国具体实际相结合，贯通古今、融汇中外，继承中华优秀传统文化，吸取外来文化成果，代表着人类文化的前进方向，代表了当代中国社会在文化发展上的最大共识。

创造发展新时代新文化具有多个层面的重要意义和价值，主要体现在推动社会进步和文明发展、增强民族自信心和凝聚力、提升国家文化软实力和国际影响力、做好宣传思想文化工作等方面。

——新时代新文化的创造发展有助于推动社会进步和文明发展。文化是一个国家、一个民族的精神标识，是经济社会发展的重要支撑。在新时代背景下，通过创造新文化，我们可以为社会发展注入新的活力，促进经济、政治、文化、社会、生态文明等各个领域的协调发展。同时，新文化也可以为人民群众提供更多元化、更高质量的精神文化产品和服务，满足人民日益增长的美好生活需要。

——新时代新文化的创造发展有助于增强民族自信心和凝聚力。一个拥有深厚文化底蕴的民族，往往能够在面对外部压力和挑战时更加自信和坚定。通过创造发展新时代新文化，我们可以更好地传承和弘扬中华优秀传统文化，展示中华民族的精神风貌和文化魅力，增强民族自信心和自豪感。同时，新文化也可以促进社会和谐稳定，增强社会凝聚力和向心力。

——新时代新文化的创造发展有助于提升国家文化软实力和国际影响力。文化软实力是一个国家综合国力的重要组成部分，是国际竞争中的重要因素。通过创造发展新时代新文化，我们可以向世界展示中国的文化创新能力和文化魅力，提升国家在国际舞台上的话语权和影响力。同时，新文化也可以促进国际文化交流与合作，推动构建人类命运共同体。

——新时代新文化的创造发展有助于做好宣传思想文化工作。随着时代的进步和社会的发展，人们的思想观念、价值取向和文化需求也在不断变化，这要求宣传思想文化工作必须与时俱进，不断创新和发展。通过创造发展新时代新文化，可以丰富宣传思想文化工作的内容，拓展宣传思想文化工作的渠道和方式，为宣传思想文化工作注入新的活力和动力，在工作的创新和实践中不断提高工作的质量和水平，提升宣传思想文化工作的社会影响力，为推动社会主义文化繁荣兴盛作出积极贡献。

综上所述，创造发展新时代新文化对于推动社会进步、增强民族自信心、提升国家文化软实力以及做好宣传思想文化工作等都具有重要意义和价值。我们应该积极推动新时代新文化的创造和发展，为实现中华民族伟大复兴的中国梦贡献智慧和力量。

二、努力建立新时代新文化的愿景和共识

建立新时代新文化的愿景和共识是推动社会进步和发展的重要任务之

一。只有各方达成共识、统一愿景，才能形成统一的文化理念和行动指南，避免文化的分裂和冲突。这需要我们尊重不同文化和价值观的差异，以开放的心态接纳和吸收全世界的优秀文化成果，通过对话和交流增进理解，求同存异，同时，坚持自己的文化传统和价值观念，最终创造出具有中国特色、形成广泛认同的新时代新文化。通过建立这样的愿景和共识，可以推动社会各界形成合力，共同促进新时代新文化的发展，为社会的全面进步贡献力量。这需要政府、文化机构、文化文艺工作者和普通民众的共同努力和参与。

我们需要明确新时代新文化的愿景追求。这个愿景应该反映我们对未来生活的期望和理想，同时也要考虑到当前经济社会发展的需求和挑战。具体来说，新时代新文化的愿景应包括三方面的内涵和追求：一是要弘扬社会主义核心价值观。通过文化的力量促进社会和谐，缓解社会矛盾，构建社会主义核心价值观引领下的共同精神家园，同时吸收世界文化的精华，传承和发展中华优秀传统文化，形成开放、包容、多元的文化格局。二是要倡导创新与发展。应鼓励人们勇于探索、勇于创新，追求高品质的文化产品和服务，推动文化的创造性转化和创新性发展，使新时代新文化既承载传统，又面向未来，为经济社会发展提供源源不断的文化动力。三是要促进多元文化文明交流互鉴。应尊重和保护文化的多样性，为促进不同文化之间的交流与借鉴创造条件、搭建平台，形成一个多元、包容的文化环境，推动中华文化文明走向世界，增强文化自信和国家文化软实力。

我们需要建立创造新时代新文化的广泛共识。一是要认识到文化的重要性。文化是一个国家、一个民族的灵魂，是经济社会发展的重要支撑，文化在国家发展、民族进步中发挥重要作用，要把文化建设摆在更加突出的位置。二是要尊重文化多样性。不同的文化有着不同的特点和价值，我们应尊重这种多样性，促进各种文化之间的交流与互鉴，形成百花齐放、百家争鸣的文化氛围。三是要倡导全民参与。文化建设最终要满足人民对美好生活的需要，需要全社会的共同参与和努力，应鼓励广大人民群众发挥创造和智慧力量，积极参与到文化建设中来，共同推动新时代新文化的创造和发展。

建立新时代新文化愿景和共识必须坚持以习近平文化思想为指导。习近平文化思想是在不断推进、实践创新和理论创新中形成的完善科学体系，深刻系统回答了新时代我国文化建设举什么旗、走什么路、坚持什么原则、实现什么目标等根本问题，构成了习近平新时代中国特色社会主义思想的文化篇。这一重要思想坚持以马克思主义为指导，用发展着的马克思主义引领文化建设，全面厘清中国特色社会主义文化发展的思路和举措，为新时代宣传思想文化工作提供了科学指南和行动纲领，也为建立新时代新文化的愿景和共识奠定了坚实的基础。

三、全面推动新时代新文化的创造和发展

为了全面推动新时代新文化的创造和发展，我们需要深入贯彻落实习近平文化思想。习近平文化思想为我们指明了新时代新文化的创造方向和路径。我们应该深入学习领会这一重要思想的精神实质和核心要义，切实将其贯彻落实到实际工作中去，加强文化建设顶层设计，完善公共文化服务体系，提高国家文化软实力，不断推动社会主义文化繁荣兴盛，为推进新时代中国特色社会主义伟大事业提供强大的精神动力和文化支撑。同时，创造发展新时代新文化是一个涉及广泛且深入的课题，需要从多个维度进行探索和实践，我们需要全社会的共同努力和参与，形成广泛的文化共识和文化自觉，共同推动中国特色社会主义文化事业不断向前发展。

首先，我们需要坚持继承传统与推陈出新的原则。传统文化是新时代新文化的根基和源泉，我们要深入挖掘传统文化的精髓和价值，同时也要勇于抛弃其中的糟粕和过时元素。在继承的基础上，我们要注重创新，将新时代的元素和理念融入文化中，创造出既具有传统底蕴又具有时代特征的新文化。

其次，我们需要具有面向世界、博采众长的胸怀。在全球化的背景下，不同文化之间的交流、借鉴与融合变得越发重要。我们要加强文化交流与合作，以开放的心态接纳、吸收和借鉴世界各国文化的优秀文化成果，丰富和发展新时代新文化的内涵，提升中华文化的影响力。同时，我们也要注重保持文化的独特性和多样性，避免文化同质化。

再次，我们需要坚守服务人民、不断创新的初心。我们要紧密关注社

会发展和人民生活的实际需求，从实践中汲取灵感和动力，创造出能够反映时代精神、满足人民需求的新文化。同时，我们也要推动文化产业繁荣发展，加强文化创新，注重文化成果的转化和应用，使其能够真正服务于社会发展和人民福祉。既要继承和弘扬中华优秀传统文化，又要勇于创新，实现传统文化的现代性转化，还要注重文化的长远发展，避免短视和功利性行为，推动文化产业和文化事业的可持续性发展。

最后，我们需要推进重塑精神、凝心聚魂的改革。我们需要加强文化传播教育，提高全民文化素养和文化自觉。要通过宣传教育提升社会主义核心价值观的认同，树立和坚定文化自信，认识中华文化的独特价值和深厚底蕴，以及其在世界文化中的重要地位。要通过教育、媒体等多种渠道，普及和传播新时代新文化的理念和价值，提高人民群众的文化素养和审美能力。同时，我们也要注重培养文化创新人才，为新时代新文化的创造和发展提供有力的人才保障。

创造发展新时代新文化需要我们坚持以习近平文化思想为指引，面向世界，博采众长，在继承传统的基础上推陈出新，立足中国特色实践，凝聚社会各方力量，共同推动新时代新文化的繁荣发展，塑造一个更加包容、创新和进步的中国特色社会主义文明社会，创造出真正具有中国特色、时代特征的新文化，为建设文化强国、实现中华民族伟大复兴的中国梦贡献力量。

前　言

　　文化是一个国家、一个民族的灵魂。没有文化的繁荣兴盛，就没有中华民族伟大复兴。随着中国特色社会主义伟大事业的推进，文化已成为激励全党全国各族人民凝聚共识奋勇前进的强大精神动力。

　　党的十八大以来，中国特色社会主义进入新时代，以习近平同志为核心的党中央在领导党和人民推进治国理政的实践中，把文化建设摆在全局工作的重要位置，取得了伟大成就。2023 年 10 月 7 日至 8 日，全国宣传思想文化工作会议在北京召开，首次提出了习近平文化思想。这一思想既有文化理论观点上的创新和突破，又有文化工作布局上的部署要求，明体达用、体用贯通，明确了新时代文化建设的路线图和任务书，标志着我们党对中国特色社会主义文化建设规律的认识达到了新高度，表明我们党的历史自信、文化自信达到了新高度，并在我国社会主义文化建设中展现出了强大伟力，为做好新时代新征程宣传思想文化工作、担负起新的文化使命提供了强大思想武器和科学行动指南。习近平文化思想内涵十分丰富、论述极为深刻，是新时代党领导文化建设实践经验的理论总结，丰富和发展了马克思主义文化理论，构成了习近平新时代中国特色社会主义思想的文化篇。

　　进入新时代，中华优秀传统文化的创造性转化、创新性发展不断得到加强，社会主义核心价值观广泛弘扬，文化事业和文化产业日益繁荣，政治、经济、社会、生态等各个领域的重大成就中，无不融汇着新时代新文化的弘扬传承和推动助力。

　　从文化强国战略的提出，到 2035 年建成文化强国的远景目标，以习近平同志为核心的党中央基于历史和现实、着眼全局和长远作出了推动中华民族伟大复兴的文化战略决策，这标志着我国文化建设在"两个一百年"奋斗目标接续推进中进入了一个新的历史阶段。站在新的起点上，继续推动文化繁荣、建设文化强国、建设中华民族现代文明，成为我们在新时代新的文化使命。

繁荣发展新时代新文化，要重点建设具有强大凝聚力和引领力的社会主义意识形态，践行社会主义核心价值观，提高全社会文明程度，繁荣发展文化事业和文化产业，增强中华文明传播力、影响力。这就要求我们要坚定正确的发展方向，以新时代新文化助力国家治理现代化，服务中国式现代化，推动实现中华民族伟大复兴的中国梦。

文化承载着重要的时代使命。新时代新文化成为解决当下中国文化建设重大现实问题的重大课题。我们围绕"新时代新文化"这一重要议题，组织国内相关领域专家学者进行专题研究，推出了《新时代新文化》，围绕思想道德建设、思想理论武装、中华民族现代文明、哲学社会科学、文学艺术、传统文化、革命文化、民族文化、法律文化、公共文化、文化产业、文旅产业、区域城乡文化及中华文化的国际传播、文化体制改革、人才培养、文化发展的保障机制等重要文化议题，对新时代新文化进行全面阐释和探索，以期为中华优秀传统文化的创造性转化、创新性发展提供理论支撑，为构建中华民族现代文明作出理论贡献。

目　录

综合篇

繁荣发展新时代
中国特色社会主义新文化

中国文化源远流长，中华文明博大精深。只有全面深入了解中华文明的历史，才能更有效地推动中华优秀传统文化创造性转化、创新性发展，更有力地推进中国特色社会主义文化建设，建设中华民族现代文明。

在新的起点上继续推动文化繁荣、建设文化强国、建设中华民族现代文明，是我们在新时代新的文化使命。要坚定文化自信、担当使命、奋发有为，共同努力创造属于我们这个时代的新文化，建设中华民族现代文明。

——习近平在文化传承发展座谈会上的讲话
（2023 年 6 月 2 日）

综合篇

繁荣发展新时代
中国特色社会主义新文化

　　文化是一个国家、一个民族的灵魂。文化兴则国运兴，文化强则民族强。党的二十大报告指出："坚持和发展马克思主义，必须同中华优秀传统文化相结合。只有植根本国、本民族历史文化沃土，马克思主义真理之树才能根深叶茂。"① 中华优秀传统文化源远流长、博大精深，是中华文明的智慧结晶。我们必须坚定历史自信、文化自信，坚持古为今用、推陈出新，把马克思主义思想精髓同中华优秀传统文化精华贯通起来、同人民群众日用而不觉的共同价值观念融通起来，不断赋予科学理论鲜明的中国特色，不断夯实马克思主义中国化时代化的历史基础和群众基础，让马克思主义在中国牢牢扎根。

　　党的十八大以来，社会主义核心价值观广泛传播，中华优秀传统文化得到创造性转化、创新性发展，文化事业日益繁荣。面对时代和实践提出的重大问题，中国共产党人坚持运用辩证唯物主义和历史唯物主义，充分挖掘中华传统文化优秀基因，令马克思主义保持了蓬勃生机和旺盛活力。

　　在进行伟大斗争、建设伟大工程、推进伟大事业、实现伟大梦想的过程中，文化正日益成为激励全党全国各族人民建构和凝聚共识奋勇前进的强大精神动力，"发展新时代新文化"成为解决当下中国文化建设重大现

---

　　① 《习近平：高举中国特色社会主义伟大旗帜　为全面建设社会主义现代化国家而团结奋斗——在中国共产党第二十次全国代表大会上的报告》，中国政府网，https://www.gov.cn/xinwen/2022-10/25/content_5721685.htm，2022 年 10 月 25 日。

实问题的重要选择，成为社会主义核心价值观的核心主张，成为习近平新时代中国特色社会主义思想的重要内容，为实现中华民族伟大复兴的中国梦凝聚重要精神力量。

一、发展新时代新文化的价值和意义

发展新时代新文化是实现中华民族伟大复兴的中国梦最深层精神追求的积淀，是中华民族现代文明的独特精神标识，凝聚了中华民族伟大复兴的中国梦的文化共识和思想源泉，融会了习近平新时代中国特色社会主义思想的文化内涵和文化主张

在广义上，文化是人类社会在历史实践过程中所创造的物质财富和精神财富的总和；在狭义上，文化是相对于政治、经济而言的人类全部精神活动及其活动产品。中国特色社会主义新文化的主体既包括中华民族五千多年文明历史所孕育的中华优秀传统文化，也包括熔铸于党领导人民在革命、建设、改革中创造的革命文化和社会主义先进文化。这三种文化在中国特色社会主义伟大实践中融会发展，积淀了中华民族最深层的精神追求，代表了中华民族现代文明的独特精神标识，共同构成实现中华民族伟大复兴的中国梦的文化共识和思想源泉。这也正是习近平新时代中国特色社会主义思想的文化内涵和文化主张，中华优秀传统文化、革命文化和社会主义先进文化三位一体，成为共同支撑中华民族伟大复兴的中国梦的文化内核。

第一，中华优秀传统文化是滋润新时代中国特色社会主义新文化繁荣发展的沃土和源泉。习近平总书记指出："没有高度的文化自信，没有文化的繁荣兴盛，就没有中华民族伟大复兴。"[①] 中华文明之所以能够屹立于世界文明之林，历经五千多年悠久历史而延续不断、兴盛不衰，与其创造了博大精深的文化内涵有直接关系。中华传统文化是中华民族的智慧结晶，凝结着中华民族自强不息的精神追求和历久弥新的精神财富，已经成为中华民族的文化基因，植根在中国人内心，潜移默化地影响着中国人的

[①] 习近平：《决胜全面建成小康社会　夺取新时代中国特色社会主义伟大胜利》，人民出版社 2017 年版，第 41 页。

思想认识和行为方式。中华优秀传统文化是涵养社会主义核心价值观的重要源泉，是建设中华民族共同精神家园的深厚基础和重要支撑。传承、弘扬中华优秀传统文化，是实现中华民族伟大复兴、建设中国特色社会主义文化的重要任务和精神动力，也是每一个当代中国人自觉担当、同心共赴的历史使命。繁荣发展新时代新文化，要着力推动中华民族文化创造性转化、创新性发展，构筑中华民族共有的精神家园。

弘扬中华优秀传统文化，也是开辟马克思主义中国化时代化新境界的必然要求。中华民族优秀传统文化，既有和合共存、生生不息的元素，也有革故鼎新、革命奋进的基因。党的二十大报告强调，只有根植本国、本民族历史文化沃土，马克思主义真理之树才能根深叶茂。中华优秀传统文化蕴含的天下为公、民为邦本、为政以德、革故鼎新、任人唯贤、天人合一、自强不息、厚德载物、讲信修睦、亲仁善邻等精神内涵，是中国人民在长期生产生活中积累的宇宙观、天下观、社会观、道德观的重要体现，同科学社会主义解放全人类的追求主张具有高度契合性。我们要坚持古为今用、推陈出新，把马克思主义思想精髓同中华优秀传统文化精华贯通起来，同人民群众日用而不觉的共同价值观念融通起来，要让马克思主义与历史文化传承、民族秉性继承有机结合起来，向下扎根，不断夯实群众基础，永葆持久强大的生命力。

党的十八大以来，随着中国国力增长，党和政府高度重视文化建设、文化复兴和文化保护。"国潮热"全面开花，"非遗"传承保护工作取得可喜成就。《大秦赋》《长安十二时辰》等古装剧引起热议，10年来，中国新增15项世界遗产，其中非物质文化遗产6项。与中华传统文化紧密相关的历史、考古、博物馆事业受到空前重视，学科体系、学术体系、话语体系逐渐成熟完善。中华文明起源这一摆在几代学者面前的旷世课题得到国家鼎力支持，相关研究与知识普及同步推进，取得可喜进展。

习近平总书记多次引经据典，援古证今，让人感悟到中华优秀传统文化魅力、中文语言魅力，成为展示中国文化软实力的重要经典案例。治国理政无疑可以从优秀传统文化中汲取智慧，构建人类命运共同体、发起"一带一路"倡议，这些中国方案，无不体现着中国传统文化孕育出的"和而不同"的认识观和天下观，在世界上引起强烈反响。今日之新时代新文化的发展，中华文化软实力的输出，离不开中华优秀传统文化的再发掘和再利用。

第二，革命文化浓缩熔铸了新时代中国特色社会主义新文化发展的理想信念和精神追求。革命为中国近代历史不断发展前进提供了强劲动力。1840 年的鸦片战争以后，中国逐步成为半殖民地半封建社会。为了挽救民族危亡、实现民族振兴，无数仁人志士前赴后继，太平天国运动、洋务运动、戊戌变法、义和团运动、清末新政、辛亥革命、护国战争……各种救国方案轮番出台，但均以失败告终。十月革命一声炮响，给中国人民送来了马克思列宁主义，1921 年中国共产党应运而生，中国革命的面貌从此焕然一新，革命文化从此注入了马克思主义与时俱进的理论品格和坚如磐石的共产主义理想信念，革命文化在中国共产党人理想信念引领的中华民族伟大复兴曲折斗争中孕育、成长、弘扬。

革命文化是中国共产党带领中国人民在进行革命、建设、改革的伟大斗争中孕育出来的宝贵精神财富，承载着党的初心和使命，凝结着党的鲜明品格和独特标识。在中国共产党百年的奋斗历程中，无数共产党人坚守马克思主义的理想信念，发扬中华优秀传统文化的优秀品格，为党和人民事业奉献了自己的一切，以超越个人利益、忘我的革命精神诠释了共产党人"我将无我、不负人民"的崇高情怀，构建起中国共产党人的精神谱系。马克思主义先进理论与中国革命、建设和改革实践的结合，催生了建党精神、井冈山精神、长征精神、延安精神、西柏坡精神等丰富生动的革命文化思想景观。这些不同时代的革命精神也受益于中华优秀传统文化的滋养，"自强不息"的奋斗精神、"精忠报国"的爱国情怀、"天下兴亡"的担当精神、"舍生取义"的牺牲精神、"革故鼎新"的创新精神、"公而忘私"的奉献精神等中华民族传统美德都是革命文化的思想来源，并在新形势下不断再生再造、凝聚升华。秉持坚定理想信念的中国共产党人在革命实践中不断创新完善，发扬光大，锤炼出具有鲜明政治品格的革命文化。

革命理想高于天，理想信念是共产党人的精神之"钙"，革命文化是共产党人汲取信心、动力和能量的源泉。回顾百年屈辱苦难的近代史，中国人民没有屈服，而是挺起脊梁，奋起抗争，以百折不挠的精神，进行了一场场气壮山河的斗争，谱写了一曲曲可歌可泣的史诗。习近平总书记指出，我们回顾历史，不是为了从成功中寻求慰藉，更不是为了躺在功劳簿上、为回避今天面临的困难和问题寻找借口，而是为了总结历史经验、把握历史规律，增强开拓前进的勇气和力量。目前的革命文化宣传中，存在着模式化的倾向，不接地气，弱化了宣传效果。"看似寻常最奇崛，成如容易却艰辛。"文化工作者当牢记习近平总书记讲话，把革命文化宣传、传承做好做实，真正发挥其以史鉴今、资政育人的作用。

近年来，各级党委政府把加强革命文物保护利用、弘扬革命文化列入重要议事日程。南湖革命纪念馆、香山革命纪念馆、中国共产党历史展览馆等红色场所相继落成，成为广大党员干部受教育受洗礼的精神家园和精神殿堂，也是人民群众的"网红打卡地"。《觉醒年代》《大决战》《海棠依旧》《绝命后卫师》《长津湖》等优秀革命题材影视剧受到热捧。"四史"宣传教育持续深入推进，使党员干部不断增强历史意识，掌握历史思维，牢记初心使命；使广大群众不断增进对党和中国特色社会主义的政治认同、思想认同、理论认同和情感认同，进而形成推动新时代高质量发展的强大合力。

第三，社会主义先进文化凝聚融汇了新时代中国特色社会主义新文化发展的共识和愿景。社会主义先进文化，是以马克思列宁主义为指导、以社会主义核心价值体系为引领、以社会民主和谐为基础、立足于社会主义伟大实践的中国特色社会主义文化。这一文化为实现新时代新文化发展提供了凝聚共识和建立愿景的基础。社会主义先进文化坚持马克思主义在意识形态领域的指导地位，以马克思列宁主义、毛泽东思想、邓小平理论、"三个代表"重要思想、科学发展观和习近平新时代中国特色社会主义思想为根本指导思想，把马克思主义基本原理同中国具体实际相结合，同时，贯通古今、融汇中外，继承中华优秀传统文化，汲取外来文化成果，代表着人类文化的前进方向，代表了当代中国社会在价值观上的"最大共识"。社会主义先进文化是面向现代化、面向世界、面向未来的，民族的、科学的、大众的社会主义文化，具有鲜明的时代特色。它植根于中国特色社会主义革命、建设和改革的伟大实践，通过培育和践行社会主义核心价值观，坚持中国特色社会主义共同理想，被赋予了崭新的时代愿景。社会主义先进文化是为了人民、服务人民的文化，通过为人民群众提供健康向上、品质优良的公共文化产品和服务，不断满足人民群众日益增长的精神文化需求，从而实现其内在要求和发展目标。

弘扬主旋律、传播正能量，是社会主义先进文化的应有之义。近年来，反映脱贫攻坚的影视剧《江山如此多娇》《山海情》《大山的女儿》，图书《乡村国是》《人间正是艳阳天》，以及反映大国利器的纪录电影《港珠澳大桥》、图书《第四极——中国"蛟龙"号挑战深海》等，展现了中国特色社会主义的伟大实践，获得了普遍关注和好评。但文化产品类型不应千篇一律，社会主义先进文化包含了众多方面、丰富内容。党的二十大报告提出，在文艺工作中要"坚持百花齐放、百家争鸣"，既要有"阳春白雪"，也要有"下里巴人"，以满足人民群众多样化、多层次的需求。

革命文化植根于优秀中华传统文化，传承并弘扬优秀中华传统文化，社会主义先进文化来源于革命文化、发扬光大于革命文化。三种文化传承互动、相互影响、有机融合，"造就了一个有机统一的新的文化生命体，让马克思主义成为中国的，中华优秀传统文化成为现代的，让经由'结合'而形成的新文化成为中国式现代化的文化形态"①。以上文化共同构成了习近平新时代中国特色社会主义思想的文化内涵和文化主张，为新时代中国特色社会主义新文化建设提供了丰富的思想资源和精神动能，为实现中华民族伟大复兴的中国梦提供了强大精神动力，使中国特色社会主义新文化不断焕发出勃勃生机。

二、发展新时代新文化的任务和工作

以马克思主义为指导，深入学习贯彻落实习近平新时代中国特色社会主义思想，顺应新时代的发展要求，坚定新时代中国特色社会主义新文化发展方向，完成好新时代新文化的重点任务和工作，推动中国特色社会主义文化繁荣兴盛

文化自信是一个国家、一个民族发展中更基本、更深沉、更持久的力

---

① 《习近平在文化传承发展座谈会上强调　担负起新的文化使命　努力建设中华民族现代文明》，《人民日报》2023 年 6 月 3 日第 1 版。

量。党的十八大以来，社会主义核心价值观广泛弘扬，文化事业和文化产业日益繁荣。新时代中国特色社会主义新文化的繁荣兴盛必须"坚持马克思主义在意识形态领域指导地位的根本制度，坚持为人民服务、为社会主义服务，坚持百花齐放、百家争鸣，坚持创造性转化、创新性发展，以社会主义核心价值观为引领，发展社会主义先进文化，弘扬革命文化，传承中华优秀传统文化，满足人民日益增长的精神文化需求，巩固全党全国各族人民团结奋斗的共同思想基础，不断提升国家文化软实力和中华文化影响力"①。当前，推动新时代中国特色社会主义文化发展，必须高度重视四个方面工作。

第一，要坚持党对意识形态工作的领导，以习近平新时代中国特色社会主义思想指引方向，牢牢把握领导权、管理权和话语权。意识形态工作，是为国家立心、为民族立魂的工作，必须高度重视。坚持以人民为中心的工作导向，举旗帜、聚民心、育新人、兴文化、展形象，牢牢掌握党对意识形态工作的领导权，建设具有强大凝聚力和引领力的社会主义意识形态。意识形态之争实际上是中国的道路、理论、制度、文化的方向之争，事关党的生死存亡，掌握意识形态工作领导权、管理权和话语权至关紧要。话语权是基础，管理权是保证，两者共同生成领导权。而领导权的关键是坚持马克思主义的指导地位，当前的首要任务就是通过加强理论武装，推动习近平新时代中国特色社会主义思想深入人心，巩固全党全国人民团结奋斗的共同思想基础，在理想信念、价值理念、道德观念上形成共识。同时，正视话语困局，构建主流话语，增强话语权威。

十多年前，党内存在不少对坚持党的领导认识模糊、行动乏力问题，存在不少落实党的领导弱化、虚化、淡化问题，有些党员、干部政治信仰发生动摇；拜金主义、享乐主义、极端个人主义和历史虚无主义等错误思潮不时出现，网络舆论乱象丛生，严重影响人们思想和社会舆论环境②。面对这些问题，以习近平同志为核心的党中央审时度势、果断抉择，锐意进取、攻坚克难，进行了具有许多新的历史特点的伟大斗争。以习近平同

---

① 习近平：《高举中国特色社会主义伟大旗帜　为全面建设社会主义现代化国家而团结奋斗》，《人民日报》2022年10月26日第1版。
② 《习近平著作选读》（第一卷），人民出版社2023年版，第4-5页。

志为核心的党中央把文化建设摆在治国理政全局工作的突出位置，不断深化对文化建设的规律性认识，推动文化传承发展，提出了一系列治国理政的新理念新思想新战略，旗帜鲜明反对和抵制各种错误观点，严把政治导向、价值导向，杜绝腐朽文化、消极思想的腐蚀，为人民大众提供思想健康、昂扬向上的精神文化产品，推动社会主义文化强国建设迈出坚实步伐。

在理论研究和建设上，需要进一步深化习近平新时代中国特色社会主义思想的研究阐释传播，加快构建中国特色哲学社会科学自主知识体系，建立体现中国特色、中国风格、中国气派的哲学社会科学话语体系，引领各种社会思潮，形成一元主导、多元协调的话语格局，以主流话语抵制和消减各种错误思潮观点的影响。

在文化、文艺发展中，要坚持"守土有责、守土负责、守土尽责"，自觉抵制低俗、粗制滥造；激浊扬清，旗帜鲜明反对和抵制各种错误观点。近年来，随着某些粗俗短视频等媒体产品的影响越来越大，依靠流量和打赏的猎奇网红主播不断圈粉霸屏。靠博人眼球赚快钱的导向，对广大青少年产生了一些不良影响，应予以规范和监管。内容为王，鼓励优质内容占领高地，使全社会树立良好的价值观和世界观，才不会产生"劣币驱逐良币"的效应，保证新时代中国特色社会主义新文化的正确发展方向。

第二，要以社会主义核心价值观凝聚全体人民的精神追求，坚定共同理想信念，弘扬当代中国精神。文化建设是国家治理现代化的重要方面，国家治理体系和治理能力现代化需要社会主义核心价值观的价值统领，而社会主义核心价值体系和核心价值观建设也需要国家治理体系的支持。要以社会效益优先原则和现代化治理举措推动文化事业和文化产业高质量发展，包括提升国民教育水平、开展精神文明创建活动、丰富文化产品、繁荣文化市场等，构建现代公共文化服务体系，把社会主义核心价值观融入社会发展的方方面面，转化为人们的情感认同和行为习惯。而这些治理举措的前提和初心是坚持以人民为中心，推动新时代中国特色社会主义新文化发展要贯彻党的群众路线，在为人民群众追求美好生活提供服务的过程中不断弘扬民族精神和时代精神，凝聚中国特色社会主义和中华民族伟大复兴的中国梦的共同理想。

第三，坚持把马克思主义基本原理同中国具体实际相结合、同中华优秀传统文化相结合。在庆祝中国共产党成立100周年大会上，习近平总书记指出："坚持把马克思主义基本原理同中国具体实际相结合、同中华优秀传统文化相结合，用马克思主义观察时代、把握时代、引领时代，继续发展当代中国马克思主义、21世纪马克思主义！"[①] 马克思主义是我们党建党执政的指导思想，是党的灵魂和旗帜。在百年的奋斗历程中，马克思主义同中国共产党的命运、中国人民的命运、中华民族的命运紧密联系在一起，其科学性、真理性和实践性得到了充分验证。但马克思主义不是一成不变的，教条式遵循马克思主义只会导致革命、建设事业屡遭挫折。因此，自20世纪30年代后期"马克思主义中国化"这一命题提出，马克思主义基本原理就同中国革命、建设、改革的实践相结合，不断推进其中国化时代化，从而使党领导国家和人民取得了举世瞩目的成就，马克思主义理论也获得了持久的生命力。通过同中国革命、建设、改革实践相结合的不懈探索，中国共产党在把马克思主义与中国实际相结合的过程中，马克思主义实现了中国化，实现了两次历史性飞跃，并产生了两大理论成果，即毛泽东思想和中国特色社会主义理论体系，指导我们取得了新民主主义革命时期、社会主义革命和建设时期、改革开放和社会主义现代化建设时期的伟大胜利。

中华传统文化是中华民族的文化根脉。马克思主义传入中国并最终在这片古老的土地上扎根结果，与中华传统文化的融通是分不开的。中国古人追求"天人合一""天下大同"的社会理想，马克思主义则强调人与自然和谐相处，讲求"人的解放与人的全面发展"的终极追求。社会主义核心价值观与"仁义礼智信，温良恭俭让"的传统美德具有一致的精神基因。这些中华优秀传统文化，成为滋养马克思主义中国化的肥沃土壤，把马克思主义基本原理同中华优秀传统文化相结合，进一步深化了我们党对推进马克思主义中国化时代化的规律性认识。"'第二个结合'是又一次的思想解放，让我们能够在更广阔的文化空间中，充分运用中华优秀传统

---

① 习近平：《在庆祝中国共产党成立100周年大会上的讲话》，《人民日报》2021年7月2日第2版。

文化的宝贵资源，探索面向未来的理论和制度创新。"① 通过同我国传承了几千年的优秀历史文化和广大人民日用而不觉的价值观念的融通，马克思主义呈现出了中国特色、中国风格、中国气派，进而使用马克思主义理论真理力量激活中华文明迸发出强大的精神力量。习近平新时代中国特色社会主义思想是坚持"两个结合"的最新理论成果，是当代中国马克思主义、二十一世纪马克思主义，是中华文化和中国精神的时代精华，实现了马克思主义中国化新的飞跃，带领我们走进了中国特色社会主义新时代，必将创造令人刮目相看的人间奇迹。

第四，充分运用信息技术等现代传播手段，综合提炼传播中国特色社会主义文化的内涵和精华，讲好真实、立体、全面的中国故事，让世界人民更好地认识、理解中华优秀传统文化和中国特色社会主义主张，提升国家文化软实力。国家文化软实力是国家综合国力的重要组成部分，特指一个国家依靠政治制度的吸引力、文化价值的感召力和国民形象的亲和力等释放出来的无形影响力，它关乎民族兴衰、国家起落、政党存亡、人民安危，并决定国家形象的优劣和评价。虽然西方国家凭借发达的媒介技术和完备的传播体系取得强大的话语权，形成信息传播的排他优势，但互联网等现代信息传播技术快速发展，其开放性、交互性等特征在一定程度上打破了西方国家信息传播的垄断优势，促进了多元信息的传播，在一定程度上化解了西方媒体对中国国家形象的扭曲，消解了国际社会对中国的刻板印象。近年来，我国运用现代传播理念和媒介终端塑造国家形象的尝试引发广泛关注与热议，也让我们明白了一个道理：中国国家形象的构建必须彰显鲜明特色，即用世界话语传播独特的历史背景与文化传统，向世界描述一个文明大国、东方大国、负责任大国和社会主义大国的当代中国形象。同时，以互联网信息技术为代表的新媒体推动了传播载体和手段的创新，也为提高新闻舆论传播力、引导力、影响力、公信力提供了传播新理念、新方法和新平台，从而更好弘扬传播中国特色社会主义文化，展示我国意识形态的文化力量，使中国特色社会主义文化具有强大的吸引力、感召力和认同感。

---

① 《习近平在文化传承发展座谈会上强调　担负起新的文化使命　努力建设中华民族现代文明》，《人民日报》2023 年 6 月 3 日第 1 版。

习近平总书记强调，要加快国际传播能力建设，向世界讲好中国故事、中国共产党故事，传播好中国声音，促进人类文明交流互鉴，国家文化软实力、中华文明影响力明显提升。对外要继续驳斥西方国家在新疆人权问题上蓄意抹黑中国的谬论，通过邀请各国人士来新疆参观、考察，以新疆建设的伟大成就和人民的幸福生活，回击各种恶意中伤。对内要加强对港澳台地区的文化交流和国情形势宣传，邀请当地青年开展大陆行，使港澳台同胞深化对与大陆民众血浓于水的骨肉联系的认识，增强国家认同、情感认同。

三、发展新时代新文化的原则和要求

以守正创新的精神，坚定新时代新文化发展，立足中国、面向世界，以新时代中国特色社会主义文化的主体精神和文化自觉，推动中国特色社会主义文化的实践和担当

坚定新时代新文化发展，推动中国特色社会主义文化繁荣兴盛，不是空话，更不能空谈。任何一个国家的复兴和崛起，在发展政治、经济、社会、生态文明的同时，都会面临如何推动文化建设，提升文化软实力的命题。这就要求，坚定新时代新文化发展既要守正，又要创新，保持敏锐清醒的中国立场，坚守和提高中国文化的主体意识和文化自觉，培养理性包容的世界眼光，以习近平新时代中国特色社会主义思想统一思想和行动，不断开拓新实践、推出新成果，做出与新时代中华民族伟大复兴实践相称的文化新贡献。

第一，坚定新时代新文化发展要坚持人民至上。人民群众是历史的创造者，是社会变革的决定性力量。社会主义国家的文化创作为谁服务？1942年延安文艺座谈会、2014年文艺工作座谈会都明确指出，要坚持为人民服务的根本方向。文化作品从本质上说，来源于广大人民群众的生产生活实践。而人民群众是文化作品的消费者和鉴赏人，真正受欢迎的作品，当然要有对真实的回归、对生活的贴近、对深度的开掘。例如，热播电视剧《人世间》，讲述了近半个世纪的时代变迁，既有高度又有温度，让观众产生了强烈的共情。"以人民为中心"的发展思想，也要求新时代新文化发展必须坚持人民性。

第二，坚定新时代新文化发展要勇于执着坚守。不忘初心，牢记使命，方得始终。坚持马克思主义，牢固树立共产主义远大理想和中国特色社会主义共同理想，是坚定新时代新文化发展的信念根基和前进动力。这也要求我们要对全球化时代的世界文化格局和中国文化处境有清醒的认识：对外，我们的文化在东西文化话语权的争夺中仍然处于劣势，在世界文化版图中，不断遭遇挑战、误读，甚至妖魔化；对内，中国特色社会主义文化观也不断遭遇各种社会思潮的论争，面对再扬弃、再认同、再反思的各种问题。这就要求我们在新时代新形势下，以理想信念夯实新时代新文化发展的思想基础，内化于心、外化于行，让社会主义核心价值观成为凝聚全体人民的共同价值追求。

第三，坚定新时代新文化发展要善于理性思考。国民文化成熟与否的重要标志就在于是否具有独立思考的理性精神。我们应该通过理性思考找回中国文化传统的优秀基因，重建新时代新文化发展的定力，努力为世界指引方向，而不是言必称西方，对自己的文化宝藏视而不见。东西文化各有优长，中国特色社会主义道路所取得的巨大成就也是中华优秀传统文化、革命文化和社会主义先进文化魅力的集中展示。这也是越来越多的西方有识之士来中国寻找文化发展钥匙的原因。

第四，坚定新时代新文化发展要勤于实践学习。中国特色社会主义文化是根植在中国土壤上的文化体系，要深刻学习理解传承中华民族的文化基因和习近平新时代中国特色社会主义思想的价值判断，必须接受中国人民正在为之奋斗的中华民族复兴伟大实践的考验和洗礼。只有经过了这种火热的伟大实践的锻炼，才能真正激活我们的文化基因，才能真正理解和实践"格物致知、知行合一，经世致用、古为今用"的先天下之情怀，真正树立中华民族伟大复兴的新时代新文化发展和慎终追远的精神定力。

第五，坚定新时代新文化发展要敢于开拓创新。周虽旧邦，其命维新。人类文明的每一次进步都是建立在创新创造基础上的。文化创新经常是民族发展崛起的关键所在，为战胜风险挑战提供制胜之道。守正创新应该是新时代中国崛起的文化战略。我们应该立足于人类文化整体创新，拿出心智和勇气着手解决人类共同面临的文化生态失衡问题，共同创建新世纪绿色生态的自然和社会。要发扬勇立潮头的浩气、超越前人的勇气、与时俱进的朝气，充分发挥创新潜能，做探索中国道路和世界大同的文化创新和知识创造生力军。

第六，坚定新时代新文化发展要乐于担当奉献。在实现中华民族伟大复兴的中国梦的伟大斗争、伟大工程和伟大事业中，我们将肩负弘扬新时代中国特色社会主义文化、实现中华文明复兴的时代使命，这既是中华民族实现新时代中国特色社会主义文化复兴的重大责任，也是中华文明为世界文明创新再造贡献智慧的重大机遇。在这场前无古人的人类文化革新中，我们应该拿出与天地相呼应的才情、见识、勤勉和魄力，要勇于担当奉献，有所作为，"为天地立心，为生民立命，为往圣继绝学，为万世开太平"。

四、发展新时代新文化的目标和方向

繁荣发展文化事业和文化产业，坚持社会主义文化发展道路，促进满足人民文化需求和增强人民精神力量相统一，担负新的文化使命，建设社会主义文化强国

自党的十七届六中全会首次提出建设社会主义文化强国的目标以来，党的十九届五中全会明确提出到 2035 年建成文化强国的战略目标，并强调在"十四五"时期推进社会主义文化强国建设，这是以习近平同志为核心的党中央基于历史和现实、着眼全局和长远作出的战略决策，标志着我国文化建设在"两个一百年"奋斗目标接续推进中进入了一个新的历史阶段。2020 年 9 月，习近平总书记在教育文化卫生体育领域专家代表座谈会上指出："中国特色社会主义是全面发展、全面进步的伟大事业，没有社会主义文化繁荣发展，就没有社会主义现代化。"[1] 在座谈会上，习近平总书记用"四个重要"对文化在全面建设社会主义现代化国家中的地位和作

---

[1] 《习近平主持召开教育文化卫生体育领域专家代表座谈会强调　全面推进教育文化卫生体育事业发展　不断增强人民群众获得感幸福感安全感》，《人民日报》2020 年 9 月 23 日第 1 版。

用作了精辟概括，即统筹推进"五位一体"总体布局、协调推进"四个全面"战略布局，文化是重要内容；推动高质量发展，文化是重要支点；满足人民日益增长的美好生活需要，文化是重要因素；战胜前进道路上各种风险挑战，文化是重要力量源泉。2023 年 6 月，习近平总书记致信祝贺首届文化强国建设高峰论坛开幕强调，更好担负起新的文化使命，坚定文化自信，秉持开放包容，坚持守正创新，激发全民族文化创新创造活力，在新的历史起点上继续推动文化繁荣、建设文化强国、建设中华民族现代文明①。对文化强国战略提出了更高更远的目标使命。

那么，如何实现这一目标？党的二十大报告指出："全面建设社会主义现代化国家，必须坚持中国特色社会主义文化发展道路，增强文化自信，围绕举旗帜、聚民心、育新人、兴文化、展形象建设社会主义文化强国，发展面向现代化、面向世界、面向未来的，民族的科学的大众的社会主义文化，激发全民族文化创新创造活力，增强实现中华民族伟大复兴的精神力量。"② 建设社会主义文化强国需要从以下五个方面发力：

第一，建设具有强大凝聚力和引领力的社会主义意识形态。意识形态工作是党的一项极端重要的工作，事关党的前途命运，事关国家长治久安，事关民族凝聚力和向心力。坚持以什么思想理论为指导，是文化建设的首要问题，也是意识形态建设的关键问题。党的十八大以来，以习近平同志为核心的党中央高度重视意识形态工作。习近平总书记多次发表重要讲话、作出重要批示，深刻阐述了新形势下意识形态工作的根本作用、目标任务、基本要求和主体责任等重要内容，为开展工作提供了根本遵循。在中国革命、建设和改革的进程中，中国共产党不断推进马克思主义与中国实际相结合，先后创立了毛泽东思想、邓小平理论、"三个代表"重要思想和科学发展观，形成了中国特色社会主义理论体系，创立了习近平新时代中国特色社会主义思想，这一意识形态为凝聚引领人民开展伟大实践提供了根本思想指南，为党的创新理论武装全党、教育人民、指导实践提

---

① 《习近平致信祝贺首届文化强国建设高峰论坛开幕强调　更好担负起新的文化使命　为强国建设民族复兴注入强大精神力量》，《人民日报》2023 年 6 月 8 日第 1 版。

② 习近平：《高举中国特色社会主义伟大旗帜　为全面建设社会主义现代化国家而团结奋斗》，《人民日报》2022 年 10 月 26 日第 1 版。

供了丰富思想理论内涵，为构建中国特色哲学社会科学学科体系、学术体系和话语体系提供了指导，为加强建设全媒体传播体系、治理建设良好网络生态、塑造引导主流舆论格局指明了方向、注入了动力。我们要自觉运用这些重要成果统领新时代文化强国建设，具体落实到把握方向导向、创新思维思路、改革体制机制等各方面，推动中国特色社会主义文化守正创新、固本培元，进一步巩固具有强大凝聚力和引领力的社会主义意识形态。

坚持马克思主义在意识形态工作中的指导地位为建设社会主义文化强国奠定了坚实的思想基础。党的十八大以来，我国意识形态领域形势发生全局性、根本性转变，意识形态领域取得的成就得益于马克思主义思想的领导。无论是理论武装还是新闻宣传，无论是文艺创作生产还是文化体制改革，无论是精神文明创建还是网络建设管理，都要高扬马克思主义旗帜，不断巩固马克思主义的指导地位，坚定宣传科学理论、传播先进文化、弘扬主流价值，确保我国文化建设始终沿着正确方向前进。必须清醒地认识到，意识形态领域的工作将是艰巨的，也是细微的；是长期的，也是争分秒的；是公开的，也是隐蔽的，必须不断提升意识形态斗争的技巧，时刻紧绷坚守阵地的弦，保持高度警惕，常抓不懈。通过落实意识形态工作责任制，实现各级党委（党组）领导班子对本地区本部门本单位意识形态工作承担全面领导责任，加强党对意识形态工作的全面领导，牢牢掌握意识形态工作的领导权、主动权，巩固马克思主义在意识形态领域的指导地位，巩固全党全国各族人民团结奋斗的共同思想基础。

第二，广泛践行社会主义核心价值观。习近平总书记指出："核心价值观是文化软实力的灵魂、文化软实力建设的重点。这是决定文化性质和方向的最深层次要素。"① 践行社会主义核心价值观是新时代中国特色社会主义文化建设的关键性课题。

其一，要持续推进社会主义核心价值观的理论研究创新。从中华优秀传统文化中汲取思想营养传承文明精华，从革命文化中回溯初心使命强化

---

① 《习近平在中共中央政治局第十三次集体学习时强调　把培育和弘扬社会主义核心价值观　作为凝魂聚气强基固本的基础工程》，中国政府网，https：//www.gov.cn/ldhd/2014－02/25/content_2621669.htm，2014年2月25日。

理想信仰，从社会主义先进文化中凝聚时代精神、构建共识愿景，与时俱进地将新时代新文化的新内涵新主张通过社会主义核心价值观进行创新诠释转化，特别要弘扬以伟大建党精神为源头的中国共产党人精神谱系，用好红色资源，深入开展社会主义核心价值观宣传教育，深化爱国主义、集体主义、社会主义教育，着力培养担当民族复兴大任的时代新人。

其二，要广泛开展社会主义核心价值观的宣传普及教育活动。在国民教育中增加社会主义核心价值观的内容，特别加强对党员干部和青年群体的社会主义核心价值观教育，用讲故事的方式，传扬核心价值、宣传典型人物，做到深入浅出、情理交融，增进人们对社会主义核心价值观的认知、认同，推动理想信念教育常态化制度化，持续抓好党史、新中国史、改革开放史、社会主义发展史宣传教育，引导人民知史爱党、知史爱国，不断坚定中国特色社会主义共同理想，共筑中国梦的磅礴力量。

其三，要在全社会大力培育和践行社会主义核心价值观。不断引导人们共同为之努力，实现富强、民主、文明、和谐的国家层面价值目标，落实自由、平等、公正、法治的社会层面价值取向，遵守爱国、敬业、诚信、友善的公民个人层面价值准则，推动人人参与、人人实践。

第三，提高全社会文明程度。社会文明程度反映的是整个社会的文明进步状态，全社会文明程度的不断提高是民族复兴的一个重要标志。全面建设社会主义现代化必然要求进一步提高社会文明程度，以此来深化社会主义精神文明建设。

其一，实施公民道德建设工程，深入开展理想信念教育，筑牢文化思想之基。弘扬中华传统美德，加强家庭家教家风建设，加强和改进未成年人思想道德建设，推动明大德、守公德、严私德，提高人民道德水准和文明素养；开展包括习近平新时代中国特色社会主义思想学习教育、"四史"教育，爱国主义、集体主义和社会主义教育，中国共产党人的精神谱系教育等，推进理想信念教育常态化、制度化。

其二，深入推进新时代文明实践中心建设，深化文明创建工程。建设新时代文明实践中心是一项长期系统工程，必须常抓不懈。要不断加强人才队伍建设，创新工作方式，健全各项工作机制，高标准、高质量地推进新时代文明实践中心建设，统筹推动文明培育、文明实践、文明创建，推进城乡精神文明建设融合发展，在全社会弘扬劳动精神、奋斗精神、奉献精神、创造精神、勤俭节约精神，培育时代新风新貌。加强国家科普能力建设，深化全民阅读活动。完善志愿服务制度和工作体系。弘扬诚信文化，健全诚信建设长效机制。发挥党和国家功勋荣誉表彰的精神引领、典型示范作用，推动全社会见贤思齐、崇尚英雄、争做先锋。

其三，加强网络文明建设，不断促进区域、国别间社会文明的交流合作。网络对经济社会发展的影响越来越大，对人们思想观念的影响也越发广泛。要不断完善网络道德规范，加强网络监管，发展积极健康的网络文化。此外，新时代社会文明程度的提升，也要秉承开放包容的理念和互鉴共享的心态，促进与世界各国的文化交流与文明互鉴，夯实人类命运共同体的人文基础。

第四，繁荣发展文化事业和文化产业。文化是综合国力的重要组成部分，大力发展文化事业和文化产业，是实现社会主义现代化的重要任务。

其一，坚持人民至上的文化事业和产业发展方向。坚持为人民服务、为社会主义服务，坚持百花齐放、百家争鸣，不断激发全民族文化创新创造活力，增强实现中华民族伟大复兴的精神力量。坚持以人民为中心的创作导向，推出更多增强人民精神力量的优秀作品，培育造就大批德艺双馨的文学艺术家和规模宏大的文化文艺人才队伍。

其二，深化文化体制改革，健全现代文化产业体系和文化市场体系。现代文化产业体系和文化市场体系是社会主义市场经济重要组成部分，在促进国民经济发展、满足人民文化需求等方面发挥着重要作用。要坚持把社会效益放在首位、社会效益和经济效益相统一，深化文化体制改革，完善文化经济政策。充分推动5G、大数据、人工智能等新技术在文化生产、传播与消费等各环节的应用，引导网络直播、虚拟现实、元宇宙等新业态向好发展，从而不断推动我国新闻出版、广播影视、文学艺术、哲学社会科学事业日益繁荣，文化市场更加规范、有序。健全现代文化产业体系和市场体系，实施重大文化产业项目带动战略。

其三，健全现代公共文化服务体系，进一步实施国家文化数字化战略，推进媒体深度融合。现代公共文化服务体系必须按照体现公益性、基本性、均等性、便利性的要求，以政府为主导、以公共财政为支撑、以农村基层和中西部为重点,逐步建成覆盖城乡、日益完备的现代公共文化服务体系。要落实国家文化数字化战略,创新实施文化惠民工程,建设四大版本馆,建设古籍数字化阅读平台"识典古籍"等数据库,便利保存和活化利用文献典籍。进一步推动媒体深度融合,持续推进广播电视网络入村进户、乡镇综合文化站、农家书屋、农村电影放映工程等文化惠民工程深入实施,促进新型适用公共文化空间不断涌现。广泛开展全民健身活动,加强青少年体育工作,促进群众体育和竞技体育全面发展,加快建设体育强国。

其四,加大文物和文化遗产保护力度,促进文化和旅游深度融合发展,肩负文脉传承的使命。推动文化事业、文化产业和旅游业融合发展,是以习近平同志为核心的党中央立足党和国家事业全局作出的重要战略决策,重塑了文化和旅游工作新格局。一方面,要加大文物、古籍、非物质文化遗产等文化遗产的保护力度。深入实施中华文明探源工程、中华古籍保护计划、中国传统工艺振兴计划等文化工程,加强城乡建设中历史文化保护传承,结合大运河、长城等的文化实践,建好用好国家文化公园。另一方面,要坚持以文塑旅、以旅彰文,推进文化和旅游深度融合发展。创新文化和旅游行业在业态、产品、市场、服务等领域实现融合发展,助推红色旅游、生态和乡村旅游等新式旅游蓬勃发展。

第五,增强中华文明传播力影响力。习近平总书记创造性地提出以"文明"为单元的传播观和以"人类福祉"为价值取向的发展观,这既是续写中华民族辉煌历史的使命自觉,也是建设社会主义文化强国的迫切需要,更是推动构建人类命运共同体的必然要求。

其一,要从文明的维度解码传播,加强国际传播能力建设,全面提升国际传播效能。要充分挖掘和传播中华文明丰富生动的内涵和标识,如大熊猫、京剧、麻将、相声、中医等中国元素或国粹正日益走向世界,成为传播中华文明的重要载体和媒介。要从中华文明的角度讲好中国故事、传播好中国声音,更好地阐释中华文明背后的思想与精神力量,以及对探索人类文明新形态的贡献。中国的国际传播,应坚守文化立场,重点探讨如何坚持以人民为中心、推动人类命运共同体构建、弘扬全人类的价值立场,以此来完善、创新和发展现有的人类文明话语体系,形成同我国综合国力和国际地位相匹配的国际话语权，深化文明交流互鉴，推动中华文化文明更好走向世界。

其二，要充分运用信息技术等新传播手段，助力"中国式现代化"目标实现。数字时代，层出不穷的互联网信息技术促进了传播载体和手段的创新，也为提高新闻舆论传播力、引导力、影响力、公信力提供了新的可能。只有从人类共同发展观和大历史观的视角阐释"中国式现代化"的内涵，才能更好地传播中国思想、中国主张，更加有力地增进国际共识。

其三，要加快构建中国特色哲学社会科学自主知识体系及"三大体系"，提升中国学术传播的能力和水平。哲学社会科学发展水平体现了一个民族的思维能力、精神境界和文明素质，反映了一个国家的综合文化实力和国际竞争力。增强中华文明传播力影响力，必须坚守中华文化立场，提炼展示中华文明的精神标识和文化精髓，进一步推进学科体系、学术体系、话语体系创新，从科学严谨的学术立场出发，利用融通中外的话语来阐释中华文明的贡献和中华优秀传统文化的价值，充分发挥哲学社会科学在认识世界、传承文明、传播文化、咨政育人等方面的重要作用，加快构建中国话语和中国叙事体系，讲好中国故事、传播好中国声音，展现可信、可爱、可敬的中国形象。

中国声音、中国方案，正越来越得到世界的倾听与认同，但是，要"形成同我国综合国力和国际地位相匹配的国际话语权"，增强中华文明传播力影响力，依然任重而道远。

作者简介：

季为民，中国社会科学院工业经济研究所副所长、研究员，中国社会科学院大学新闻传播学院教授、博士生导师，中国社会科学院习近平新时代中国特色社会主义思想研究中心特聘研究员，《中国经营报》社社长、总编辑。兼任中国记协新闻道德委员会委员，中国新闻文化促进会常务理事，中国新闻史学会中国特色新闻学研究委员会副理事长，中国高等教育学会新闻学与传播学专业委员会理事，中国社会学会青年社会学专委会理事，中国社会科学院青年人文社会科学研究中心副理事长。研究方向为马克思主义新闻学、文化研究、新闻伦理、青少年研究。

方向篇

坚定不移走中国特色
社会主义文化发展道路

"十四五"时期，我们要把文化建设放在全局工作的突出位置，切实抓紧抓好。要坚持马克思主义在意识形态领域的指导地位，坚守中华文化立场，坚持以社会主义核心价值观引领文化建设，紧紧围绕举旗帜、聚民心、育新人、兴文化、展形象的使命任务，加强社会主义精神文明建设，繁荣发展文化事业和文化产业，不断提高国家文化软实力，增强中华文化影响力，发挥文化引领风尚、教育人民、服务社会、推动发展的作用。

　　——习近平在教育文化卫生体育领域专家代表座谈会上的讲话
（2020 年 9 月 22 日）

坚定不移走中国特色社会主义文化发展道路

　　文化是一个国家、一个民族的灵魂。文化兴国运兴，文化强民族强。文化也是一个政党的思想精神标识，举什么样的文化旗帜，走什么样的文化道路，不仅从根本上决定着国家文化发展的方向，而且事关一个政党的前途命运。改革开放以来，我们党始终把文化建设放在党和国家全局工作的重要战略地位，不断深化对文化发展特点和规律的认识，走出了一条中国特色社会主义文化发展道路。党的十八大以来，我国文化建设取得历史性成就、发生历史性变革，为新时代坚持和发展中国特色社会主义、开创党和国家事业全新局面提供了强大正能量。新时代，要以习近平新时代中国特色社会主义思想为根本指引，把牢正确导向，坚定文化自信，坚持守正创新，站在实现中华民族伟大复兴的高度，为文化强国建设注入固本培元、立根铸魂的思想力量，坚定不移走中国特色社会主义文化发展道路。

一、我国文化建设取得新的历史性成就

　　党的十八大以来，我们党把文化建设提升到一个新的历史高度，把文化自信和道路自信、理论自信、制度自信并列为中国特色社会主义"四个自信"，把坚持马克思主义在意识形态领域指导地位的制度确立为中国特色社会主义制度体系的一项根本制度，把坚持社会主义核心价值体系纳入新时代坚持和发展中国特色社会主义的基本方略，确立了建设社会主义文化强国的战略目标和守正创新的文化改革的路径方向，中华文化自信和政

治文明认同得到显著增强，社会文明程度得到新提高，中华文化国际传播能力和国际感召力明显提升。我国文化建设取得历史性成就、发生历史性变革，彰显了新时代中国自信自强、守正创新的文化底色，焕发了中国人民团结奋斗、昂扬向上的精神风貌。

第一，文化意识形态领域形势发生全局性根本性转变。以习近平同志为核心的党中央高度重视文化和意识形态工作。文化是意识形态工作的主战场、最前沿，意识形态决定着文化前进方向和发展道路。党的十八大以来，习近平总书记关于文化工作的系列论述，继承和发展了马克思主义文化观，以坚定的历史自信、清醒的历史自觉，深刻阐明了文化的意识形态本质属性。习近平总书记高度重视马克思主义在文化和意识形态领域的指导地位，就文化意识形态领域的方向性、战略性问题作出了重要专门部署，明确了文化和意识形态工作的地位作用、使命任务、方向目标、原则要求等，为我国文化领域发展繁荣提供了根本遵循和指引。

在习近平新时代中国特色社会主义思想的科学指引下，我们把坚持马克思主义在意识形态领域指导地位的根本制度贯彻到文化建设全过程各领域，着力巩固马克思主义在意识形态领域的指导地位，使坚持和发展马克思主义始终成为主旋律、最强音。党的十九届六中全会通过的《中共中央关于党的百年奋斗重大成就和历史经验的决议》，全面总结建党百年来特别是党的十八大以来党领导人民在文化建设上取得的成就和经验，把"确立和坚持马克思主义在意识形态领域指导地位的根本制度"列为重要内容。把马克思主义在意识形态领域的指导地位作为一项根本制度明确提出来，充分体现了文化建设要坚持以马克思主义为指导、坚持和加强党的全面领导，为建设社会主义文化强国提供了有力保障。

坚持马克思主义在意识形态领域指导地位的根本制度是具体的、现实的，而不是抽象的、空洞的。党的十八大以来，文化领域的一切工作和活动都按照这一根本制度来展开、来推进，切实把马克思主义指导地位贯穿到宣传思想工作各领域，落实到思想理论建设、新闻舆论工作、文艺创作生产、哲学社会科学研究、教育教学各方面和各领域，确保我国文化建设始终沿着正确方向前进。2022年8月18日，中共中央宣传部举行"中国这十年"系列主题新闻发布会，介绍新时代宣传文化工作举措和成效。这次发布会指出，党的十八大以来，在以习近平同志为核心的党中央坚强领导下，宣传思想文化战线围绕举旗帜、聚民心、育新人、兴文化、展形象的使命任务，正本清源、守正创新，坚持以人民为中心的工作导向，扎实推进社会主义文化强国建设，精神文化产品供给质量明显提升，全党全国各族人民文化自信明显增强，全社会凝聚力向心力极大提升，整个社会意识形态领域形势发生全局性、根本性转变，为新时代开创党和国家事业新局面提供了思想保证、舆论支持、精神动力和文化条件。

第二，中华文化自信和中华文明认同得到显著增强。文化自信是更基础、更广泛、更深厚的自信，是一个国家、一个民族发展中最基本、最深沉、最持久的力量。没有高度的文化自信，没有文化的繁荣兴盛，就没有中华民族伟大复兴。中国是一个历史悠久、人口众多、疆土辽阔的大国，也是一个文化多样、差异巨大、情况复杂的国家，当前正在进行中国特色社会主义现代化建设，正在迈向中华民族伟大复兴的宏伟目标，文化自信起着重要的精神支柱的作用。对此，习近平总书记强调，坚定文化自信，是事关国运兴衰、事关文化安全、事关民族精神独立性的大问题。三个"事关"从历史高度、全局视野揭示了文化自信的重大政治意义。

党的十八大以来，我们党顺应时代潮流、回应人民要求、把握历史主动，鲜明提出坚定文化自信并将其纳入中国特色社会主义"四个自信"，把文化建设作为统筹推进"五位一体"总体布局、协调推进"四个全面"战略布局的重要内容，推动高质量发展的重要支点，满足人民日益增长美好生活需要的重要因素，战胜前进道路上各种风险挑战的重要力量源泉。正是因为我们党把文化建设提升到一个新的历史高度，文化建设在科学理论的指引下取得历史性成就、发生历史性变革，进而为新时代坚持和发展中国特色社会主义、开创党和国家事业发展新局面提供了强大正能量。

中华优秀传统文化是中华民族的精神命脉，是涵养社会主义文化发展的重要源泉，也是我们在世界文化激荡中站稳脚跟的坚实根基，增强文化自信首先需要坚定对中华优秀传统文化的自觉自知。习近平总书记明确指出："我们要特别重视挖掘中华五千年文明中的精华，把弘扬优秀传统文化同马克思主义立场观点方法结合起来，坚定不移走中国特色社会主义道路。"①党的十八大以来，我们党通过对历久弥新的中华优秀传统文化精髓的发掘、继承、弘扬，用马克思主义真理的力量激活了中华优秀传统文化，使中华文明再次迸发出强大精神力量。马克思主义基本原理同中华优秀传统文化相结合产生的巨大效应，也为我国社会主义发展增添了强大动力、注入了勃勃生机。过去十年来，全党全国各族人民文化自信明显增强，全社会凝聚力和向心力极大提升，为新时代开创党和国家事业新局面提供了坚强思想保证和强大精神力量。2022 年 8 月，中共中央办公厅、国务院办公厅印发了《"十四五"文化发展规划》，为推进社会主义文化强国的远景目标锚定了新的航向。通观《规划》全文，继续加强中华优秀传统文化的传承发展是国家当前的一项重大任务，具有深刻现实意义。

第三，精神文明建设和社会文明程度得到新提高。人无精神不立，国无精神不强。一个国家综合国力的提升，需要汇聚起强大的精神力量。社会文明程度是国家综合国力的重要组成部分。加强精神文明建设、提高社会文明程度，对国家发展具有基础性作用，能够为经济建设、政治建设、文化建设、社会建设、生态文明建设提供智力支持和精神支撑。党的十八大以来，习近平总书记对加强社会主义精神文明建设提出一系列新思想新观点新要求，明确指出："只有物质文明建设和精神文明建设都搞好，国家物质力量和精神力量都增强，全国各族人民物质生活和精神生活都改善，中国特色社会主义事业才能顺利向前推进。"②

在以习近平同志为核心的党中央坚强领导下，新时代精神文明建设贯穿于统筹推进"五位一体"总体布局、协调推进"四个全面"战略布局之中，聚焦推动党的创新理论深入人心这个首要任务，围绕培育和践行社会主义核心价值观这个主题主线，深化中国特色社会主义和中国梦宣传教育，加强社会公德、职业道德、家庭美德和个人品德建设，开展群众性精神文明创建和新时代文明实践，不断提高人民思想觉悟、道德水准和文明素养。在同新冠疫情的殊死较量中，中国人民和中华民族敢于斗争、敢于

---

① 《习近平的文化情怀》，《人民日报》2022 年 5 月 12 日第 1 版。
② 《习近平 2013 年 8 月 19 日在全国宣传思想工作会议上的讲话》，载《习近平关于全面建成小康社会论述摘编》，中央文献出版社 2016 年版。

胜利的大无畏气概，铸就了生命至上、举国同心、舍生忘死、尊重科学、命运与共的伟大抗疫精神，有针对性地开展精神文明教育和志愿服务，彰显了中国精神、中国力量、中国担当。在党的领导下全面建成小康社会，顺利实现第一个百年奋斗目标，这同党心军心民心的大凝聚是分不开的，同精神文明建设和全社会的社会文明程度不断提高是分不开的。

推动社会文明程度不断得到新提高、达到新高度，是全面建设社会主义现代化国家的重要目标要求和重要保证，也是推进社会主义文化强国建设的重大任务。党的十九届五中全会将"社会文明程度得到新提高"作为"十四五"时期经济社会发展的主要目标之一，并提出明确要求，包括社会主义核心价值观深入人心，人民思想道德素质、科学文化素质和身心健康素质明显提高，公共文化服务体系和文化产业体系更加健全，人民精神文化生活日益丰富，中华文化影响力进一步提升，中华民族凝聚力进一步增强等内容。

第四，把牢正确导向，深化文化体制改革取得硕果。文化是国家与民族的灵魂，而改革则为文化赋予不断前行的动力。党的十八大以来，我国文化领域发生了广泛而深刻的变革，推动文化大发展大繁荣既具备许多有利条件，同时也面临一系列新情况和新问题。我国经济持续快速发展、综合国力日益增强，为文化建设奠定了坚实的物质基础；中国特色社会主义理论和实践的丰硕成果，为文化建设提供了宝贵的精神文化资源；全社会重视、参与文化建设的热情日益高涨，为文化建设营造了良好的社会氛围；人民群众快速增长的精神文化需求，为文化发展拓展了巨大空间；我国的国际地位和影响力显著提高，为中华文化"走出去"提供了重要契机。文化改革发展面临难得的历史机遇。但与此同时，我国文化发展的质量和水平还不高，文化建设的布局和结构不尽合理，制约文化科学发展的体制机制障碍尚未被完全破除。面对人民群众精神文化需求快速增长的新形势，我国文化产品无论是数量还是质量，都还不能很好满足人民群众多方面、多层次、多样化的精神文化需求，进一步解放和发展文化生产力、提高文化产品和服务供给能力的任务更加紧迫。面对经济发展方式加快转变、社会结构深刻调整的新形势，推动全民族文明素质提高，发挥文化引领风尚、教育人民、服务社会、推动发展作用的任务更加紧迫。面对现代信息科技和传播手段快速发展的新形势，加快建立文化创新体系、推进文化创新的任务更加紧迫。

文化体制改革是文化领域里一场深刻的变革，必须确保始终沿着正确方向前进。这是因为，文化体制改革不仅要触及管理体制及运营机制，更是涉及利益格局的调整，还会触及深层次的理念、观念，是对政治智慧、执政水平、治理能力的重要考验。我国文化体制改革还面对各种杂音噪音的鼓噪、面对各种错误思潮的干扰、面对各种矛盾困难的挑战，必须始终保持很强的战略定力。2013 年 8 月 19 日，习近平总书记在全国宣传思想工作会议上明确要求，要"始终坚持社会主义先进文化的前进方向"，并强调"无论改什么、怎么改，导向不能改，阵地不能丢"。

新时代党和国家始终坚持把握好文化的意识形态属性和产业属性、社会效益和经济效益的关系，始终坚持社会主义先进文化前进方向，始终把社会效益放在首位。从党的十八届三中全会上通过的《中共中央关于全面深化改革若干重大问题的决定》明确提出了完善文化管理体制的目标，到 2014 年 2 月 28 日中央全面深化改革领导小组第二次会议审议通过的《深化文化体制改革实施方案》，再到 2014 年 12 月中央全面深化改革领导小组第七次会议审议通过的《关于加快构建现代公共文化服务体系的意见》和 2015 年 9 月中共中央办公厅、国务院办公厅印发的《关于推动国有文化企业把社会效益放在首位、实现社会效益和经济效益相统一的指导意见》，新时代在推动文化体制改革中，始终以坚持马克思主义在意识形态领域指导地位为根本制度，强化文化软实力建设的核心价值观引领制度，完善保障人民文化权益的服务制度，优化突出舆论正向引导的传播工作机制，建立健全把社会效益放在首位、社会效益和经济效益相统一的文化创作生产体制机制。其目的在于推进文化治理体系与治理能力现代化，充分彰显了坚持马克思主义根本立场的人民性、强化顶层设计与体系建构的系统性、遵循文化建设规律的科学性、创新与融合并重的时代性特点，体现了"无论改什么、怎么改，导向不能改，阵地不能丢"的根本改革原则。

第五，中华文化国际传播能力和感召能力日趋提升。中华文化是中华民族的灵魂。党的十八大以来，弘扬中华文化，扩大中华文化的国际传播力、影响力，更好展示中华文化的独特魅力，不断提升中华文化的传播效能，是文化领域取得的重要历史性成就。习近平总书记在全国宣传思想工作会议上指出："要把优秀传统文化的精神标识提炼出来、展示出来，把优秀传统文化中具有当代价值、世界意义的文化精髓提炼出来、展示出来。"① 在中共中央政治局就加强我国国际传播能力建设进行第三十次集体学习时，习近平总书记进一步强调，要"广泛宣介中国主张、中国智慧、中国方案，我国日益走近世界舞台中央，有能力也有责任在全球事务中发挥更大作用，同各国一道为解决全人类问题作出更大贡献"②，为新时代加强中华文化国际传播、提升中华文化的国际影响力和感召力指明了前进方向。

党的十八大以来，我们大力推动国际传播守正创新，理顺内宣外宣体制，打造具有国际影响力的媒体集群，积极推动中华文化"走出去"，有效开展国际舆论引导和舆论斗争，初步构建起多主体、立体式的大外宣格局，我国国际话语权和影响力显著提升。同时，面临着新的国际环境和政治形势的变化，我国加强了对外文化宣传的顶层设计和研究布局，初步构建了具有鲜明中国特色的战略传播体系，进一步提高了国际传播影响力、中华文化感召力、中国形象亲和力、中国话语说服力和国际舆论引导力。

二、坚守文化发展的正确方向导向

党的十九届五中全会提出到 2035 年建成文化强国的战略目标，并对如何实现这一战略目标作出新的谋划和部署。这是党的十七届六中全会提出建设社会主义文化强国以来，党中央首次明确建成文化强国的具体时间表，标志着我们党对文化建设重要地位及其规律认识的深化，为在全面建设社会主义现代化国家新征程中推动建成文化强国提供了行动指南，为我们深刻认识新时代文化建设新使命、创造中华文化新辉煌明确了前进方向。新时代我们把文化建设放在全局工作的突出位置，最首要的是要坚守

---

① 《习近平在全国宣传思想工作会议上强调　举旗帜聚民心育新人兴文化展形象　更好完成新形势下宣传思想工作使命任务》，《人民日报》2018 年 8 月 23 日第 1 版。
② 《习近平在中共中央政治局第三十次集体学习时强调　加强和改进国际传播工作　展示真实立体全面的中国》，《人民日报》2021 年 6 月 2 日第 1 版。

文化发展的正确方向导向，包括要始终坚持党对意识形态和文化工作的绝对领导，始终坚持马克思主义在意识形态领域指导地位，坚持以社会主义核心价值观引领文化建设，坚持文化为人民服务、为社会主义服务大方向，坚守中华文化立场，推动推动中华优秀传统文化创造性转化和创新性发展。

第一，始终坚持中国共产党对文化工作的全面领导。在 2023 年 10 月 7 日至 8 日召开的全国宣传思想文化工作会议上，习近平总书记指出，要旗帜鲜明坚持和加强党对宣传思想文化工作的全面领导，推动宣传思想文化建设掀开崭新篇章。习近平总书记对宣传思想文化工作提出"七个着力"的重要要求，其中，发挥统领作用的是"着力加强党对宣传思想文化工作的领导"。推动社会主义文化繁荣和发展，必须坚持中国共产党的领导，这是由党的领导地位和作用以及我国的社会主义国家性质决定的，也是由我们要发展的社会主义文化的性质和目标决定的。中国特色社会主义最本质的特征是中国共产党领导，中国共产党是中国特色社会主义文化的创造者和实践者、领导者和发展者。中国共产党的坚强领导是文化自信的根本保证，坚持党的全面领导则是文化繁荣发展的必要前提，也为文化高质量发展注入无穷动力。我们党是具有高度文化自觉的党，自成立之日起就把建设民族的科学的大众的中华民族新文化作为自己的使命，积极推动文化建设和文艺繁荣发展。

党的百年历程中，始终坚持将文化工作置于革命、建设、改革伟大事业战略布局中统筹谋划，一体推进。革命战争年代，我们党将文化战线与军事战线并列为"革命总战线"的两大组成部分，明确提出"建立中华民族的新文化，这就是我们在文化领域中的目的"。新中国成立后，我们党把"新文化"与新政治、新经济并列，作为新社会、新国家建设的重要内容。党的十八大将文化建设纳入中国特色社会主义事业"五位一体"总体布局，文化自信成为"四个自信"不可或缺的内容。党的十九届五中全会将"社会文明程度得到新提高"作为"十四五"时期高质量发展的重要目标，明确提出到 2035 年"建成文化强国"的远景目标，为新时期文化建设提供了总纲领和总指针。① 党的百年奋斗历程昭示，中国共产党代表了我国文化奋进的唯一正确方向，凝结着中华民族最先进的文化基因，党的坚强领导是中国特色社会主义文化自信的决定性力量。正是因为有党对文化工作的全面领导，我们的文化自信才更加坚定，广大党员干部群众才更加自觉地肩负起新的文化使命。坚持党对文化工作的全面领导，我们必将能够奋力推进文化铸魂，增强全民族的凝聚力、向心力、创造力，不断铸就中华文化新辉煌，为建成社会主义文化强国凝聚起奋进伟力。

第二，始终坚持马克思主义在意识形态领域的指导地位。任何一种意识形态、任何一种文化，都有一个居于统摄地位的旗帜和灵魂。2020 年 9 月 22 日，习近平总书记在教育文化卫生体育领域专家代表座谈会上指出，"坚持马克思主义在意识形态领域的指导地位"，深刻回答了我们所要发展繁荣的文化的根本性质，深刻阐明了我们建设文化强国的社会主义性质、道路和方向等原则问题。推动社会主义文化繁荣和发展，必须坚持马克思主义在意识形态领域的指导地位。马克思主义是中国特色社会主义文化的灵魂，决定了中国特色社会主义文化是社会主义性质的先进文化，决定了中国特色社会主义文化的发展方向是民族的科学的大众的社会主义文化。坚持以马克思主义为指导、以社会主义先进文化为引领，是中国特色社会主义文化最鲜明的特征，也是事关文化建设全局的根本问题。中国共产党从成立之日起，就自觉举起了马克思主义的思想旗帜，从而也就明确了领导文化建设的前进方向。百年来的历史证明，马克思主义是我们立党立国的根本，也是社会主义文化建设的根基，决定了我国文化事业的性质和文化发展的方向。在很大程度上，社会主义先进文化之所以先进，就在于它以马克思主义这一先进理论为指导。

意识形态领域的斗争是文化建设中不可回避的命题。过去百年来，各类文化政治思潮不断出现，包括文化落后论、文化虚无主义、文化保守主义、文化投降主义、历史虚无主义、普世价值观、新自由主义等，花样翻

_____

① 2022 年中共中央办公厅、国务院办公厅印发的《"十四五"文化发展规划》进一步指明了坚持党的全面领导的工作原则："坚持和完善党领导文化发展的体制机制，贯彻落实党管宣传、党管意识形态、党管媒体原则，把党的领导落实到宣传思想文化工作方方面面，为实现文化高质量发展提供根本保证。"

新，兴风作浪，侵蚀人民大众的文化信念和制度信心，同时也给党领导的文化建设造成极大干扰和破坏。中国共产党始终坚持运用马克思主义立场观点和方法开展对各种非马克思主义、反马克思主义文化思潮的批判和斗争。通过理论斗争，马克思主义在中国得到更广泛的传播，人民对马克思主义的认识更加深刻，对科学理论的信仰更加坚定，对坚持马克思主义对文化发展和文化工作的指导也更有信心。总之，马克思主义在意识形态领域的思想指导是根本性、方向性的，关乎旗帜、关乎道路，也关乎国家的政治安全。完成新时代中国特色社会主义文化举旗帜、聚民心、育新人、兴文化、展形象的历史使命和任务，必须把高举马克思主义旗帜放在首位，不断巩固马克思主义意识形态指导地位，为激励人民奋勇前进提供强大的精神动力和智力支持。

第三，坚持以社会主义核心价值观引领文化建设。全社会共同认可的核心价值观是一个民族、一个国家最持久、最深层的力量。能否构建具有强大感召力的核心价值观，关系社会和谐稳定、关系国家长治久安。社会主义核心价值观是当代中国精神的集中体现，凝结着全体人民共同的价值追求，是全党全国各族人民团结奋斗的共同思想道德基础。新时代以习近平同志为核心的党中央坚持以社会主义核心价值观引领文化建设，注重用社会主义先进文化、革命文化、中华优秀传统文化培根铸魂。党的十九届四中全会提出"坚持以社会主义核心价值观引领文化建设制度"的重要论断。党的十九届五中全会对"十四五"时期文化建设作出战略部署，进一步强调要"坚定文化自信，坚持以社会主义核心价值观引领文化建设，加强社会主义精神文明建设"。党的十九届六中全会进一步强调了党坚持以社会主义核心价值观引领文化建设的重要经验。

当前，我国发展环境发生深刻复杂变化，社会思想观念多元、人们利益诉求多样，国家更加需要先进的价值观导航定向，需要用社会主义核心价值观凝魂聚气、强基固本。以社会主义核心价值观引领社会主义文化强国建设，要着重强调和推动理想信念教育的常态化制度化，加强爱国主义、集体主义、社会主义教育，深入开展党史、新中国史、改革开放史、社会主义发展史教育，引导人们深刻认识中国共产党领导和我国社会主义制度的显著优势，增强"四个意识"、坚定"四个自信"、做到"两个维护"。深入贯彻落实《新时代公民道德建设实施纲要》《新时代爱国主义教育实施纲要》，大力加强公民道德建设，引导人们形成正确道德判断和道德责任。大力宣传时代楷模、道德模范、最美人物、身边好人等先进模范，树立崇尚英雄、学习英雄、捍卫英雄、关爱英雄的鲜明价值导向。值得特别指出的是，文以载道，社会主义核心价值观传承中华文化，是中华民族精神的高度凝练和集中表达，是全国各族人民在价值观念上的"最大公约数"，要积极推动社会主义核心价值入法工作，坚持社会主义核心价值观引领科学立法，通过立法机制间接实现社会主义核心价值观对社会文化建设的引领作用。

第四，坚持文化为人民服务、为社会主义服务的大方向。坚持以人民为中心是中国共产党百年来领导文化建设矢志不移的根本立场。中国共产党是中国工人阶级的先锋队，同时是中国人民和中华民族的先锋队，始终代表着中国最广大人民的根本利益，人民立场是党的根本政治立场，坚持人民性是中国共产党领导文化建设的根本遵循。改革开放以来，我们党把"为人民服务"和"为社会主义服务"方针确立为社会主义文化建设的根本宗旨，也是我国文化建设必须遵循的根本方向和根本准则。新时代走中国特色社会主义文化发展道路，始终坚持"以人民为中心"的政治导向，强调文化要为人民服务，积极推动文化事业繁荣发展，努力提高文化发展的质量和水平，为实现人民对美好生活的向往而不懈奋斗。

习近平总书记指出："人民对美好生活的向往，就是我们的奋斗目标。"当前，我国发展环境面临深刻复杂变化。新发展阶段我国社会主要矛盾发展变化呈现新特征新要求，人民改善生活品质的愿望更加强烈，享有更丰富、高品位文化生活的愿望日益高涨，对社会文明程度有着新的更高期待。党的十九届五中全会把"社会文明程度得到新提高"写入"十四五"经济社会发展主要目标，根本上就是要更好保障人民的文化权益，不断丰富人民的精神文化生活，不断提高社会文明程度，更好满足人民对美好生活的向往。习近平总书记指出："以人民为中心的发展思想，不是一个抽象的、玄奥的概念，不能只停留在口头上、止步于思想环节，而要体现在经济社会发展各个环节。"① 坚持以人民为中心推动文化建设要有明确的指向，要落实到具体改革实践中。例如，在文化体系建设方面，要实现公共文化服务体系和文化产业体系更加健全、人民精神文化生活日益丰富；要聚焦城乡文化发展不平衡、农村文化发展不充分问题，推进城乡公共文化服务体系一体建设，创新实施文化惠民工程，广泛开展群众性文化活动，促进城乡文化协调发展、共同繁荣；要坚持以人民为中心，健全现代文化产业体系，完善文化产业规划和政策，加强文化市场体系建设，不断扩大优质文化产品供给等。又如，在文化体制改革方面，要深刻贯彻"以人民为中心"的宗旨和原则，必须以广大人民群众的精神文化需求以及文化强国的历史担当作为文化体制改革的最终目标，警惕防范部门利益、资本力量和市场回报绑架改革的情况，真正做到文化发展为了人民、文化发展依靠人民、文化发展成果由人民共享。

第五，推动中华优秀传统文化创造性转化和创新性发展。推动社会主义文化繁荣和发展，必须不断推动中华优秀传统文化创造性转化和创新性发展。回望过往，中华民族之所以能够战胜各种艰难险阻，始终屹立于世界民族之林，一个重要原因就在于中华民族创造了源远流长的中华文明，培育和发展了独具特色、博大精深的中华文化，为国家发展提供了丰厚滋养和强大精神支撑。党的十八大以来，以习近平同志为核心的党中央高度重视中华优秀传统文化的传承发展，始终从中华民族最深沉精神追求的深度看待优秀传统文化，从国家战略资源的高度继承优秀传统文化，反复强调中华优秀传统文化"既需要薪火相传、代代守护，也需要与时俱进、推陈出新"，坚持创造性转化、创新性发展。《"十四五"文化发展规划》为推进社会主义文化强国的远景目标锚定航向，通观《规划》全文，继续加强中华优秀传统文化的传承发展被确立为当前国家的一项重大任务，具有深刻现实意义。

推动中华优秀传统文化创造性转化和创新性发展，必须结合新的时代条件推动其更好同现实文化相融相通。为此，要坚持古为今用、推陈出新，有鉴别地加以对待，有扬弃地予以继承，使中华民族最基本的文化基

---

① 《习近平在省部级主要领导干部学习贯彻党的十八届五中全会精神专题研讨班上的讲话》，《人民日报》2016年5月10日第2版。

因与当代文化相适应、与现代社会相协调；大力弘扬跨越时空、超越国界、富有永恒魅力、具有当代价值的文化精神，使其为中国社会主义事业的现实实践服务。推动中华优秀传统文化创造性转化和创新性发展，还必须认真学习借鉴世界各国人民创造的优秀文化成果。复兴中国文化并不是要排斥外来文化，任何文化都有其积极的成分。中国文化自古就注重"和而不同"，一部中国文化的发展史就是一部吸收、消融并发展外来文化的历史。只有博采众长，在汲取外来文化优秀成分的基础上，为我所用，才能形成自身的鲜明特色。总之，中国特色社会主义文化既具有鲜明的民族性、实践性，又具有显著的时代性、世界性，它植根于中国特色社会主义的伟大实践，反映了时代发展的主流和方向，体现了人类文明发展的新形态、新特征和新精神。推动中华优秀传统文化创造性转化和创新性发展，要把握好继承和创新的关系，民族精神和全人类共同价值的关系，形成全民族奋发向上的精神力量和团结和睦的精神纽带，凝聚和激励中华民族为实现国家富强、民族复兴而团结奋斗。

三、推动文化建设继续向前发展

当今世界，正经历百年未有之大变局。在踏上实现第二个百年奋斗目标新的赶考之路之际，统筹推进"五位一体"总体布局、协调推进"四个全面"战略布局，文化是重要内容；推动高质量发展，文化是重要支点；满足人民日益增长的美好生活需要，文化是重要因素；战胜前进道路上各种风险挑战，文化是重要力量源泉，要坚持把文化建设放在全局工作的突出位置，积极推动文化建设继续向前发展。

第一，深刻把握世界政治发展大势，坚守文化及意识形态安全底线。文化是民族的血脉，是人民的精神家园。文化安全是国家安全不可或缺的重要方面，是建设社会主义文化强国的重要保障。当今世界，文化竞争成为国际竞争尤其是大国之间意识形态领域竞争的关键。统筹发展与安全，是我们党在领导文化建设过程中始终坚守的重要原则。当前，我国正面临世界百年未有之大变局和中华民族伟大复兴的战略全局，国家文化安全面临严峻而复杂的形势，我们必须坚持系统思维、底线思维，坚持内外统筹、攻防兼备的原则，采取有效措施，切实做好新时代的文化安全工作。近年来，我国国际话语权和影响力显著提升，但同时也面临着全新的形势和任务。当前，必须要深刻认识中华民族伟大复兴战略全局和世界百年未有之大变局的关系，深刻认识我国社会主要矛盾变化带来的新特征新要求，深刻认识错综复杂的国际环境带来的新矛盾新挑战，增强国际领域意识形态风险和文化风险意识以及底线思维。

第二，坚定不移推进高水平对外开放，深化文化发展领域交流互鉴。开放是当代中国的鲜明标识。习近平总书记指出："不论世界发生什么样的变化，中国改革开放的信心和意志都不会动摇。"在以习近平同志为核心的党中央坚强领导下，我国顺应经济全球化大势，坚定不移推进高水平对外开放，积极融入世界经济，对外开放取得了一系列突破性进展和标志性成果。以对外文化贸易发展为例，新时代我国对外文化贸易发展取得明显成效。文化贸易规模稳步增长，结构不断优化，技术标准走出去步伐加快，有力带动文化产业提质升级，中华文化国际影响力不断提升。

2022 年 7 月，商务部等 27 部门印发的《关于推进对外文化贸易高质量发展的意见》将"深化文化领域改革开放"作为重要专章，就深化文化领域改革开放、培育文化贸易竞争新优势、激活创新发展新动能、激发市场主体发展活力、拓展合作渠道网络、完善政策措施、加强组织保障等问题提出了一系列政策安排。这些政策倡议和制度安排，是新时代全面深化改革开放重大战略任务在文化领域顺利实施的重要步骤，生动体现了党中央实施更加积极主动开放战略的坚定信念与坚强信心。

第三，充分发挥社会主义制度优势，推进文化领域国家治理现代化。文化治理现代化是国家治理体系和治理能力现代化的重要组成部分。推动社会主义文化建设继续向前发展，要坚持以人民为中心，以最广大人民根本利益为根本坐标，深入贯彻党的群众路线，厚植社会主义文化治理主体力量，推动社会主义文化制度优势转化为文化治理优势，实现社会主义文化治理现代化。中国共产党的领导是中国特色社会主义制度的本质特征，创新文化治理体制，要坚持和加强党对文化工作的全面领导，把党的领导落实到国家文化治理各领域各方面各环节。要充分发挥党总揽全局、协调各方的作用，坚持和完善党委统一领导、党政齐抓共管、宣传部门组织协调、有关部门分工负责、社会力量积极参与的工作体制机制和工作格局。

推进文化领域国家治理现代化，要把进一步发挥市场在文化资源配置中的积极作用与更好发挥政府作用结合起来，加快完善有利于激发文化创新创造活力的文化管理体制和生产经营机制，坚持和完善繁荣发展社会主义先进文化的制度，提升文化治理效能。要深化文化领域行政体制改革，推进"放管服"改革，转变政府职能。完善党委和政府监管有机结合、宣传部门有效主导的国有文化资产管理体制机制，推进管人管事管资产管导向相统一。建立健全传统媒体和新兴媒体一体化管理的工作机制，进一步加强网络综合治理体系建设。建立健全社科学术社团工作协调机制，加强文化领域行业组织建设。研究制定加强宣传文化领域法治建设的意见，加快文化立法进程，全面推进依法行政。完善文化市场综合执法体制。完善文化产业统计制度。新形势下，还要深刻认识加强和改进国际传播工作的重要性和必要性，要下大气力加强国际传播能力建设，形成同我国综合国力和国际地位相匹配的国际话语权，为我国改革发展稳定营造有利外部舆论环境，为推动构建人类命运共同体作出积极贡献。要大力推动国际传播守正创新，理顺内宣外宣体制，打造具有国际影响力的媒体集群，积极推动中华文化"走出去"，有效开展国际舆论引导和舆论斗争，初步构建起多主体、立体式的大外宣格局，必须加强顶层设计和研究布局，构建具有鲜明中国特色的战略传播体系，着力提高国际传播影响力、中华文化感召力、中国形象亲和力、中国话语说服力、国际舆论引导力。

第四，积极把握新一轮科技革命契机，推动科技文化融合发展创新。当前，新一轮科技革命正在重构全球创新版图、重塑全球创新文化。新一轮科技革命本质上以创新为前提，以创新为特征，以创新为动力，而迎接挑战最根本的就是要培育卓越的创新文化。创新是一个民族进步的灵魂，是一个国家兴旺发达的不竭动力，也是中华民族最深沉的民族禀赋。所谓创新文化是一种培育创新的软实力，包括创新价值观、创新制度和规范、创新物质文化环境等。先进健康的创新文化能够唤起不可估量的能量和热忱，能够转化为人们认识世界、改造世界的巨大物质力量。

迎接新一轮科技革命浪潮，推动文化领域大发展、大变革，必须加快推进文化和科技深度融合，更好地以先进适用技术建设社会主义先进文化，重塑文化生产传播方式，抢占文化创新发展的制高点。"十四五"规划明确提出推动公共文化数字建设，实施文化数字化战略。2022 年 5 月，中共中央办公厅、国务院办公厅印发了《关于推进实施国家文化数字化战略的意见》，明确了文化数字化战略的总体目标，为新时代文化和科技融合谋划了新蓝图。这些领域的创新改革，大幅度提升了公共文化数字化水平，加快了文化产业的数字化布局，推动了科技赋能文化产业的发展与繁荣。当然，文化和科技的发展都不能改变文化发展的意识形态属性和政治属性。无论时代和技术如何变化，社会主义文化发展的初心使命不能变，正确的政治方向和舆论导向不能变，必须始终坚持巩固壮大社会主义主流文化，弘扬社会主义文化发展主旋律，传播文化正能量，发出中国好声音，激发全社会团结奋进的强大力量！

作者简介：

樊鹏，中国社会科学院政治学研究所研究员，博士生导师，全国"宣传思想文化青年英才"。研究方向为当代中国政治。

理论篇

坚持不懈加强和
创新党的思想理论武装

回顾党的奋斗历程可以发现，我们党之所以能够不断历经艰难困苦创造新的辉煌，很重要的一条就是我们党始终重视思想建党、理论强党，坚持用科学理论武装广大党员、干部的头脑，使全党始终保持统一的思想、坚定的意志、强大的战斗力。我们要赢得优势、赢得主动、赢得未来，战胜前进道路上各种各样的拦路虎、绊脚石，必须把马克思主义作为看家本领，以更宽广的视野、更长远的眼光来思考把握未来发展面临的一系列重大问题，不断提高全党运用马克思主义分析和解决实际问题的能力，不断提高运用科学理论指导我们应对重大挑战、抵御重大风险、克服重大阻力、解决重大矛盾的能力。要坚持不懈用马克思主义中国化最新成果武装头脑、凝心聚魂，坚定全党马克思主义信仰和共产主义理想，不断提高全党特别是领导干部的理论思维能力和思想政治水平。

　　——习近平在中共中央政治局第四十三次集体学习时的讲话
（2017 年 9 月 29 日）

理论篇

坚持不懈加强和
创新党的思想理论武装

坚持不懈加强和创新思想理论武装是中国共产党鲜明的政治品格和强大的政治优势，也是中国共产党不断从胜利走向胜利的重要法宝。党的十八大以来，以习近平同志为核心的党中央高度重视思想理论武装工作，坚持用习近平新时代中国特色社会主义思想武装全党、教育人民、指导实践、推动工作，推进马克思主义中国化时代化，不断开辟当代中国马克思主义、21世纪马克思主义新境界。

一、党的十八大以来思想理论武装工作取得的主要成就

党的十八大以来，以习近平同志为主要代表的中国共产党人，坚持把马克思主义基本原理同中国具体实际相结合、同中华优秀传统文化相结合，坚持毛泽东思想、邓小平理论、"三个代表"重要思想、科学发展观，深刻总结并充分运用党成立以来的历史经验，从新的实际出发，创立了习近平新时代中国特色社会主义思想。党的十九大把习近平新时代中国特色社会主义思想确立为党必须长期坚持的指导思想并庄严地写入党章，实现了党的指导思想的与时俱进。党的十九届六中全会通过的《中共中央关于党的百年奋斗重大成就和历史经验的决议》明确指出："习近平新时代中国特色社会主义思想是当代中国马克思主义、二十一世纪马克思主义，是中华文化和中国精神的时代精华，实现了马克思主义中国化新的飞跃。"理论创新每前进一步，理论武装就要跟进一步。新时代思想理论武装，就

是要推动学习习近平新时代中国特色社会主义思想往深里走、往实里走、往心里走，筑牢信仰之基、补足精神之钙、把稳思想之舵，增强"四个意识"、坚定"四个自信"、做到"两个维护"，自觉在思想上行动上同党中央保持高度一致。

第一，坚持抓住领导干部这个"关键少数"。领导干部是党和国家事业发展的"关键少数"，对全党全社会都具有风向标作用。加强领导干部的思想理论武装是我们党的优良传统，也是全面从严治党的根本要求。习近平总书记指出，政治上的坚定、党性的坚定都离不开理论上的坚定。理论上的成熟是政治上成熟的基础，只有做到理论上的清醒，才能保证政治上的坚定，才能始终沿着正确方向前进。党的十八届六中全会通过的《关于新形势下党内政治生活的若干准则》，从坚定理想信念的角度，对加强思想建设、抓好理论武装作出具体规定，明确提出"党的各级组织必须坚持不懈抓好理论武装，广大党员、干部特别是高级干部必须自觉抓好学习、增强党性修养"。领导干部除了严格要求自我之外，还要以身作则、率先垂范，切实承担起组织推动学习贯彻的领导责任，发挥好带学、促学作用，形成一级抓一级、层层抓学习的良好局面。党的十八大以来，各级党委（党组）理论学习中心组充分发挥龙头作用，努力打造学习习近平新时代中国特色社会主义思想的"示范组"与"模范班"，不断完善各级党委（党组）理论学习中心组等各层级的学习制度，全面提高了各级领导干部理论武装的针对性、精准性和成效持久性。

第二，突出青少年这个重点群体。青少年是国家的未来、民族的希望。青少年教育最重要的是教给他们正确的思想，引导他们走正路。2022年5月10日，在庆祝中国共产主义青年团成立100周年大会上，习近平总书记强调："在新的征程上，如何更好把青年团结起来、组织起来、动员起来，为实现第二个百年奋斗目标、实现中华民族伟大复兴的中国梦而奋斗，是新时代中国青年运动和青年工作必须回答的重大课题。"思政课作为立德树人、培根铸魂的重要渠道，其意义就在于培养一代又一代拥护中国共产党领导和我国社会主义制度、立志为中国特色社会主义事业奋斗终身的有用人才。新时代办好思政课，就是要开展马克思主义理论教育，用习近平新时代中国特色社会主义思想铸魂育人，引导学生增强中国特色社会主义道路自信、理论自信、制度自信、文化自信。党的十八大以来，思政课建设成效显著，教学方法不断创新，教师乐教善教、潜心育人，教师队伍规模和素质稳步提升，大中小学思政课一体化建设初显成效。深入推进习近平新时代中国特色社会主义思想进教材、进课堂、进头脑，颁布《习近平新时代中国特色社会主义思想进课程教材指南》，编写《习近平新时代中国特色社会主义思想学生读本》《习近平总书记教育重要论述讲义》，推动习近平新时代中国特色社会主义思想全面系统有机融入各学段、各学科课程教材。出台《新时代学校思想政治理论课改革创新实施方案》，加强大中小学思政课程教材一体化建设，在大中小学循序渐进、螺旋上升地开好思政课。

第三，强化理论武装的学理支撑。"理论只要彻底，就能说服人。"推动新时代思想理论武装走深走心走实，就必须强化学理支撑，在马克思主义科学方法论指导下，通过深钻细研把党的创新理论成果中蕴藏的内在机理、严密逻辑、思想内核、精神实质揭示出来，充分运用学术讲政治。习近平新时代中国特色社会主义思想坚持运用马克思主义立场观点方法，聚焦新的时代命题，凝结新的思想精华，总结新的实践经验，以全新的视野深化对共产党执政规律、社会主义建设规律、人类社会发展规律的认识，以崭新的逻辑起点和理论构建谱写了马克思主义中国化时代化新篇章。学深悟透习近平新时代中国特色社会主义思想这一新时代党的理论创新成果，不能停留在表面笼统性的认识、一般原则性的理解和抽象概念性的掌握上，而应该深刻把握蕴含其中的学理、哲理、道理，做到知其然、知其所以然、知其所以必然。党的十八大特别是十九大以来，思想理论武装工作把对习近平新时代中国特色社会主义思想的整体性系统性研究、学理性阐释和学科性建设作为重要内容，深入挖掘习近平新时代中国特色社会主义思想蕴含的唯物主义实践观、唯物辩证法原理、人民史观立场，为进一步增强理论自信和理论自觉提供更加扎实的思想基础和理论依据，也为新思想指导新时代实践发展以及新思想本身的丰富完善提供更多学术积淀和学理支撑。深入实施马克思主义理论研究和建设工程，制订规划和实施方案，加强重大理论和现实问题、重大实践经验总结研究，修订专业课重点教材，培育一批中青年理论专家。充分发挥习近平新时代中国特色社会主义思想研究中心（院）、马克思主义学院、国家高端智库、国家社科基金等理论工作平台的主力军作用。以马克思主义学院建设为例，全国高校马克思主义学院由 2012 年的 100 余家发展到 2021 年的 1440 余家，中宣部、教育部重点建设 37 家全国重点马克思主义学院，教育部支持建设 200 余个优秀教学科研团队。

第四，聚焦新思想大众化。大众化，就是把马克思主义理论用简单质朴的语言讲清楚、用群众喜闻乐见的方式说明白，使之更好地为广大党员干部群众所理解和接受。作为改造世界的思想武器，马克思主义理论只有让普罗大众听得进、读得懂、用得上，才能"掌握群众"变成"巨大的物质力量"。习近平新时代中国特色社会主义思想的科学性和实践伟力，已经在党的十八大以来党和国家事业取得的历史性胜利中得到充分证明。新时代加强思想理论武装的重要任务，就是要把习近平新时代中国特色社会主义思想普及到我国亿万人民群众中去，坚持不懈推进习近平新时代中国特色社会主义思想大众化，让党的创新理论"飞入寻常百姓家"，激励人们为实现第二个百年奋斗目标、实现中华民族伟大复兴而努力奋斗。习近平总书记不仅善于引用阐发中国传统文化观念来解读今天的事物，而且善于吸收和运用生动的群众语言讲明白深刻的大道理，能够引起群众的共鸣。在习近平新时代中国特色社会主义思想中，鲜活的语言、生动的案例，高超的胆识、坚定的意志，强烈的问题意识、真切的个人经历等素材十分丰富，为向人民大众进行传播提供了极为有利的条件。党的十九大以来，围绕学懂弄通做实习近平新时代中国特色社会主义思想这个根本目标，宣传思想工作者充分利用图书、广播、影视、音像、网络、短信等大众传媒，利用多样化的宣传形式推进习近平新时代中国特色社会主义思想大众化，取得了很大的突破。例如，在图书出版方面，强调可读性、趣味性，以图文结合的形式，实现了哲理性与通俗性的密切结合，为当代中国马克思主义大众化、通俗化作出了榜样。同时，还将思想的魅力与艺术的魅力结合起来，如以通俗理论对话节目、政论片等形式，反映党的十八大以来中国的政治、经济、文化等各方面发展取得的丰硕成果。借力艺术性助推大众化，通过高雅艺术表现先进文化，使先进文化渗透于艺术之中，寓教于乐，让"高居庙堂"的理论真正为老百姓所喜闻乐见。

二、推进创新思想理论武装面临的问题和挑战

党的十八大以来，在以习近平同志为核心的党中央的坚强领导下，思想理论武装工作目标明确、措施得力、成效显著，把学习贯彻习近平新时代中国特色社会主义思想不断引向深入。但实际中党员干部的理论学习与习近平总书记提出的"学懂、弄通、做实"要求存在不小差距，习近平总书记指出："一些党员干部在理论学习上同党中央要求相比还存在不小差距，没有做到往深里走、往心里走、往实里走""形式主义、官僚主义问题依然突出""全党同志要跟上时代步伐，不能身子进了新时代，思想还停留在过去，看问题、作决策、推工作还是老观念、老套路、老办法"①。当前，面对"两个大局"交织叠加带来的新形势新任务，我们更要正视新时代推进思想理论武装走深走心走实的过程中存在的问题并积极应对挑战。

第一，部分党员干部在理论学习过程中存在形式主义、官僚主义问题。习近平总书记强调："一个政党要走在时代前列，一刻也离不开理论指导；一个领导干部要做好本职工作，一刻也离不开理论学习。"但是，一些党员干部在学习思想理论过程中，只做表面文章，不重视理论学习的意义，不认真思考理论学习遇见的问题，经常不懂装懂；有的党员干部只热衷于使用马克思主义理论著作装点门面，却很少翻阅，更不用说认真研究学习；还有一些领导干部以忙于各种事务为由，不认真学习理论知识，经常依靠自己下属代为撰写理论学习的心得体会，自己不认真学习却严格要求党组织内其他人员认真学习。这些形式主义和官僚主义的存在严重影响领导干部自我思想改造和理论学习，进而影响党的事业。理论武装的落脚点一定是指导实践和推动工作，针对一些领导干部对理论学习"说起来重要，做起来次要，忙起来不要"的现象，"落实"就显得非常重要。正如习近平总书记所指出的，"要牢记空谈误国、实干兴邦的道理，坚持知行合一、真抓实干，做实干家"。领导干部必须要将理论学习紧密结合新

① 习近平：《在"不忘初心、牢记使命"主题教育总结大会上的讲话》，《求是》2020年第13期。

时代新实践，紧密结合思想和工作实际，切实增强工作本领、提高解决实际问题的水平。

第二，青少年容易受良莠不齐的思想观念影响。当代青少年在中国经济社会快速发展和深刻变革中成长，普遍具有较高的文化素质，视野开阔。受全球化和复杂社会思潮的影响，特别是互联网技术和新媒体的快速发展，使广大青少年的思维方式、交往方式和行为方式发生了深刻变化，他们自我意识、主体意识明显增强，思想更加多元，个性更为鲜明。这给新时代青少年思想理论武装提出了新挑战。青少年的世界观、人生观、价值观尚未定型，由于知识、经验与思维能力的局限，他们有时候并不能明辨信息的对错。在西方文化的渗透下，在历史虚无主义、新自由主义、"新闻自由"等错误思潮冲击下，青少年往往容易陷入迷茫的状态，甚至误入歧途。不少青少年对自己肩负的历史使命缺乏正确的认识，没有将个人梦想融入中华民族伟大复兴的中国梦，而只是将个人学习和奋斗的目标局限于有利于自我发展、自身利益。因此，必须加强青少年思想理论武装，使他们坚定共产主义理想信念，努力树立起正确的世界观、人生观和价值观，强化爱国主义意识和弘扬民族精神。同时，需要准确把握其思想状况和认知特点，克服传统思想教育的缺陷和不足。例如，教育实践载体不够丰富，形式较为单一；知识和理论灌输较多，缺乏对青少年思想困惑和现实需求的解答回应；话语体系不够鲜活，缺乏与青少年的平等交流、理性探讨；针对不良思想思潮的渗透，缺乏有针对性的反制和建构等。

第三，推进习近平新时代中国特色社会主义思想大众化仍然任重道远。推进习近平新时代中国特色社会主义思想大众化，要让科学理论同人民群众的社会生活实践紧密结合起来。由于不同的群体和阶层的学习兴趣、知识储备及职业特点等存在差异，要区分传播手段与方式。在强化新媒体对新思想的宣传普及过程中，不能够靠哗众取宠和造假的方式吸引流量、博取眼球。这不仅不利于推动习近平新时代中国特色社会主义思想大众化传播，还可能会取得适得其反的作用。当前，如何让理论武装贴近基层群众的能力水平，做到入心入脑，走实走深，是迫切需要解决的现实难题。理论武装走进基层干部群众心里，目前存在几个方面的"不到位"：一是认识不到位。仍然有一些干部和群众对理论武装的重要性认识不足。二是干部角色作用发挥不到位。党的理论传播需要党员干部充分发挥作用，但是当下我们的部分基层干部离我们所期待的状态还存在比较明显的差距。三是宣传阐释不到位。主要表现为：有的照本宣科、大而化之；有的阐释过程浅尝辄止，对一个理论问题的认识很肤浅，或者没有解释清楚；有的阐释过程没有把一般原理与专门业务合理结合；还有的阐释过程交流不足。

三、新征程加强和创新思想理论武装的建议

习近平新时代中国特色社会主义思想立足时代之基、回答时代之问、引领时代之变，坚持用习近平新时代中国特色社会主义思想武装头脑，是宣传思想文化战线必须肩负的重要政治责任。新的征程上，要准确把握理论武装的时代要求和实践要求，用党的创新理论武装头脑，其目的在于指导实践、推动工作。深入学习贯彻习近平新时代中国特色社会主义思想，必须在学懂弄通做实上下功夫，持续推动理论武装工作走深走心走实，以思想理论武装的高质量引领党的各项事业高质量发展。

第一，针对理论学习方面存在形式主义问题，要提高针对性和实效性。广大党员干部必须要杜绝"假、大、虚"，真正将理论武装到大脑，做到学深悟透，切忌心态浮躁。其一，广大党员干部必须要认真对待理论学习，发挥刻苦钻研的精神，力求理论知识入脑入心。习近平总书记在多个场合均明确表示："在学习理论上，干部要舍得花精力。"其二，广大党员干部务必要认识到理论学习没有捷径可走，要认真读原著、学原文、悟原理，力求全面消化理解。只有这样才能一步一个脚印，逐渐掌握理论实质，有助于应用到具体实践中。其三，广大党员干部要坚持弘扬理论联系实际的马克思主义学风，紧密结合改革、发展、稳定各项工作，系统、全面地学习领悟，真正做到全面把握、融会贯通，真正使习近平新时代中国特色社会主义思想成为工作生活的基本遵循。党员干部当面对发展的成就时，要时刻保持清醒，要继续找差距、找问题，不断进行自我反思、自我改造、自我革命，而不是躺在既往的成就上睡大觉。

第二，拓展方式手段，增强党的创新理论的吸引力和感染力。在新征程上思想宣传工作要牢牢铭记举旗帜、聚民心、育新人、兴文化、展形象

的使命任务。创新运用各种方式和手段，自觉推动党的创新理论更好地嵌入到文艺创作生产中。对文艺的创作生产，应该将宣传习近平新时代中国特色社会主义思想作为分内之事贯穿其中。理论宣讲的重点是人与人的互动沟通，只有做好面对面的群众工作，才能使理论宣讲充分活起来。在文艺创作宣传过程中要秉承人民性原则，各类文化产品、文化服务、文化活动要贴近人民对美好生活的需要，讴歌党、讴歌祖国、讴歌人民、讴歌英雄。只有这样才能将习近平新时代中国特色社会主义思想融入到思想道德建设和精神文明创建的全过程，在落细落小落实中春风化雨、入脑入心，增强党的理论的吸引力和感染力。要善于运用嵌入式方法，把党的创新理论宣讲工作巧妙嵌入到各种重大活动的载体上，融入各种重大场合中，用广大人民群众喜闻乐见的方式带动自主学习，不断提升人们的思想政治觉悟和社会文明程度。

第三，用习近平新时代中国特色社会主义思想筑牢新时代青年理想信念之基，让他们做实现中华民族伟大复兴的践行者。习近平新时代中国特色社会主义思想为深化青年理想信念教育充实了丰富的时代内容。坚持以习近平新时代中国特色社会主义思想为指导深化青年理想信念教育，就是要深入开展历史传统教育、基本国情教育和基本路线教育，不断引导广大青年树立为实现中华民族伟大复兴而奋斗的理想信念①。当代青少年是成长于和平稳定环境的一代，应该组织青年学习党领导人民进行的革命、建设、改革的历史，让他们接受系统的爱国主义、集体主义和社会主义教育，充分认识到个人的成长与国家繁荣、社会发展紧密相关，从而坚定对实现中华民族伟大复兴理想信念的决心和信心。开展好青少年思想理论武装必须要顺应时代发展的要求，了解新时代下青年的特点，做到与时俱进。整合社会、学校、家庭三方面资源，即有效整合社会资源，构建校园全方位育人格局，家庭教育中家长要注意示范引导，形成培育青年理想信念的良好育人环境。当前，我国教育系统有 51 万多所学校、2.7 亿在校学生、1600 多万名教师，是思想政治教育的主阵地，是马克思主义学习研究的重要渠道，是意识形态工作的重要阵地，是持续推进习近平新时代中国特色社会主义思想进

---

① 冯刚、朱宏强：《以习近平新时代中国特色社会主义思想引领青年理想信念教育》，《思想理论教育导刊》2018 年第 11 期。

学术、进学科、进课程、进培训、进读本的重要渠道。

第四，要主动适应信息化要求，把握信息网络时代对新征程理论武装工作带来的机遇。新媒体的蓬勃发展，正在改变传统媒体为主的传播方式，影响着人们工作和生活方式。这对习近平新时代中国特色社会主义思想的宣传工作提出了新要求。习近平总书记强调："人在哪儿，宣传思想工作的重点就在哪儿，网络空间已经成为人们生产生活的新空间，那就也应该成为我们党凝聚共识的新空间。"① 做好习近平新时代中国特色社会主义思想的传播工作，必须要深化利用网络这一有效媒介，把握传播的特点和规律，使得思想更好"飞入寻常百姓家"。同时，为了推动习近平新时代中国特色社会主义思想不断往深里走、往实里走、往心里走，必须坚持以人民为中心，以贴近人民群众的沟通方式进行宣传交流，让思想宣传教育更接地气。传播党的创新理论归根结底只有一条，就是理论要落地，这个"地"就是老百姓的现实生活。真正将党的创新理论传播出去，内容就要"实"、话语就要"实"、情感就要"实"，唯此才能落地生根。

作者简介：

龚云，中国社会科学院金融研究所党委书记、副所长、研究员，历史学博士，博士生导师。中国社会科学院习近平新时代中国特色社会主义思想研究中心执行副主任，中国社会科学院世界社会主义研究中心副主任，中国社会科学院科学与无神论研究中心主任。中国无神论学会理事长，中国政治学会常务理事，中华人民共和国国史学会常务理事。享受国务院政府特殊津贴，国家哲学社会科学领军人才，国家有突出贡献的中青年专家，国家马工程重大课题首席专家。

连俊华，中国社会科学院马克思主义研究院助理研究员。

常晨，中国社会科学院习近平新时代中国特色社会主义思想研究中心助理研究员。

① 习近平：《加快推动媒体融合发展　构建全媒体传播格局》，《求是》2019年第6期。

文明篇

建设中华民族现代文明

党的十八大以来，党中央在领导党和人民推进治国理政的实践中，把文化建设摆在全局工作的重要位置。经过这些年的不懈努力，文化传承发展呈现出新的气象、开创了新的局面，社会主义文化强国建设迈出坚实步伐。

　　在实践中，我们不断深化对文化建设的规律性认识，提出一系列新思想新观点新论断。这些重要观点，是新时代党领导文化建设实践经验的理论总结，是做好宣传思想文化工作的根本遵循，必须长期坚持贯彻、不断丰富发展。

　　在新的起点上继续推动文化繁荣、建设文化强国、建设中华民族现代文明，是我们在新时代新的文化使命。

——习近平在文化传承发展座谈会上的讲话

（2023 年 6 月 2 日）

文明篇

建设中华民族现代文明

中华文明源远流长，博大精深，是中华民族独特的精神标识，是当代中国文化的根基，是维系全世界华人的精神纽带，也是中国文化创新的宝藏。中华文明是中华民族特有的文明实体，具有包括高度发达的古代物质文明、异常丰富的精神文明和具有持久生命力的制度文明。物质文明、精神文明和制度文明彼此关联，在历史长河的演变中，不断更新调适，形成了反映了中华民族认识自然、改造自然的成果，衍生成能够为现代中国发展、中华民族腾飞提供文化滋养与精神源泉的中华民族现代文明。

中华文明是世界几大古老文明之一，在人类文明史上占有重要地位，与古埃及文明、美索不达米亚文明、古印度文明等其他原生性文明相比，中华文明从未中断。与希腊文明、罗马文明、欧洲文明、阿拉伯文明、印度文明等次生文明相比，中华文明拥有着长期统一的历史传统。正因为中华文明具有深沉的积淀、磅礴的生命力和不断自我调适更新的价值取向，所以能够为新时代的社会发展、国家富强与民族独立提供厚重的滋养和坚实的文明支撑。

恩格斯指出："国家是文明社会的概括。"新时代文明的发展与中国国家建设紧密相连。中华优秀传统文化是中华民族的精神命脉，是涵养社会主义核心价值观的重要源泉，也是我们在世界文化激荡中站稳脚跟的坚实根基。党的十八大以来，文明史学者自觉承担探究中华文明、中国历史，深入挖掘中华优秀传统文化的重担，用实际行动不断把中国文明历史研究引向深入，推出了一批无愧于时代的中国文明研究成果，为世界文明进步贡献了中国力量。习近平总书记指出，中华文明五千多年发展史充分说明，无论是物种、技术，还是资源、人群，甚至于思想、文化，都是在不断传播、交流、互动中得以发展、得以进步的。中华文明自古以来就以开放包容闻名于世，在同其他文明的交流互鉴中不断焕发新的生命力，向世界贡献了深刻的思想体系、丰富的科技文化艺术成果、独特的制度创造，深刻影响了世界文明进程。

党的十八大以来，习近平总书记站在全局和战略高度，就深入开展中国文明历史研究等发表一系列重要论述、作出一系列重要部署，指引中国文明历史研究、中华优秀传统文化传承发展取得显著成就，为实现中华民族伟大复兴提供了强大精神动力和坚强支撑。习近平总书记的系列重要论述和重要讲话精神，标志着我们党对中华文明价值意义的认识达到了前所未有的理论高度，充分证明我们党当之无愧是中国先进文化的积极引领者和践行者，是中华优秀传统文化的忠实传承者和弘扬者。

一、党的十八大以来中华文明建设的重要成就

中华优秀传统文化是中华文明的智慧结晶和精华所在。中国共产党领导人民进行革命、建设、改革的伟大实践，始终坚持把马克思主义基本原理同中国具体实际相结合、同中华优秀传统文化相结合，不断推进马克思主义中国化时代化，推动中华优秀传统文化创造性转化、创新性发展。

（一）新时代文明建设将中华文明与新时代中国特色社会主义伟大实践紧密结合，坚定了文化自信

习近平总书记深刻指出："我们是在这块土地上的文明培育出来的，全党全民族都要敬仰我们自己的文化，坚定文化自信。"只有充满自信的文明，才会在保持自己民族特色的同时包容、借鉴、吸收各种不同文明。中国有坚定的道路自信、理论自信、制度自信，其本质是建立在五千多年文明传承基础上的文化自信。坚定文化自信不是故步自封，不能抱残守缺，而是要在文化自信的基础上，不断吸收世界其他文明的优秀成果。坚定文化自信，要坚定中华文明的根与魂，把握中国历史发展的主脉，梳理中华文明在中国特色社会主义新时代的独特价值。

以习近平同志为核心的党中央站在实现民族复兴的高度，融汇古今，联通中外，弘扬光大中华优秀传统文化。《关于实施中华优秀传统文化传承发展工程的意见》《关于在城乡建设中加强历史文化保护传承的意见》《关于加强文物保护利用改革的若干意见》等文件为进一步推进中华文明建设确定了时间表和任务单。组建中国历史研究院，加强对中华民族多元一体格局、中华民族共同体历史的研究阐释，加强中国历史和优秀传统文化教育，不断铸牢中华民族共同体意识，为中华文明的赓续谱写了新的篇章。

考古实证文明脉络，文化资源家底逐步摸清。8800多项考古发掘项目有序开展，中华文明探源工程和"考古中国"重大项目成果丰硕，浙江良渚、陕西石峁、河南二里头、四川三星堆等一批重要遗址实证五千多年中华文明史。第一次全国可移动文物普查和石窟寺等专项调查完成。全国重点文物保护单位突破5000处。中国世界遗产总数达到56项，其中世界文化遗产38项、文化与自然双重遗产4项，是名副其实的文物资源大国。

文化遗产保护力度不断加大。以中华优秀传统文化传承发展工程为总抓手，确定国家古籍保护、非物质文化遗产传承发展、中国传统村落保护等重点工程项目为具体抓手，一些濒危的传统艺术得到抢救，一些被破坏的文化生态系统逐步得到修复和优化提升。数千项重大文物保护工程实施，长城、大运河、长征、黄河、长江国家文化公园建设有序推进。

中华文明探源工程实施20年来，围绕浙江余杭良渚、山西襄汾陶寺、陕西神木石峁、河南偃师二里头4处都邑性遗址，以及黄河流域、长江流域、辽河流域等其他中心性遗址，实施重点发掘，并对这些遗址周边的聚落群开展大规模考古调查。通过一系列重大考古发现和多学科综合研究，实证了中华五千多年文明，揭示了中华文明的丰富内涵，为增强中华民族的文化自信提供了丰富的精神动力和源泉。

（二）新时代文明建设考古实证并深入阐释了"大一统"的政治格局与中华文明的关系

深入开展中国文明历史研究，更好认识源远流长、博大精深的中华文明，考古工作者提供了可靠的科学支撑。2022年5月27日，中共十九届中央政治局就深化中华文明探源工程进行第三十九次集体学习，习近平总书记主持学习并发表《把中国文明历史研究引向深入　增强历史自觉坚定文化自信》的重要讲话，充分肯定中华文明探源工程取得的重要阶段性成效，科学回答了事关中国文明历史研究的一系列根本性问题，就继续推进、不断深化中华文明探源工程部署了五项重点工作。习近平总书记深刻指出，中华文明探源工程提出文明定义和认定进入文明社会的中国方案，为世界文明起源研究做出了原创性贡献。20年来，中华文明起源研究成就斐然，中国学者基于大量考古实践提出了文明标准的中国方案：一是生产发展，人口增加，出现城市；二是社会分工和社会分化不断加剧，出现阶级；三是权力不断强化，出现王权和国家。这些认识突破了西方学者"城市、文字、冶金术"的文明标准局限性，为揭示中华文明演进的动力、法则、路径，构建中华文明起源逻辑发展链条，奠定了基础。

经过多学科联合攻关，中华文明探源工程取得了重要阶段性成果，实证了我国百万年的人类史、一万年的文化史、五千多年的文明史。科学回答了事关中华文明研究的一系列根本性问题，科学阐述了把中国文明历史研究引向深入的重大意义。考古研究发现，生产发展，人口增加，出现了城市；社会分工和社会分化不断加剧，出现了阶级；权力不断强化，出现了由王权控制的早期国家雏形。为此，社会分化作为跨入文明阶段的一个重要节点，是非常重要的考古与研究领域。一些文化和社会发展较快的地区相继出现了早期国家，跨入了文明阶段。例如，黄河中下游仰韶文化在庙底沟文化时期的相关聚落中开始出现阶层的分化，长江中下游地区崧泽文化早期聚落中出现较为明显的分层，辽河流域红山文化聚落中也出现了地位分化。这些区域在社会上层形成了对龙的崇拜、以玉为贵的理念，出现了将精美玉器等作为珍贵物品彰显持有者权贵身份的礼制，确立了早期国家形态。由此，考古工作者判断进入文明社会的标准，具有重要的科学价值。

文明探源是当今学术热点课题，最具代表性的是深入研究以陶寺遗址为代表的中华文明探源工程重要遗址，破解"最早的中国"。经过四十余年陶寺遗址考古发掘与研究，已经初步建立起一套比较完整的证据链，涉及考古学、历史学等多学科，综合了田野发掘和文献考辨等多领域。目前掌握的研究成果显示，陶寺都城遗址应该是尧舜之都。通过对陶寺遗址的发掘，可以证明在尧舜时期，王权主导着太阳地平历、圭表测影太阳历、阴阳合历，控制年时；通过朔望月轮太阳历，控制月时；通过盘古沙漏，控制昼夜时间，以此把握社会各种社会生活的时间命脉。从对陶寺遗址的研究可见，通过对时间与空间的精准管理来为王权与社会政治服务，成为陶寺邦国政治与制度文明的重要组成部分。陶寺邦国的时空政治文明核心基因就是经天纬地，标志着中国文明中政治与制度文明对时空管理的肇端，被后世历代王朝继承完善。

（三）高水平文化艺术成果不断推出，社会文明程度整体提升

党的十八大以来，我国意识形态领域形势发生全局性、根本性转变，全党全国各族人民文化自信明显增强，全社会凝聚力和向心力极大提升，为新时代开创党和国家事业新局面提供了坚强思想保证和强大精神力量。党的十九届六中全会通过的《中共中央关于党的百年奋斗重大成就和历史经验的决议》指出："党的十八大以来，我国意识形态领域形势发生全局性、根本性转变，全党全国各族人民文化自信明显增强，全社会凝聚力和向心力极大提升，为新时代开创党和国家事业新局面提供了坚强思想保证和强大精神力量。"新时代文化建设取得的历史性胜利、发生的历史性变革来之不易，根本原因在于以习近平同志为核心的党中央坚持把马克思主义基本原理同中国具体实际相结合、同中华优秀传统文化相结合，牢牢掌握意识形态工作领导权，不断推动中国特色社会主义文化创新发展。

培育和践行社会主义核心价值观，推动中华优秀传统文化创造性转化、创新性发展。核心价值观是一个民族赖以维系的精神纽带，是一个国家共同的思想道德基础。习近平总书记指出："一个民族、一个国家的核心价值观必须同这个民族、这个国家的历史文化相契合，同这个民族、这个国家的人民正在进行的奋斗相结合，同这个民族、这个国家需要解决的时代问题相适应。"能否构建具有强大感召力的核心价值观，关系社会和谐稳定，关系国家长治久安。党的十八大以来，我们党持续培育和践行社会主义核心价值观，将社会主义核心价值观融入社会生活，融入法治建设与社会治理，不断提高社会文明程度。坚持以社会主义核心价值观引领文

化建设，注重用社会主义先进文化、革命文化、中华优秀传统文化培根铸魂。广泛开展中国特色社会主义和中国梦宣传教育，推动理想信念教育常态化制度化，加强爱国主义、集体主义、社会主义教育。积极构建主流文化认同，主流影视剧呈现蓬勃生机，制作出《觉醒年代》《长津湖》等一系列优秀影视作品。同时，中华文化"走出去"力度明显加大，国际传播能力大为提高，积极向世界讲好中国故事、中国共产党故事，传播好中国声音，促进人类文明交流互鉴，国家文化软实力、中华文化影响力明显提升。

（四）推动构建人类命运共同体，共建"一带一路"，加强不同文明之间的交流与对话

中华文明在形成过程中，兼容并蓄，博采众长，蕴含了多元文化交汇共生、彼此融合的特点。这一文明基因决定了中国不仅是推动文明交流互鉴、构建人类命运共同体的倡导者，更是实践者和引领者。推动构建人类命运共同体，是习近平总书记科学统筹国内国际两个大局，创造性提出的推动世界和平与人类进步的"中国方案"，是习近平新时代中国特色社会主义思想的重要组成部分，实现了马克思主义中国化的理论创新和实践创新。人类命运共同体思想深深植根于五千年中华文明智慧的土壤，是中华传统文化的创新和发展。积极开展跨文化交流，对于构建人类命运共同体具有重要意义。构建人类命运共同体是习近平总书记站位于全人类命运高度，对当今世界格局、时代主题以及未来世界秩序的战略构想，是中国与世界深度互动的理论结晶。

文明不是孤立形成和发展的。习近平总书记指出，文明因交流而多彩，文明因互鉴而丰富。任何一种文明，不管它产生于哪个国家、哪个民族的社会土壤之中，都是流动的、开放的。这是文明传播和发展的一条重要规律。只有切实遵循文化传播规律，才能在跨文化交流过程中不断提升构建人类命运共同体的传播效果。中国提出共建"一带一路"，加强文明对话，倡导以"和平合作、开放包容、互学互鉴、互利共赢"为核心的丝路精神，是在新的历史条件下加强同世界各国的交流合作，促进各国文明对话和文化交流的重要举措，必将促进人与人之间的交流与理解，有助于构建包容性社会，为解决世界争端提供中国智慧。

二、新时代对"文明"的理论探索和重要价值

习近平总书记在主持中共十九届中央政治局就深化中华文明探源工程进行第三十九次集体学习时强调，要把中华文明起源研究同中华文明特质和形态等重大问题研究紧密结合起来，深入研究阐释中华文明起源所昭示的中华民族共同体发展路向和中华民族多元一体格局演进，研究阐释中华文明讲仁爱、重民本、守诚信、崇正义、尚和合、求大同的精神特质和发展形态，阐明中国道路的深厚文化底蕴。

（一）中华文明的时代意义

习近平总书记在庆祝中国共产党成立 100 周年大会上指出："我们坚持和发展中国特色社会主义，推动物质文明、政治文明、精神文明、社会文明、生态文明协调发展，创造了中国式现代化新道路，创造了人类文明新形态。"中华优秀传统文化是中华文明的结晶。

注重以民为本。中华文明的生命力来自"上本天道、下符民心"的人民至上价值观。中华文明之所以能够凝聚起广大的政治体，是因为皇权承认天的象征意义，皇帝代天理政。由于天象征的是天下生民的全体性，因此天的公共性包含了大公至正的价值观和执中平衡的治理理念。以民为本是中华文明的核心，积极引导着历史主动性，始终引领开创政治新局面。中国共产党继承、发展、创造性转化了中华文明中对天的信仰，把人民对美好生活的向往作为奋发图强的强大动力。中国共产党用时代精神重新激活了中华文明的核心价值观，赋予了中华文明以新的形态。

破解文明冲突。"我们要用文明交流交融破解'文明冲突论'。"党的十八大以来，习近平总书记统筹国内国际两个大局，以高度的文化自信，在多个场合反复强调："人类只有肤色语言之别，文明只有姹紫嫣红之别，但绝无高低优劣之分""文明因多样而交流，因交流而互鉴，因互鉴而发展"。

培育革新精神，不断积极进取。中华文明重视穷天人之际，通古今之

变，探讨自然、认识自然、改造自然。重视历史是中华文明最为深厚的传统，中华文明强调从历史中探索规律，从实际中寻求真理，展现了与在现象背后、在变化之外求真理的逻辑理性完全不同的思维模式和世界观。历史的连续性保证了能从认识历史的过程中摸索规律，进而不断生成新的历史。在中国文明中，通古今之变就有了在传统认识论上的突破性。因此，中华文明不惧怕历史，不畏惧变革。相反，中华文明总能从变化中找到推动社会进步的力量，在困局中开出新局。

（二）中华文明的内涵及其与中国历史、文化和传统的关系

在中华大地上，五千多年连续发展的历史，塑造了多元一体的一统秩序，为中华文明的创生扩大，不断发展，吸收异域文明，形成不同于西方文明的特质奠定了基础。中国文明始终以连续发展的大一统政治体为核心，实现政治统一，为文明的连续发展演进奠定了基础。中华文明的内涵包含两个向度：一个是中华文明在形成过程中包含了什么元素，表现为什么面貌；另一个是中华文明在当今时代的现实意义。中华文明讲仁爱、重民本、崇正义、守诚信、尚和合、求大同的精神特质和发展形态，包含了一整套成体系的价值观。

距今8000年前，中国大部地区出现了秩序井然的社会和一定程度的社会分化，产生了较为先进复杂的思想观念和知识系统，包括宇宙观、伦理观、历史观，以及天文、数学、符号、音乐知识等，这些思想观念和知识系统传承至今，构成中华文明的核心内涵。更进一步说，当时中国大部地区文化已经初步交融联结为一个雏形的"早期中国文化圈"，有了文化上"早期中国"的萌芽。因此，8000年前已经迈开了中华文明起源的第一步。距今6000年左右，仰韶文化的东庄—庙底沟类型在晋、陕、豫交界区迅猛崛起并对外形成强力影响，导致中国大部地区文化交融联系形成以中原为核心的三层次的文化共同体，"早期中国文化圈"或者最早的文化上的"早期中国"正式形成。距今约6000年以后，作为核心区的晋南、豫西和关中东部，聚落遗址数量激增，出现了明显的聚落分化，涌现出数十万甚至超百万平方米的大型聚落，在核心区的河南灵宝西坡等遗址出现了200~500平方米的殿堂式建筑，以及随葬玉钺的大墓。春秋战国，中国社会经历了由西周统一的宗法社会到春秋战国诸侯争霸的分裂时期，以及战国末年由分裂走向中央集权的转型过程。在社会动荡的历史时期，思想界出现不同流派，儒家、墨家、法家、道家纷纷提出各自主张，影响了中国封建社会的发展演变。进入近现代社会以来，传统价值观经过中国革命和现代化建设，已经深入人心，深刻融入到了中国现代文明进程之中。

（三）中华文明对于人类文明共同体建设的重要价值

以中华文明为本位，推动世界文明互鉴。文明是随着人类交往的扩大而形成和发展的。交流互鉴是文明存在的必要条件，是文明发展的本质要求。加强文明的交流是文明发展的内在要求和基本规律。交往的前提是互相尊重，平等对话。坚持弘扬平等、互鉴、对话、包容的文明观，以宽广胸怀理解不同文明对价值内涵的认识，尊重不同国家人民对自身发展道路的探索，以文明交流超越文明隔阂，以文明互鉴超越文明冲突。讲好中华文明故事，要立足中国大地，讲清楚中国是什么样的文明、什么样的国家。

2013年9月和10月，由国家主席习近平提出的建设"新丝绸之路经济带"和"21世纪海上丝绸之路"的合作倡议，以古代丝绸之路的文明交往符号，发展与沿线国家的经济合作伙伴关系，共同打造政治互信、经济融合、文化包容的利益共同体、命运共同体和责任共同体，成为文明互鉴的新范式。

三、新时代中华民族现代文明建设的发展展望

马克思深刻指出："人们自己创造自己的历史，但是他们并不是随心所欲地创造，并不是在他们自己选定的条件下创造，而是在直接碰到的、既定的、从过去承继下来的条件下创造。"一个国家和民族选择什么样的发展道路，不仅受制于特定的政治和经济因素，而且取决于特有的历史文化传统。独特的文化传统、独特的历史命运、独特的基本国情，注定了中国道路必然是从中华民族五千多年的历史传承中走出来的。

党的十八大以来，习近平总书记以高瞻远瞩的战略眼光，深沉坚定的

文化自信，就推动中华优秀传统文化创造性转化、创新性发展，提出了一系列新思想、新观点、新论断，反复强调中华优秀传统文化是中华民族的突出优势，必须结合新的时代条件传承和弘扬好。

（一）新时代文明建设的重要问题

习近平总书记指出："我们党领导的革命、建设、改革伟大实践，是一个接续奋斗的历史过程，是一项救国、兴国、强国，进而实现中华民族伟大复兴的完整事业。"习近平总书记指出的"接续奋斗"，正是新时代对中华文明生生不息精神的准确表述，也是中华文明绵延发展特质的深刻体现。

新时代文明建设，要继续秉持实事求是的历史唯物主义根本原理，强调人类文明史发展中生产力和生产关系的根本性作用，着重从人民大众的角度分析历史。在探索中国文明史的重大问题上，历史唯物主义是有效的历史分析工具，具有独特的优势。中华文明强调敦本务实，主张情理合一、事理合一，反对教条主义、经验主义。

新时代文明建设发展，要提高政治站位，把习近平总书记在中共中央政治局第三十九次集体学习时的重要讲话放到习近平新时代中国特色社会主义思想科学体系中系统学习、深刻领悟，把中国文明历史研究引向深入。要加强对中华文明研究的组织领导，牢牢把握正确的政治方向、学术导向和价值取向，加强统筹规划和科学布局，扎实开展中华文明的研究阐释工作，积极宣传、推广、转化中国文明历史研究成果，大力推进文物保护利用和文化遗产保护传承。第一，加强多学科联合攻关，推动中华文明探源工程取得更多成果；第二，深化研究中华文明特质和形态，为人类文明新形态建设提供理论支撑；第三，推动中华优秀传统文化创造性转化、创新性发展，为民族复兴立根铸魂；第四，推动文明交流互鉴，推动构建人类命运共同体；第五，让更多文物和文化遗产活起来，营造传承中华文明的浓厚社会氛围。

自 2002 年开启的中华文明探源工程，已经完成了预研究和第一至第四阶段的研究，第五阶段的研究正在进行中。进一步深入分析中国文明起源、发展、现代转型的根本动力，中国文明史的发展规律和基本发展趋势，如何在比较的视野下阐释中华文明特质，如何更好地继承和发扬中华文明优秀历史遗产，定位中华文明的世界意义。

理解中华文明的存续。文明的存续实际上是文明自身不断发挥历史主动性的过程，中华文明长期存续的生命力，要从历史主动性的基因中寻找。充分运用中华文明探源工程等研究成果，更加完整准确地讲述中国古代历史，更好发挥以史育人作用。接下来，要进一步深入了解中华文明五千年发展史，加强多学科联合攻关，把中国文明历史研究引向深入，深化对中华文明起源重大问题的研究阐释，推动全党全社会增强历史自觉、坚定文化自信，坚定不移走中国特色社会主义道路，为全面建设社会主义现代化国家、实现中华民族伟大复兴而团结奋斗。

积极推进文物保护利用和文化遗产保护传承。文物和文化遗产承载着中华文明，传承着历史文化，维系着民族精神。在保护好、研究好文物的同时，还要加强宣传、利用，凸显其文化价值，彰显其文明本色。党的十八大以来，习近平总书记反复强调："要系统梳理传统文化资源""让收藏在博物馆里的文物、陈列在广阔大地上的遗产、书写在古籍里的文字都活起来"。要积极推进文物保护利用和文化遗产保护传承，挖掘文物和文化遗产的多重价值，传播更多承载中华文化、中国精神的价值符号和文化产品，引导群众特别是青少年要更好地认识和认同中华文明，增强做中国人的志气、骨气、底气。

面向世界，讲好中华文明故事。习近平总书记把人类普遍追求的共同价值观深深植根于中华文明沃土，创造性地提出"文明交流互鉴"理论和构建人类命运共同体理念，为深化中华文明研究提供了重要理论指引。习近平总书记指出，中华文明自古就以开放包容闻名于世，在同其他文明的交流互鉴中不断焕发新的生命力。深化中华文明研究，不能孤立地讲中华文明，要将其寓于人类文明进步成长的历史长河中，从文明交流互鉴与文明发展的战略视野，阐明人类社会未来前景。

我们要增强历史自信，更好认识和认同中华文明，更加自觉地继承和发扬中华优秀传统文化，增强做中国人的志气、骨气、底气，汇聚起实现中华民族伟大复兴的磅礴力量。

（二）马克思主义中国化与中华文明的自主知识体系建设

在现代中国，马克思主义中国化的重要标志就是用马克思主义实践论重述了知行关系，使中国马克思主义哲学成为中国哲学精神的新发展。习近平新时代中国特色社会主义思想的哲学内涵作为当代中国马克思主义哲学，在创造了当代中国哲学的同时，也推动了中华文明新形态的创造。

中华文明的生命力来自人民至上的价值观导引。中国共产党的创立充分说明了中华文明内在生命力的强大。这种生命力是一种不断从历史困境中开辟新境界的能力，是一种将古老文明不断带入新境界、新状态的能力。正是这种能力，让中华文明历久弥新、既久且大。中国共产党通过对中华文明的创造性转化和创新性发展，通过对中华文明的现代化，把古老中国的连续性、规模性和一统性带入现代化，创造了中华文明的新形态、人类文明的新形态，铸就了中华文化的新辉煌。

习近平总书记明确提出了对待中华文明的科学态度、基本原则和中华文明研究的方法路径。我们党历来用历史唯物主义的立场观点方法看待中华民族历史，继承和弘扬中华优秀传统文化，坚持古为今用，推陈出新，继承和弘扬中华传统文化的优秀成分。坚持守正创新，推动中华优秀传统文化同社会主义社会相适应，展示中华民族的独特精神标识，更好构筑中国精神、中国价值、中国力量。

坚持正确的研究导向和研究方法，构建有中国特色的文明理论。坚持马克思主义的根本指导，传承弘扬革命文化，发展社会主义先进文化，从中华优秀传统文化中寻找源头活水。坚持弘扬平等、互鉴、对话、包容的文明观，以广阔的胸怀理解不同文明对价值内涵的认识，尊重不同国家人民对自身发展道路的探索，以文明交流超越文明隔阂，以文明互鉴超越文明冲突，以文明共存超越文明优越，弘扬中华文明蕴含的全人类价值。

增强学术自觉、着力构建中国特色、中国风格、中国气派的文明研究学科体系、学术体系、话语体系。注意成果转化，加强对中国文明历史研究成果的宣传推广。

（三）中华文明发展与人类文明共同体建设

习近平总书记在中共中央政治局第二十三次集体学习时强调，要运用我国考古成果和历史研究成果，通过交流研讨等方式，向国际社会展示博大精深的中华文明，讲清楚中华文明的灿烂成就和对人类文明的重大贡献，让世界了解中国历史、了解中华民族精神，从而不断加深对当今中国的认知和理解，营造良好的国际舆论氛围。中华文明以大一统的政治思维为基础发展至今，充分证明了其生生不息的生命力。展望世界发展的未来，中华文明蕴含的美美与共、天下大同的实践智慧，一定能够为维护世界文明多样性，构建人类命运共同体，形成人类共同的价值理念，推进人类文明向前发展，做出新的更大贡献。

中国文明的价值内涵具有普遍性，蕴含着全人类普遍价值。和平、发展、公平、正义、民主、自由是全人类的共同价值，反映了国际社会对建立新型国际关系的诉求，蕴含着推动全球治理体系变革的重大意义。中国文明的当代实践，将使全人类普遍价值更加全面、更加完善。在推动中华优秀传统文化创造性转化、创新性发展的过程中，要坚持马克思主义根本指导思想，传承弘扬革命文化，发展社会主义先进文化，从中华优秀传统文化中寻找源头活水。

中国文明的价值内涵具有时代性和社会性。中华文明的基因渗透到政治经济社会家庭的方方面面，是中国社会规范和行为准则的重要源泉。同时，要深化研究中华文明特质和形态，为人类文明新形态建设提供理论支撑。要把中华文明起源研究同中华文明特质和形态等重大问题研究紧密结合起来，深入研究阐释中华文明起源所昭示的中华民族共同体发展路向和中华民族多元一体演进格局，研究阐释中华文明讲仁爱、重民本、守诚信、崇正义、尚和合、求大同的精神特质和形态，阐明中国道路的深厚文化底蕴。

中华文明是世界文明的重要组成部分，要进一步推动文明交流互鉴，加快推动构建人类命运共同体。中华文明五千多年发展史充分说明，无论是物种、技术，还是资源、人群，甚至思想、文化，都是在不断传播、交流、互动中得以发展进步的。要用文明交流交融破解"文明冲突论"。坚持弘扬平等、互鉴、对话、包容的文明观，弘扬中华文明蕴含的全人类共同价值。

作者简介：

解扬，中国社会科学院古代史研究所明史研究室主任、研究员，香港中文大学哲学博士（历史学部）。兼任中国历史研究院朱鸿林工作室特聘研究员、中国社会科学院徽学研究中心研究员、赣南师范大学王阳明研究中心客作研究员、中国明史学会副秘书长，美国明史学会理事，香港孔子学院中国历史文化研究中心研究员。曾任哈佛大学东亚系、牛津大学东方学系访问学者，香港理工大学中国文化系研究员。研究方向为明史、思想文化史。

思想道德建设与
新时代文化发展

人民有信仰，国家有力量，民族有希望。要提高人民思想觉悟、道德水准、文明素养，提高全社会文明程度。广泛开展理想信念教育，深化中国特色社会主义和中国梦宣传教育，弘扬民族精神和时代精神，加强爱国主义、集体主义、社会主义教育，引导人们树立正确的历史观、民族观、国家观、文化观。

——习近平在中国共产党第十九次全国代表大会上的报告

（2017 年 10 月 18 日）

道德篇

思想道德建设与新时代文化发展

　　思想道德建设是新时代中国特色社会主义文化建设的核心内容之一。党的十八大报告指出，建设社会主义文化强国，必须加强社会主义核心价值体系建设；广泛开展理想信念教育，大力弘扬民族精神和时代精神，积极培育和践行社会主义核心价值观。同时，必须全面提高公民道德素质，这是社会主义道德建设的基本任务。

　　党的十九大报告进一步指出，坚定文化自信，推动社会主义文化繁荣兴盛；要培育和践行社会主义核心价值观。同时，要加强思想道德建设；提高全社会文明程度，广泛开展理想信念教育，深入实施公民道德建设工程，加强和改进思想政治工作，深化群众性精神文明创建活动。

　　党的二十大报告再次指出，广泛践行社会主义核心价值观。弘扬以伟大建党精神为源头的中国共产党人精神谱系，用好红色资源，深入开展社会主义核心价值观宣传教育，深化爱国主义、集体主义、社会主义教育，着力培养担当民族复兴大任的时代新人。推动理想信念教育常态化制度化，持续抓好党史、新中国史、改革开放史、社会主义发展史宣传教育，引导人民知史爱党、知史爱国，不断坚定中国特色社会主义共同理想。用社会主义核心价值观铸魂育人，完善思想政治工作体系，推进大中小学思想政治教育一体化建设。

　　党的二十大报告还指出，提高全社会文明程度。实施公民道德建设工程，弘扬中华传统美德，加强家庭家教家风建设，加强和改进未成年人思想道德建设，推动明大德、守公德、严私德，提高人民道德水准和文明素养。统筹推动文明培育、文明实践、文明创建，推进城乡精神文明建设融合发展，在全社会弘扬劳动精神、奋斗精神、奉献精神、创造精神、勤俭节约精神，培育时代新风新貌。加强国家科普能力建设，深化全民阅读活动。完善志愿服务制度和工作体系。弘扬诚信文化，健全诚信建设长效机制。发挥党和国家功勋荣誉表彰的精神引领、典型示范作用，推动全社会见贤思齐、崇尚英雄、争做先锋。

这些论述是党中央对加强思想道德建设作出的重大部署，也揭示了新时代思想道德建设的丰富内涵。根据党的二十大报告的最新表述，广义的思想道德建设包含社会主义核心价值观建设和公民道德建设两个组成部分。其中，社会主义核心价值观建设包含了理想信念教育、加强和改进思想政治工作等内容；思想道德建设，尤其是公民道德建设又与群众性精神文明创建活动紧密联系在一起，成为提高全社会文明程度的两个重要的方面。2022 年 8 月，中共中央办公厅、国务院办公厅印发《"十四五"文化发展规划》，提出"加强新时代思想道德建设和群众性精神文明创建"，具体包括以下四个方面的内容：深入推进社会主义核心价值观建设；加强公民道德建设；加强和改进思想政治工作；创新拓展群众性精神文明创建活动。

一、党的十八大以来思想道德建设领域的重要部署

我们党历来高度重视思想道德建设。毛泽东同志强调，要做"一个高尚的人，一个纯粹的人，一个有道德的人，一个脱离了低级趣味的人，一个有益于人民的人"[1]。邓小平同志强调，"风气如果坏下去，经济搞成功又有什么意义？会在另一方面变质，反过来影响整个经济变质"[2]。江泽民同志强调："我们必须旗帜鲜明地扶持正气，克服邪气，在全社会造成浓厚的健康向上、积极进取的良好风尚。"[3] 胡锦涛同志强调："道德力量是国家发展、社会和谐、人民幸福的重要因素。"[4] 党的十八大以来，习近平

---

① 《毛泽东选集》（第二卷），人民出版社 1991 年版，第 660 页。
② 《邓小平文选》（第三卷），人民出版社 1993 年版，第 154 页。
③ 参见江泽民 1993 年 11 月 14 日在中国共产党第十四届中央委员会第三次全体会议上的讲话。
④ 《胡锦涛文选》（第二卷），人民出版社 2016 年版，第 610 页。

总书记对加强思想道德建设作出一系列重要论述，提出一系列新思想新观点新要求，强调"国无德不兴，人无德不立"① "精神的力量是无穷的，道德的力量也是无穷的"② "积极引导人们讲道德、尊道德、守道德，追求高尚的道德理想，不断夯实中国特色社会主义的思想道德基础"③。

改革开放以来，我们党、国家、民族的面貌发生了前所未有的变化，人民的精神面貌也发生了深刻变化，全社会的思想道德主流始终是健康向上的。特别是党的十八大以来，随着党风政风的明显好转，社会风气呈现出许多可喜的变化。但值得重视的是，思想道德领域仍然存在不少问题，信仰缺失、道德缺失、诚信缺失等仍然比较突出。一些社会成员理想信念模糊，世界观、人生观、价值观扭曲；一些领域道德失范、诚信缺失现象比较突出；一些社会成员是非不分、善恶不分、美丑不分，拜金主义、享乐主义、极端个人主义有所滋长；以权谋私、造假欺诈、见利忘义、损人利己等现象时有发生。对这些问题，应当引起高度重视，采取更加有效的举措，切实加以解决。

为此，党的十八大以来，党中央在思想道德建设领域推出了一系列重要举措，取得了良好的社会效果。

（一）培育和践行社会主义核心价值观

习近平总书记指出："人类社会发展的历史表明，对一个民族、一个国家来说，最持久、最深层的力量是全社会共同认可的核心价值观。核心价值观承载着一个民族、一个国家的精神追求，体现着一个社会评判是非曲直的价值标准。"④ 党的十八大以来，以习近平同志为核心的党中央把社会主义核心价值观建设作为基础工程和战略任务摆在突出位置，作出了一系列重要部署。

2013年12月，中共中央办公厅印发《关于培育和践行社会主义核心价值观的意见》。《意见》指出，社会主义核心价值观是社会主义核心价

---

① 参见习近平2013年11月24~28日在山东考察时的讲话。
② 《习近平谈治国理政》，外文出版社2014年版，第158页。
③ 《习近平谈治国理政》，外文出版社2014年版，第163页。
④ 《习近平谈治国理政》，外文出版社2014年版，第168页。

值体系的高度凝练和集中表达。富强、民主、文明、和谐是国家层面的价值目标，自由、平等、公正、法治是社会层面的价值取向，爱国、敬业、诚信、友善是公民个人层面的价值准则，这 24 个字是社会主义核心价值观的基本内容，为培育和践行社会主义核心价值观提供了基本遵循。

《意见》指出，要把培育和践行社会主义核心价值观融入国民教育全过程；把培育和践行社会主义核心价值观落实到经济发展实践和社会治理中。《意见》还指出，要从以下四个方面加强社会主义核心价值观的宣传教育：用社会主义核心价值观引领社会思潮、凝聚社会共识；新闻媒体要发挥传播社会主流价值的主渠道作用；建设社会主义核心价值观的网上传播阵地；发挥精神文化产品育人化人的重要功能。同时，要从以下六个方面开展涵养社会主义核心价值观的实践活动：广泛开展道德实践活动；深化学雷锋志愿服务活动；深化群众性精神文明创建活动；发挥优秀传统文化怡情养志、涵育文明的重要作用；发挥重要节庆日传播社会主流价值的独特优势；运用公益广告传播社会主流价值、引领文明风尚。

2016 年 12 月，中共中央办公厅、国务院办公厅印发《关于进一步把社会主义核心价值观融入法治建设的指导意见》。《意见》指出，社会主义核心价值观是社会主义法治建设的灵魂。把社会主义核心价值观融入法治建设，是坚持依法治国和以德治国相结合的必然要求，是加强社会主义核心价值观建设的重要途径。

2017 年 10 月，习近平总书记在党的十九大报告中指出：社会主义核心价值观是当代中国精神的集中体现，凝结着全体人民共同的价值追求。要以培养担当民族复兴大任的时代新人为着眼点，强化教育引导、实践养成、制度保障，发挥社会主义核心价值观对国民教育、精神文明创建、精神文化产品创作生产传播的引领作用，把社会主义核心价值观融入社会发展各方面，转化为人们的情感认同和行为习惯。坚持全民行动、干部带头，从家庭做起，从娃娃抓起。深入挖掘中华优秀传统文化蕴含的思想观念、人文精神、道德规范，结合时代要求继承创新，让中华文化展现出永久魅力和时代风采。

2022 年 10 月，习近平总书记在党的二十大报告中进一步指出：广泛践行社会主义核心价值观。社会主义核心价值观是凝聚人心、汇聚民力的强大力量。深入开展社会主义核心价值观宣传教育。用社会主义核心价值观铸魂育人。坚持依法治国和以德治国相结合，把社会主义核心价值观融入法治建设、融入社会发展、融入日常生活。

（二）颁布《新时代公民道德建设实施纲要》

2019 年 10 月，中共中央、国务院印发《新时代公民道德建设实施纲要》。《纲要》指出，中国共产党领导人民在革命、建设和改革历史进程中，坚持马克思主义对人类美好社会的理想，继承发扬中华传统美德，创造形成了引领中国社会发展进步的社会主义道德体系。

《纲要》主要包含以下七个部分的内容：总体要求、重点任务、深化道德教育引导、推动道德实践养成、抓好网络空间道德建设、发挥制度保障作用和加强组织领导。《纲要》指出，坚持马克思主义道德观、社会主义道德观，倡导共产主义道德，以为人民服务为核心，以集体主义为原则，以爱祖国、爱人民、爱劳动、爱科学、爱社会主义为基本要求，始终保持公民道德建设的社会主义方向。《纲要》还指出，全面推进社会公德、职业道德、家庭美德、个人品德建设，持续强化教育引导、实践养成、制度保障，不断提升公民道德素质，促进人的全面发展，培养和造就担当民族复兴大任的时代新人。

《纲要》指出，新时代公民道德建设的四个重点任务是：筑牢理想信念之基；培育和践行社会主义核心价值观；传承中华传统美德；弘扬民族精神和时代精神。《纲要》还指出，要从以下七个方面深化道德教育引导：把立德树人贯穿学校教育全过程；用良好家教家风涵育道德品行；以先进模范引领道德风尚；以正确舆论营造良好道德环境；以优秀文艺作品陶冶道德情操；发挥各类阵地道德教育作用；抓好重点群体的教育引导。

《纲要》指出，要从以下八个方面推动道德实践养成：广泛开展弘扬时代新风行动；深化群众性创建活动；持续推进诚信建设；深入推进学雷锋志愿服务；广泛开展移风易俗行动；充分发挥礼仪礼节的教化作用；积极践行绿色生产生活方式；在对外交流交往中展示文明素养。《纲要》还特别指出，要从以下四个方面抓好网络空间道德建设：加强网络内容建设；培养文明自律网络行为；丰富网上道德实践；营造良好网络道德环境。此外，《纲要》还指出，要从以下四个方面发挥制度保障作用：强化法律法规保障；彰显公共政策价值导向；发挥社会规范的引导约束作用；深化道德领域突出问题治理。

2001 年，中共中央颁布了《公民道德建设实施纲要》，对在社会主义市场经济条件下加强公民道德建设提供了重要指导。《新时代公民道德建设实施纲要》着眼于解决道德建设领域出现的一系列新问题，是新时代思想道德建设的纲领性文件之一。

（三）颁布《新时代爱国主义教育实施纲要》

2019 年 10 月，中共中央、国务院印发《新时代爱国主义教育实施纲要》。《纲要》指出，爱国主义是中华民族的民族心、民族魂，是中华民族最重要的精神财富，是中国人民和中华民族维护民族独立和民族尊严的强大精神动力。

《纲要》紧扣时代主题，提出八个方面的爱国主义教育内容：一是坚持用习近平新时代中国特色社会主义思想武装全党、教育人民。引导干部群众坚持以习近平新时代中国特色社会主义思想为指导，展现新气象、激发新作为，把学习教育成果转化为爱国报国的实际行动。二是深入开展中国特色社会主义和中国梦教育。在历史与现实、国际与国内的对比中，引导人们深刻认识中国共产党为什么"能"、马克思主义为什么"行"、中国特色社会主义为什么"好"，倍加珍惜我们党开创的中国特色社会主义，不断增强道路自信、理论自信、制度自信、文化自信。三是深入开展国情教育和形势政策教育。帮助人们了解我国发展新的历史方位、社会主要矛盾的变化，引导人们在进行伟大斗争中更好地弘扬爱国主义精神。四是大力弘扬民族精神和时代精神。要聚焦培养担当民族复兴大任的时代新人，培育和践行社会主义核心价值观，广泛开展爱国主义、社会主义、集体主义教育，提高人们的思想觉悟、道德水准和文明素养。五是广泛开展党史、国史、改革开放史教育。引导人们深刻认识历史和人民选择中国共产党、选择马克思主义、选择社会主义道路、选择改革开放的历史必然性，凝聚起将改革开放进行到底的强大力量。六是传承和弘扬中华优秀传统文化。引导人们树立和坚持正确的历史观、民族观、国家观、文化观，不断增强中华民族的归属感、认同感、尊严感、荣誉感。七是强化祖国统一和民族团结进步教育。引导各族群众牢固树立"三个离不开"思想，不断增强"五个认同"，使各民族同呼吸、共命运、心连心的光荣传统代代相传。八是加强国家安全教育和国防教育。深入学习宣传总体国家安全观，增强全党全国人民国家安全意识，增强全民国防观念。

《纲要》指出，要运用多种形式和载体开展新时代爱国主义教育。一是建好用好爱国主义教育基地和国防教育基地，强化爱国主义教育和红色教育功能。二是注重运用仪式礼仪，认真贯彻执行国旗法、国徽法、国歌法，强化国家意识和集体观念。三是组织重大纪念活动，充分挖掘重大纪念日、重大历史事件蕴含的爱国主义教育资源，组织开展系列庆祝或纪念活动和群众性主题教育。四是发挥传统和现代节日的涵育功能，大力实施中华传统节日振兴工程，深化"我们的节日"主题活动，引导人们感悟中华文化、增进家国情怀。五是依托自然人文景观和重大工程开展教育，寓爱国主义教育于游览观光之中，引导人们领略壮美河山，投身美丽中国建设。《纲要》还指出，青少年是爱国主义教育的重中之重。

1994 年 8 月，中共中央颁布《爱国主义教育实施纲要》，对在新的历史条件下加强爱国主义教育提供了重要遵循。在 2019 年中华人民共和国成立 70 周年之际，制定印发《新时代爱国主义教育实施纲要》，对于进一步引导全体人民弘扬伟大的爱国主义精神，具有非常重要的现实意义和深远的历史意义。

（四）加强和改进思想政治工作

2021 年 7 月，在中国共产党成立 100 周年之际，中共中央、国务院印发了《关于新时代加强和改进思想政治工作的意见》。《意见》提出，思想政治工作是党的优良传统、鲜明特色和突出政治优势，是一切工作的生命线。

《意见》提出新时代加强和改进思想政治工作的指导思想和方针原则，强调要充分调动一切积极因素，广泛团结一切可以团结的力量，为人民服务，为中国共产党治国理政服务，为巩固和发展中国特色社会主义制度服务，为改革开放和社会主义现代化建设服务。《意见》还强调，要把思想政治工作作为治党治国的重要方式，强化党委（党组）主体责任，把思想政治工作贯穿党的各项建设之中。

关于如何深入开展思想政治教育，《意见》提出了六个方面的任务。一是坚持用习近平新时代中国特色社会主义思想武装全党、教育人民。健全用党的创新理论武装全党、教育人民工作体系，完善党委（党组）理论学习中心组等各层级学习制度，深入实施马克思主义理论研究和建设工程，适应不同群体和受众特点，加强理论宣传普及，落实意识形态工作责任制。二是推动理想信念教育常态化制度化。广泛开展中国特色社会主义和中国梦宣传教育，加强爱国主义、集体主义、社会主义教育，弘扬党和人民在各个历史时期奋斗中形成的伟大精神，开展以劳动创造幸福为主题的宣传教育，加强马克思主义唯物论和无神论教育。三是培育和践行社会主义核心价值观。坚持贯穿结合融入、落细落小落实，聚焦聚力培养担当民族复兴大任的时代新人，加强教育引导、实践养成、制度保障，推动社会主义核心价值观融入社会发展和百姓生活。四是加强党史、新中国史、改革开放史、社会主义发展史和形势政策教育。以党史为重点系统学习"四史"，深入实施红色基因传承工程，引导党员、干部、群众旗帜鲜明反对历史虚无主义，继往开来走好新时代长征路。五是加强社会主义法治教育。深入学习宣传习近平法治思想，开展宪法宣传教育，完善国家工作人员学法用法制度，增强全民法治观念，加大党章党规党纪宣传力度，夯实依法治国群众基础。六是增强忧患意识、发扬斗争精神。坚持底线思维，广泛开展防范化解重大风险宣传教育，总结新冠疫情防控斗争经验，深入学习宣传总体国家安全观，加强全民国防教育。

除了上述战略部署，2022年8月，中共中央办公厅、国务院办公厅印发《"十四五"文化发展规划》，对"十四五"时期包括思想道德建设在内的新时代社会主义文化建设作出了总体规划。2022年10月，党的二十大胜利召开，对思想道德建设作出进一步部署。

总之，党的十八大以来，以习近平同志为核心的党中央高度重视思想道德建设，固本培元、凝心铸魂，作出一系列重要部署，推动思想道德建设取得显著成效。同时也要看到，思想道德建设是在人的心灵里搞建设，是一个潜移默化、日积月累的过程，必须持续用力、久久为功，驰而不息地抓下去。

二、当前思想道德建设领域的重要问题

思想道德建设是一个系统工程，涉及的领域方方面面，问题错综复杂。在当前的历史条件下，思想道德建设领域中的以下问题尤其值得重视：一是要抓好理想信念教育这个根本。习近平总书记指出："一个国家、一个民族，要同心同德迈向前进，必须有共同的理想信念作支撑。"① 理想信念教育，重点在社会主义核心价值观建设，而社会主义核心价值观建设的关键在培养担当民族复兴大任的时代新人。二是要抓好道德建设这个基础。国无德不兴，人无德不立。要深入实施公民道德建设工程，推进社会公德、职业道德、家庭美德、个人品德建设，构建社会主义公民道德体系。三是要抓好风气养成这个关键。衡量社会文明程度高低，很重要的是看文明风尚、精神风貌、人文氛围。其中，深化道德教育引导的首要阵地是学校教育，立德树人是新时代教育的根本任务。

（一）着力培养担当民族复兴大任的时代新人

培养什么样人的问题是社会主义核心价值观建设的根本问题。核心价值观建设说到底是人的思想建设、灵魂建设，聚焦的是造就具有正确世界观、人生观、价值观的社会主义建设者。党的十八大提出要积极培育和践行社会主义核心价值观。富强、民主、文明、和谐是国家层面的价值目标，自由、平等、公正、法治是社会层面的价值取向，爱国、敬业、诚信、友善是公民个人层面的价值准则。这个概括，实际上回答了我们要建设什么样的国家、建设什么样的社会、培育什么样的公民的重大问题。党的十九大和二十大都把"培育什么样的价值观"同"培养什么样的人"更加紧密地结合起来，提出"培养担当民族复兴大任的时代新人"这一重大命题，抓住了价值观建设的根本。

我们党历来重视培养什么样人的问题。在改造旧世界、建设新社会的

---

① 《习近平谈治国理政》（第二卷），外文出版社 2017 年版，第 323 页。

历史进程中，我们党始终把培养一代新人作为重要任务。革命战争年代，我们宣传群众、教育群众，就是要帮助劳苦大众认清苦难生活的根源，为摆脱压迫、实现解放而奋起抗争。新中国成立后，我们党提出培养又红又专的社会主义建设者。改革开放时期，我们党提出培育有理想、有道德、有文化、有纪律的社会主义新人。进入新时代，世界正经历百年未有之大变局，实现中华民族伟大复兴正处于关键时期，越是接近目标，越是形势复杂，越是任务艰巨，越是需要具有崭新风貌、过硬素质的时代新人迎难而上、挺身而出。我们党顺应历史大势，提出培养担当民族复兴大任的时代新人，对于引领广大人民群众特别是青年坚定信心、强化自觉、提升素质，投身民族复兴伟业具有重要而深远的意义。

时代新人之"新"，特别体现在有自信、尊道德、讲奉献、重实干、求进取。有自信，就是要有作为中华儿女的骄傲和自豪，有作为新时代中国人的骨气和底气，爱党、爱国、爱社会主义，对"四个自信"执着坚定，对实现"两个一百年"奋斗目标、实现中华民族伟大复兴的中国梦充满信心。尊道德，就是继承中华传统美德、弘扬社会主义道德，崇德向善、见贤思齐，具有善良的道德情感、正确的道德判断、自觉的道德实践。讲奉献，就是具有自觉的国家意识、民族意识、责任意识，主动担当民族复兴的历史责任，在尽责集体、服务社会、贡献国家中体现自身价值。重实干，就是坚持实践第一、知行合一，求实务实、有为善为，脚踏实地干事创业，用勤劳的双手创造美好生活。求进取，就是始终保持昂扬向上的状态姿态，富有求新求变的朝气锐气，勤于学习、勇于开拓，以新的实践创造成就民族复兴的伟大梦想。

习近平总书记在党的二十大报告中指出，青年强，则国家强。当代中国青年生逢其时，施展才干的舞台无比广阔，实现梦想的前景无比光明。全党要把青年工作作为战略性工作来抓，用党的科学理论武装青年，用党的初心使命感召青年，做青年朋友的知心人、青年工作的热心人、青年群众的引路人。广大青年要坚定不移听党话、跟党走，怀抱梦想又脚踏实地，敢想敢为又善作善成，立志做有理想、敢担当、能吃苦、肯奋斗的新时代好青年，让青春在全面建设社会主义现代化国家的火热实践中绽放绚丽之花。

（二）把社会公德、职业道德、家庭美德、个人品德建设作为公民道德建设的着力点

《新时代公民道德建设实施纲要》指出，要把社会公德、职业道德、家庭美德、个人品德建设作为公民道德建设的着力点。

社会公德是人们在社会交往和公共生活中应当遵循的行为准则，是维护公共秩序和利益、实现社会和谐的基本规范，涵盖了人与人、人与社会、人与自然之间的关系。社会公德是社会文明程度的重要标志。在新时代，加强公民道德建设，必须从社会公德抓起。《新时代公民道德建设实施纲要》指出，推动践行以文明礼貌、助人为乐、爱护公物、保护环境、遵纪守法为主要内容的社会公德，鼓励人们在社会上做一个好公民。

为此，我们首先要树立遵守社会公德的责任意识。个人利益和社会整体利益是不可分割的，没有绝对的个人利益，对社会整体利益的漠视最终会伤害自身的利益。只有每个公民都树立起强烈的社会责任感，抛弃"事不关己，高高挂起"的道德冷漠态度，不做道德的旁观者，积极参与社会公德建设，才能守护好我们的社会文明。其次要树立违反社会公德可耻的观念。人们有了羞耻之心，其言行就不会突破社会公德的底线，就能够主动反省自己的过失，从而达到"有耻且格"的理想境界。最后要树立"帮助别人，快乐自己"的心态。有了这种心态，就不会在帮助别人后觉得自己损失了什么，而是获得了精神上的极大满足和幸福。

职业道德是人们在职业活动中应当遵循的道德准则和行为规范，主要涉及从业人员与服务对象之间、职业与职工之间、不同职业之间的关系。职业道德是职业素养的重要体现以及行业文明进步的主要标志。《新时代公民道德建设实施纲要》提出，推动践行以爱岗敬业、诚实守信、办事公道、热情服务、奉献社会为主要内容的职业道德，鼓励人们在工作中做一个好建设者。

为此，我们首先要坚守崇高职业理想。习近平总书记指出："良好职业道德体现在执着坚守上。"[1] 一个人树立了崇高的职业理想，就能守住初

---

[1] 《习近平谈治国理政》（第三卷），外文出版社 2020 年版，第 326 页。

心，不为外界的诱惑所动，不轻易改变自己的方向。其次要练就过硬职业本领。要在全社会弘扬精益求精的工匠精神，激励广大从业者走技能成才、技能报国之路。最后要始终做到勤业精业。只有干一行爱一行，才能把职业当作事业来做。要在工作中培养职业兴趣，增加乐趣，更好地激发出自己的潜能，发挥对工作的想象力和创造力，获得职业和事业发展的不竭动力。

家庭美德是家庭生活领域的道德规范，是家庭生活幸福美满的精神滋养，对良好社会风气的形成有着重要作用。加强新时代公民道德建设，必须重视家庭建设，注重家庭、注重家教、注重家风。《新时代公民道德建设实施纲要》指出，推动践行以尊老爱幼、男女平等、夫妻和睦、勤俭持家、邻里互助为主要内容的家庭美德，鼓励人们在家庭里做一个好成员。

为此，我们首先要做一个爱国爱家的家庭好成员。国与家永远是一个共同体。只有国家安定、繁荣和强大，才能有温馨和谐的家。这要求我们处理好家庭和国家的关系，恪守"天下兴亡，匹夫有责""先天下之忧而忧，后天下之乐而乐"的使命，先国后家、胸怀天下、至诚报国。其次要做一个敬业担责的家庭好成员。敬业担责历来被视为每个家庭成员应尽的义务，是家道兴隆的动力。要自觉承担家庭责任，奋发有为、服务人民、服务社会，为家庭和谐发展、团结友爱付出努力。要和睦相处、互敬互爱、无私奉献，积极主动赡养老人，细心呵护孩子们的成长，自觉履行家庭成员应尽的道德责任。要讲道修德、量力而行、知足常乐，处理好家庭生活中各种矛盾，真心实意对待家人，让家庭每一个人都身心愉悦。再次要做一个遵纪守法的家庭好成员。要做遵纪守法的表率，学法、懂法、守法、用法，为家庭成员作出示范。最后要做一个传承优良家风的好成员。家风是一个家庭的精神内核，是社会风气的重要组成部分。家风好，就能家道兴盛、和顺美满；家风差，难免殃及子孙、贻害社会，正所谓"积善之家，必有余庆；积不善之家，必有余殃"。

个人品德是道德原则、价值规范在个体思想和行为中的总体呈现。个人品德既是每个人安身立命的根本，也是衡量整个社会道德水准的指标。《新时代公民道德建设实施纲要》指出，推动践行以爱国奉献、明礼遵规、勤劳善良、宽厚正直、自强自律为主要内容的个人品德，鼓励人们在日常生活中养成好品行。

这要求我们每个人，首先要既仰望星空，又脚踏实地。要树立崇高的道德追求，将平凡的人生演奏出精彩的乐章。其次要坦荡无私，见贤思齐。光明磊落、心底无私，才能见贤思齐，择善而从。要坚守正道、弘扬正气，坚持以信念、人格、实干立身；坚持原则、襟怀坦白，对上对下讲真话、实话、心里话；处理好公和私、义和利、是和非、正和邪、苦和乐的关系。要做到见贤思齐，取长补短，闻过则喜，不断增长才干、砥砺品行。最后要增强定力，慎独慎微。要想行得端、走得正，就必须涵养道德操守，明礼诚信，怀德自重，保持严谨的生活作风、培养健康的生活情趣。每个人既要胸怀大志，更要克己慎行、防微杜渐，时刻反思自己工作生活的方方面面，不断加强个人道德修养，实现自我完善，夯实事业发展的根基。

（三）立德树人是新时代教育的根本任务

习近平总书记指出："德是首要、是方向，一个人只有明大德、守公德、严私德，其才方能用得其所。"① 我国是中国共产党领导的社会主义国家，这就从根本上决定了我们的教育必须坚持立德树人，培养一代又一代德智体美劳全面发展的社会主义建设者和接班人。我们培养的人，必须树立共产主义远大理想和中国特色社会主义共同理想，这就是我们要立的"德"。

我们党历来重视以德育人、以德治教，始终把德育摆在突出位置。新中国成立后，我们党确立了教育方针，强调要使受教育者在德育、智育、体育几方面都得到发展，成为有社会主义觉悟的有文化的劳动者。党的十八大把"立德树人"明确为教育的根本任务，党的十九大进一步提出，要"落实立德树人根本任务"。党的十九届四中全会对完善立德树人体制机制提出新的具体要求。党的二十大提出，要用社会主义核心价值观铸魂育人，完善思想政治工作体系，推进大中小学思想政治教育一体化建设。党的教育方针始终坚持德育为先，把坚定正确的政治方向放在第一位。

---

① 《习近平谈治国理政》，外文出版社 2014 年版，第 173 页。

　　青少年阶段是人生的"拔节孕穗期""灌浆期"，这一时期知识体系搭建尚未完成、价值观塑造尚未成型、情感心理尚未成熟，加之现在的青少年长期生活在和平环境之下，没有体验过民族生死存亡的苦难，没有经历过血与火的考验，人生阅历相对有限。在市场经济和对外开放条件下，消费主义、拜金主义、功利主义等负面因素的影响不可低估。特别是要看到，各种敌对势力对我国发动"颜色革命"的企图从来没有停止过，他们下功夫最大的一个领域就是争夺我们的青少年，这样的斗争是长期的、严峻的。如果不加以正确引导和长期教育，青少年就难以树立正确理想信念。立德树人，关系党的事业后继有人，关系国家前途命运。

　　《新时代公民道德建设实施纲要》提出，学校是公民道德建设的重要阵地，要把立德树人贯穿学校教育全过程。要全面贯彻党的教育方针，坚持社会主义办学方向，坚持育人为本、德育为先，把思想品德作为学生核心素养、纳入学业质量标准，构建德智体美劳全面培养的教育体系。加强思想品德教育，遵循不同年龄阶段的道德认知规律，结合基础教育、职业教育、高等教育的不同特点，把社会主义核心价值观和道德规范有效传授给学生。注重融入贯穿，把公民道德建设的内容和要求体现到各学科教育中，体现到学科体系、教学体系、教材体系、管理体系建设中，使传授知识过程成为道德教化过程。开展社会实践活动，强化劳动精神、劳动观念教育，引导学生热爱劳动、尊重劳动，懂得劳动最光荣、劳动最崇高、劳动最伟大、劳动最美丽的道理，更好地认识社会、了解国情，增强社会责任感。加强师德师风建设，引导教师以德立身、以德立学、以德施教、以德育德，做有理想信念、有道德情操、有扎实学识、有仁爱之心的好老师。建设优良校风，用校训励志，丰富校园文化生活，营造有利于学生修德立身的良好氛围。

　　"国家的希望在青年，民族的未来在青年。"①《关于新时代加强和改进思想政治工作的意见》进一步提出，要全面贯彻党的教育方针，坚持社会主义办学方向，以立德树人为根本，坚持全员、全程、全方位育人，加快构建学校思想政治工作体系，统筹办学治校、教育教学、人才培养等育

_____

① 《习近平谈治国理政》（第三卷），外文出版社 2020 年版，第 333 页。

人资源和力量，培养德智体美劳全面发展的社会主义建设者和接班人。

三、思想道德建设领域的发展方向

《"十四五"文化发展规划》提出，加强新时代思想道德建设和群众性精神文明创建，坚持依法治国和以德治国相结合，深入贯彻落实《新时代公民道德建设实施纲要》《新时代爱国主义教育实施纲要》，推动形成适应新时代要求的思想观念、精神面貌、文明风尚、行为规范，培养担当民族复兴大任的时代新人。这一方针与党的十八大以来思想道德建设领域的一系列重要部署一脉相承，与当前我国思想道德建设领域的重大问题紧密相关。具体而言，思想道德建设将在深入推进社会主义核心价值观建设、加强公民道德建设、加强和改进思想政治工作、创新拓展群众性精神文明创建活动等领域进一步全面展开和推进。

（一）广泛践行社会主义核心价值观

社会主义核心价值观是当代中国精神的集中体现，是凝聚中国力量的思想道德基础。《"十四五"文化发展规划》指出，深入推进社会主义核心价值观建设，具体包括：持续深化社会主义核心价值观宣传教育，增进认知认同、树立鲜明导向、强化示范带动。坚持贯穿结合融入、落细落小落实，把社会主义核心价值观要求融入日常生活，融入法治建设。推动理想信念教育常态化制度化，筑牢党员干部、青少年等重点群体的理想信念之基。围绕"七一""八一""十一"等重大时间节点，依托革命历史类纪念设施、遗址和爱国主义教育基地等载体，加强爱国主义、集体主义、社会主义教育，弘扬党和人民在各个历史时期奋斗中形成的伟大精神。加强公益广告宣传。统筹开展诚信教育、勤俭节约教育、劳动创造幸福主题宣传教育。强化祖国统一和民族团结进步宣传教育，深化"一国两制"实践教育，强化全民国防教育，促进平安中国建设。

上述重点任务，在《关于培育和践行社会主义核心价值观的意见》《新时代爱国主义教育实施纲要》等文件中都有过详细阐述，可以看作思想道德建设领域一系列纲领性文件的进一步贯彻落实。

依据上述重点任务，《"十四五"文化发展规划》还提出，开展一系列广泛践行社会主义核心价值观的主题实践活动：

一是党史学习教育。组织开展以党史为重点的党史、新中国史、改革开放史、社会主义发展史学习教育，编写出版权威教材、创作党史题材文艺作品、制播专题节目，集中宣传党史上杰出革命英雄、建设楷模和时代先锋。

二是庆祝建党100周年系列主题活动。用好中国共产党历史展览馆，办好"不忘初心、牢记使命"大型主题展览。组织开展"奋斗百年路、启航新征程"重大主题宣传、"永远跟党走"群众性主题宣传教育、"讲好中国共产党的故事"主题外宣、"伟大征程"大型文艺演出等系列活动。

三是纪录小康工程。开展"同心奔小康、奋进新时代"主题采访报道活动，运用多种方式、载体，记录小康进程中的关键节点、典型人物、重要事件、成就变革，擦亮新时代底色、全面小康成色、劳动光荣本色。

四是铸牢中华民族共同体意识宣传教育。构建铸牢中华民族共同体意识宣传教育常态化机制。开展民族团结进步创建活动，命名示范单位，宣传民族团结进步模范。

五是"礼敬国旗、国歌、英雄"主题活动。制定国家礼仪规程，规范开展升国旗、奏唱国歌、入党入团入队等仪式，落实党和国家功勋荣誉表彰制度，礼赞英雄。

六是"我们的节日"主题活动。振兴中国传统节日，运用春节、元宵节、清明节、端午节、七夕节、中秋节、重阳节等凝聚价值共识，增进家国情怀。

七是法治宣传教育。实施"八五"普法规划，深化宪法、民法典等宣传教育，加强党内法规宣传教育，弘扬社会主义法治精神。

（二）加强公民道德建设

关于加强公民道德建设，《"十四五"文化发展规划》指出，传承弘扬中华传统美德，加强社会公德、职业道德、家庭美德、个人品德建设，加强家庭、家教、家风建设。加强对革命、建设、改革时期各类先进典型的学习宣传，尊崇褒扬英雄模范，关心关爱先进典型人物。健全家庭、学校、政府、社会相结合的思想道德教育体系，把立德树人贯穿学校教育全过程。发挥优秀文化产品陶冶道德情操的作用，完善市民公约、乡规民约、学生守则、团体章程等社会规范，广泛开展弘扬时代新风行动，深化道德领域突出问题治理。加强农村思想道德建设，创新文化科技卫生"三下乡"长效机制。

上述重点任务，在《新时代公民道德建设实施纲要》等文件中都有过详细阐述，可以看作思想道德建设领域一系列纲领性文件的进一步贯彻落实。其中进一步突出了农村思想道德建设的重要性，值得高度重视和深入研究。

依据上述重点任务，《"十四五"文化发展规划》还提出加强公民道德建设的以下举措：

一是时代楷模选树宣传、道德模范评选表彰。推选时代楷模、最美人物、身边好人等先进典型。每两年评选表彰一届全国道德模范。

二是未成年人思想道德建设。实施时代新人培育工程。深化"扣好人生第一粒扣子"主题教育实践，开展"新时代好少年"评选和学习宣传，加强青少年礼仪教育和心理健康教育，加强未成年人网络保护工作。加强乡村学校少年宫、城市课外活动场所等建设使用管理。开展乡村"复兴少年宫"试点建设。

三是学雷锋活动。每年命名一批全国学雷锋活动示范点和岗位学雷锋标兵，宣传推选学雷锋志愿服务"四个100"先进典型。

四是诚信建设。推进个人诚信、政务诚信、商务诚信、社会诚信和司法公信建设。完善守信联合激励和失信联合惩戒机制。开展"诚信建设万里行"等活动，宣传发布"诚信之星"，弘扬诚信文化。

五是移风易俗行动。完善乡规民约和村民议事会、红白理事会等，培育文明乡风、良好家风、淳朴民风。

（三）创新拓展群众性精神文明创建活动

《"十四五"文化发展规划》指出，创新拓展群众性精神文明创建活动，具体包括：以实施文明创建工程为抓手，推动文明培育、文明实践、文明创建不断深入。创造性开展文明城市、文明村镇、文明单位、文明家庭、文明校园和未成年人思想道德建设工作先进等精神文明创建活动，拓展新时代文明实践中心建设。弘扬科学精神，深入开展爱国卫生运动，深化文明餐桌行动和"光盘行动"，倡导文明健康、绿色环保的生活方式。健全志愿服务体系，广泛开展志愿服务关爱行动。加强网络文明建设。

上述重点任务，在《关于培育和践行社会主义核心价值观的意见》《新时代公民道德建设实施纲要》等文件中都有过详细阐述，可以看作思想道德建设领域一系列纲领性文件的进一步贯彻落实。

关于精神文明创建活动，《"十四五"文化发展规划》还提出以下举措：

一是文明城市创建。每3年评选表彰一届全国文明城市，扩大县级文明城市创建活动覆盖面，开展文明典范城市创建试点。

二是文明村镇创建。每3年评选表彰一届全国文明村镇，提升文明村镇占比。

三是文明单位创建。每3年评选表彰一届全国文明单位，在各行各业特别是窗口单位选树一批创建标兵。

四是文明家庭创建。每3年评选表彰一届全国文明家庭，推动形成爱国爱家、相亲相爱、向上向善、共建共享的社会主义家庭文明新风尚。

五是文明校园创建。每3年评选表彰一届全国文明校园，展示师生文明风貌和校园文明风采，改善校园文化环境。

六是未成年人思想道德建设工作先进创建。每3年评选表彰一届全国未成年人思想道德建设工作先进城市、先进单位、先进工作者。

关于新时代文明实践中心建设，《"十四五"文化发展规划》也提出以下举措：

一是新时代文明实践中心、所、站建设。在县（市、区、旗）建设新时代文明实践中心，在乡镇（街道）建设新时代文明实践所，在行政村（社区）建设新时代文明实践站，实现全覆盖。

二是文明实践志愿服务。建设城乡志愿服务站点，建立志愿服务项目库，完善百姓点单、中心派单、志愿者接单的工作模式，持续打造"阳光工程""春雨工程""圆梦工程"等志愿服务品牌，建立健全新闻工作者、文艺工作者、高等学校学者参与文明实践志愿服务的制度，推动志愿服务制度化常态化。

三是"新时代宣讲师"计划。从党校（行政学院）、高等学校、科研机构及市地级以上党政机关遴选一批宣讲师，推动党的创新理论"飞入寻常百姓家"。

除了上述几个方面，《"十四五"文化发展规划》还指出，加强和改进思想政治工作也是未来思想道德建设的重点工作之一，具体包括：贯彻落实《中共中央、国务院关于新时代加强和改进思想政治工作的意见》。加强形势政策教育和基本国情教育。加强大中小学思想政治建设，打造一批高等学校思政类公众号，完善领导干部、国企骨干、新时代先进人物等群体走进校园开展思想政治教育制度。健全社会心理服务体系和疏导机制、危机干预机制，塑造自尊自信、理性平和、积极向上的社会心态。党的二十大报告指出，用社会主义核心价值观铸魂育人，完善思想政治工作体系，推进大中小学思想政治教育一体化建设。

总之，思想道德建设是新时代中国特色社会主义文化建设的重点工程和核心战略。党的十八大以来，在以习近平同志为核心的党中央领导下，思想道德建设工作持续用力、步步深入，取得一系列重大成就，大大增强了人们的价值观自信，凝聚了团结奋进的强大力量，具有重要的现实意义和深远的历史意义。立物易、立心难，必须保持定力、耐心和韧劲，不断把思想道德建设推向纵深。以党的二十大精神为指导，以《"十四五"文化发展规划》为纲领，思想道德建设领域必将谱写新时代中国特色社会主义文化建设的新篇章。

作者简介：

李涛，哲学博士，中国社会科学院哲学研究所马克思主义哲学史研究室副研究员。研究方向为马克思主义哲学史、马克思主义史、国外马克思主义。

哲社篇

推进中国特色哲学社会科学
自主知识体系建设和创新

要按照立足中国、借鉴国外，挖掘历史、把握当代，关怀人类、面向未来的思路，着力构建中国特色哲学社会科学，在指导思想、学科体系、学术体系、话语体系等方面充分体现中国特色、中国风格、中国气派。

——习近平在哲学社会科学工作座谈会上的讲话

（2016 年 5 月 17 日）

哲社篇

推进中国特色哲学社会科学
自主知识体系建设和创新

党的十八大以来，中国特色社会主义进入新时代，党和国家高度重视哲学社会科学工作，习近平总书记就繁荣发展哲学社会科学发表了一系列重要讲话。2016 年 5 月 17 日，习近平总书记主持召开哲学社会科学工作座谈会并发表重要讲话，首次明确提出了"加快构建中国特色哲学社会科学体系"的重大命题，强调在社会科学学科体系、学术体系、话语体系等方面充分体现中国特色、中国风格、中国气派，这在我国哲学社会科学发展史上具有重要里程碑意义。2017 年 5 月，中共中央印发了《关于加快构建中国特色哲学社会科学的意见》，对哲学社会科学工作作出全面部署。2018 年 1 月，党中央决定成立全国哲学社会科学工作领导小组，加强对哲学社会科学的顶层设计和统筹指导，出台一系列深化科研体制机制改革的政策举措，全面推动了全国哲学社会科学事业繁荣发展。2022 年 4 月 25 日，习近平总书记在考察中国人民大学时指出："加快构建中国特色哲学社会科学，归根结底是建构中国自主的知识体系。"这是习近平总书记就加快构建中国特色哲学社会科学作出的又一次重要论述。同月，中共中央办公厅印发了《国家"十四五"时期哲学社会科学发展规划》，围绕贯彻落实党中央提出的加快构建中国特色哲学社会科学的战略任务，对"十四五"时期哲学社会科学发展作出总体性规划。要求哲学社会科学工作要坚持以习近平新时代中国特色社会主义思想为指导，增强"四个意识"、坚定"四个自信"、做到"两个维护"，坚持立足中国、借鉴国外，挖掘历史、把握当代，关怀人类、面向未来，以加快构建中国特色哲学社会科学为主题，以提升学术原创能力为主线，以加强学科体系、学术体系、话语体系建设为支撑，以重大项目、重点工程、重要平台为牵引，以体制机制改革创新为动力，努力建设学科布局优、学术根基牢、科研水平高、服务能力强、国际影响大的中国特色哲学社会科学，为全面建设社会主义现代化国家提供有力思想和智力支持。2022 年 5 月，中共中央宣传部、教育部联合印发了《面向 2035 高校哲学社会科学高质量发展行动计划》，围绕贯彻落实习近平总书记关于哲学社会科学工作的重要论述，贯彻落实党中央关于加快构建中国特色哲学社会科学的重大决策部署，充分发挥我国哲学社会科学"五路大军"的重要作用，不断推进知识创新、理论创新、方法创新，建构中国自主的知识体系。

一、党的十八大以来我国哲学社会科学发展成就回顾

党的十八大以来，中国共产党以全新的视野深化对共产党执政规律、社会主义建设规律、人类社会发展规律的认识，取得重大理论创新成果，集中体现为习近平新时代中国特色社会主义思想。党的十九大、十九届六中全会提出的"十个明确""十四个坚持""十三个方面成就"概括了这一思想的主要内容。党的二十大报告中概括的"六个必须坚持"——必须坚持人民至上、必须坚持自信自立、必须坚持守正创新、必须坚持问题导向、必须坚持系统观念、必须坚持胸怀天下，为不断谱写马克思主义中国化时代化新篇章确定了核心要义。

党的十八大以来，哲学社会科学深入推进马克思主义中国化、时代化、大众化，全国哲学社会科学工作者坚持正确的政治方向、学术导向和价值取向，深入实施马克思主义理论研究和建设工程，建设一批习近平新时代中国特色社会主义思想研究中心，加强对习近平新时代中国特色社会主义思想的学理阐释和系统宣传。在此过程中，坚持自信自立、守正创新，坚持百花齐放、百家争鸣，全面落实"立足中国、借鉴国外，挖掘历史、把握当代，关怀人类、面向未来"的总体思路，充分体现继承性、民族性、原创性、时代性、系统性、专业性，深化了中国共产党的理论创新，开辟了马克思主义理论的新境界，增强了中国特色社会主义道路自

信、理论自信、制度自信和文化自信。

党的十八大以来，全面加强党对哲学社会科学工作的领导，意识形态阵地建设和舆论宣传工作进一步巩固。哲学社会科学界围绕马克思诞辰200周年、改革开放40周年、中华人民共和国成立70周年、中国共产党成立100周年等重大主题，举办各类论坛和学术活动，出版发行一系列优秀论著和宣传作品，深入贯彻中央精神和决策部署，形成良好的舆论氛围。全面加强党对哲学社会科学工作的领导，坚持立德树人，培养德智体美劳全面发展的社会主义建设者和接班人；坚持系统观念，加强前瞻性思考、全局性谋划、战略性布局、整体性推进；坚持服务需求，提升科研活动的时代性、理论性、实践性。

党的十八大以来，哲学社会科学学科体系、学术体系、话语体系建设成效显著。全国哲学社会科学工作者以构建"三大体系"为主线，注重立足实践、融通中外，进行理论创新与方法创新。在学科体系方面，优化学科专业布局、健全扎实基础学科、扶持突出重点学科、创新发展新兴学科、引导配置交叉学科、积极传承冷门学科，注重基础研究和应用研究相结合、学术研究和成果应用相促进，构建适应国家需求并支撑知识创新的学科体系。在学术体系方面，扎根中国推进理论创新，创新研究方法手段，学术研究成果丰硕，知识创新能力提升，学术原创水平增强，构建了有效提升国家文化软实力的学术体系。在话语体系方面，积极建立学术平台，推进学术话语的大众传播，开展学术外交和学术外宣，扩大中国国际话语权，构建融通中外的中国式现代化话语体系。

党的十八大以来，聚焦党和国家中心工作和战略需求，统筹推进以重大理论和实践问题为主攻方向的智库建设。国家实施高端智库建设计划，首批遴选了25家单位开展高端智库建设试点，为哲学社会科学工作者提供了建言献策、咨政启民的渠道，初步形成全面布局、协同发展、定位清晰的中国特色新型智库体系，围绕党和国家关注的重点问题开展前瞻性、针对性、储备性政策研究和决策支持研究。着力打造一批具有重要决策影响力、社会影响力、国际影响力的新型智库，为推动科学民主依法决策、推进国家治理体系和治理能力现代化、推动经济社会高质量发展、提升国家软实力提供了支撑。

党的十八大以来，以高等院校、社科院、党校（行政学院）、部队院校、党政部门研究机构为依托，努力推进全方位、全领域、全要素的"五路大军"人才队伍建设。倡导全国广大哲学社会科学工作者坚持以人民为中心的研究导向，树立知识报国、学术报国的志向，培养"五路大军"成为先进思想的倡导者、学术研究的创新者、社会风气的引领者、党执政的拥护者。强化思想政治引领，加快高层次人才引育，深化人才发展体制机制改革，建强政治素质过硬、专业能力精湛、育人水平高超、师风学风清正的新时代哲学社会科学人才队伍，营造风清气正、互学互鉴、积极向上的学术生态。

二、我国哲学社会科学发展面临的形势与重要问题

正如习近平总书记所言："我国是哲学社会科学大国，研究队伍、论文数量、政府投入等在世界上都是排在前面的，但目前在学术命题、学术思想、学术观点、学术标准、学术话语上的能力和水平同我国综合国力和国际地位还不太相称。"基于新时代国家、社会和人民的发展要求，我国哲学社会科学事业发展也需要清醒认识到所面临的不利形势，重视亟待解决的一系列重要问题。

（一）坚持马克思主义指导地位

坚持以马克思主义为指导，是当代中国哲学社会科学区别于其他哲学社会科学的根本标志。我国哲学社会科学坚持以马克思主义为指导，是近代以来我国发展历程赋予的规定性和必然性。马克思主义中国化取得了重大成果，但还远未结束。我国哲学社会科学的一项重要任务就是继续推进马克思主义中国化、时代化、大众化，继续发展21世纪马克思主义、当代中国马克思主义。

应巩固马克思主义在哲学社会科学领域的指导地位。坚持用马克思主义指导中国特色哲学社会科学学科体系、学术体系和话语体系建设，应结合科研与教学实际，加强各学科领域马克思主义基础理论研究和马克思主义相关学科建设，将马克思主义立场观点方法贯穿到研究和教学全过程。

在深入开展马克思主义学术研究方面，发布马克思主义理论研究指南，设立一批马克思主义研究特别是当代中国马克思主义研究方向的重大理论课题，一方面密切关注和研究国外马克思主义研究新成果，加强对马克思主义基本原理、发展历史、世界社会主义等问题的研究；另一方面深入研究阐释马克思主义中国化和中国特色社会主义理论体系，推出一批具有原创水平和研究实力的标志性研究成果。在全面加强马克思主义理论宣传教育方面，出版马克思主义及其中国化系列专题丛书，建设完善马克思主义研究教材体系，开展马克思主义经典著作编译、导读工作，实施马克思主义文献典藏工程，建设公益性、开放性的马克思主义文献数据库和信息中心，利用全媒体宣传阵地，促进马克思主义理论成果的普及和传播。

应坚持以习近平新时代中国特色社会主义思想为指导。目前，对习近平新时代中国特色社会主义思想的研究阐释尚欠深入，马克思主义理论研究和创新步伐仍跟不上党中央要求和时代需要，书写21世纪马克思主义学术经典仍然任重道远。坚定不移地用习近平新时代中国特色社会主义思想武装头脑、指导实践，使之贯穿到阵地建设、学术研究、智库建设、人才培养、课堂教学、科研保障等各个方面，渗透融入到哲学社会科学发展的各个领域。

应坚持为人民做学问的理念。坚持以马克思主义为指导，核心要解决好为什么人的问题，这是哲学社会科学研究的根本性、原则性问题。我国哲学社会科学要有所作为，就必须坚持以人民为中心的研究导向，把人民立场贯穿到哲学社会科学事业的各个方面，把哲学社会科学发展与宣传群众、教育群众、引领群众、服务群众结合起来，把推动哲学社会科学创新与促进人的全面发展结合起来，坚持理论联系实际的优良学风，从人民群众广泛而丰富的实践中汲取智慧，以更多学术精品满足人民精神需求，提高全民族哲学社会科学整体素质。

（二）构建新时代中国特色哲学社会科学创新体系

中国哲学社会科学在起步阶段曾一度简单模仿西方的理论、方法和范式，现阶段则朝着结合实际运用与创新转变的目标努力。中国哲学社会科学的本土化发展及创新，是中国哲学社会科学界面临的一项重要任务。哲学社会科学的特色、风格、气派，是发展到一定阶段的产物，是成熟的标志，是实力的象征，也是自信的体现。构建中国特色哲学社会科学学科体系、学术体系、话语体系，促使学术创新力、思想引领力、文化传播力、国际竞争力显著增强，夯实建设社会主义文化强国的学术文化基础，发挥中国哲学社会科学推动人类文明进步和世界繁荣发展的作用。

加快构建哲学社会科学学科创新体系。首先，需要进一步调整优化学科结构与布局。加强哲学社会科学学科建设顶层设计，结合时代发展需要和国家战略部署，及时调整学科设置，不断优化学科布局，制定发布国家哲学社会科学学科分类与代码国家标准，调整完善学科门类和一级、二级学科设置，突出哲学社会科学"五路大军"的特色和优势。加强各学科的整体性、综合性研究，完善对哲学社会科学具有支撑作用的学科，打造具有中国特色和普遍意义的学科体系。综合评估各学科前沿动态及发展趋势，形成学科布局动态调整机制。其次，推进学科融合与创新发展。坚持问题意识和创新导向，瞄准国家和地方重大需求，重点发展具有重要现实意义的新兴学科和交叉学科，加快推进中国特色社会主义新文科建设，打破学科壁垒，大力推进基础学科与应用学科、人文社会科学与自然科学的学科融合与协同创新，培养一批跨领域、跨学科、跨单位的科研团队。最后，加强优势和重点学科建设。实施"马克思主义+学科"计划，推动马克思主义及其中国化的最新成果与哲学社会科学学科发展相结合，充分发挥马克思主义对各学科领域的指导作用。扎实推进高校"一流学科"建设，在全国范围内遴选一批学术基础好、创新能力强、具有一定国际竞争力的学科给予重点扶持，形成"国内一流、世界知名"的"中国学派"。针对濒危学科、冷门学科实施特殊保障和重点扶持计划。支持各地依据区域优势和自身实际，建设具有地方和民族特色的学科专业。

加快构建哲学社会科学学术创新体系。首先，需要提升学术原创能力和水平。强调用中国理论解释中国实践，用中国实践升华中国理论，写出有深刻洞见的著作，提出有独特创见的理论，创造有战略远见的学说。坚持以我为主，兼容并蓄，繁荣中国学术，发展中国理论，打造中国学派。其次，推动学术理论中国化。挖掘和阐发中华民族的丰厚历史资源、文化资源和思想资源，继承和弘扬中华优秀传统文化，坚持创造性转化和创新性发展，用时代精神激活中华优秀传统文化的生命力。加强对古籍整理、历史文献、边疆海域、民族宗教等方面的研究，做好地方志编修，实施重大哲学社会科学经典研究出版工程。最后，抢占国际学术研究制高点。设置哲学社会科学重大攻关项目，发挥多学科多领域研究的聚合效应，引领国际学术研究新方向，掌握全球文明对话和文化竞争的主动权。

加快构建哲学社会科学话语创新体系。首先，应加强话语体系研究创新。开展重要学科领域话语体系建设协同研究，以打造标志性概念为重点，推动理论创新成果学术化阐释。实现中国话语的世界表达，统筹布局一批对外话语研究力量、创新研究基地以及国际传播人才培育体系。其次，加强哲学社会科学的社会普及与推广。推动哲学社会科学话语体系更好地服务社会、服务大众。在科技馆、博物馆、展览馆、文化馆等场所，加强哲学社会科学知识的展示普及与教育交流。编纂出版一批哲学社会科学普及读物，开展社会科学宣传普及周、网络公开课、社科大讲堂、校园开放日等活动，提高全民人文社会科学素养。

（三）基础研究和应用研究相辅相成

在哲学社会科学的整体推进中，一些学科研究过度注重形而下的技术性问题和碎片化问题，对于整体问题、现实问题的思考与反馈尚有欠缺。要在尊重学术多元和学术规律的前提下，坚持服务发展大局，以问题为导向，回答时代课题，聚焦我国改革发展面临的重大理论和实践问题，围绕国家重大发展战略需求，加强战略性、全局性、前瞻性、储备性研究，不断推出具有时代高度和思想厚度的标志性创新成果、战略性定位和理论化表述，加快推进研究成果转化应用，更好地发挥为党和国家治国理政服务的作用。

党的十八届三中全会提出，要加强中国特色新型智库建设，建立健全决策咨询制度。党的十八届五中全会强调，要实施哲学社会科学创新工程，建设中国特色新型智库。2015年11月，中央全面深化改革领导小组第十八次会议召开，会议通过了《国家高端智库建设试点工作方案》，建立并运行第一批高端智库。近年来，哲学社会科学领域建设智库热情很高，成果也不少，为各级党政部门决策提供了有益帮助。中国特色新型智库格局更加完善,中国特色决策支撑体系更加成熟,哲学社会科学智库在全面建设社会主义现代化国家伟大实践中的思想库智囊团作用更加突出。但与此同时,仍部分存在重数量轻质量、重形式传播轻内容创新、重研究轻应用等问题,并助长了哲学社会科学研究功利化和短视化的风气。因此需要完善智库评价机制,引导智库建设把重点放在提高研究质量、推动内容创新上。建立健全专职人才培养和成长的体制机制障碍,完善智库人才职称评定和遴选制度。加强国际交流合作,提高智库在全球学术和国际事务中的参与度和影响力,建成一批世界一流的顶级智库。

新型智库是党和政府科学民主依法决策的重要支撑,建设好国家高端智库,需要平衡理论宣传、智库建设和基础研究三者的关系,基础研究是根本,理论宣传和智库建设是话语输出的重要途径。健全咨询制度,引导和推动智库健康发展,加强中央和国家机关各部门同国家高端智库试点单位联系的紧密度,切实把党政部门政策研究同智库对策研究结合起来,保证智库与实务部门之间制度化、宽口径的联系渠道,实现智库与决策部门信息共享和人员互动。在咨政建言、舆论引导、社会服务、公共外交等领域中,造就一支政治立场坚定、基础理论扎实、对现实问题敏感的公共政策研究和决策咨询队伍,优化人才储备,建立智库人才"旋转门"流动等长效机制。

未来需要深入推进不同类型、不同性质智库分类改革,统筹推进党政部门、社科院、党校(行政学院)、高校、军队、科技企业、社会智库协调发展,科学界定各类智库的功能定位、主攻方向和研究重点,完善不同类型智库的差异化政策供给,形成相互协调、良性竞争又优势互补的智库发展格局。坚持官方智库和民间智库协同发展,探索社会智库参与决策咨询服务的有效途径。探索建立政府主导、社会力量参与的决策咨询服务供给体系,搭建决策部门同智库机构信息共享和互动交流的有效平台,形成符合我国咨政供需双方特点的高质量政策研究市场,满足政府部门多层次、多方面的决策需求。积极借鉴世界先进研究方法、工具与手段,加强多学科知识融合运用,建立适应现代智库发展规律、有利于产出高质量思想产品和政策建议的智库研究组织方式。

（四）加强和改善党对哲学社会科学工作的领导

加强和改善党对哲学社会科学工作的领导，是繁荣发展我国哲学社会科学事业的根本保证。应坚持为党育人、为国育才，全面提高人才自主培养质量，着力造就拔尖创新人才，聚天下英才而用之。加强和改善党对哲学社会科学工作的领导，把党的领导贯穿到哲学社会科学工作的全领域、全过程，着力深化理论武装，夯实理论基础，时刻把握正确的政治方向、学术导向、价值取向，坚持和弘扬理论联系实际的马克思主义学风，落实党的知识分子政策，关心好、培养好、使用好哲学社会科学队伍，使之更加紧密地团结在党的周围，凝聚起哲学社会科学工作者的坚强力量，用理论的力量、学术的力量、思想的力量更好地服务中华民族伟大复兴的战略全局。

应加强人才队伍政治引领。坚持以习近平新时代中国特色社会主义思想为指导，坚持政治方向与学术导向相统一，政治责任与学术追求相统一，引导广大哲学社会科学工作者增强"四个意识"、坚定"四个自信"、做到"两个维护"，增进对中国特色社会主义的思想认同、政治认同、理论认同和情感认同。完善哲学社会科学教学科研骨干研修制度，努力建设一支信念坚定、道德高尚、本领过硬的哲学社会科学队伍。

建设哲学社会科学人才体系。实施哲学社会科学人才建设工程，着力发现、培养、集聚一批有深厚马克思主义素养、学贯中西的思想家和理论家，一批理论功底扎实、勇于开拓创新的学科带头人，一批年富力强、锐意进取的中青年学术骨干。推进重大人才工程和奖励计划，依托国家重大人才计划、重大科研项目等方式集聚和培养优秀人才，打造一支引领和支撑哲学社会科学重大学科、关键领域实现跨越式发展的高层次领军人才和中青年骨干人才队伍。建设专业人才队伍，统筹实施重点人才支持计划和学者资助计划，改进人才培养支持机制，做好优秀人才选培工作和后备人才培养工作，培厚名师大家、知名学者成长的工作基础。培养造就一大批造诣高深、成就突出、影响广泛的哲学社会科学领军人才。依托哲学社会科学"五路大军"现有机构，建设一批高层次人才培养基地，完善促进人才发展的配套服务政策，健全服务管理等制度，建设一支学养深厚、德才兼备、忠诚可靠的哲学社会科学人才队伍。

领导干部要以科学的态度对待哲学社会科学，尊重哲学社会科学工作者的辛勤付出和研究成果，主动同专家学者打交道、交朋友，认真贯彻党的知识分子政策，加强哲学社会科学优秀人才使用，深入实施人才强国战略，坚持尊重劳动、尊重知识、尊重人才、尊重创造，营造尊重学术、崇尚科学、追求真理的良好氛围。建设种类齐全、结构合理、梯队衔接的哲学社会科学人才队伍，形成崇尚精品、严谨治学、注重诚信、讲求责任的优良学风，营造风清气正、互学互鉴、积极向上的学术生态，树立良好学术道德和学术规范。

（五）构建科学、规范、高效、诚信的评价体系

"唯数量""唯期刊""唯 CSSCI/SSCI"的量化科研评价机制仍是现行学术评价体系的主流。量化评价机制实质上是一种机械式评价机制，背离了哲学社会科学学术创新的基本规律，引发了严重的学术泡沫问题，极大地限制了知识生产创新。

应摒弃单一的量化评价机制，以学术创新作为学术评价主要标准，构建科学权威、公开透明的学术评价制度。哲学社会科学成果的应用价值和社会影响应成为学术成果的科学评价标准。一是建立健全分类评价体系，促进人文社会科学成果形式的百花齐放。不同的成果形式应采取不同的评价标准，在评奖、项目申报、成果评定时均应单列评审，保证不同类型的成果能够在其特有的属性下获得公正公平的对待。根据不同学科、不同类型的教师和成果定制不同的评价标准。重视人文社科与理工医科之间的差异、人文社科各学科之间的差异、基础型成果与应用型成果之间的差异、学术性成果与智库性成果之间的差异、独立研究成果与跨学科合作成果之间的差异，充分听取相关领域专家学者的意见，构建层次分明、结构合理的评价体系。二是健全专家评价制度，完善国内外各学科领域的专家学者数据库，监督专家评价过程，建立专家信誉机制和遴选机制。三是在学术评价手段上，在传统评价手段基础上引入基于大数据的自动评价方法。注重国际化与本土化的有机统一，对于国际化程度相对较高的学科，可探索以部分国际可比性指标为参考，引入国际同行评价机制。四是应充分尊重哲学社会科学学术研究中的民族性、地域性和本土性特色。一方面鼓励学者立足中国实际，用中国理论阐释和解决中国社会发展的重要问题；另一方面鼓励学者在国际平台上为世界贡献中国思想、中国经验与中国方案。

未来应充分发挥评价机制对哲学社会科学发展的导向作用，改革现行科研评价制度，理顺科研评价体制，树立正确的评价导向，以科研项目评审、人才评价、机构评估为重点，建立多元主体协调合作评价机制和监督机制，构建科学、规范、高效、诚信的科研评价体系。实行科研院所和高校中长期绩效管理和评价考核，建立综合评价与年度抽查评价相结合的绩效评价机制。设立国家哲学社会科学奖，完善国家级哲学社会科学学科专项奖评奖机制，加大对高质量研究成果的评价激励力度。探索建立科研机构、项目评估、学科建设的第三方评估机制，充分发挥第三方评估机构作用，逐步建立第三方评估机构结果负责制和信用评价机制。着力加强学术评价国家标准体系研究，积极参与国际学术评价标准制定，提高我国国际学术评价话语权。

三、哲学社会科学领域共同关注的课题与发展方向

近年来，哲学社会科学立足于时代要求的创新性研究，发挥了学科交叉融合优势。如今，进一步加大学科交叉力度，消除学科壁垒现象，构筑学术整体意识，越来越成为共识。改变学科固化的现状需从顶层设计入手，营造良好的学科融合条件和氛围。要优化学科设置体系，加强跨学科人才培养。同时，当今世界正处于大发展大变革大调整时期，这不断为哲学社会科学理论创新、学术繁荣提供了丰厚土壤和强大动力，也为哲学社会科学提出了一系列共同关注的时代课题。

（一）习近平新时代中国特色社会主义思想研究

科学社会主义是政治性和实践性极强的学科，是与党的理论创新最为密切的学科。中国特色社会主义理论体系研究是中国科学社会主义研究领域必须持久研究的课题。中国共产党领导中国人民百年来取得的最大成就是开辟了中国特色社会主义道路，形成了中国特色社会主义理论体系，确

立了中国特色社会主义制度，发展了中国特色社会主义文化。中国特色社会主义理论体系是科学社会主义理论逻辑与中国发展的历史逻辑的统一。

习近平新时代中国特色社会主义思想是当代中国马克思主义、21世纪马克思主义，理所当然是科学社会主义研究的重中之重。各个学科都在加强对习近平新时代中国特色社会主义思想的研究，着力对这一思想的系统性、原创性、话语权等重要问题进行研究，探析这一思想对科学社会主义的理论贡献、与中国特色社会主义理论体系的关系、对世界社会主义的影响。

未来各个学科将继续加强习近平新时代中国特色社会主义思想研究。设立国家习近平新时代中国特色社会主义思想研究专项，组织实施若干国家级重大研究课题，组织专家学者深入研究习近平新时代中国特色社会主义思想的重要历史意义、现实意义、世界意义以及对发展21世纪马克思主义的重要原创性贡献，深入研究习近平经济思想、法治思想、生态文明思想、强军思想、外交思想、文化思想等，加强对"五位一体"总体布局、"四个全面"战略布局以及新发展理念、国内国际双循环发展新格局、人类命运共同体、共建"一带一路"、党的建设、全过程人民民主、中国式现代化、新质生产力等重大问题的研究，结合习近平新时代中国特色社会主义思想在各地各领域贯彻落实的生动实践，加强经验总结和理论概括，推动具有中国特色和国际影响力的标识性概念传播，及时推出一批有分量、有深度的研究成果，让世界更好地读懂中国。

（二）国家治理体系和治理能力现代化

国家治理体系和治理能力是一个国家制度和制度执行力的集中表现。马克思主义理论、政治学、社会学、法学等社会科学领域，尤其集中关注这个议题。

就马克思主义理论而言，关于建立最完善的国家制度，早期空想社会主义就开始关注。马克思、恩格斯由于没有经历社会主义国家治理的实践，因而只是提出了国家治理现代化的一些原则和方法。在中国，社会主义制度的建立，只是完成了国家治理现代化的前半程，后半程的主要历史任务是完善和发展中国特色社会主义制度，实现国家治理体系和治理能力的现代化。因此，科学社会主义注重加强如下问题的研究：国家治理现代化的理论依据是什么？国家治理现代化的标准是什么？社会主义国家治理的价值目标是什么？中国的国家治理现代化应该遵循什么样的原则、沿着什么样的路径？

如何从中国传统政治哲学，尤其是从儒家传统中挖掘现代社会治理可资借鉴的思想资源成为学者研究的旨趣。对儒家政治伦理化与伦理政治化的互动以及"民为邦本""尊贤任能"等理念进行深入探讨，对儒家典籍中的政治智慧及历代思想家的政治哲学进行新的诠释，运用西学资源，从权力的来源、权力的制衡、公平正义等角度发掘中国传统政治哲学的价值，是中国传统哲学关注当代社会现实问题的重要举措。

政治学侧重于以下几个方面的宏观层面研究：一是总结中国之治的经验。过去，中国在防范化解重大风险、精准脱贫、污染防治的三大攻坚战上取得重要成就，经受住了复杂国情和多变国际局势的一次次挑战。"十四五"期间，国家治理研究要通过回顾重大治理实践，总结归纳我国的体制优越性，持续保持制度优势，以经验教训反哺制度和治理体系、治理能力建设，明确该"坚持和巩固什么"。二是探索进一步将制度优势转化为治理效能。党的十九届四中全会审议通过了《中共中央关于坚持和完善中国特色社会主义制度、推进国家治理体系和治理能力现代化若干重大问题的决定》，概述了中国特色社会主义制度和国家治理体系的13个显著优势。但很多领域治理体系的细节性制度上依然存在薄弱环节，应探索如何将制度优势发挥到具体领域的治理体系构建中，应对转型社会和风险社会的挑战，做好"发展和完善什么"。三是进一步转变国家治理的理念。治理理念的转变是实现治理现代化的关键，在我国理顺政府与市场、社会关系、推进"放管服"改革、建设服务型政府等制度层面取得重要成果的同时，要进一步探索适应于高效应对各治理领域具体问题的治理理念，讲求创新驱动，树立领导干部的服务意识，构建政府与社会协同发展的治理文化等。

随着中国在全球的影响力与日俱增，对国际合作和治理机制的研究对于我国的长远发展至关重要。一是与国家治理体系现代化、治理能力现代化相关的重要西方国家政治制度的研究，包括政党制度研究、服务型政府机制研究、单一制与联邦制的比较研究、中央与地方的事权划分研究、基层政府研究等课题。二是国际治理体系改革研究，包括区域与全球治理机制、国际发展模式比较、国际政治与国际关系、国际组织与国际事务等领域等。

哲学从人类命运共同体与全球治理入手进行研究，尤其认为政治哲学理应对重大的现实问题予以理论上的回应。除了继续加强对命运共同体、世界主义、天下体系、帝国与民族国家等概念的研究，更应注重围绕其中的具体问题和政策如环境保护、全球正义、国际治理机制等展开政治哲学的分析。

就法学领域来看，研究重点在于法律制度与国家制度、依法治国与国家治理、法治体系与国家治理体系之间具有内在的本质关系。围绕国家制度与国家治理这个重大问题，法学学科将聚焦如何科学阐释"制度"、"治理"及其关系；如何在法治轨道上推进国家治理现代化；如何把法治理念、法治思维、法治方式贯穿于国家治理各领域、各方面、各环节；如何坚持以法律制度为依据、以法治体系为保障，推进国家治理科学化、民主化、法治化；如何把制度体系与治理效能有机结合，推进"中国之制"向"中国之治"的实践转化。

社会学则聚焦新时代社会治理体系和治理能力现代化研究。社会安定有序而又充满活力，是社会治理体系和治理能力现代化的内在诉求。社会学关注社会秩序、社会整合、社会结构和社会功能，因此对社会治理的研究一直是社会学的经典议题。在新时代新征程上，推进国家社会治理体系和治理能力现代化建设研究更是应有之义，正如党的二十大报告中提到的"健全共建共治共享的社会治理制度，提升社会治理效能""完善网格化管理、精细化服务、信息化支撑的基层治理平台，健全城乡社区治理体系""加快推进市域社会治理现代化，提高市域社会治理能力""建设人人有责、人人尽责、人人享有的社会治理共同体"，都表明社会学需要进一步对现代化进程中社会治理体制创新、社会治理结构优化、社会治理模式探索以及社会治理协同参与等方面展开深入的研究。

（三）全球公共健康危机与紧急状态制度

新冠疫情属于重大突发公共卫生事件，对全球医疗卫生和社会保障体系提出了重大挑战，也对各国经济社会造成强烈冲击，哲学社会科学各领域共同研究和参与重大突发公共卫生事件的社会治理研究。

社会学注重探求如何构建社会治理体系、公共服务体系、民生保障和社会救助体系、公众风险感知和行为规律体系，以及如何引导公众情绪并做好舆情应对与治理等。新冠疫情对中国社会良性运行与协调发展产生了深远的影响，对中国基层社会的运行也产生了重要影响。社会学尤其着重后疫情时代中国社会及其运作机制研究，从疫情期间各部门的联防联控到基层社区的治理，从后疫情时代的复工复产到经济刺激与消费等一系列变化都在重塑着中国社会，特别是基层社会的运作逻辑，都需要加以研究和解释。

政治学侧重于对紧急状态制度的研究，包括西方国家紧急状态制度的产生与历史演变、紧急状态的法治化、紧急状态与日常政治之间的切换机制等课题。在科学高效处置重大危机与突发公共卫生事件应急管理体系研究中，政治学强调多学科配合，攻克应急管理中在风险识别、灾害评估、社会韧性建设、常态与应急相结合的综合型管理体系等方面的科学问题和技术性难题。

哲学关注新冠疫情对全球社会的冲击引发人们对危机状态下的社会体制和管理模式的思考与争辩。齐泽克、阿甘本、格雷等哲学家均提出了自己的观察和思考。此次疫情中凸显的诸如生命与自由价值的权衡、个人自由与政府权力的关系以及生命政治与国家治理等理论问题，无疑是未来哲学领域应该重点关注的课题。

新闻传播学所关注的相关议题则聚焦于健康传播和社交媒体，包括健康传播与科学传播、重大疫情期间的信息传播治理研究、大数据与重大疫情预警研究、社交媒体与医患关系研究、社交媒体中健康信息的传播效果以及重大灾害的数字记忆研究等。

（四）新兴技术与计算社会科学

5G网络、人工智能、大数据、区块链等新兴技术变革对哲学社会科学本身以及其研究对象都产生了重要的影响。信息技术的发展正在重塑哲学社会科学，催生了"计算社会科学"，呈现出哲学社会科学在大数据时代的新发展、新路径和新范式。随着大数据时代的全面来临，传统的量化研究范式受到重大挑战，伴随着计算社会科学的浪潮，学科内部将会不断更新研究方法，从海量数据中寻找隐藏在数据中的模式、趋势和相关性，揭示社会现象与预知社会发展规律。

哲学领域关注新技术时代的分析研判。尤其是人工智能、大数据、互联网等新技术的发展，使新技术与政治之间的关系成为新的学术热点。鉴于传统政治哲学的资源难以直接回应这一新的时代命题，对相关问题展开的深入探究很可能是推动理论创新的新契机。

政治学关注技术对公共治理的影响，包括治理工具、治理方式、治理结构、治理风险等，以求推动政府将新技术合理有效地应用在数字治理模式的建构中。主要议题有：第一，大数据、人工智能与公共治理范式的重塑。新技术如何改善政府内部管理、公共服务提供、政府监管、决策优化与政策制定等，从而重塑公共治理的范式，带来公共治理的创新和发展。其中，公共管理大数据获取、公共管理大数据开放与共享、公共管理大数据分析与算法、公共管理大数据可视化等问题都是需要通过学科交叉研究来应对的现实问题。第二，大数据、人工智能的相关产业政策研究。政府如何制定和优化大数据、人工智能等产业政策，推动相关产业发展；如何通过政策优化来鼓励公众对新技术的使用。第三，新技术的风险应对与政府监管研究。大数据、人工智能等技术在带来便利的同时，也为政府治理和社会生产生活带来很多风险。例如，大数据时代公众的隐私面临泄露和滥用的风险，政府数据安全也面临挑战，互联网平台上存在多种伦理道德和违规违法问题，需要政府采取有效措施来应对。

法学领域着力于网络法治理论建设和人工智能法治研究。关于网络法治理论建设方面，主要涵盖这几方面的内容：第一，研究网络法的体系与基本原则。结合我国网络法的立法现状，论证网络法的独立性，提炼网络法的基本体系，对《中华人民共和国电子签名法》《中华人民共和国电子商务法》等相关法律进行系统研究，提出网络立法的基本原则。第二，研究网络犯罪的刑法制度。从网络犯罪的概念和形式入手，系统研究网络犯罪的定罪和刑罚制度，包括单位犯罪、共同犯罪、刑罚种类等问题。第三，研究网络纠纷的解决机制。网络纠纷的特殊性决定了其在管辖、证据认定、法律适用等方面的特殊障碍，有必要系统研究网络纠纷的管辖制度、政府制度和法律适用制度。关于人工智能法治研究方面，强调本着"分享、互利、共赢"的发展思路，以宏观、前沿的视角，解决我国人工智能发展过程中存在的社会问题，回应国家人工智能发展战略的迫切需求，研究和解决人工智能立法与相关法律问题，推进人工智能法治研究向纵深发展。

社会学积极推进社会学大数据分析与计算社会科学研究。计算社会学是社会学研究发展的最新前沿，其产生是大数据时代社会学发展的必然结果。计算机科学、人工智能和 AI 技术的发展是计算社会学得以产生的基础条件，而社会学在研究方法上对科学研究方法的探索则是计算社会学得以产生的内在动力。总体而言，计算社会学主要研究五大内容：大数据的获取与分析、质性研究与定量研究的融合、互联网社会实验研究、计算机模拟研究和新型社会计算工具的研制与开发。

社会学也关注中国网络社会的现实基础、本土特色与运作模式研究。网络社会的交往行为、经验基础和群体形式都已呈现出与传统社会不同的方式和特点，网络社会由此具备了充实的空间内容和崭新的空间关系。社会学需要对中国网络社会的发展进行考察分析，揭示网络社会的基础、特点和模式。另外，社会学还着力于网络社群的组织化及其舆论引导机制研究。网络社群作为一种新型组织形式和社会互动模式，具有超时空性与开放性、行动空间再生产中的虚拟性、社会关系的平等性与自主性、秩序建构中的扁平化与多中心性、社群交往纽带的网缘化、群体成员的异质性较高和群体边界模糊等社会组织特征。网络社群的圈层化和群体极化等现象，均值得社会学予以关注并探索社群舆论引导机制。

在新闻传播学领域，也发展了计算传播学分支，近年来学界对于媒介融合、媒介技术发展的跟踪性研究继续成为学科的研究热点。诸如媒介融合、媒体转型、融媒体、大数据、人工智能、VR 产业、"互联网+"、区块链、互联网治理、智能媒体与算法研究、网络舆情管理研究以及新媒体环境下的健康传播、环境传播等跟踪性研究也将持续成为研究热点。

图书馆·情报与文献学受到大数据等思维和技术的深刻影响。该学科作为研究数据、信息、知识等信息链要素的主要研究阵地，未来将会瞄准数据科学等学术前沿，探寻学科发展新动能和新生长点，如大数据分析与决策支持、数据智能技术应用与支撑、智能系统等，进一步凸显以数据驱动、技术驱动为主导的科学研究范式，调整和拓展原有的问题体系、技术体系、流程体系、领域体系等，致力于前沿问题的追踪。

（五）绿色发展与生态文明制度体系

"绿水青山就是金山银山"是习近平总书记基于地方工作经验得出的解决生态环境保护和经济社会发展冲突问题的科学论断，是关于生态文明建设的核心理念，是绿色发展的形象表达。党的十八大首次把"绿色发展"作为实现"美丽中国"的重要手段写进报告。生态文明建设纳入"五位一体"总体布局后，我国生态文明建设取得了明显成效。党的二十大报告再次强调"推动绿色发展，促进人与自然和谐共生"。生态文明建设的理念和取向、生态文明建设的制度创新、应对气候变化的大国担当、生态文明建设的历史经验，都需要深入研究。

近年来，生态哲学及其相关论题受到学界重视。中国社会发展的内在要求促使人们对人与自然的关系进行深入思考。以自然、生态、资本、文化等概念为核心，以马克思关于自然论述为依据，哲学界深入分析了经济发展与生态环境之间的辩证关系。研究表明，基于当代生态危机的本质以及中国现代化建设的实际，应当将历史唯物主义作为理解人与自然关系的基础，建构中国特色生态文明理论。中国传统哲学的研究者对于当前的生态失衡和社会危机也给予关注，但如何进一步挖掘中国传统思想的生态智慧，解决当今世界面临的环境危机，对中国传统生态智慧作出理论梳理，还可以进一步探讨。

法学领域重视美丽中国建设的法治保障研究。美丽中国建设是社会主义现代化强国建设的应有之义和重要方面，对生态法治建设和法学研究提出了更高要求。美丽中国建设的法治保障问题，既是一个新时代法学研究的重大课题，也是法学学科开展前沿交叉学科研究的重要增长点。围绕美丽中国建设的法治保障，需要着重深入开展"生命共同体"的"哲理、政理、法理"研究、美丽中国和生态文明建设的法治保障体系研究、环境权利体系研究、环境法法典化研究、自然资源产权制度研究、生态环境修复法律制度研究、生态环境执法司法制度研究、生态环境法治保护国际合作研究等。

社会学则聚焦环境社会学的理论建设与社会价值研究。环境社会学研究具有社会影响的、激起社会反应的环境事实和具有环境影响的社会事实。环境社会学强调清晰的反思意识和学术立场，注重环境与社会关系的演化趋向、经济发展与环境保护的关系、保护环境和社会公平之间的关系、对与环境相关的重要社会主体进行分析，以及对待理论导向和政策导向的研究等方面的研究。

经济学长期关注与协调发展、绿色发展、生态文明建设相关的问题。环境经济学、资源经济学和生态经济学三个专业领域，不论是学科发展还是研究成果，均有新型交叉属性。学者们聚焦包括"两山论"、资源型地区经济转型发展、节约资源和保护环境的基本国策、山水林田湖草沙系统治理、生态环境保护制度、绿色发展方式和生活方式、美丽中国、全球生态安全、人口与粮食安全，生态脆弱区人口与环境协调发展等具体课题。同时，对区域环境史资料进行收集、整理，并建立相应的数据库，系统梳理中国的自然灾害历史，运用计量分析方法挖掘干旱洪涝、气温异常、地震海啸等自然灾害对经济发展的影响规律，不仅是经济史研究领域的前沿方向和方法创新，而且对于服务区域经济发展和生态文明建设都极有必要。未来一段时间经济学前沿将涵盖大气和水体污染防治，自然资源的价值决定，能源供给侧结构性改革与现代能源体系建设，资源型区域经济发展模式，边疆民族地区生态优先绿色发展，黄河流域生态保护与经济高质量发展，产业绿色发展政策，生态保护与经济发展的协调等。

总体而言，未来针对各学科共同面临的国家治理、人工智能、大数据、云计算、物联网、生物伦理、全球公共健康危机、生态环境等方面的挑战，哲学社会科学工作者必须紧跟时代步伐，努力开创哲学社会科学发展新局面。针对这些课题，需要建立不同层级的学科交叉平台，不断探索新理论、新方法、新路径，形成相互融合的有效机制，打破旧有的学科壁垒，更好回答中国之问、世界之问、人民之问、时代之问，更好彰显中国之路、中国之治、中国之理。新时代新征程，哲学社会科学界在构建中国特色哲学社会科学学科体系、学术体系、话语体系方面将进一步努力，有力推进哲学社会科学研究的深入发展，增强自主创新能力，构建中国特色哲学社会科学自主知识体系。

作者简介：

向芬，中国社会科学院新闻与传播研究所马克思主义新闻学研究室主任、研究员，中国社会科学院大学新闻传播学院教授，中国新闻史学会常务理事。波士顿大学、斯德哥尔摩大学、台湾政治大学、香港城市大学访问学者。研究方向为新闻传播史论、新闻传播制度、传媒与社会变迁。

舆论篇

构建新时代主流舆论
新格局的中国之道

我们推动媒体融合发展，是要做大做强主流舆论，巩固全党全国人民团结奋斗的共同思想基础，为实现"两个一百年"奋斗目标、实现中华民族伟大复兴的中国梦提供强大精神力量和舆论支持。

——习近平在十九届中央政治局第十二次集体学习时的讲话
（2019 年 1 月 25 日）

舆论篇

构建新时代主流舆论新格局的中国之道

党的十八大以来，不断更新迭代的网络新媒体进一步引发传播生态发生剧烈变革，中国成为全球互联网用户第一大国并加速迈向网络强国，基于新媒介技术和应用的舆论生态日益与政治、经济、传媒、社会紧密相融。以互联网这个"最大变量"为载体的舆论，是当代中国社会思想文化中最活跃和最重要的组成部分，是党的新闻宣传和意识形态工作的"主战场"和"重中之重"。

在新的历史条件下，以习近平同志为核心的党中央，深刻把握世界网络技术发展大势和全球舆论格局变迁走向，强化顶层设计推动新时代中国特色社会主义的主流舆论格局构建，从国家整体战略全局出发对如何巩固壮大主流思想舆论进行总体布局，立足我国实际推进具有中国特色的全媒体传播体系建设，坚决贯彻新传播生态中的党管媒体原则，不断探索建好用好管好网上舆论阵地的中国经验，积极增强各级主流媒体"压舱石""稳定器"作用，不断健全舆论引导的中国之道。

一、党的十八大以来新闻舆论工作取得的重大成就

（一）积极构建主流舆论新格局

对舆论而言，格局体现的是舆论结构的系统性，是总体布局和架构的

确立①。"面对全球一张网，需要全国一盘棋。"② 基于对全球传播生态演变、中国舆论格局特质、技术与行业发展趋势的精准研判和深刻洞察，以习近平同志为核心的党中央在新的历史条件下，深刻阐述了推进媒体融合、建设全媒体传播体系的紧迫性、必要性，抓住"融"这个新传播生态的关键要素，从国家战略总体布局出发，积极推进加强顶层设计构建主流舆论新格局。我国的媒体融合作为一项承载着国家意志并蕴含着丰富意涵的改革开始在全国范围内推进③，并实现了由表及里、由点到面的全方位推进④。彰显新时代中国特色社会主义特质的主流舆论新格局正在形成。

1. 加强顶层设计以"融"应变，构建具有中国特色的舆论新格局

舆论和媒介息息相关。20 世纪之后，互联网持续引发传播和媒介革命。在日新月异的网络信息技术的推动下，传媒生态变化导致"舆论格局"经历"剧变"，将全球和中国的舆论场卷入一场以"新"和"变"为表征的生态演进中。被数字技术和网络技术所加持的互联网新媒体，开始连接每个个体并与整个社会高度交融。空前开放的网络舆论场对人类的话语秩序和互动关系产生了革命性影响，对全球信息秩序和社会秩序形成严峻挑战，甚至成为时代的"最大变量"。党的十八大以来，这种新技术引发的"变"成为舆论生态更显性的表征，对主流媒体的舆论引导工作提出新的任务和要求。

习近平总书记从百年未有之大变局和中国共产党长期执政的高度，特别重视全球传播生态中的舆论之"变"这个时代性命题。2013 年 8 月 19 日，针对信息化飞速发展这一大趋势，在全国宣传思想工作会议上，习近平总书记深刻指出，"意识形态工作是党的一项极端重要的工作"，"互联网已经成为舆论斗争的主战场"，"要把网上舆论工作作为宣传思想工作的重中之重来抓"，强调"过不了互联网这一关，就过不了长期执政这

① 步新娜、魏继昆：《"构建网上网下一体、内宣外宣联动的主流舆论格局"——基于习近平相关论述的分析》，《党的文献》2021 年第 2 期。
② 习近平：《加快推动媒体融合发展　构建全媒体传播格局》，《求是》2019 年第 6 期。
③ 胡正荣、李荃：《融合十年：2012—2022 年媒体融合历程回顾与前景展望》，《现代视听》2022 年第 9 期。
④ 张磊、胡正荣：《重建公共传播体系：媒体深度融合的关键理念与实践路径》，《中国编辑》2022 年第 1 期。

一关"。

古语云，成大事者应善于谋局。谋局则要抓住关键要素。以习近平同志为核心的党中央以高屋建瓴的执政理念和深邃敏锐的政治智慧，瞄准舆论之"变"表征背后的"最关键要素"，抓住"融"这个本质特征，富有远见卓识地采取一系列顶层设计推动"媒体融合"，以"融"应变求变，积极构建主流舆论新格局。

2014年，中央全面深化改革领导小组第四次会议审议通过《关于推动传统媒体和新兴媒体融合发展的指导意见》，"媒体融合"上升为国家战略，2014年也被称为"中国媒体融合元年"①，由此中国媒体融合进入发展快车道。为深入贯彻党中央关于以"融"应变的精神，2016年7月，国家新闻出版广电总局印发《关于进一步加快广播电视媒体与新兴媒体融合发展的意见》，通过促进广播电视媒体转型升级，大幅提升主流广播电视媒体在网络空间的传播力影响力公信力和舆论引导能力。2018年11月，中央全面深化改革委员会第五次会议审议通过《关于加强县级融媒体中心建设的意见》，推进县级媒体融合发展。这极大增强了媒体融合向基层辐射的广度。在媒体融合的跨度和广度不断加强的基础上，2020年9月，中共中央办公厅、国务院办公厅印发《关于加快推进媒体深度融合发展的意见》，标志着我国媒体融合国家战略在新时代进一步向纵深发展。

习近平总书记指出："媒体融合发展是一篇大文章。面对全球一张网，需要全国一盘棋。各级党委和政府要从政策、资金、人才等方面加大对媒体融合发展的支持力度。各级宣传管理部门要改革创新管理机制，配套落实政策措施，推动媒体融合朝着正确方向发展。"② 正是在党中央的顶层设计推动下，中国媒体融合成为具有政治、理论、技术和实践四重逻辑的伟大探索③。

2. 大力弘扬主旋律，在开放舆论空间传播中国强音基调

作为社会文化思想基础和国家意识形态安全基础保障的主流媒体，如

---

① 人民日报社：《融合元年——中国媒体融合发展年度报告（2014）》，人民日报出版社2015年版。

② 习近平：《加快推动媒体融合发展》，载习近平：《论党的宣传思想工作》，中央文献出版社2020年版，第357页。

③ 詹新惠：《媒体融合的逻辑与空间》，《中国社会科学报》2023年1月19日。

何在纷繁复杂的舆论场域和传播格局中重塑自身话语主导权，关乎主流媒体的存续与发展，也成为现阶段主流媒体转型过程中的核心任务①。网络舆论生态系统是一个典型的有机开放系统，具有内向的整体性协同和外向的选择性开放特征，这也决定了有机运行和动态平衡的预决性目标是网络舆论生态系统的主要发展目标②。

在党中央的领导和部署下，通过"全国上下一盘棋"的努力，形成了一个经媒体深度融合而成的主流舆论新格局。这个积极活跃而又充满"正能量"的舆论新格局，对网络舆论生态的协调有机运行和正能量的动态供给与广泛传播起到了决定性作用，这是党的十八大以来中国最重要的变化之一。最突出的表现是在开放的舆论场中，重大主题成为媒体融合传播的主旋律，呈现出强大声势。尤其是各级各类媒体把报道好习近平总书记和宣传阐释好习近平新时代中国特色社会主义思想作为首要政治任务和最重要的政治责任，精心组织策划，充分运用多种体裁和形式，采用最新的技术和融媒体形态，准确、及时、广泛地传播相关主题内容。

例如，2021 年新华社策划推出《砥柱人间是此峰》《我眼中的习近平》等扛鼎之作，"习近平经济思想的生动实践""习近平的小康故事""新思想引领新征程"等主题报道浏览量创近年同类主题报道新高，"第一观察""第 1 视点""学习进行时""习近平时间"等重点栏目形成融媒体矩阵得到广泛传播，《习近平带领百年大党奋进新征程》人物特稿被路透社等 2000 多家媒体转载，"习近平的故事"系列外宣微视频在海外社交媒体平台平均浏览量过千万，生动展现习近平总书记大党大国和世界级领袖的形象风范③。人民网和中国共产党新闻网共同搭建习近平系列重要讲话数据库，中央广播电视总台聚力打造"头条工程"，《中国日报》着力打造"习近平名言金句"品牌栏目，中国主流媒体持续创新对习近平新时代中国特色社会主义思想的宣传阐释，全面深入地传达了习近平总书记重要指

---

① 李良荣、郑雯：《论新传播革命——"新传播革命"研究之二》，《现代传播（中国传媒大学学报）》2012 年第 4 期。

② 蔡骐、袁会：《网络舆论生态的系统特性与管理策略》，《湖南师范大学社会科学学报》2017 年第 6 期。

③ 《新华社社会责任报告（2021 年度）》，新华网，http://www.xinhuanet.com/2022-05/25/c_1128681378.htm，2022 年 5 月 25 日。

示精神，产生了广泛的社会影响。

在对外传播方面，近年来，各媒体均加大了对外传播宣传力度，通过创建国际传播融合式平台，注册开通海外社交媒体账号以及与其他国际媒体合作等方式，围绕阐释习近平治国理政有关思想理念、促进国际文化交流和展示我国改革发展成果等国际关注议题，推出大量优秀融媒体作品，生动讲述了我国战疫故事、脱贫攻坚故事等，在海外引起强烈反响。

2022 年底，在党的二十大胜利闭幕之后的一个多月中，学习贯彻党的二十大精神中央宣讲团在各地区各部门各单位作报告 80 余场，举办各种形式互动交流活动 50 余场，直接听众 101 万人，通过电视直播、网络转播等渠道间接收听收看人数达 2200 多万①。

3. 升级主流媒体平台和创新内容，提升正能量传播广度

在"新"成为舆论传播常态的新媒体时代，习近平总书记不断强调"内容为王"和"形式创新"的重要性，媒体融合应"坚持导向为魂、移动为先、内容为王、创新为要"②。在我国的媒体深度融合过程中，一方面是主流媒体不断升级平台，建设了具有广泛影响力的国家级新闻信息内容聚合发布新平台；另一方面各级各类媒体不断改进和创新内容表现形式，打造能广泛传播让群众喜闻乐见的融合报道精品。在这两方面的合力下，以重大主题报道为基础的正能量传播中国舆论生态不断提升广度，并积累厚势，在新中国成立 70 周年、中国共产党成立 100 周年等重大时间节点表现得尤为充分。

2019 年，为做好庆祝新中国成立 70 周年融媒体报道，多家媒体探索创新，根据不同受众群体特点，有针对性地进行议题设置，策划推出了一大批高站位、广视角、融媒态的新闻报道融媒体产品，以宏大的视听盛宴向全世界展示新时代中国盛世盛景，吸引了海内外广大网民的关注和参与。《人民日报》团队采用了包括报、刊、网、端、微、屏等 10 多种载体，推出"爱国民族照"、互动 H5 漫画《我刚在复兴大道 70 号遇见了你》等多种内容形式创新。新华社向海内外播发各种形式报道 1.5 万条，

---

① 王子铭、孙少龙、张研：《凝心聚力担使命 奋楫扬帆新征程——2022 年宣传思想工作综述》，光明网，https：//m. gmw. cn/baijia/2023-01/03/36276035. html，2023 年 1 月 3 日。

② 源自习近平总书记 2019 年 1 月 25 日在十九届中央政治局第十二次集体学习时的讲话。

在海外社交媒体平台和 CNC 英语台、新华社英文客户端同时进行的 4K+ VR 直播国庆盛典总浏览量超 900 万次，吸引大量海外网友点赞中国发展。中央广播电视总台 10 月 1 日两场重大活动直播在电视端的总收视规模达到 7.99 亿人，创新推出的《日出东方》70 小时直播多视角呈现盛况，首次推出 4K 超高清信号直通院线的"直播大片"《此时此刻——共庆新中国 70 华诞》在全国影院爆满①。

此外，中国日报网端微全平台通过直播、长图、短视频、海报、九宫格、图组和长文等多种形式，在网站、客户端、微博、微信、脸书、推特等平台发稿超过 1050 篇，总传播量突破 6.2 亿次，国庆庆祝大会相关系列报道在 170 余家海外主流媒体落地。在广播直播节目中，中国之声累计触达 2100 万城市核心人群。各网站、新闻客户端等纷纷在首页首屏开设国庆 70 周年专区。"十一"当天，新浪微博相关话题阅读量超过 90 亿次，抖音平台关于国庆 70 周年的报道点击量超过 70 亿次②。

2021 年是中国共产党成立 100 周年，是全面建设社会主义现代化国家新征程开启之年，也是"十四五"开局之年，在我国发展前进道路征程中具有重要的历史节点意义和重大纪念意义。主流媒体将庆祝建党百年作为贯穿全年的宣传重点报道，通过策划部署相关主题，创新宣传报道样态，推出系列创新融合精品力作。各媒体通过特刊、专栏以及推出融媒体产品等方式，运用 AR 技术、直播、短视频、线上图册展览等新信息技术形式，围绕建党百年历史脉络、重大精神以及当代价值等核心议题，结合不同地域特征以及各行业特色，策划系列大型党史学习教育等活动，推出大量优秀作品，全面生动地反映各族人民牢记初心使命、赓续红色血脉的伟大实践和伟大精神。

4. 新技术赋能新闻宣传，不断提高传播效果和精准性

新技术赋能新闻宣传的目的，既是为了扩大正能量传播的广度与厚度，也是为了提高传播效果和精准性。2019 年 1 月 25 日，中共中央政治局在人民日报社就全媒体时代和媒体融合发展举行第十二次集体学习，习近平总书记在主持学习时强调："党报、党刊、党台、党网等主流媒体必

---

① ② 王思北、孙少龙、周玮：《高站位·广视角·融媒态——数说中央主要媒体新中国成立 70 周年报道亮点》，新华网，http://www.xinhuanet.com/politics/2019 - 10/11/c _ 1125093673.htm，2019 年 10 月 11 日。

须紧跟时代，大胆运用新技术、新机制、新模式，加快融合发展步伐，实现宣传效果的最大化和最优化。"① 在媒体融合向攻坚"深水区"推进的过程中，作为媒体融合的逻辑起点，技术建设和内容建设同等重要。

近年来，主流媒体不断加强技术引领，探索大数据、人工智能、区块链等前沿技术在媒体融合中的实践，通过强化技术赋能推动内容、话语和形式手段创新，以吸引用户并实现精准传播。2019 年 11 月，科技部发布《关于批准建设媒体融合与传播等 4 个国家重点实验室的通知》，为适应全媒体时代发展需求，推动媒体融合向纵深发展，强化科技支撑，批准建设"媒体融合与传播国家重点实验室""传播内容认知国家重点实验室""媒体融合生产技术与系统国家重点实验室""超高清视音频制播呈现国家重点实验室"4 个实验室。

在中央广播电视总台的"超高清视音频制播呈现国家重点实验室"的研发支持下，中央广播电视总台制定了"5G+4K/8K+AI"战略。2021 年 2 月我国首个 8K 电视超高清频道——CCTV8K 超高清频道成功实验播出；同年 10 月全球首个 24 小时上星播出的 4K 和高清同播的专业体育频道——总台央视奥林匹克频道及其数字平台开播上线，东京奥运会报道成功实现全球首次 4K 超高清频道奥运赛事直播，通过总台全媒体平台收看人次达 479 亿次。新技术赋能的效果显现，2021 年，央视新闻新媒体用户规模达 8.26 亿，同比增长 62.9%。央视频上线 2.0 版本，累计下载量达 3.61 亿次。云听客户端用户规模超 1 亿，增速居音频行业第一。

针对新舆论生态中的主力军——"80 后""90 后""00 后"青年网民，2021 年，人民日报社新媒体中心选用深受年轻网民喜爱、内容旋律健康向上的网络歌曲《少年》，改编制作发布的建党百年主题 MV《少年》一经推出就获得广大网民特别是年轻网民青睐，全网播放量超 1.6 亿②。

为进一步强化精准宣传，诸多媒体和科研机构也在不断深化媒介大数据科技应用，加强采用大数据监测、分析和处置网络舆情，建设舆论大数据科学与技术应用联合实验室，并加强传播效果评估。

---

① 《推动媒体融合向纵深发展　巩固全党全国人民共同思想基础》，《人民日报》2019 年 1 月 26 日。
② 曹磊、杨丽娟：《人民日报社：从热播 MV〈少年〉看到"最该追随的信仰"》，中国记协网，http://www.zgjx.cn/2021-10/14/c_1310242601.htm，2021 年 10 月 10 日。

（二）建设全媒体传播体系

党的二十大报告指出，要加强全媒体传播体系建设，塑造主流舆论新格局，进一步明确了加强全媒体传播体系建设是我国新时代舆论工作的目标。习近平总书记在 2019 年 1 月 25 日中共中央政治局第十二次集体学习讲话中，用"全程媒体、全息媒体、全员媒体、全效媒体"生动论述了"全媒体"概念，从时空维度、方式维度、主体维度、效能维度阐明了媒体融合发展的方向。媒体融合战略实施以来，传统媒体和新兴媒体已经从"你就是你，我就是我"，进入"你中有我，我中有你"阶段，走向"你就是我，我就是你"的全媒体传播阶段。

1. 有效整合媒体资源共融共通，打造新型主流媒体

如何在媒体融合中同步推进全媒体传播体系建设，需要在迭代升级平台的同时，有效整合各种媒介资源并形成共融共通。正如习近平总书记强调的："要坚持一体化发展方向，加快从相加阶段迈向相融阶段，通过流程优化、平台再造，实现各种媒介资源、生产要素有效整合，实现信息内容、技术应用、平台终端、管理手段共融互通，催化融合质变，放大一体效能，打造一批具有强大影响力、竞争力的新型主流媒体。"①

党的十八大以来，在媒体融合国家战略的实施进程中，中国各级主流媒体超越简单的"物理叠加"开始向着"你就是我，我就是你"的化学相融演进，并在此基础上塑造迭代的"全媒体传播体系"②。中央媒体推动建设新型主流媒体，不断打通并整合媒体资源，不仅进一步提高了主流媒体的新闻舆论传播力、引导力、影响力、公信力，也建设了契合自身特点的新媒体产品和平台，促成了新型主流媒体引领的传媒生态系统，推动中国传媒产业高质量发展。2018 年 3 月，中共中央印发《深化党和国家机构改革方案》，根据该方案，同年 4 月 19 日，由原中央电视台（中国国际电视台）、中央人民广播电台、中国国际广播电台组建的中央广播电视总台成立，成为世界上规模最大的综合性传媒集团之一。中央广播电视总

---

① 源自习近平总书记于 2019 年 1 月 25 日在十九届中央政治局第十二次集体学习时的讲话。
② 胡正荣、李荃：《融合十年：2012—2022 年媒体融合历程回顾与前景展望》，《现代视听》2022 年第 9 期。

台现拥有 29 个内设机构、39 个派出机构和 2 个所属事业单位。下辖 51 个电视频道，包括 31 个公共频道和 20 个付费频道，其中 9 个为国际频道；开办 23 个国内广播频率；使用 44 种语言开展对外传播；总台本部运营央视新闻、央视频、CGTN、云听等 30 个新媒体客户端和央视网、央广网、国际在线等网站。

据《传媒蓝皮书：中国传媒产业发展报告（2022）》统计，2021 年中国传媒数字经济不断蓬勃发展，中国传媒产业总产值稳定增长，达 29710.3 亿元，实现自 2013 年以来逐年增长态势，在建设网络强国和数字中国中展现出巨大的发展动力①。

2. 提升内容生产力，占据传播制高点

在信息生产的底层逻辑发生彻底变革的数字信息时代，实现"让主流媒体牢牢占领传播制高点"这一建设全媒体传播体系的总要求②，就需要推进内容生产供给侧结构性改革，不断完善高质量内容产出机制，并通过符合移动社交媒体舆论生态的互动式、服务式、场景式传播。我国主流媒体在媒体深度融合进程中，不断探索内容生产的数字化、智能化转向进程，大数据、人工智能、算法等已经成为推动内容生产和传播机制中的第一生产力。

2016 年 2 月 19 日，被中央领导称赞为媒体融合的"样板间"——人民日报社全媒体平台（中央厨房）正式上线，以内容的生产传播为主线，打造媒体融合发展的业务平台、技术平台和空间平台。人民日报"中央厨房"还通过建立"融媒体工作室"创新内容生产机制，鼓励报、网、端、微采编人员按兴趣组合、项目制施工，资源嫁接，跨界生产，充分释放全媒体内容生产能力，有效提升了内容质量和产品的多样性③。随后，国内媒体的"中央厨房"遍地开花，不断涌现。"中央厨房"将传统新闻层级式生产链再造，通过信息资源集中整合、处理、分发与评估，以统一的技

① 《蓝皮书：2021 年中国传媒产业规模恢复性增长，总产值达 29710.3 亿元》，中国网，http：//news.china.com.cn/2022-08/01/content_78350255.htm，2022 年 8 月 1 日。
② 汪晓东、杜尚泽：《让主流媒体牢牢占领传播制高点——中央政治局第十二次集体学习侧记》，《人民日报》2019 年 1 月 26 日。
③ 《我国媒体融合步入深水区 各媒体"中央厨房"建设一览》，人民网，http：//media.people.com.cn/n1/2017/0811/c14677-29464293-2.html，2017 年 8 月 11 日。

术支撑体系为保障，实现新闻高效生产与传播。

3. 积极统筹各级各类媒体，建立全媒体传播体系

习近平总书记指出："传统媒体和新兴媒体不是取代关系，而是迭代关系；不是谁主谁次，而是此长彼长；不是谁强谁弱，而是优势互补。"①建立全媒体传播体系，正需要统筹处理好传统媒体和新兴媒体、中央媒体和地方媒体、主流媒体和商业平台、大众化媒体和专业性媒体的关系。全媒体传播体系是一个有机系统，需要用整体思维、协同思想贯穿这一工程，具体而言需要以"合"为目标，以"分"为路径，以"和"为手段，以系统协同构筑全媒体传播生态体系②。

"合"即融合，主要指在自主平台搭建、内容生产、渠道分发、人才建设、经营管理、用户连接等方面形成新型主流媒体全局性、战略性、系统性整体转型。例如，《人民日报》是传统的中共中央机关报，人民日报社加快推进媒体深度融合发展，如今成为拥有报、刊、网、端、微、屏等10多种载体、综合覆盖用户超过13亿人次的全媒体方阵③。

"分"即差异化发展。2022年8月，中共中央办公厅、国务院办公厅印发了《"十四五"文化发展规划》，对各层级全媒体传播体系进行了部署。目前，在体系结构上，中央媒体建成新型主流媒体"旗舰"和"航母"，省级媒体成为有一定资源规模的区域性建设平台，市地级媒体因地制宜加快探索适合自身的融合发展模式，县级融媒体深化"新闻+政务+服务"，纵向的"央—省—市—县"全媒体体系已经布局完成。

"和"即系统协同，从"你就是你，我就是我"，进入"你中有我，我中有你"阶段，正向"你就是我，我就是你"的化学相融演进。有效组织协同各类传播平台，尤其是商业网站与主流媒体的"和"。相关统计显示，《人民日报》、新华社、央视新闻账号在互联网平台总粉丝数已达27.4亿；在微博平台，国内头部媒体总粉丝数已超过140亿，头部媒体2022年在微博的总发博量有898万条，总互动数32亿条，总视频播放量

---

① 源自习近平总书记于2019年1月25日在十九届中央政治局第十二次集体学习时的讲话。

② 曾祥敏、崔林、赵希婧：《系统推进全媒体传播体系建设》，《光明日报》2022年12月23日。

③ 朱国亮：《媒体融合加速　主流舆论壮大——2023中国网络媒体论坛综述》，http://www.wenming.cn/zg/whcx/202304/t20230425_6595100.shtml，2023年4月25日。

2173 亿次①。中国传统媒体在社交媒体平台获得的用户积淀、传播数据与相应的社会影响力领先于其他国家传统媒体，在网民中拥有更高的公信力和权威性。

（三）建好用好管好网上舆论阵地

在"从网络大国向网络强国阔步迈进"的征程中②，我国作为互联网发展速度最快的国家，迅速生成了体量巨大、纷繁复杂的网络舆论生态。尤其是在党的十八大之后，伴随着移动化的"两微一端"的兴起，网络新媒体已经成为中国最大的舆论场③。根据中国互联网络信息中心（CNNIC）统计，2012~2022 年，中国网民数量从 5 亿增长至 10.67 亿，用户人数超过 5 亿的应用多达 11 个④。庞大的网民数量和丰富多样的传播应用，让中国拥有了全球最大和最活跃的舆论场，并呈现出极端复杂性。面对舆论场域空前扩大的形势，以习近平同志为核心的党中央积极探索如何建好用好管好网上舆论阵地的中国之道。

1. 坚持贯彻党管媒体原则，把党管互联网落到实处

习近平总书记强调，要承担起新闻舆论工作的职责和使命，"必须把政治方向摆在第一位，牢牢坚持党性原则，牢牢坚持马克思主义新闻观，牢牢坚持正确舆论导向，牢牢坚持正面宣传为主"，"党的新闻舆论工作坚持党性原则，最根本的是坚持党对新闻舆论工作的领导"⑤。坚持党管媒体是坚持党性原则、坚持正确政治方向的具体表现，也是坚持党对新闻舆论工作全面领导的根本性原则⑥。只有坚持党对互联网的领导，主流媒体才

---

① 朱国亮：《媒体融合加速　主流舆论壮大——2023 中国网络媒体论坛综述》，http：//www. wenming. cn/zg/whcx/202304/t20230425_6595100. shtml，2023 年 4 月 25 日。

② 王思北、王鹏、白瀛：《中国这十年·系列主题新闻发布｜从网络大国向网络强国阔步迈进——"中国这十年"系列主题新闻发布会聚焦新时代网络强国建设成就》，新华网，http：//www. xinhuanet. com/2022-08/20/c_ 1128930674. htm，2022 年 8 月 20 日。

③ 东鸟：《当前我国网络舆论生态的主要特征和发展趋势》，《中国党政干部论坛》2016 年第 2 期。

④ 中国互联网络信息中心发布的历年《中国互联网络发展状况统计报告》，https：//www. cnnic. net. cn/6/86/88/index. html。

⑤ 《习近平谈治国理政》（第二卷），外文出版社 2017 年版，第 332 页。

⑥ 朱清河、宋佳：《中国式现代化进程中习近平新闻舆论思想的实践逻辑》，《传媒观察》2023 年第 4 期。

能掌握舆论场的主动权和主导权，主流声音才能更好地为大局服务，媒体的内容才能更好地反映党和人民的利益，更好地发挥思想引领作用。

传播技术变革带来的新闻舆论生态的空前变化，对党管媒体原则提出了时代要求。党的十八大以来，以习近平同志为核心的党中央高度重视如何在新媒体时代贯彻党管媒体，把党管互联网作为重要政治原则。2018年3月，中央网络安全和信息化委员会成立，中央、省、市三级网信工作体系基本建立。之后出台相关文件，压实网络意识形态工作责任制、网络安全工作责任制。中央通过改革和完善互联网管理领导体制机制，推动党管互联网落到实处①。

商业化平台也在探索特色非公企业党建模式。作为国内的社交媒体平台之一，微博如何打造"天朗气清"的网络空间不仅是一个业务问题，也是一个政治问题。经过首都互联网协会党委批准，微博党委2015年9月正式成立。2017年5月4日，微博党委牵头成立由微博党委书记任组长的"微博舆情研判小组"，负责对微博平台舆论热点内容、事件进行研判，确立处置策略，在保障做好政治引领的同时，进一步加强党组织在内容管理、正能量传播、政务沟通等方面的探索和实践，以实际行动落实习近平总书记"要压实互联网企业的主体责任，决不能让互联网成为传播有害信息、造谣生事的平台"的指示要求②。

2. 强化互联网思维，推动主力军全面挺进主战场

习近平总书记提出："推动传统媒体和新兴媒体融合发展，要遵循新闻传播规律和新兴媒体发展规律，强化互联网思维。"③党的十八大以来，已经高度普及的互联网与社会各个领域的相加相融效应显现。中央"互联网+"政策强调经济、政治、社会、文化等各个领域积极运用互联网思维。

在主流媒体舆论新格局中，最重要的"互联网+"就是"互联网+政

---

① 王思北、王鹏、白瀛：《中国这十年·系列主题新闻发布 | 从网络大国向网络强国阔步迈进——"中国这十年"系列主题新闻发布会聚焦新时代网络强国建设成就》，新华网，http://www.xinhuanet.com/2022-08/20/c_1128930674.htm，2022年8月20日。

② 熊浩然：《新浪微博：活动增强凝聚力 平台传播正能量》，《网络传播》2018年第8期。

③ 《习近平：共同为改革想招一起为改革发力 群策群力把各项改革工作抓到位》，《人民日报》2014年8月19日。

务"。在"互联网+政务"时代，其发挥政府等国家机构拓展政务公开和服务、提高公信力影响力的作用愈加彰显。中国互联网络信息中心（CNNIC）发布的《第 47 次〈中国互联网络发展状况统计报告〉》显示，截至 2020 年 12 月，我国在线政务服务用户达 8.43 亿，占网民整体的 85.3%，经新浪平台认证的政务机构微博为 140837 个①。《2020 年政务微博影响力报告》数据显示，2020 年 1 月 22 日至 3 月 23 日，共有超 3.7 万个政府官方微博参与发声，发布了相关微博 379 万余条，获得了超 848 亿的微博阅读量和超 1.9 亿的微博互动量②。这说明以政务微博为代表的政务新媒体是主力军全面挺进网络舆论主战场的重要手段，是实现政府治理和社会调节、居民自治良性互动的具体体现，是创新社会治理体制机制的重要成果，是推进社会治理现代化的途径之一。

3. 加强网络信息内容生态治理，探索网络生态管理的中国之道

庞大复杂而尚处于高速发展的网络空间在全球引发诸多新挑战，尤其是网络信息内容生态治理成为世界性难题。党的十八大以来，我国出台和实施了一系列法规，不断加强并规范网络信息内容生态治理。

首先，我国针对网络信息、个人信息、数据安全等这些重要基本问题加强立法，通过了《全国人民代表大会常务委员会关于加强网络信息保护的决定》《中华人民共和国网络安全法》《中华人民共和国数据安全法》《中华人民共和国个人信息保护法》等法律。

其次，针对诽谤以及信息网络犯罪等热点问题，出台了《最高人民法院、最高人民检察院关于办理利用信息网络实施诽谤等刑事案件适用法律若干问题的解释》《最高人民法院最高人民检察院关于办理非法利用信息网络、帮助信息网络犯罪活动等刑事案件适用法律若干问题的解释》等司法解释。

最后，针对网络信息内容生态中不断滋生的新问题，我国在加强信息传播权保护的基础上，主要授权国家互联网信息办公室负责互联网信息内容管理工作。国家互联网信息办公室出台了专门的部门规章《网络信息内

---

① 中国互联网络信息中心：《第 47 次〈中国互联网络发展状况统计报告〉》，https：// www. cnnic. net. cn/n4/2022/0401/c88-1125. html，2021 年 2 月 3 日。

② 人民网舆情数据中心：《2020 年政务微博影响力报告》，http：//download. people. com. cn/yuqing/eleven16115670881. pdf，2021 年 1 月 22 日。

容生态治理规定》，并针对专门领域的问题强化管理，出台了大量的部门规章、规范性文件和政策性文件，既有针对具体应用如新闻信息服务、即时通信、微博、论坛社区、直播、信息搜索等方面的，也有针对热门技术如算法推荐、信息服务深度合成、区块链信息服务的。这些规定及时对一些变化快的新问题加强管理，对于依法管网进行了法律层面的补充，对形成积极健康的网络舆论生态具有十分重要的意义。

此外，为规范互联网内容和信息的传播、净化网络舆论空间环境，网络监管部门每年和平台进行诸多专项治理行动。例如，针对"种草消费""MCN 经济""流量经济"等热点，国家网信办发布 2022 年"清朗"系列专项行动十大重点任务，其中包括"打击流量造假、黑公关、网络水军""算法综合治理""MCN 机构信息内容乱象整治"等专项行动。

（四）加强重大舆情、突发事件舆论应对和引导

重视舆论导向是我们党的优良传统。习近平总书记强调："牢牢坚持正确舆论导向。舆论导向正确，就能凝聚人心、汇聚力量，推动事业发展；舆论导向错误，就会动摇人心、瓦解斗志，危害党和人民事业。"[①] 而在"信息无处不在，舆论生态、媒体格局、传播方式产生深刻变化"[②] 的全媒体时代，这大大增加了舆论引导的难度。如何对社会效应日益加大的重大舆情与突发事件做好引导，成为中国共产党执政的一个关键问题和难点。党的十八大以来，党中央面对庞大、开放、动态、互动的复杂舆论场，高度重视健全重大舆情和突发事件舆论引导机制，尤为重视热点敏感问题的正面宣传引导并有效回应社会关切，各级主流媒体在百年未有之大变局和疫情防控中发挥了"压舱石""稳定器"作用。

1. 健全重大舆情和突发事件舆论引导机制

当前复杂生态中的舆论引导工作中，由突发公共事件所引发的重大舆情，是舆论引导的重点和难点。尤其是如何健全重大舆情和突发事件舆论引导机制，不仅是新闻舆论工作面临的重要问题，也是推进我国国家治理体系和治理能力现代化的一个重大课题。

---

① 源自习近平总书记于 2016 年 2 月 19 日在党的新闻舆论工作座谈会上的讲话。
② 源自习近平总书记于 2019 年 1 月 25 日在十九届中央政治局第十二次集体学习时的讲话。

我国不断探索建立应对突发公共事件的舆论引导机制，如党委政府管理机制、主流媒体主导机制等，并出台了《中华人民共和国突发事件应对法》《国家突发公共事件总体应急预案》等法律法规。党的十八大以来，根据新媒体背景的突发公共事件的新特点和基本规律，我国进一步健全重大舆情和突发事件舆论引导机制，根据《中华人民共和国突发事件应对法》对突发公共事件的分类，对四类不同突发公共事件引发的舆情按照分级、分期、分类、分工协同开展针对性和有效性的舆论引导，建立和健全相应机制，以达到"快速预警""精准研判""有效引导""依法处置"因突发公共事件引发的各类舆情①。

全媒体环境下，网络舆情正在经历重大时代转型，愈益呈现出深刻的大数据等技术性特征，给重大舆情与突发事件舆论引导研究带来了更大的挑战②。在新冠病毒流行后，这种特征更为明显，在本质上变革了重大舆情与突发事件舆论引导的理念和范式。我国的重大舆情和突发事件舆论引导机制在疫情防控中经受住了严峻的考验，也为进一步健全重大舆情和突发事件舆论引导机制积累了宝贵的经验。

2. 加强对热点敏感问题的正面宣传引导，及时有效回应社会关切

作为一个复杂系统，网络舆论场中的构成和要素颇为复杂，媒介、网民、政府、事件等舆情构成要素在不同类型舆情事件中发挥的作用不同。其中，网络媒介是舆论传递的载体，随着技术发展和网民的增长，其对舆论热点的引爆能力日益增强；数量庞大的网民是舆情产生的重要力量，对舆情的发展产生巨大影响。

值得关注的是，诸多社会热点敏感问题会触动网民的敏感神经因而广受关注，政府尽管不是网络舆情的制造者，但政府行为是网民关注的重点，尤其是政府对舆情事件的应对和引导直接影响着网络舆情的走向③。一旦政府和主流媒体不及时回应或回应不到位，容易造成舆论引导工作的被动，并引发次生或衍生舆情，热度甚至超过事件本身。

---

① 雷跃捷、许静：《科学构建突发公共事件舆论引导机制》，《新闻战线》2021年第4期。
② 程新斌：《对重大舆情与突发事件舆论引导研究的分析与对策》，《西南民族大学学报（人文社会科学版）》2022年第2期。
③ 张旭阳、李丹珉、谢耘耕：《媒介、网民、政府在舆情事件中的参与角色与作用研究——基于3600起舆情事件的实证分析》，《新闻界》2018年第6期。

党的十八大以来，政府和主流媒体将加强对热点敏感问题的正面宣传引导，及时有效回应社会关切，作为提升自身素养的"试金石"。2019年底以来，新冠疫情防控期间海内外热点频发。各媒体在围绕疫情防控常态化、中国经济复苏报道以及推动社会民生热点难题解决方面群策群力，通过开通新冠疫情防控求助与建议通道、创办网络辟谣平台、开设经济访谈专栏等方式，主动联合社会其他管理部门和专业单位，权威解读及时回应社会关切，帮助推动解决社会问题，形成舆论引导合力。另外，各新闻媒体针对不同专业领域和地域，关注热点问题，主动设置议程，通过策划发布调查性报道、深度报道等形式，及时监督相关政策落地实施情况和社会反响，第一时间曝光问题，督促相关部门出台解决措施，为广大群众提供了便利的问题反馈渠道。

此外，各媒体不断增强国际主流声音传播，有力回击不实言论，针对西方媒体污蔑、抹黑中国的行为，旗帜鲜明开展国际舆论斗争，通过刊发评论文章，制作纪录片，策划创作海报、漫画以及微视频等方式，精心做好涉台涉藏涉疆和民主人权方面的报道，揭露西方媒体污蔑真相。我国媒体正朝着打造国际传播融媒体矩阵和塑造大国媒体品牌目标不断前进，在讲述中国主张、中国方案和传播中国声音道路上，不断提高我国媒体的国际传播影响力。

3. 主流媒体建立社会责任报告制度，发挥"压舱石""稳定器"作用

当下舆论格局中出现了一些新特征，尤其是社交媒体平台带来的社会化态势，这对主流媒体在定位上提出了新的要求，即在承担政治功能履行党和人民的"耳目""喉舌"职能的同时，还被赋予了更多的社会责任。

为了应对不断发展变化的传播环境，承担"举旗帜、聚民心、育新人、兴文化、展形象"新使命任务的主流媒体，自2014年起，中宣部、中国记协在新闻战线探索建立媒体社会责任报告制度，参与报告发布的新闻媒体每年定期主动向社会公开发布上一年度履责情况、存在的不足和改进措施，供社会各界进行评价与监督。这极大增强了各地各级各类媒体的社会责任意识，发挥了新时代主流媒体的建设性作用①。

---

① 季为民、孙芳：《强化社会责任　发挥好新时代新闻媒体建设性作用》，《新闻战线》2022年第18期。

媒体社会责任报告制度是加强新闻队伍建设、夯实职业道德素养的根基性工程①，2014 年至 2022 年已连续九次发布报告，发布媒体范围从最早的 11 家逐年扩大，涵盖中央和地方主要新闻媒体、新闻网站、全国性行业类媒体以及都市类媒体。例如，2022 年发布报告的媒体从中央新闻单位到县级融媒体中心共 300 多家媒体，26 个省（区、市）和新疆生产建设兵团进一步扩大覆盖范围，部分地区实现省市县三级媒体覆盖。报告在全社会引发广泛反响，对于推动各级各类新闻媒体强化社会责任意识、自觉履行社会责任、提升全行业公信力发挥了积极作用②。

中国记协还专门出台《媒体社会责任报告制度实施办法》《媒体社会责任报告评议指标》，组织新闻道德委员会对同级报告单位发布的社会责任报告，从政治责任、阵地建设责任、服务责任、人文关怀责任、文化责任、安全责任、道德责任、保障权益责任、合法经营责任共 9 个方面开展量化打分。此外，还利用数据抽检、问卷调查等手段对媒体履责情况开展测评，提升了考核结果的科学性和完整性。这些办法为促进各级、各地、各类新闻媒体自觉履行社会责任，发挥媒体新闻舆论引导力，凝聚社会共识发挥了重要作用。各媒体在日常宣传报道中，能够有意识地围绕报告制度提出的社会责任细则进行组织策划，积极关注国家发展重大议题，充分反映人民心声，发挥好媒体"上连党心，下接民心"的桥梁纽带作用。

我国开创性的媒体社会责任报告工作极具建设性，是"推动媒体行业自律的重要实践"，"监督媒体自觉履责的有效手段"，成为新时代"传导国家政策的重要工具"③。通过实现对媒体履行社会责任的长期有效监督，也有助于推动新闻媒体充分履行舆论引导与建设性舆论监督职责，提升媒体实际效能的发挥。

---

① 《媒体社会责任报告制度》，中国记协网，http：//www.xinhuanet.com/zgjx/2019v/2019-03/01/c_137860571.htm，2019 年 3 月 1 日。

② 《2021 媒体社会责任报告制度》，中国记协网，http：//www.zgjx.cn/ydy/zrbg.htm，2022 年 12 月 10 日。

③ 《中国记协媒体社会责任报告工作有声有色》，中国记协网，http：//www.zgjx.cn/2021-12/10/c_1310364617.htm，2021 年 12 月 10 日。

二、新闻舆论工作面临的主要问题

在互联网时代，信息技术日新月异，新兴媒体全面融入社会生产生活，深刻改变着新闻舆论工作的格局，新闻舆论工作面临以下几个重要的问题和挑战：

（一）新媒体生态中的舆论工作挑战

自 1994 年我国正式接入国际互联网以来，以网络数字技术为驱动的新媒体始终处于高度发展中，对新媒体生态中的舆论工作产生了多维度的冲击，主要面临平台时代媒体格局中的商业化导向挑战、新媒体复杂传播生态对主流舆论的挑战和网络思潮日益多元开放影响主流舆论建构等挑战。

1. 平台时代媒体格局拓展中的商业化导向挑战

党的二十大报告在总结十年前我们面对的形势时指出，"网络舆论乱象丛生，严重影响人们思想和社会舆论环境"。网络舆论乱象的一个主要原因是传播格局的改变，商业化科技公司成为网络媒体发展的主要驱动者和网络传播产业中的市场主体。尤其是进入平台时代，平台型媒体在不断拓展媒体格局的同时，也使商业化的"流量经济"对舆论导向和主流价值观产生影响。

一方面，平台成为"深度媒介化"改变社会结构的力量和主体，在舆论传播格局中则导致"商业化"的逐利导向不断做大，而平台型媒体的转型和发展日益普遍后，平台型媒体发展在公共性和商业化之间面临结构性失衡困境，流量成为稀缺资源，过度商业化驱动的"流量崇拜"效应造成媒体公共性价值的贬损，并对舆论中的主流价值观产生消解[1]。

另一方面，超大平台的兴起将包括商业性在内的各类资源的分配结构进行了重组，不仅导致资本化的商业因素影响日盛，也在"打造越来越庞

---

① 何天平：《在公共性和商业化之间：反思平台型媒体的"流量崇拜"与生态治理》，《青年记者》2021 年第 3 期。

大且越来越封闭的权力结构"①，超大平台的商业逻辑开始影响媒体舆论引导的"重心"价值，对整个舆论格局形成"重构"。

因此，如何正确认识平台的商业化与社会责任的契合点，坚持正确的政治方向与舆论导向，培育和弘扬社会主义核心价值观，成为当今宣传舆论工作的重大挑战。

2. 新媒体复杂传播生态对主流舆论的挑战

当前，在以5G为代表的技术变革冲击下，我国主流媒体正处于超级平台垄断化发展、用户普及化分层化、数字应用丰富化的舆论生态变革中。技术冲击与媒体发展的平衡博弈、众声喧哗与媒体生态的逻辑碰撞、舆论引导与媒体融合的机遇挑战，复杂生态导致主流媒体舆论工作不断遭遇挑战。如何深刻把握5G技术带来的媒体环境变革，厘清新闻舆论工作的机遇与挑战，成为亟待解决的现实性问题②。

中国互联网络信息中心（CNNIC）发布的第53次《中国互联网络发展状况统计报告》显示，截至2023年12月，我国网民规模达10.92亿人，互联网普及率达77.5%。在"人人都是自媒体，个个都有麦克风"的互联网时代，舆论环境、媒体格局和传播方式发生深刻变化，对传统宣传管理制度和传统媒体的生存发展构成了严峻挑战。此外，从生态和场域来看，新媒体的非线性传播模式打破传统媒体时代的媒介传播信息渠道，"官方舆论场"与"民间舆论场"、"国内舆论场"与"海外舆论场"、"主流媒体舆论场"与"圈层化舆论场"呈现融合与割裂并存的复杂现象，社交媒介更是进一步导致舆论生态结构的分层化。如何把关进而引导民意，减小双方舆论场的意见罅隙，推动新媒体空间多元舆论的"相互建构"，激活各个层次的协商机制尤为迫切。

3. 网络思潮日益多元开放影响主流舆论建构

网络思潮是伴随我国互联网发展而出现并不断对主流舆论建构带来挑战的重要现象。正如党的二十大报告中所指出的，"拜金主义、享乐主义、

---

① 方兴东、严峰：《网络平台"超级权力"的形成与治理》，《人民论坛·学术前沿》2019年第14期。

② 赵茹、巨高飞、王磊：《"5G+媒体融合"背景下主流媒体舆论工作的机遇与挑战》，《当代传播》2021年第4期。

极端个人主义和历史虚无主义等错误思潮不时出现",这是开放网络环境下社会思潮多元化产生的舆论问题。

在当代中国多元网络社会思潮中,依据其核心内容,影响较大的主要有活跃于政治领域的网络民族主义和网络民粹主义,活跃于经济领域的网络新自由主义以及活跃于思想文化领域的网络"普世价值"和网络历史虚无主义。多元网络思潮在传播主体、传播内容和传播路径方面表现出不同于传统社会思潮的独立特质,对当代中国理性认同、社会主义制度认同、党和国家治理能力认同以及主流意识形态认同等方面的社会共识产生了内在消解①。

面临多元化思潮的挑战。随着经济社会的发展,人们的生产方式、生活方式和利益关系日益多样化,思想观念更加多元多样多变,如何在多元化社会思潮中巩固马克思主义指导地位和党的思想舆论的主流地位,是新闻舆论工作面临的重大挑战。

(二) 网络舆论安全面临的两大风险挑战

1. 互联网传播模式变革带来的风险

在互联网大规模应用之前,线性传播模式不仅是理论界使用频率最高的学术范式,也是国家开展宣传思想工作、引导社会舆论的主要手段。党的宣传部门领导、监督、管理报社和杂志社、电视台、广播电台等主流媒体,通过传播渠道国家管理的方式由主流媒体对传播内容进行把关。其中最重要的责任就是宣传部门与主流媒体避免使错误的信息进入大众媒介而产生负面的社会影响。

自20世纪90年代以来,网络媒介形态发生快速演进,从 Web 1.0 时代(以门户网站、搜索引擎为代表)、Web 2.0 时代(以博客、BBS 为代表)到 Web 3.0 时代(以微博、微信、社交网站为代表),网民的主体地位与网络平台的媒介属性不断提升,传受关系发生的根本性变化和网络传播应用的多元化,导致线性传播模式转向非线性传播模式发展,给网络安全带来全面挑战。在网络社会中,线性传播模式由于网络媒介形态的变化而不再适用,双向循环传播模式与社会系统传播模式日益发挥更加重要的作用②。

---

① 邓小丹:《当代多元网络思潮对社会共识的消解及其重塑》,《前沿》2020年第2期。
② 金鸿浩:《新时代网络舆论安全的挑战与应对》,《网络传播》2020年第3期。

此外，网络媒体由于门槛低、容量大、样态多、升级快，成为许多社会信息、利益诉求公开传播的首选之地。传播渠道的多元化不仅使双向循环传播成为可能，还使得社会系统的诸多信息突破原有制约得以公开传播。一方面，大行其道的网络舆论监督日渐成为监督公权行为、改进工作作风的有力武器，成为社会主义民主政治的重要体现。但另一方面，原有的"新闻、旧闻、不闻"工作方法所屏蔽隔绝的"噪音"也大行其道，网络也成为一些不良文化的发源地，成为一些负面信息的发酵池。

2. 网络社会"新结构"带来的认知和控制风险

互联网技术的创新发展是社会结构变革的重要推动力，导致互联网不仅改变了人类社会连接方式、社会分层结构，而且建立了与传统社会完全不同的新型社会结构①。在与传统社会结构的融合与冲突中，网络社会的最后特征就是网络传播成为公民主要的社会行为。

从舆论层面来讲，网络舆论已成为社会的皮肤，成为感知现实社会系统发展变化的"晴雨表"与"温度计"，而网络社会中舆情传播的复杂性又带来安全风险，主要表现在认知风险与控制风险两方面②。

第一，认知风险。网络社会信息流交叉错杂，主观意愿相对不明确。以信息流（比特流）为基础的网络社会并不必然带来确定性，多元化的个人意识不断带来新的冲突，并触爆网民心理情绪转化为网络热点舆情。在网络交流过程中，传播者与受众都处于高度可变的状态，主观的解读具有多样性、随意性、偶然性、主观性等特征。网络社会的"信息流"其实质是客观信息与主观意识相结合的复合体，在其传播过程中由于不同主体的认知水平、价值观念、文化程度差异很容易导致"横看成岭侧成峰，远近高低各不同"的结果生成，这实际上也是网络舆情产生的认知风险根源。

第二，控制风险。网络社会结构复杂多元，并出现了偶合群体。尤其是在中国频发的各类现实和网络群体性事件中，与传统媒体时代有明确利益诉求的群体性事件不同，无直接利益相关、无组织无纪律、没有明确的利益诉

---

① 钟大年、包圆圆：《互联网传播要素与模式变革》，《中国新闻传播研究》2019年第4期。
② 金鸿浩：《新时代网络舆论安全的挑战与应对》，《网络传播》2020年第3期。

求和价值指向的"偶合群体"经由网络组织起来酿成大规模网络群体性事件①。而具体网络舆情处置中控制行为的实施受到偶合群体这种网络社会结构的影响。一方面，在网络社会中网民的高度分化导致辨识度低，增加了准确识别受控对象的难度。另一方面，网络社会中偶合群体打破了现实社会中"自下而上"的垂直组织，极大弱化了现实社会的组织性。此外，网络社会组成基础——偶合群体的行为特征突出表现为集群心理的同质性、匿名性和过激性，群体的行为容易走向极端，进一步加大了控制风险。

三、做好新时代新闻舆论工作的探索方向

第一，创新网上正面宣传，做大做强网上主流舆论。习近平总书记深刻指出，"要把网上舆论工作作为宣传思想工作的重中之重来抓"，"牢牢掌握党对意识形态工作领导权，全面落实意识形态工作责任制，巩固壮大奋进新时代的主流思想舆论"。让网络空间"正能量更充沛，主旋律更高昂"，就必须创新网上正面宣传。坚持核心引领，加强重大主题宣传和重大议题设置，让中国好声音、党的好声音唱响网络空间。加强网络内容建设，用社会主义核心价值观和人类优秀文明成果滋养网络。

第二，加强主流媒体传播模式的改革创新，打造"全媒体""融媒体"策略。要筑牢网络舆论阵地。推进主流网络媒体建设，积极构建政务新媒体传播矩阵，打造一体化传播体系，不断提升网上传播能力，充分发挥主流媒体在新闻采编等方面的优势与特长，突出时政、理性、深度、权威等特点，提升主流舆论的传播力、影响力。

第三，要加强主流媒体对网络空间的议题设置。主流媒体以及各级融媒体对于热点事件要率先发布新闻，获得第一定义权并主动设定议题，通过持续发布最新信息和采访用权威信息引导舆论，通过撰写深度报道、舆评文章，组织专题，汇聚各方观点引导舆论，以充分发挥"变压器""净化器"的中流砥柱作用。

第四，主流媒体要发挥在舆情事件中的"把关人"作用。对于群众关

---

① 刘箫锋、刘杨钺：《智能化条件下的网络舆论安全：挑战、机理与应对》，《东南传播》2022年第9期。

心的社会新闻不仅要及时报道，而且在采编过程中要严格把关，对于网络谣言等违法违规信息，应及时进行辟谣，以正视听。

第五，多方共治并不断提升平台的社会责任。平台时代，由于信息传播底层逻辑深刻改变，平台的逐利性、开放性和多元性对舆论信息传播带来挑战，小概率事件热点化、悲情事件娱乐化、用户隐私受围观等极端舆情事件频发，表明新闻舆论工作的内核和外延发生前所未有的变化。应加强对平台型媒体的管理，不断提高其社会责任，特别需要平台、政府、媒体、第三方专业机构等共同努力，形成多方共治①。

作者简介：

刘瑞生，中国社会科学院新闻与传播研究所科研处处长、副研究员，中国社会科学院大学新闻传播学院副教授、硕士生导师，《新闻与传播研究》副主编。研究方向为网络传播、新媒体。

---

① 高杨、李欣宜：《平台型媒体社会责任的缺失及改进》，《青年记者》2022 年第 24 期。

文艺篇

新时代文艺事业的新发展

今天，中国、中国人民、中华民族的未来无限广大。新时代需要文艺大师，也完全能够造就文艺大师！新时代需要文艺高峰，也完全能够铸就文艺高峰！我们要坚定这个自信！

——习近平在中国文联十一大、中国作协十大开幕式上的讲话
（2021 年 12 月 14 日）

文艺篇

新时代文艺事业的新发展

　　党的十八大以来，习近平总书记就文艺工作发表了一系列重要讲话，其有关文艺问题的重要论述构成了新时代中国特色社会主义思想的重要组成部分，也是我们繁荣发展社会主义文艺的理论纲领和行动指南。2014年10月15日，习近平总书记在北京主持召开了文艺工作座谈会并发表了重要讲话，此次讲话分别从"实现中华民族伟大复兴需要中华文化繁荣兴盛""创作无愧于时代的优秀作品""坚持以人民为中心的创作导向""中国精神是社会主义文艺的灵魂"以及"加强和改进党对文艺工作的领导"五个方面对文艺创作和文艺工作的主要问题进行了深入阐释。讲话发表以后，引起了文艺界的广泛讨论，讲话提出的基本思想也成为文艺工作者在新的历史时期的理论指南。2016年11月30日，习近平总书记在中国文联十大、中国作协九大开幕式上作了讲话，讲话围绕实现中华民族伟大复兴，对文艺工作者提出了四点希望。这是继文艺工作座谈会讲话之后，又一个针对文艺工作的重要讲话。2021年12月14日，习近平总书记出席了中国文联十一大、中国作协十大开幕式，并再次就文艺问题发表了重要讲话。当天出版的《人民日报》头版刊发了评论员文章《高擎民族精神火炬 吹响时代前进号角——以习近平同志为核心的党中央关心文艺工作纪实》。文章对党的十八大以来，以习近平同志为核心的党中央把文化建设、文艺工作摆在党和国家事业重要位置，深入总结新时代文艺工作面临的新实践、新要求，深刻回答事关社会主义文艺事业发展的方向性、根本性、战略性重大问题，推动中国特色社会主义文艺发展开启崭新局面的相关文艺工作进行了系统总结①。

当前，国际国内形势正在发生深刻复杂的变化，我们正处在世界百年未有之大变局和中华民族伟大复兴的关键时期，机遇前所未有，挑战也前所未有。全国人民正在以习近平同志为核心的党中央的正确领导下，向全面建成社会主义现代化强国、实现中华民族伟大复兴的中国梦这一宏伟目标奋力前行。人们对美好生活的需求日益增长，对文艺作品精神高度、文化内涵和艺术价值的要求日益提高。在这样的历史条件下，文艺作品如何适应国内国际两个大局的新变化，适应市场经济和全媒体传播环境下文艺发展的新生态，适应中国特色社会主义新时代新的伟大斗争，努力回应时代、人民和国家不断提出的新要求，切实完成好引领时代风尚，从"有'高原'无'高峰'"的文艺困局向勇攀艺术高峰的迈进，都是需要我们不断探索和解决的重大时代课题。

一、新时代文艺发展的重要成就

党的十八大以来，我国的文艺事业取得了诸多成就，文学、影视、网络文艺、文艺批评以及对外文艺交流等方面的良好发展局面令人瞩目。具体体现如下：

第一，文学事业的发展繁荣。党的十八大以来，当代文学事业所取得的成就令人瞩目。其中最值得关注的无疑是现实主义题材文学的蓬勃发展，涌现了如格非的《江南三部曲》、王蒙的《这边风景》、李佩甫的《生命册》、金宇澄的《繁花》、苏童的《黄雀记》、梁晓声的《人世间》、徐怀中的《牵风记》、徐则臣的《北上》、陈彦的《主角》，以及李洱的《应物兄》等优秀的长篇小说作品。它们与阿来的《蘑菇圈》、石一枫的《世间已无陈金芳》、李修文的《山河袈裟》、宁肯的《北京：城与年》等作品一道，共同见证着中国文学由"高原"迈向"高峰"的坚实步伐。此外，冯良的《西南边》、海勒根那的《骑马周游世界》、阿克鸠射的《悬崖村》、冯娜的《无数灯火选中的夜》，以及阿微木依萝的《檐上的月

---

① 《高擎民族精神火炬　吹响时代前进号角——以习近平同志为核心的党中央关心文艺工作纪实》，《人民日报》2021年12月14日第1版。

亮》，珍重记录了像石榴籽一样紧紧抱在一起的中华各民族人民对于美好生活的热情向往。格日勒其木格·黑鹤的《驯鹿六季》、叶广芩的《耗子大爷起晚了》、吴岩的《中国轨道号》、葛竞的《永远玩具店》等作品则充分体现出新时代儿童文学创作的探索与创新、生机和活力。另外，在主题创作方面，当代作家所取得的成就同样不容忽略。从决胜全面小康，到决战脱贫攻坚，再到推进乡村振兴，火热的现实永远是中国作家们最鲜活的创作源泉。他们活跃在改革开放的前沿，工业生产的一线，疫情防控的现场，乃至城市建设的最基层，创作了一部部讴歌时代伟业，凝聚人民力量的优秀作品。如被中宣部确定为 2020 年度主题出版重点出版物的"脱贫攻坚题材报告文学"丛书，就囊括了任林举的《出泥淖记》、哲夫的《爱的礼物》、吴克敬的《耕梦索洛湾》等十部重要作品，它们为新时代文学留下了浓墨重彩的一笔。

第二，影视艺术的迅猛发展。党的十八大以来，我国影视行业迅猛发展。尤其是 2017 年 3 月《中华人民共和国电影产业促进法》的实施，国家从顶层设计出发对电影创作进行的科学调整，有力促进了国产电影砥砺奋进、硕果累累的生动局面的形成，相继涌现了《流浪地球》《长津湖》等票房和口碑双丰收的重要作品。据悉，2020 年中国电影市场获得 204 亿元票房，跃居全球第一，其中票房排名前十的均为国产影片，显示了国产电影发展的强劲势头。2021 年，在举国欢庆中国共产党百年华诞之际，《革命者》《1921》《悬崖之上》等一大批重大题材电影所产生的社会反响显然超越了影视艺术领域，成为全社会讨论的公共话题。在电影之外，电视剧的发展状况同样值得关注。作为电视剧第一生产和播出大国，近年来越来越多的国产电视剧带着精彩的中国故事走出国门，在国际舞台上大放异彩，成为传播中国声音，展现中国风貌的重要媒介。而围绕党的百年华诞，电视剧的主题创作也引人注目，涌现了如《山海情》《觉醒年代》等一系列"爆款"作品。在这个以移动互联网为中介的融媒体时代里，这些制作精良的文艺作品甫一放映便引爆全网，获得广大观众的热烈欢迎。更加出人意料的是，这些以建党百年为契机的"主流"影视作品，一扫过往同类题材作品的颓靡，开始赢得年轻观众的"热捧"。其中，被年轻人封为"YYDS"（"永远的神"）的《觉醒年代》自不待言，观众早已被

"南陈北李，相约建党"的故事"破防"。而反映扶贫攻坚主题的年代剧《山海情》，也并没有因其"吊庄移民"故事之"土"而被忽略，相反，该剧以其朴实和纯粹广受赞誉。另外，如《我和我的家乡》《理想照耀中国》《百炼成钢》《功勋》《在一起》《我们的新时代》等作品，尝试将整部作品划分为若干单元，这种系列电视剧的形式也越来越受到大众欢迎。这些都是党的十八大以来影视创作高速发展的重要缩影。

第三，网络文艺成就卓著。包括网络文学、微电影、数字音乐和动漫游戏等在内的网络文艺，是近二十年来随着互联网和新媒体技术发展的日新月异而逐渐兴起的新兴文化现象。尤其是其中的网络文学，只用了二十多年时间，它就从野蛮发展的民间形态，发展成蔚为大观的重要文化产业，再到如今扬帆出海的世界文化奇迹。根据第49次《中国互联网发展状况统计报告》数据显示，截至2021年底，我国网络文学用户总规模已经达到5.02亿，占网民总数的48.6%。报告指出，网络文学以其独特的魅力持续深入地推进着全民阅读，并不断吸引着年轻作家和读者的涌入，为全民阅读注入新的活力。在回顾网络文艺发展史时我们不难发现，中国网络文学冲破野蛮生长的乱象，开始逐步走向健康发展的轨道，显然离不开国家相关部门在2014年文艺工作座谈会之后，开始建立健全相关管理规范和评价机制，共同推动网络文艺健康有序发展的重要举措。从2015年开始，由国家新闻出版广电总局和中国作协联合主办、新华网承办的具有官方评奖性质的年度网络文学原创作品推介活动，大力推介现实题材网络文艺作品，对行业的健康发展起到了很好的示范效应。2019年，围绕"庆祝新中国成立70周年"主题活动，涌现了《大江东去》《浩荡》《大国重工》《宛平城下》《太行血》《青春绽放在军营》《朝阳警事》等一大批反映新中国沧桑变化和改革开放重要成就的优秀作品，它们也代表了网络文学在现实题材创作上的重要成就。今天的网络文艺已然展现出更加丰富多姿的艺术面貌，它也正是以题材多元、形式多样的艺术特性吸引越来越多的读者关注。作为讲述中国故事的重要载体，全民阅读的重要组成部分，网络文艺显然构成了如今最具新时代特征的文化现象。

第四，文艺批评的重要成就。党的十八大以来，当代文艺批评所取得的成就有目共睹。首先，习近平总书记关于文艺批评的重要论述深入人心。"把好文艺批评的方向盘,用历史的、人民的、艺术的、美学的观点评判和鉴赏作品",不仅是指要在文学史、艺术史的视野中,准确判断作品的艺术价值,更是指文艺批评要获得历史意识的自觉,必须坚持辩证唯物主义与历史唯物主义的核心指导地位,在准确把握中华民族的历史进程和发展走向的基础上,评判作品对于时代、国家与人民的重要价值和意义。其次,文艺批评的发展繁荣,离不开批评阵地的建设。近年来,中国文艺评论家协会与北京大学、清华大学、江西省文联、苏州市文联等高等院校和地方文联共建了数十家"中国文艺评论基地",各基地依托各自学术传统和学科优势,就文艺批评问题展开针对性研究,造就了批评的繁荣局面。另外,《中国文艺评论》《文学评论》《南方文坛》《当代作家评论》《小说评论》《当代文坛》《文艺报》等重要的批评杂志,也陆续开展了不同类型的批评栏目,以各种方式推动着新时代文艺批评的健康发展。最后,文艺批评的发展繁荣,人才是关键。为了有效提升文艺评论人才的综合素养和业务能力,中国文联等单位相继举办多届全国中青年文艺评论家高级研修班。中国文艺评论家协会举办的"啄木鸟杯"中国文艺评论年度推优活动,中国作协主办的唐弢青年文学研究奖,以及中国现代文学馆的客座研究员制度,也都对新时代文艺批评人才的建设事业有着重要的推动作用。2021年8月,中共中央宣传部、文化和旅游部、国家广播电视总局、中国文联、中国作协五部门联合印发了《关于加强新时代文艺评论工作的指导意见》。《意见》直面新时代文艺评论工作面临的机遇与挑战,既是对习近平总书记关于文艺工作重要论述特别是关于文艺评论工作重要指示批示精神的具体落实,更是加强新时代文艺评论,发展文艺评论事业的有力举措。

第五,对外文艺交流的新局面。党的十八大以来,中国作家"走出去"的步伐日益加快,中外文艺交流的繁荣局面正在形成。其中,莫言获得诺贝尔文学奖,曹文轩获得国际安徒生奖,刘慈欣、郝景芳获得雨果奖,另外如阎连科获得"卡夫卡文学奖",刘震云被埃及文化部授予"埃及文化最高荣誉奖",也都是值得一提的重要事件。伴随着中国作家陆续获得一系列重量级国际文学奖项,中国文学的国际影响力也正在日渐扩大。中国需要世界,世界当然也需要中国。从国家层面来看,中国文学的对外传播作为文化"走出去"的重要一环,早已被上升到国家战略的高度。在这一国家战略之下,由中国作家协会所主导的一系列文化交流活动便具有了独特的意义。这里值得关注的包括中国—葡萄牙文学论坛、中国·阿拉伯国家文学论坛、中国·湄公河国家文学论坛、中国·南亚国家文学论坛、中国—东盟文学论坛、中国—中东欧国家文学论坛等一系列交流活动。而随着中外文学互译出版工作的持续开展,中国作协以及国内相关出版社也与世界各国出版机构及汉学家密切合作,陆续翻译包括鲁迅文学奖作品集在内的诸多当代文学作品,而由北京语言大学提供学术支持的"新世纪中国当代作家、作品海外传播数据库"项目,更是旨在向全球推介100位中国当代优秀作家。他们将作者简介、代表作品以及展示作家风采的短视频一同翻译为十种世界语言,这有效解决了中国文学对外传播中不平衡、不充分的问题。另外,由中国作家协会发起成立的"一带一路"文学联盟,北京十月文学院积极开展的"翻译家汉学家交流计划",以及"十月作家海外居住地"计划等,也都以不同的形式为中国文学"走出去",积极构建人类命运共同体贡献着自己的文学力量。

二、文艺发展中的"时代""人民"和"中国"问题

如前所述,党的十八大以来,新时代文艺尽管取得了诸多丰硕的成果,但也存在着不少问题。其中最关键的是以下三个方面的问题:

第一,文艺与时代的关系问题。习近平总书记强调:"反映时代是文艺工作者的使命。广大文艺工作者要把握时代脉搏,承担时代使命,聆听时代声音,勇于回答时代课题。"[①] 在《文学,请回归生活》一文中,张江曾谈道:"文学与生活的关系问题,是文学的核心问题。文学因为生活而存在,没有生活,就没有文学。"[②] 确实如此,文艺的时代性和永恒性,在很大程度上指的就是它对时代生活的记录和描写。也是在这个意义上,

---

① 习近平:《在中国文联十大、中国作协九大开幕式上的讲话》,人民出版社2016年版,第7页。
② 张江等:《文学,请回归生活》,《人民日报》2014年2月28日第24版。

文艺被认为是"时代的随行物"①，或者说，时代的社会生活是一切种类的文学艺术的源泉。

因此，文艺与时代的关系，常常会被化约为文艺与生活的关系问题。关于文艺与生活的关系话题，我们其实并不陌生。在新中国成立初期，它曾完美涵盖着火热的斗争生活，并以此为核心，还包括社会现实、宏大叙事、意识形态、配合政策、"赶任务"等文学史的关键概念，这里所体现的是文艺与现实的紧密关系，它的重要性，以及曾经一度的"轰动效应"也体现在这里。今天，我们也经常会谈到"小说对于现实的强攻"等命题，其实都是在文艺与公共生活的关系维度展开的讨论。我们总会假设，时代存在着一种不证自明的总体性，而文艺通过对公共生活的"调用"，能够反映这种总体性。然而，我们终究迎来了一个总体性破碎的时代。20世纪90年代，文学"失去轰动效应"之后，它开始逐渐向私人生活靠拢。以此为旨归，小资产阶级的日常生活获得了空前的合法性，这无疑是对此前宏大叙事的解构。当然，这种私人生活意义上的"小叙事"也曾经一度意义非凡，它被认为具有一种还原生活真实性的作用，它所携带的日常生活的生动性与鲜活感，也给文艺带来了无穷的活力。然而，卢卡奇意义上的"叙事"之后的"描写"，还是能够清晰呈现出这种写作的弊端来。在那平庸而琐碎的日常生活的描绘之中，自然主义式的"细节肥大症"，配合着那个欲望化的时代，让文艺的私人生活在其非凡的意义之外，也逐渐显露其负面效应来。不仅如此，他们试图建构的"高贵的精神生活"，以及所谓的"灵魂的深度"，也显得疑点重重。在这个独特的维度里，我们可以看到现代主义以来的孤独自我，独自面对世界时灵魂的紧张与焦灼。相对于无边的旷野，这大概可以算作"密室中的写作"，照见的是"洞穴艺术家"的"自我的幽深"，以及那难以名状的所谓"孤绝的神性"。这种灵魂深度的可贵探寻，以及其与想象的自我的殊死搏斗固然重要，但过于刻意的强调，甚至跳开公共生活，于日常性的极致之中，直接捕捉某种抽象的精神性，却也容易招致一些问题，从而使写作演变为某种"头足倒立"的"行为艺术"。毕竟，在今天的文学中，我们看过太多这类无病呻

① 张江：《实现新时代中国特色社会主义文艺的历史使命》，中国社会科学出版社2019年版，第13页。

吟的把戏。那些孤独的、绝望的、颓丧的、虚无的情绪的简单堆积，甚至某种抑郁症文学的蔓延，早已成为这个时代耸人听闻的"精神真实"。这也是我们对于今天文艺的日常生活叙事日渐不满的原因所在。

第二，文艺与人民的关系问题。这显然是文艺中常说常新的话题。"以人民为中心的创作导向"，是习近平总书记在文艺讲话中反复强调的核心议题。在他看来，社会主义文艺，从本质上讲，就是人民的文艺。"以人民为中心，就是要把满足人民精神文化需求作为文艺和文艺工作的出发点和落脚点，把人民作为文艺表现的主体，把人民作为文艺审美的鉴赏家和评判者，把为人民服务作为文艺工作者的天职。"① 这对于我们当下的文艺工作无疑具有重要的指导意义。然而，我们在落实文艺与人民的关系问题时，常常将人民视为一个不经解释、不言自明的概念。但事实上，人民是无数个人的集合，这些由无数个人构成的人民，既是历史的创造者也是历史的见证者，既是历史的"剧中人"也是历史的"剧作者"，他们创造生活也创造历史。这是文艺与人民密切联系的意义所在。

关于"人民"这一概念在 20 世纪中国的流转与变迁的问题，相当多的研究者都试图从袁可嘉所谈到的"人的文学"与"人民的文学"这一对相互关联的概念入手。这其实涉及从"个体论"抑或从"阶级论"的角度，对于"人民"这一概念的理解和接受。然而，作为个体的人与作为阶级的人民，固然有着巨大的差异，且关于这种差异的争辩一直贯穿着整个 20 世纪，但对于今天的新时代而言，两种维度的"人民"都有其局限性。这是由于一方面，人民不是抽象的符号，而是一个个具体的人的集合，每个人都有血有肉、有情感、有爱恨、有梦想，都有内心的冲突和忧伤。这意味着，阶级的分野所决定的文学差异将广泛存在。另一方面，人民的总体性又必须服膺于中华民族伟大复兴这个文明框架，时代的新任务会不断调和这种客观存在的内部差异与矛盾。因此，从个体论的角度来看，文艺与人的关系意味着个性意识的张扬，个人价值的肯定，而从阶级论的角度看，文艺与人民的关系问题则广泛涉及文艺工作者的立场、态度和工作方法问题。从文明论的角度看，文艺与人民的关系同样涉及知识分

---

① 习近平：《在文艺工作座谈会上的讲话》，人民出版社 2015 年版，第 13 页。

子的主体性如何调动的问题，其中的关键在于如何召唤书写者融入到中华民族伟大复兴的历史实践之中，弘扬中国精神，凝聚中国力量，讲好中国故事。因此，文艺的任务既要去召唤，去发现，去捕捉那些被排斥到边缘的人民的"幽灵"，记录那些被不断遮蔽的情感与歌哭，赋予它们沉重的肉身；又要在时代的总体框架之下，展望文明的未来，凝聚共同的情感和价值、理想和精神，这或许才是文艺与人民之关系提示给我们的新问题。

第三，文学与中国的关系问题。无论是文艺与时代，抑或是文艺与人民，最后都要落实到文艺与中国的关系上来。众所周知，中国正处于实现中华民族伟大复兴的关键时期，而任何一个时代的文艺，只有同国家和民族的命运紧紧维系、休戚与共，才能发出自己振聋发聩的声音。因此，"讲好中国故事、传播好中国声音、阐发中国精神、展现中国风貌"[1]，显然是当代文艺的庄重选择。正是在这个意义上，习近平总书记号召广大文艺工作者"坚定不移用中国人独特的思想、情感、审美去创作属于这个时代、又有鲜明中国风格的优秀作品"[2]，努力"让中国精神成为社会主义文艺的灵魂"。这也意味着要重塑文艺的中国作风与中国气派。然而今天，我们的文艺家们在面对中国这个话题时，总会暴露出许多实际的问题来。李振在《不必用冷漠伪装中国》一文中直言，很多小说家在书写"中国"时把冷漠当成全部的态度，或是不带目的地简化生活，或是以漫无目的的反讽、不加节制夸张、求奇求偏的采样，怀着袖手旁观之心对人和世界进行嘲讽和挖苦。他进而指出："文学依然需要作家的主体意识，需要面对复杂而鲜活的中国寻求更为广阔的理解与讲述方式，需要重新发现中国的情义，需要以新的方式整合中国的文学经验与智慧。"[3] 关于中国问题，我们遗憾地看到，许多为了提升海外影响力的当代作家，早已洞悉世界人民对中国作家的期待，都能非常聪明地将这些期待所指向的具体内容和盘托出。然而，正如人所批评的，从那些历史回忆里已经榨不出什么情感，只有一些"表面化的陈情与控诉"。于是我们看到，他们只是不遗余力地将当代中国的"隐秘"与"疼痛"写给海外人看。在他们那里，所谓的

---

① 习近平：《在文艺工作座谈会上的讲话》，人民出版社 2015 年版，第 15 页。
② 习近平：《在中国文联十大、中国作协九大开幕式上的讲话》，人民出版社 2016 年版，第 8 页。
③ 李振：《不必用冷漠伪装中国》，《文艺报》2017 年 7 月 28 日第 2 版。

"中国故事"无疑被严重地"工具化"了，也显然包含着特定的文化政治意涵。这其实也在提示我们，在今天这样的新时代，究竟应该如何从中华民族伟大复兴的角度来重新理解文艺与国家形象建构的关系问题，即如何从国家形象学的角度来重新理清文艺与中国的关系。这其实涉及一种主体意识彰显的问题。以"中国意识"来写作，意味着将"中国"化成一个包含崭新价值维度的理论概念。也就是说，我们目前所处的新时代，恰恰是一个需要"中国"焕发出新的价值内涵，但这一价值内涵还未完全定型的历史阶段①。这也恰恰是当前文艺面临的一个难题。

三、新时代文艺发展的广阔前景

尽管面临着关于时代、人民和中国等多方面的理论难题，但对于中国共产党领导的中国特色社会主义新时代的文艺发展，我们依然信心百倍。在展望新时代文艺发展的广阔前景时，以下几个方面的具体措施值得注意：

第一，凝心聚魂，方向是前提。正确的方向，是一切发展的重要前提。面对新时代文艺的未来发展问题，面对文艺发展过程中时代、人民和国家的三重难题，如何把握新时代文艺发展的正确方向，是摆在我们面前的重要问题。面对这一问题，毫不动摇地坚持马克思主义的指导地位，深入学习贯彻习近平新时代中国特色社会主义思想，显然是做好一切工作的基本前提。在此前提下，引导广大文艺工作者树立正确的历史观、民族观、国家观和文化观，全面准确地把握世界大势和时代潮流，坚决反对历史虚无主义等错误倾向，使之成为党和人民值得信赖的文艺队伍，无疑是做好这一工作的前提条件。新中国 70 多年的文艺实践早已成功证明，党的领导是文艺发展繁荣的根本保证。中国共产党正是通过实事求是、与时俱进地制定党在不同时期的文艺路线和文艺政策，通过团结、依靠广大文艺工作者，引领他们尊重和遵循文艺规律，深入生活、扎根人民，从而不断促进了文艺的繁荣和发展。因此，坚持党对文艺工作的领导，牢牢把握

---

① 周展安：《以"文学"的方式来把握"中国"概念的价值内涵》，《文艺报》2017 年 7 月 28 日第 2 版。

新时代文艺发展的方向，既是我们党文艺传统的生动体现，也是确保我国新时期意识形态安全和文化安全的根本保障。此外，认真贯彻落实《关于加强新时代文艺评论工作的指导意见》，把好文艺批评这个"方向盘"，也是凝心聚魂，把握新时代文艺发展正确方向的重要组成部分。就此而言，应积极开展专业权威的文艺评论，同时加强文艺评论阵地建设，强化各级部门的组织保障工作，致力于增强文艺评论的战斗力、说服力和影响力。

第二，重点部署，组织是保证。要有力地推动新时代文艺的高质量发展，显然离不开对社会主义文艺创作经验的认真总结，并有针对性地组织和开展重点创作的选题规划。围绕党和国家的重大战略部署，加强创作和生产各环节的协调联动，以此有效组织重点文艺创作活动，显然是题中应有之义。中国作协牵头发起的"新时代文学攀登计划"便集合了全国多家重点文艺类出版社和文艺期刊、图书公司、影视公司、网络文学网站以及文化类网络平台，他们致力于资源集合，强强联合，从作家创作、编辑出版、宣传推广、成果转化、对外译介等多方面统筹协调，全过程扶持优秀作品的创作、传播和影视转化。而关于"新时代山乡巨变创作计划"，正如中国作协党组书记、副主席张宏森在署名文章《书写新时代山乡巨变的新史诗》中谈到的，旨在"将高质量文学植根于农耕文明的沃土，探寻新时代乡土文化和优秀传统文化的根脉，将乡土文化的传统与现代、过去与当下、物质与非物质有效衔接起来，让农业农村成为推动文学创作的广阔天地，成为培育文学新人的劲土肥田，成为新时代文学从'高原'迈向'高峰'的进步阶梯"①。所谓"新时代的山乡巨变"，意在打破当下被启蒙叙事所垄断的乡土文艺创作理念，展望一种"新乡土写作"的辉煌远景。这些无疑都有利于打通文艺产业的上下游，力推一种新的文艺实践的形成，从而彰显新时代文学的重要价值。

第三，崇德尚艺，人才是根本。习近平总书记在文艺工作座谈会上指出，要把文艺队伍建设摆在突出的重要位置。新时代文艺要呼唤和感应时代精神，广泛凝聚共识，广聚天下英才，为优秀文艺人才的苗壮成长、脱

---

① 张宏森：《书写新时代山乡巨变的新史诗》，《旗帜》2022年第5期。

颖而出创造条件，要努力造就一批有影响的各领域文艺领军人物，打造一支值得信赖的文艺人才队伍。因此，推进新时代文艺的繁荣发展，致力于铸就文艺高峰，人才的积极培养是根本大计。这不仅需要通过各级各类人才工程来发现、推介和造就人才，强化文艺工作者的学科能力和综合素养，高度重视文艺队伍的职业道德建设，引导他们积极践行"爱国、为民、崇德、尚艺"的文艺追求，在文艺实践中坚定信仰，努力追求德艺双馨。更为重要的是，要将青年文艺人才的发现和培养作为一项重要的政治任务来抓。各级部门要积极引导青年文艺人才扎根人民、扎根生活，不仅要做到"人到""身到"，更应做到"心到""情到"，努力贴近人民生活，用心倾听人民的心声，用情创作出历史长河中经久不衰的经典作品。此外，还要高度重视对网络作家、自由撰稿人、自媒体写作者等新兴群体，也就是习近平总书记所谈到的"文艺两新"，即新文艺组织和新文艺群体，重视对这一群体的团结和引领工作，提高新兴群体的认同感和归属感，让他们为繁荣新时代文艺做出更多贡献。

第四，守正创新，质量是生命。新时代文艺要始终聚焦优秀作品的创作生产，把深情书写中华民族伟大复兴的新史诗作为新时代文艺的崇高追求，动员广大文艺工作者投身波澜壮阔的创作实践，积极塑造典型生动的时代英雄。这是守正创新，提升作品质量，打造时代精品的当然之举。一直以来，关于英雄的叙事都是中国文学的重要传统，与爱国主义相伴随的英雄意识是民族精神文化的重要组成部分。从人民与时代需要的角度来说，英雄所代表的也恰是民族的不朽性格，是文艺需要表现的最高人性。而关于时代的新史诗，则指的是文艺如何回应史诗般的时代，以及如何创造时代新史诗。这也是文艺界一直以来的普遍焦虑：如何创造出与这个时代相称的厚重、严肃、博大的作品。正如人们所指出的，"史诗"是一个时代的文艺"重器"，它的意义具有高度的象征性。并不是每一位文艺工作者都能写出"史诗"，但一个时代必须遴选出自己的"史诗"。在《关于创造时代新史诗的几个认识问题》一文中，黄德海将文艺与史诗关系的落脚点锁定在"创造"之上。在他看来，不是人们经历了一个独特的时代，就必然应该产生独特的作品，而是有了一部好作品之后，那个此前晦暗的时代才被点亮。也就是说，是伟大的文艺家创造了属于他自己的时代，改变了人们对一个时代的陈旧认知①。因此，必须从质量即是生命的角度来理解创作的意义，积极创造出更加丰富多姿的时代新史诗。

第五，开拓延伸，传播是关键。党的十八大以来，以习近平同志为核心的党中央高度重视媒体融合发展，习近平总书记曾反复就推动媒体融合发展问题作出深刻阐述。在数字时代和新媒体环境下，新时代的文艺要克服自诩清高，走出自我封闭和自我循环的状态，牢固树立互联网思维，开拓和延伸文艺的多方面价值，努力实现"破圈"和"跨界"传播。把握互联网时代文艺生态的新形势和新特点，积极推进和深化文艺生产传播领域中的体制机制创新。这意味着要努力挣脱传统文艺思维，以更加开放的姿态探索文艺的新样态与行业新形态，充分发挥文学作为各艺术门类产业上游的"母本"作用，建立健全文学作品的影视改编、网络衍生以及产业转化的有效机制，推动文学作品与影视文艺，乃至网络视听、游戏等文艺形态的深度融合。正所谓"伟大也要有人读"，在"内容为王"的基础之上，也要推动传统期刊生产、文学出版与新媒体、新技术的深度融合，最大限度地争取读者，扩大影响。"明者因时而变，知者随事而制。"面对现代传媒发展的新趋势，新时代文艺应该切实把推进媒体深度融合发展作为落实意识形态工作责任制的重要内容，因势而谋、应势而动、顺势而为，增强自身的传播力、引导力、影响力和公信力，为推动新时代文艺事业的繁荣发展贡献独特力量。

作者简介：

徐刚，北京大学文学博士，中国社会科学院文学研究所副研究员，中国社会科学院大学文学院硕士生导师，北京文联签约评论家，中国现代文学馆特邀研究员，中国当代文学研究会常务副秘书长。研究方向为中国当代文学史及理论批评研究。

---

① 黄德海：《关于创造时代新史诗的几个认识问题》，《文艺报》2017 年 10 月 27 日第 4 版。

传统篇

新时代中华优秀传统文化的
传承与弘扬

"求木之长者，必固其根本；欲流之远者，必浚其泉源。"
中华优秀传统文化是中华民族的精神命脉，是涵养社会主义核心
价值观的重要源泉，也是我们在世界文化激荡中站稳脚跟的坚实
根基。增强文化自觉和文化自信，是坚定道路自信、理论自信、
制度自信的题中应有之义。

——习近平在文艺工作座谈会上的讲话

（2014 年 10 月 15 日）

新时代中华优秀传统文化的
传承与弘扬

　　在我国的现代化进程中，文化建设至关重要。如何在中国特色社会主义文化建设中定位传统文化，如何激活优秀传统文化，投身于中国特色社会主义实践的建设之中，是当下的时代命题。

　　习近平总书记关于传统文化的一系列论述，为传统文化的历史定位和实践发展指出了重要方向。习近平总书记在主持中共中央政治局第三十九次集体学习时强调："中华优秀传统文化是中华文明的智慧结晶和精华所在，是中华民族的根和魂，是我们在世界文化激荡中站稳脚跟的根基。"[1]在党的十九大报告中，习近平总书记指出："中国特色社会主义文化，源自于中华民族五千多年文明历史所孕育的中华优秀传统文化，熔铸于党领导人民在革命、建设、改革中创造的革命文化和社会主义先进文化，根植于中国特色社会主义伟大实践。"[2] 这些论述充分明确了传统文化在中国特色社会主义文化中的根基地位。在传统文化的具体发展中，习近平总书记多次提到"推动中华优秀传统文化创造性转化、创新性发展"[3]，为优秀传统文化的实践提出了重要的指导方针。在习近平新时代中国特色社会主

---

　　[1]　习近平：《把中国文明历史研究引向深入，增强历史自觉坚定文化自信》，《求是》2022年第 14 期。

　　[2]　习近平：《决胜全面建成小康社会　夺取新时代中国特色社会主义伟大胜利——在中国共产党第十九次全国代表大会上的报告》，人民出版社 2017 年版，第 41 页。

　　[3]　习近平：《决胜全面建成小康社会　夺取新时代中国特色社会主义伟大胜利——在中国共产党第十九次全国代表大会上的报告》，人民出版社 2017 年版，第 23 页。

义思想指引下，中华优秀传统文化的传承和弘扬呈现出崭新的面貌。

一、中国优秀传统文化的传承与弘扬

党的十八大以来，弘扬优秀传统文化成为推动中国特色社会主义建设的关键环节，也是社会主义现代化强国建设的重要内容。在此背景下，如何认识传统文化，是弘扬和传承传统文化的前提。

唯物辩证法是理解当下传统文化发展的重要路径。一方面，辩证地认识传统文化的整体性。以当代中国文化和现代社会建设需要为标准，"对传统文化进行科学分析，对有益的东西、好的东西予以继承和发扬，对负面的、不好的东西加以抵御和克服，取其精华、去其糟粕，而不能采取全盘接受或者全盘抛弃的绝对主义态度"[1]，这样才能继承精华、发扬精华。另一方面，辩证地认识中华优秀传统文化与新时代中国特色社会主义之间的关系。以对立又统一的态度看待两者，赋予中华优秀传统文化时代新生，从而形成具有时代特色的中华文化，创建新时代中国特色社会主义文化的兴盛之道。

在党的十九大报告中，习近平总书记提出要"推动中华优秀传统文化创造性转化、创新性发展"[2]。这是中国传统文化历经辩证取舍后，转化中华优秀传统文化的方法。立足中华优秀传统文化与时代发展的关系，习近平总书记指出，要坚持守正创新，推动中华优秀传统文化同社会主义社会相适应，展示中华民族的独特精神标识，更好构筑中国精神、中国价值、中国力量。在推动中华优秀传统文化创造性转化、创新性发展的过程中，我们要坚持马克思主义的根本指导思想，传承弘扬革命文化，发展社会主义先进文化，从中华优秀传统文化中寻找源头活水[3]。

以"辩证取舍"和"两创"相结合的观点激活中华优秀传统文化，进

---

[1] 习近平：《牢记历史经验历史教训历史警示　为国家治理能力现代化提供有益借鉴》，《人民日报》2014 年 10 月 14 日。

[2] 习近平：《决胜全面建成小康社会　夺取新时代中国特色社会主义伟大胜利——在中国共产党第十九次全国代表大会上的报告》，人民出版社 2017 年版，第 23 页。

[3] 习近平：《把中国文明历史研究引向深入，增强历史自觉坚定文化自信》，《求是》2022 年第 14 期。

而投身于中国特色社会主义建设的伟大实践，中国特色社会主义才可行稳致远。这也正是中华优秀传统文化传承与弘扬的现实指向。在当下的非物质文化遗产保护、文艺创作和文化表达之中，尤其可以清晰地看到这一理论方法和实践要求。

第一，非物质文化遗产保护。在现代化进程中，对传统的关切，对非物质文化遗产的重视是全球范围的。2003 年 10 月，联合国教科文组织通过了《保护非物质文化遗产公约》，次年 8 月，我国正式加入这一公约。此后，我国相继出台多项文件，确立了"政府主导、社会参与、明确职责、形成合力"的非遗保护原则①，非遗保护活动在全国各地蓬勃开展。立足全球视野，传承中国传统文化中的优秀遗产，既是历史维度的辩证取舍，也是全球维度的对我国社会主义文化特色的溯源和表述。

党的十八大以来，按照"创造性转化、创新性发展"的要求，非物质文化遗产的保护传承工作进一步发展。顶层设计层面，一系列政策文件颁布，大力强调非物质文化遗产的重要价值。2017 年，中共中央办公厅、国务院办公厅印发《关于实施中华优秀传统文化传承发展工程的意见》；2021 年，中共中央办公厅、国务院办公厅印发《关于进一步加强非物质文化遗产保护工作的意见》，强调"非物质文化遗产是中华优秀传统文化的重要组成部分，是中华文明绵延传承的生动见证，是连结民族情感、维系国家统一的重要基础。保护好、传承好、利用好非物质文化遗产，对于延续历史文脉、坚定文化自信、推动文明交流互鉴、建设社会主义文化强国具有重要意义"。2021 年，文化和旅游部发布《"十四五"非物质文化遗产保护规划》，对实施非物质文化遗产传承工作提出进一步要求，强调了非遗保护传承工作对构建中华民族共有精神家园，凝聚强大精神力量，实现中华民族伟大复兴的重要价值。

此外，从国家到地方，具体的非物质文化遗产保护活动全面铺开。国家层面，从保护到传承，构建规范，搭建体系，既明确对非遗的保护，也重视对人才的培育。对物，开展全国性非遗资源普查，建立非遗代表性项目四级名录体系，认定国家级非遗代表性项目保护单位，设立国家级非物

---

① 参见《国务院办公厅关于加强我国非物质文化遗产保护工作的意见》（国办发〔2005〕18 号）。

质文化遗产生产性保护示范基地，设立国家级文化生态保护区。截至 2020 年 12 月，中国列入联合国教科文组织非物质文化遗产名录（名册）项目共计 42 项，总数位居世界第一。① 对人，实施"中国非物质文化遗产传承人群研修研习培训计划"，后更名为"中国非物质文化遗产传承人研修培训计划"，培养非遗传承人，促进非遗理念的社会传播。2021 年，非物质文化遗产保护列入普通高等学校本科专业目录的新专业名单。截至 2021 年 12 月，国家级非物质文化遗产代表性项目代表性传承人总计 3063 人。②

地方层面，以文化赋能，将非物质文化遗产与文旅产业发展、乡村振兴相结合，形成新时代中国特色社会主义文化实践。2018 年，中共中央、国务院印发《乡村振兴战略规划（2018—2022 年）》，其中有两章内容对弘扬中华优秀传统文化进行了战略部署，并强调将传统文化的继承与发展应与产业、教育等结合。2020 年，文化和旅游部组织"非遗过大年　文化进万家"系列文化活动，涉及传统戏剧、曲艺、民俗、传统体育游艺与杂技、传统美术等多个非遗门类，共覆盖全国 142 个贫困县，26 个省（区、市）共组织 140 支非遗小分队，举办约 300 场文化活动，为基层群众送去丰盛的"文化年货"，形成了较大的社会影响。以广东省佛山市南海区为例，南海区现有非物质文化遗产项目共 66 项（扩展项目 5 项），其中 2 项为国家级非物质文化遗产项目，11 项为省级非物质文化遗产项目，27 项为市级非物质文化遗产项目，26 项为区级非物质文化遗产项目。针对这些非遗活动，南海区区镇村三级分别开展不同类型、多种多样的展示和传承活动，包括纪录片展映、数字化展览、少年宫传习活动、宣讲、赴外参加交流活动、"非遗进校园"活动等。同时，利用非遗文化，南海区实现以产业带文化，以文化带产业，促进非遗文化带创造性转化和创新性发展，也促进不同产业带品牌形象建设。在保护和传承中，让非遗"活化"，真正融入百姓生活，赋予其新的活力。

第二，文艺创作和文化表达。中华优秀传统文化的保护与传承，需要

---

① 钟茜、莫继严：《非遗保护的三个维度：传承性保护、创新性发展和参与式传播》，《文化遗产》2022 年第 4 期。

② 中国非物质文化遗产网·中国非物质文化遗产数字博物馆，https://www.ihchina.cn/representative.html#targetl。

有效的文化传播，引发受众共情，从而使大众吸收优秀传统文化的精神内涵，增强民族自信和文化自信。2014 年，习近平总书记在文艺工作座谈会上指出："传承中华文化，绝不是简单复古，也不是盲目排外，而是古为今用、洋为中用，辨证取舍、推陈出新，摒弃消极因素，继承积极思想，'以古人之规矩，开自己之生面'，实现中华文化的创造性转化和创新性发展。"

一方面，主流媒体大力积极推广和支持中华优秀传统文化的文艺表达和创作。党的十八大以来，与中华优秀传统文化相关的文化表达和文艺创作形势层出不穷，在大众视野中备受关注。2016 年，中央电视台推出文化类节目《中国诗词大会》，节目以"赏中华诗词、寻文化基因、品生活之美"为基本宗旨①，采用诗词知识比拼及赏析的方式，带领观众领略古诗词之美，感受诗词之趣，带起一股热潮，形成了全民诵读古诗词的氛围。古诗词中的历史底蕴、文化传承融于现代人的生活之中。2017 年，中央电视台联合故宫博物院、上海博物馆等九家国家级重点博物馆，推出文博类节目《国家宝藏》，以戏剧化的表演、明星讲故事的方式，呈现文物的前世今生，以文物中所承载的历史文化和社会价值，连接传统与现代，创新性地呈现中华优秀传统文化的魅力②。2021 年，中央广播电视总台央视综合频道与央视创造传媒联合推出大型文化节目《典籍里的中国》，聚焦中华优秀文化典籍中优秀作品，通过新颖的表演方式呈现，将中华民族精神的脉络和传承浓缩于对文化经典的品读，贯通古今③。2021 年，河南卫视围绕传统节日的一系列电视节目，如《元宵奇妙夜》《端午奇妙游》，创新性地采用多种形式呈现中华传统文化，挖掘文化底蕴，充分彰显了文化自信。河南卫视的春晚节目《唐宫夜宴》和央视的春晚节目《只此青绿》，将传统文化之美与现代生活相结合，将富有中华传统特色的文化意象和现代舞蹈的美学特征相结合，既有现代感，又有古典美，成为呈

---

① 张素芹：《寻文化基因，品生活之美》，《广州日报》2016 年 3 月 7 日。
② 胡奇军：《〈国家宝藏〉：传统文化的现代性表达》，《电影评介》2018 年第 1 期。
③ 马莹：《中华民族精神传播的创新性表达——基于〈典籍里的中国〉的思考》，《出版广角》2021 年第 6 期。

现中国故事的一种方式①。《哪吒之魔童降世》《白蛇缘起》等电影更是巧用传统文化资源，打造具有中国特色的动画形象和动画故事。

另一方面，持续规范有关传统文化的文艺创作，去伪存真。国家广播电视总局先后开展"中华文化广播电视传播工程""中国经典民间故事动漫创作工程（电视动画片）"，强调传播中华文化价值、彰显中华美学精神，坚定当代中国人的文化自觉和文化自信。2018 年，国家广播电视总局办公厅发布《关于做好暑期网络视听节目播出工作的通知》，提出"把弘扬社会主义核心价值观、引导青少年追求真善美、传播先进科学文化知识、体现中华优秀传统文化等优秀节目放在显著位置"。2022 年 7 月，国家广电总局召开电视剧创作座谈会，会上特别强调，"古装剧美术要真实还原所涉历史时期的建筑、服装、服饰、化妆等基本风格样貌，不得随意化用、跟风模仿外国风格样式"②。一系列的文件和规划都在强调对传统文化的"辩证取舍"，对中华优秀传统文化的坚持。

二、传承与弘扬中华优秀传统文化的主要问题与挑战

尽管当下传统文化的传承与弘扬取得了飞速进展，但仍存在一些挑战，尤其体现在传统文化的几组对应关系中：传统文化与现代（西方）文化、传统文化与红色文化、传统文化与实践。

（一）中华优秀传统文化与现代（西方）文化的关系错位

回溯历史，百余年来，我国由于科技与西方的差距引发文化自卑，在较长一段时期之内，盲目追求西方文化，导致对中华优秀传统文化缺乏正确认知。我国曾经长期在世界居于领先地位，而文艺复兴后，西方近代科学蓬勃发展，英国、法国等西方国家利用科学技术发展成果，以极小的代价打败了大清。国民从文化自负进入文化自卑，认为传统文化影响了科学

---

① 曾一果、李蓓蕾：《破壁：媒体融合下视频节目的"文化出圈"——以河南卫视〈唐宫夜宴〉系列节目为例》，《新闻与写作》2021 年第 6 期；孙斌：《优秀传统文化在电视节目中的突围与创新——以河南卫视"中国节日"系列节目为例》，《中国电视》2022 年第 1 期。
② 电视剧司：《朱咏雷出席国家广播电视总局电视剧创作座谈会》，http://www.nrta.gov.cn/art/2022/7/7/art_112_60898.html，2022 年 7 月 7 日。

在我国的发展，将国力落后归咎于传统文化的保守①，需借用西方文明改变中国的落后状况，于是以西方为尊，对本国传统文化产生了"自我蔑视"，妨碍了对本国文化的正确定位。

改革开放后，西方价值观念涌入，给传统文化的发展再次带来挑战。一些西方观念针对当代中国发展中出现的问题做出了别有用心的解读，有一定的煽动性。享乐主义、拜金主义、个人主义等价值观也引入中国，间接导致国人对传统价值观产生怀疑，对传统文化的传承与弘扬表现出困惑，陷入文化传承的自我迷茫状态②，易存在片面追求西方文化，忽视本国文化的现象。

此后，在文化领域中，以西方标准为广泛参照导致了我国传统文化艺术的发展走形与断代。全球经济一体化带动了文化艺术全球化，很多中国艺术家力图摆脱传统的观念和过往的艺术模式，学习和模仿西方，希望借此融入国际化的潮流，得到西方主流艺术文化的回应与认同。这导致当时大量艺术作品竭力表现对传统文化的反叛，在形式和内容上与传统分道扬镳，采用西方夸张、怪诞的现代艺术风格。这些作品并不是中国文艺自然生长的表现，而是以西方为尺度，也进一步导致了本土文化的失语与传统文化的断代③。

（二）中华优秀传统文化与红色文化的脱节和割裂

中国是世界四大文明古国中唯一延续至今而没有中断的国家，文化传承相对完整，为新中国的文化发展提供了丰沛的本土养料。在国家建设发展过程中，中国共产党以时代需求和人民需要为立足点，传承和弘扬中华优秀传统文化，大力发展以爱国主义为核心的民族精神，将优秀传统文化融入马克思主义中国化、时代化、大众化之中，融入红色文化的基因之中，体现了红色文化的历史性，民族性和时代性。

---

① 张男星、王春春：《中国传统文化与创新——访国务院参事冯之浚》，《大学（学术版）》2012年第11期。

② 王永友、潘昱州：《文化自信视域下传统文化重构的"三重"困境》，《南京社会科学》2017年第7期。

③ 李碧红：《中国传统文化元素在当代艺术中的创新表达》，《南京艺术学院学报（美术与设计）》2015年第3期。

　　然而，在当下的文化传承中，却出现了中华优秀传统文化与红色文化的脱节。首先，在内容方面，传统文化教育与红色教育脱节的问题严重，"各说各话"，没有体现中国文化发展的整体脉络特征。在学校教育中，红色教育往往局限于近现代革命故事讲述、爱国主义教育、讲党课，缺乏将红色教育中理想信念、团结守纪、万众一心等关键词与中华精神、中华文化的历史传承和与传统文化的贯通①。中华优秀传统文化是红色文化形成的土壤和文化基础，红色文化则丰富了传统文化的时代内容，两者互相促进、共同彰显了中华民族共同的价值追求②。红色教育较少体现这种相辅相成的互动关系，教育过程中很少提及红色精神与传统文化的根源，没有指明"从哪里来"的脉络问题；而传统文化教育又囿于讲述历史，似乎传统文化只存在于史书中，缺乏传统文化发展"到哪里去"继往开来的发展观。

　　其次，在文化传播的场景设置方面，中华优秀传统文化与红色文化的教育体验场馆处于割裂状态，主要包括空间的分割与角色定位的区隔。非遗展览馆随处可见，红色博物馆、红色文旅比比皆是，虽然地点邻近，却互不关联。红色文化场馆通常依托革命人士故居、革命遗迹建立，成为红色历史或人物精神的标识与象征，扮演着历史见证者的角色。但由于仅局限于对博物馆职能的定位，红色文化场馆往往服务于主题教育，难以联合多方资源、充分发挥其历史资源底蕴，难以形成多层次的综合性文化体验。

（三）中华优秀传统文化在现代生活中的实践缺失

　　自先秦诸子百家时代，"修身齐家治国平天下""圣人执要"等理念，体现出中华传统文化从伊始就对社会治理高度关注，试图对现实问题寻求解决方案③。中华文化在历史长河中形成各种思想流派，但对于现实问题

---

① 李捷：《红色文化与文化自信》，https://www.hswh.org.cn/wzzx/llyd/wh/2017-05-09/44035.html，2017年5月9日。

② 贺示婷、陈华平：《新时代红色文化传承的来源、脉络和路径探索》，《江西理工大学学报》2022年第2期。

③ 宋淼：《将优秀传统文化融入基层社会治理》，https://www.fx361.com/page/2019/0721/5338468.shtml，2019年7月21日。

的关切，以及经世致用的社会治理实践目标始终存在①。

然而，近年来，中华优秀传统文化发展缺乏与当代文化的连接，导致传统文化在国民日常生活中的实践缺失，与文化产业对接不足。当下的网民，特别是网络中的青年群体已经成为意识形态传播的主力军，也是各种异质思潮争夺的传播目标。往往在一个现象起步的阶段，流行文化链条中的各类主体就会对网络用户，特别是对青年用户的价值观念、心理取向展开调查分析，从心理和行为等多个层面着手，促进营销模式和文化的情感表达和日常实践。相比之下，传统文化、红色文化长期以来主要通过官方媒体、在官方场合进行传播，形成了宏大叙事的传播风格和正统严肃的话风；欠缺市场风向敏锐度，在流量为王的 UGC 平台中曲高和寡，无法形成话题和流量，与当代国民的日常生活脱嵌。这也影响了传统文化与文化产业的广泛对接，造成流行文化产业对传统文化的有效利用不足。

此外，传统文化更多属于文化礼教的范畴，没有参与到社会治理的体系，尚未形成文化治理的整体布局。文化的发展必须适应社会发展的变化，而市场经济体制改革的深化，导致我国原有的传统民俗、规约不断减弱，赡养分歧、婚姻家庭矛盾等日益增多，给原有的治理方式带来了挑战。西方文化和治理传统一直以来都是倾向于把地方、局部、政党、个人的利益置于高位，必然会生长出分权、制衡等资本主义结构的制度方案。在家庭问题上，西方家庭高度赞扬个人主义，以理性处理家庭问题②，邻里、宗族之间的关系相对淡漠。而在中国，宗族作为一个久远的现象长期存在并且影响深远，宗族社会是治理的根基。西方价值观并不能解决中国社会治理的实际问题，需要以德治为支撑，注重挖掘弘扬孝文化、善文化、和文化、家风文化等传统文化柔性教化，为法治赢得更多的情感支持，促进文化自觉。

仅仅靠法治，不能充分发挥家庭、社区、社会组织的积极作用和情感效能，只有找到与华夏历史、传统以及国情紧密相连的中国传统文化内在的契合性和适应性，才能因地制宜地解决中国的治理问题，彰显现代社会

①　宋森：《将优秀传统文化融入基层社会治理》，https://www.fx361.com/page/2019/0721/5338468.shtml，2019 年 7 月 21 日。

②　陈露：《中美家庭道德伦理观与教育比较》，《科教文汇旬刊》2007 年第 1 期。

治理的人文特征。比如，部分乡镇的文化礼堂、社区文化站已经被建设成为弘扬中华传统文化、解决民间矛盾、促进基层治理的重要阵地①。这可以视作中国传统文化践行社会治理的成功典范，但这样的文化治理尚未形成全国性的、系统性的实践。传承传统文化与建设社会主义精神文明有机结合的、具有中国特色的、灵活性与原则性相结合的社会治理新系统，尚有待开发。

三、传承和弘扬中华优秀传统文化的未来方向

2021年，中宣部印发《中华优秀传统文化传承发展工程"十四五"重点项目规划》，规划明确了23个重点项目，侧重着力记忆、传承、创新、传播四个层面。2022年，中共中央办公厅、国务院办公厅印发《"十四五"文化发展规划》，将传承弘扬中华优秀传统文化作为一项重要规划。中华优秀传统文化的弘扬与传承仍旧是未来文化建设中的重要工程，也是我们建立新时代文化认同和文化自信的重要路径。我们应从理论和实践两个层面继续开展相关工作。

（一）加强理论研究，进一步探索传统文化与马克思主义结合的路径

中华优秀传统文化的重要地位毋庸置疑，但不能直接拿来为建设社会主义现代化服务，因此必须把握"辩证取舍"与"两创"相结合的理论观点，以及与当代社会主义文化相适应、与现代社会发展相协调的转化依据。以马克思主义为指导，是上述理论观点与转化依据的首要前提条件。

中华文明的深刻变革，与马克思主义的传入密不可分，这是中华文化与马克思主义相互作用的结果。一方面，近代以来，中华民族历经无数仁人志士进行不屈不挠的道路探索、文化选择，最终中国人民选择了兼具科学性与革命性的马克思主义。历史实践证明，马克思主义符合中国人民的发展需求，符合中华民族的发展需求。另一方面，马克思主义

---

① 《从传统文化中汲取社会治理智慧》，https://www.sohu.com/a/317978853_100188361，2019年6月1日。

是为人民谋幸福的科学理论体系，它以人的解放为出发点，以人的全面发展为目标，它的科学性与革命性在中国不断得到确证，从这一角度而言，马克思主义也选择了中国。正是这样的相互选择，马克思主义才在中国革命和发展实践中发挥有效指导作用，产生了以毛泽东思想和中国特色社会主义理论体系。在这样的脉络下，激活中华优秀传统文化，离不开马克思主义。

在当下中华优秀传统文化的发展中，马克思主义的介入尤为重要，不仅是作为世界观和方法论，更是作为意识形态。传统文化诞生于一定的历史语境之中，往往带有其历史背景下的价值观和文化内涵，服务于当时的权力体系和统治结构，难免有其历史局限性。而只有注入马克思主义，才能为传统文化提供新的意识形态和价值观念，切实改变中国传统文化中的权力关系、发展理念和社会架构，使中国人不再局限于以往小国寡民的人文情怀和道德视域，有了社会主义的远大理想和共产主义的最高理想，中国文化有了新气象，中国特色社会主义文化得以产生和发展①。只有这样，才能真正实现创造性转化和创新性发展。在传统文化的下一步发展中，如何更好地将马克思主义理念与传统文化内容相结合，将马克思主义的理论方法融入到传统文化的弘扬与传承之中，势必是一项重要工程。

（二）探索中华优秀传统文化的传承实践

中华优秀传统文化的保护和传承不是孤立的，是与中国特色社会主义文化强国的建设，与中国式现代化的进程一体的，因此也应与国际传播、乡村振兴、社会治理等国家战略相协同。

1. 将传统文化发展融入社会治理和民族复兴大业

从发展的角度，将传统文化融入社会实践，是推进文化自信、创新社会治理的必然要求。当前在社会多元价值观并存的背景下，容易产生信仰危机，特别是基层治理，容易陷入无序的局面②。应对信仰危机，最关键的就是树立共识，建立广泛获得群众认可、支持和践行的文化体系。将传

---

① 蒋桂芳：《马克思主义与中国文化的传承与发展》，《马克思主义研究》2018年第10期。
② 宋淼：《将优秀传统文化融入基层社会治理》，https://www.fx361.com/page/2019/0721/5338468.shtml，2019年7月21日。

统文化融入社会治理，可以在建立共识的基础上引导价值重塑，使其在构建和谐社会中发挥作用。

传统文化发展的未来方向之一，即融入社会主义核心价值观教育，使传统文化更好地发挥其价值观重塑功能。小康社会的全面建成满足了国民的基础物质需求，让国民在精神上有了更高标准。传统文化中，物质文化发展需要伴随"礼"的文明建设、避免国民无止境的物质追求；以人为本、人与社会、自然统一，是在中华传统文化的指引下解决当下矛盾的正确道路①。传统文化的复兴不是简单地延续传统，而是从传统文化"和谐万邦""天下大同"等追求衍生出责任感与价值感，助力现代人类的文化发展。

此外，将传统文化发展融入社会实践，将辅助冲突的解决与社会治理能力的提升。当前，不同社会群体之间存在着不同程度的分化、对立和冲突现象，且呈现出越来越复杂化和多样化的趋势。对于各类群体性事件，不能以简单粗暴的方式进行处理，必须要从社会关系和社会结构出发，让传统文化中的"德治""善治"等思想，在社会治理中发挥作用，形成社会矛盾"缓释"的有效渠道。需要以传统文化引导社会冲突的处理，缓和人际关系，形成稳定的社会状态。

在现实生活中，民众对于实现中华民族伟大复兴的高度认同以及广泛支持，使其成为社会治理的目标追求②。实现传统文化在社会治理中的融合，建立符合国民需求、具备中华文化基因的社会治理结构，可以解决未来中国社会治理"往何处去"的发展问题③。

2. 讲好中国故事，提升中华文化的亲和力与感召力

在国际竞争日益激烈的时代，中华民族要屹立于世界民族之林，不仅需要强大的硬实力做基础，还需提升国家文化软实力。目前，我国把传统文化复兴提到战略高度，提出推动中华优秀传统文化创造性转化、创新性发展；在实现中华民族伟大复兴的征程中，不断创新对外传播中国传统文

---

① 朱康有：《传统文化"双创"的几个舆论难点》，《人民论坛》2019年第1期。
② 宋淼：《将优秀传统文化融入基层社会治理》，https://www.fx361.com/page/2019/0721/5338468.shtml，2019年7月21日。
③ 《从传统文化中汲取社会治理智慧》，http://www.rmlt.com.cn/2019/0705/551249.shtml，2019年6月1日。

化的路径和方法，增强国际传播力。对于中华民族伟大复兴的中国梦的实现、民族文化复兴的意义，不应仅停留在经济发展、军事实力等国家硬实力指标上。真正的民族文化复兴发展，应涵盖提供给世界新的生活模式，使文化理念进入生活方式与审美，实现从"术"的发展到"道"的跃迁。

首先，发力社交媒体，通过平民视角和柔性传播，实现传统文化传播的普及化、日常化和情感化，增进传统文化的亲和力与感召力。从 TikTok、脸书等社交媒体中可以看到，认同中国文化的外国友人大有人在。以李子柒为代表的国风视频不断走红网络，体现了外国友人对中国传统的美食文化、田园文化表示出极大的兴趣与认同。这些内容迎合了海外民众对东方文化的想象和亲近自然的期待，以人类共通的美食文化、手工技艺等生活细节传递中国文化之美，避免了受众的疏离感；从平民化角度叙述，增强了真实性和亲近感，有效地推动传统文化的对外传播。

其次，从中国传统文化中择精华部分，进行有针对性的跨文化深度传播。寻找不同文化之间的契合点，促进中国传统文化的垂直化传播。尽管我国的传统饮食、武术等文化输出较为成功，但这也说明，外国网友对中国文化的理解还停留在浅层次方面，尚未深入体悟中国深层文化内涵及中国生存智慧，中国传统文化输出比较浅表化，而对于中华文化博大精深的部分，如何进行深度传播，是传统文化跨文化传播亟待发展的方向。

最后，多种艺术形式、多渠道同时发力，对中华文化基因题材进行挖掘和创新，讲好中国故事，增进传统文化的传播力。一旦中华优秀传统文化没有传承和展现的有效载体，就会失去应有的生机和活力。2020 年以来，尽管受到疫情影响，但中国影视"走出去"步伐加快，国产影视节目海外热度不减，成为"文化走出去"的一支生力军①。许多基于传统文化元素的综艺、电影备受瞩目。当下，以《哪吒之魔童降世》为代表的国漫已经找到一条创作路径——依托中华优秀传统文化、中国传统经典形象，进行具有世界性和民族性的艺术再创造，以其独具特色的文化价值与审美

---

① 《〈2020—2021 年度中华文化国际传播十大案例〉发布》，中国日报网，https：//baijia-hao. baidu. com/s？id＝1711048949987114624&wfr＝spider&for＝pc，2021 年 9 月 16 日。

意蕴向国人乃至全世界讲述中国故事，传承中华美学精神①。流量与口碑双丰收的背后，不仅代表我国影视水平的提升，更是深耕传统文化的宝库，从中提炼出符合当代观众审美情趣的形式与内容，为弘扬中华优秀传统文化探索新的路径。

对传统文化多方位的激活，将使其更好融入现代全球文化工业的发展中，在市场中实现演化更新，让传统文化获得崭新的生命力，增强对外传播力，为推动人类文明交流互鉴、谱写新的篇章。

3. 推进优秀传统文化创造性转化与年轻态传播

传统文化是国家和民族的主旋律价值观念的核心来源，往往经由主流媒体、精英议题或严肃话语加以传递，却也因明显的意识形态化或刻板的说教而导致传播效果不尽如人意。尤其在多元传播主体"众声喧哗"的互联网时代，传统文化若仅诉诸单一化话语方式，不能实现社会价值、艺术价值与娱乐价值的有机融合，就无法达到社会意识深层次的认同劝服目的。因此，传统文化必须与复杂多元主体的不同诉求相连接，与多平台或多渠道的传播载体相连接，与多元文化样态相连接，共享差异平等与差异自由的意义框架，实现传统文化的"破圈"与扩散。

首先，以"国潮"，特别是"新国潮"为代表的文化消费，体现了传统文化与流行文化、消费文化相结合的发展态势。在国家经济快速增长、国力增强、国际话语权提升的时期，国民普遍具有较强的文化自信和对主流意识形态的认可度。在消费层面，体现为国民对国货的高度认可、对国潮品牌的强烈追捧。"新国潮"作为将传统文化和现代审美结合起来的一种消费潮流，传达了新生代的价值观，是我国文化自信的具体表现。新国潮文化工业正是敏锐捕捉到国民消费价值观的走向，不断将中国元素、爱国理念元素与现代感的设计结合。如"李宁""回力"等国货品牌，将中国哲学的概念表达演绎为视觉图案，运用大量民族元素作为设计语言，让"国风"与街头文化、潮流文化紧密结合。"国风"热潮折射出的，是一代人的文化认同、文化自信和文化自觉。当新一代青年把民族认同作为标签，把国潮作为自我标识的个性，传统文化就自然沁入了时代新人的日常

---

① 李幸芷：《用"新国漫"讲好中国故事：对传统文化和时代精神的融合表达》，《电影评介》2022 年第 3 期。

生活，流行文化和消费也成为传统文化的有效载体。

其次，深挖传统文化元素，打造品牌，实现 IP 裂变式传播。2020 年 11 月，文化和旅游部发布《关于推动数字文化产业高质量发展的意见》，首次提及文创 IP 概念。《意见》提出，推动中华优秀传统文化创造性转化、创新性发展，必须充分运用现代科技对传统文化进行再开发再创意，形成具有现代意义的文化 IP。新国潮采用内容裂变的方式。通过故事性内容撬动用户的认同与共鸣，驱动用户自发对品牌信息进行社交分享，达成"自来水"效应①。

中国梦的起点是中国传统文化的复兴，实现中国传统文化的复兴在一定程度上可通过能够承载民族文化的商品在世界范围内的被认可、被认同来实现。从元素到产品，从产品到品牌，从品牌到潮牌再到世界名牌，是"国潮"发展的必由之路②。与其说新国潮在寻找热爱中国传统文化的目标群体，不如说当代国人把自己的价值表达与民族文化发展的重任交给了"新国潮"——这就实现了从注重品牌到文化自信的转变，把"国潮"逐步演变成了国民创意与消费的自觉行为，让"国潮"开始真正地开疆拓土，从被接受、喜爱到引领时尚潮流。

未来，将有更多跨国文化 IP 出现，将中国传统文化通过现代表达手法传达给国内外受众。在服装、游戏、文创、影视等多个领域跨界联合，将"新国潮"与现代消费理念"无缝衔接"，在体现出消费新趋势之余，也成为国内外年轻群体与中华优秀传统文化之间的纽带。

由此，以马克思主义为指导，强化理论上的提升，实践中的深化，正是中华优秀传统文化进一步传承与弘扬的重要路径。

作者简介：

左灿，中国社会科学院新闻与传播研究所助理研究员，英国埃塞克斯大学社会学系博士。研究方向为网络文化与政治、媒介与社会、跨文化传播。

曾昕，中国社会科学院新闻与传播研究所助理研究员，英国伯恩茅斯

---

① 丁俊杰：《新国潮的"面子"与"里子"》，《国际品牌观察》2022 年第 8 期。
② 皇甫晓涛：《从中国元素到中国潮品："国潮"创意观念的变迁》，《传媒》2022 年第 2 期。

大学多媒体新闻学博士，ESCI 期刊 *Global Media and China* 编辑，中国青少年研究会会员，台湾政治大学访问学者。研究方向为青少年与新媒体、媒介素养、青少年网络文化。

沙垚，中国社会科学院新闻与传播研究所新闻传播与中国式现代化研究室主任、副研究员，中国社会科学院大学新闻传播学院副教授。研究方向为中国特色新闻学、乡村传播。

革命篇

新时代中国革命文化的
创新发展

加强革命文物保护利用，弘扬革命文化，传承红色基因，是全党全社会的共同责任。各级党委和政府要把革命文物保护利用工作列入重要议事日程，加大工作力度，切实把革命文物保护好、管理好、运用好，发挥好革命文物在党史学习教育、革命传统教育、爱国主义教育等方面的重要作用，激发广大干部群众的精神力量，信心百倍为全面建设社会主义现代化国家、实现中华民族伟大复兴中国梦而奋斗。

——习近平对革命文物工作作出重要指示

（2021 年 3 月 25 日）

革命篇

新时代中国革命文化的创新发展

革命文化是中国共产党领导中国人民在革命、建设、改革的历史中创造的所有物质文化和精神文化的总和，历经一百多年，深刻融入了中华民族传统文化中，成为新时代中国特色社会主义文化的重要组成部分。党的十八大以来，习近平总书记高度重视革命文化建设和发展，先后到过许多革命老区考察，看望老区人民，对传承红色基因、弘扬老区精神、发展革命文化作出重要指示，成为新时代革命文化发展的重要指南。为此，我们有必要对新时代革命文化的创新发展有更加完整的认识和规划。

一、党的十八大以来革命文化的创新发展

党的十八大以来，以习近平同志为核心的党中央高度重视革命文化的创新发展，把社会革命上升到自我革命高度，不断丰富革命文化内涵，传承革命文化的精神，做好革命文化的开发与保护，取得了显著成效。

（一）"两个伟大革命"成为全党上下的重要共识

从党的十八大开始，中国特色社会主义进入了新时代。面对百年未有之大变局和中华民族伟大复兴的关键期，党的十九届四中全会通过的《中共中央关于坚持和完善中国特色社会主义制度、推进国家治理体系和治理能力现代化若干重大问题的决定》明确提出，"第二个一百年"要全面实现国家治理体系和治理能力现代化，使中国特色社会主义制度更加巩固、优越性充分展现。党的十九届六中全会审议通过的《中共中央关于党的百

年奋斗重大成就和历史经验的决议》全面总结了党的百年历史经验。在中国共产党的奋斗历程中，革命文化是独树一帜的，成为中华民族文化的重要组成部分，并对新时代新征程具有重要的精神指导价值。

中国共产党始终强调"不忘初心"，牢记党带领中国人民开展革命、建设和改革的使命，继承和发扬革命文化精神。在十九届中共中央政治局常委同中外记者见面时，习近平总书记强调："实践充分证明，中国共产党能够带领人民进行伟大的社会革命，也能够进行伟大的自我革命""必须以党的自我革命来推动党领导人民进行的伟大社会革命"。从"社会革命"到"自我革命"，体现出了中国共产党对革命文化的继承和发展，"伟大的社会革命""伟大的自我革命"被称为"两个伟大革命"，并逐渐成为全党上下的重要共识。

自我革命意味着对自身的省察与反思，是中国共产党最鲜明的品格，也是最大的优势。近代以来，无数仁人志士把中华民族伟大复兴作为孜孜以求的奋斗目标，而中国共产党之所以能够完成这一艰巨任务，根本原因在于始终把人民群众视为生命参量的最主要来源，不忘初心、牢记使命，不断推进自我革命。党的十八大以来，中国共产党坚定不移推进全面从严治党，刀刃向内动真格，向党内顽瘴痼疾开刀，筑牢制度的笼子，持续推进高压反腐，完善党的章程和各项规章制度，把管党治党要求落实落细，其中贯穿着强烈的自我革命精神，体现了中国共产党自我革命的决心和意志。

（二）革命文化与时俱进彰显时代特色

革命文化的时代性，本质在于党的初心使命与时代的结合，凝聚国家力量和社会共识。党的十八大后，习近平总书记高度重视革命文化传承和建设，遍访西柏坡、井冈山、沂蒙山、古田、延安、遵义等革命圣地。党的十九大后，习近平总书记带领中共中央政治局常委瞻仰上海中共一大会址和浙江嘉兴南湖红船，回顾建党历史，重温入党誓词，其中的"革命主线"清晰可见。习近平总书记强调："没有中华优秀传统文化、革命文化、社会主义先进文化的底蕴和滋养，信仰信念就难以深沉而执着。"革命文化之所以重要，根本在于其蕴含着中国共产党人的初心和使命，彰显中国共产党人的信仰和追求，承载着中国共产党以人民为中心的宗旨和情怀。

中国共产党的红色基因，凝聚着中华民族的价值共识和信仰追求，具有主旨鲜明的人民性。长期以来，中国共产党领导人民在革命、建设、改革的伟大实践中，形成了中国共产党人精神谱系。从新民主主义时期的井冈山精神、苏区精神、长征精神、南泥湾精神、抗战精神、西柏坡精神、大别山精神、沂蒙精神等，再到社会主义革命和建设时期的"两弹一星"精神、大庆精神（铁人精神）、北大荒精神、雷锋精神、红旗渠精神等，以及改革开放和社会主义现代化建设时期的改革开放精神、抗震救灾精神、载人航天精神等，都体现出革命文化的时代特色。习近平总书记在党的十九大报告中明确指出："继承革命文化，发展社会主义先进文化，不忘本来、吸收外来、面向未来，更好构筑中国精神、中国价值、中国力量，为人民提供精神指引。"这为中国共产党人传承革命文化提供了重要的理论指导。

新时代赋予了革命文化鲜明的时代特色和精神内涵，革命文化拥有了新的表现形态，形成了以牢固的理想信念、坚强的党性原则、高度的文化自信和勇于革新、实事求是、无私奉献精神为主要精神内涵的红色革命文化思想[1]。其中，改革开放精神是革命文化新形态的典型代表。在庆祝改革开放40周年大会上，习近平总书记明确指出："改革开放铸就的伟大改革开放精神，极大丰富了民族精神内涵，成为当代中国人民最鲜明的精神标识。"改革开放精神是在新的理论和实践基础上对革命文化进行了创造性发展，坚持了革命文化内核，蕴含着发展、改造、变革、创新等新的内涵，是新时代的革命文化。党的十八大以来，中央推进全面深化改革，各项领域取得显著成效，成为改革开放精神在实践层面的最佳注解。

（三）革命文化得到有效保护与开发

革命文化是中国革命伟大历程和丰功伟绩的浓缩，革命文物则是革命文化传承的物质载体和历史见证。习近平总书记指出："加强革命文物保护利用，弘扬革命文化，传承红色基因，是全党全社会的共同责任。"党

---

[1]　胡献忠：《中国精神之革命文化》，《中国青年报》2021年2月22日第6版。

的十八大以来，我们积极保护革命文化遗址，开发利用革命文化资源，挖掘和研究革命文化内涵，用革命文化培根铸魂，取得了显著成绩。

在革命文物保护上，各种遗址、文献等得到更加完整的保护。例如，井冈山革命遗址、古田会议旧址群、瑞金革命遗址、延安革命遗址、西柏坡革命旧址及其与之相关的文献，自党的十八大以来都得到更为有效的保护。同时，各种记载革命的刊物、票证、旗帜等革命文化符号，也得到了系统保护，对塑造革命遗址形象和传播革命文化起到了重要作用。

在革命文化利用和开发上，涌现出一大批新做法、新作品。一方面，各地注重挖掘提炼革命文物的历史内涵、精神内涵、文化内涵，积极讲好红色故事，传播红色文化，弘扬红色精神。例如，湖南推出大型实景演出《中国出了个毛泽东》，山东创排大型民族歌剧《沂蒙山》，贵州遵义让观众参与"娄山关大捷"实景演出。另一方面，党的十八大以来，红色旅游为文化旅游行业注入了新鲜力量，成为旅游业的重要组成部分，革命文化和革命精神在红色旅游中得到有效传播。

二、革命文化发展的重要议题

习近平总书记在党的十九大报告中指出，要推动中华优秀传统文化创造性转化、创新性发展，继承革命文化，发展社会主义先进文化，不忘本来、吸收外来、面向未来，更好构筑中国精神、中国价值、中国力量，为人民提供精神指引。作为中华传统优秀文化的重要组成部分，革命文化发展需要重点关注和解决以下几个议题：

（一）运用革命文化建设有强大凝聚力的社会意识形态

我国意识形态的重点是坚持马克思主义在意识形态领域指导地位，坚持中国特色社会主义制度，坚持中国共产党的领导。革命文化可以清晰地呈现出中国共产党领导中国革命走向胜利，并通过社会主义建设和改革开放，带领中国人民走向独立富强之路的历史进程。革命文化可以帮助人们更好理解国情，更加坚定"四个自信"，有助于建设有强大凝聚力的社会主义意识形态，使全体人民在理想信念、价值理念、道德观念上紧紧团结在一起，为加强理论武装，推动习近平新时代中国特色社会主义思想深入人心提供有力支撑。

继承和发扬革命文化，要把革命文化作为新时代文化建设的重要内容，系统研究如何运用好革命文化巩固意识形态领导权。从党内来看，要运用革命文化助力新时代党建工作。新时代，我国党建工作面临着复杂和严峻的挑战，革命文化的继承和发扬能够帮助解决党建工作面临的难题。张思德干部学院发起并成立的"全国红色教育培训基地联盟"，通过红色资源共享的方式传承革命文化，宣扬我们党为人民服务的宗旨，弘扬党员的奉献精神，起到了很好示范作用。此外，井冈山干部教育学院、茨坪干部教育培训学院、浙江红船干部学院、遵义干部学院等都在积极开展红色教育培训。这些做法有助于运用好革命文化，提高党建工作效果，从而建设一支作风优良的高素质队伍，做到"不忘初心、牢记使命"。从全国来看，要运用革命文化提高人民群众对中国共产党的领导和中国特色社会主义制度的拥护。中国共产党百年历程中战胜无数艰难险阻最终胜利，最根本原因在于始终得到了广大人民群众的拥护和支持。人民群众的信赖、拥护和支持，是中国革命、建设和改革的物质之源和精神力量，是中国共产党克服一切艰难险阻、不断取得胜利的重要因素。因此，我们要通过革命文化传播，让人民群众更加团结在党的周围，凝心聚力，推进党的各项事业全面发展。

（二）运用革命文化培育社会主义核心价值观

文化的影响力集中体现为价值观念的影响力。当代世界各国的竞争中，文化软实力竞争是焦点，而文化的竞争本质上是价值观念之争，也是人心之争、意识形态之争[①]。任何一个民族和国家的发展，都需要有共同的核心价值观作为精神纽带和思想道德基础。面对复杂多变的国内外环境，中华民族应该坚守什么样的价值观，这是中华民族迈向民族复兴的现实问题。革命文化蕴含着革命先烈的追求和精神，见证了中华民族崛起的历程，寄托着人民群众对美好生活的向往，与社会主义核心价值观具有一

---

① 赵磊：《以夯实文化安全助推建设文化强国》，《人民论坛·学术前沿》2021 年第 13 期。

致性。为此，我们要充分运用好革命文化，通过继承与弘扬革命文化，加强社会主义核心价值观教育，凝聚新时代社会共识，为中华民族伟大复兴提供精神动力和价值观基础。

思想道德是社会价值观的一个重要方面，要运用好革命文化，推动思想道德建设。习近平总书记在党的十九大报告中指出，要提高人民思想觉悟、道德水准、文明素养，提高全社会文明程度。广泛开展理想信念教育，深化中国特色社会主义和中国梦宣传教育，弘扬民族精神和时代精神，加强爱国主义、集体主义、社会主义教育，引导人们树立正确的历史观、民族观、国家观、文化观。革命文化所表现出赤诚爱国、不畏强敌、牺牲精神、纪律观念等，鼓励人们追求高尚的道德情操和崇高的理想境界。为此，新时代的思想政治工作，要大力继承和发扬革命文化，增强人们对社会主义事业的认同感，激发人们的爱国情怀，进而塑造新时代全社会的思想道德观念。

继承和发扬革命文化是塑造时代新人的内在要求。习近平总书记指出："青年兴则国家兴，青年强则国家强。青年一代有理想、有本领、有担当，国家就有前途，民族就有希望。"随着时代的发展，当代青年面临的诱惑越来越多，理想信念不坚定，社会主义信仰动摇，需要精神支撑。继承和发扬革命文化，能使青年通过重温伟大革命历史，学习革命英雄人物，体会百年中国共产党辉煌成就的来之不易，引导和帮助当代青年树立崇高的理想信念，坚定社会主义事业的信仰，促进其全面提升个人综合素质。

（三）运用革命文化推动社会主义文化事业发展

党的十九届五中全会提出，要繁荣发展文化事业和文化产业，提高国家文化软实力。社会主义文化事业大发展大繁荣，是推进社会主义文化建设的重要内容，也是建设社会主义文化强国的重大任务。其中，革命文化是重要组成部分。因此，如何运用革命文化，推动社会主义文化事业和文化产业的繁荣发展，是一个重要议题。

首先，要运用革命文化发展文化事业和文化产业。作为社会主义文化的重要组成部分，革命文化是促进文化事业和文化产业发展的重要动力。

我们要积极运用革命文化，通过优质的文艺作品等发展革命文化，创新革命文化的产业化模式，开发和利用革命文化资源，以此推动文化事业和文化产业的发展。

其次，要运用革命文化服务群众文化生活。当前，社会主要矛盾发生改变，人民群众对美好生活的向往越来越强烈，对精神文化生活更加看重，文化需求高品质、个性化的特点更加明显。为此，要把加强革命文化资源的保护和利用，作为完善公共文化服务体系、实施文化惠民工程，为人民群众提供丰富的精神食粮，丰富群众性文化活动。

最后，要运用革命文化提高国家文化软实力。文化软实力是国际竞争力的重要组成部分。相比西方发达国家，我国文化软实力仍处于弱势地位，与我国大国地位不相符，提升文化软实力是中华民族走向伟大复兴的必然要求。要深入挖掘革命文化的精神内涵，向世界展现真实、立体、全面的中国，提高国家文化软实力。尤其是要保护好、管理好革命文化，加强研究和利用，让历史说话，让文物说话，成为世界了解中国的有效路径，并在革命文化的传承中，增强民族自豪感和自信心。

三、革命文化的发展建设方向

2021 年 6 月 25 日，习近平总书记在主持十九届中央政治局第三十一次集体学习时强调："红色资源是我们党艰辛而辉煌奋斗历程的见证，是最宝贵的精神财富，一定要用心用情用力保护好、管理好、运用好。"对此，习近平总书记指出，要加强科学保护，开展系统研究，打造精品展陈，强化教育功能。未来的革命文化应以此为主线，推动革命文化发展。

（一）加强红色资源保护，夯实革命文化可持续利用基础

在中国共产党领导中国人民开展革命的历史进程中，留下了很多红色资源，这些红色资源是不可再生、不可替代的珍贵资源。继承和发扬革命文化，前提就是要加强这些红色资源的保护。我们要本着对历史负责、对人民负责的态度，对红色资源进行科学保护。

首先，要系统开展革命遗址和革命文物保护。革命遗址和革命文物是

历史的见证，集中反映了中华民族和中国共产党人的光荣传统和优良作风。历经数十年的革命斗争，全国各地红色资源非常丰富，但没有得到完整保护。下一步，要组织专业团队对全国红色资源进行摸排和调查，有针对性地制定政策，加强革命遗址、革命文物的保护。就目前革命遗址和革命文物面临的各种问题，有必要统筹好抢救性保护和预防性保护，这是做好革命文化继承发扬和开发利用的重要基础。

其次，要建好管好革命博物馆、纪念馆。博物馆和纪念馆是呈现历史、文化和人物的集中场所，可以让革命文化在此得到集中展示，也可以起到很好的社会教育作用，对传播革命文化，开展革命文化教育，加强主流意识形态建设等各项工作具有重要作用。尤其是关于一些有重要历史意义或重要节点的革命历史事件、遗址、文物、人物等，有必要系统性建立博物馆或纪念馆。

最后，要提供系统性的政策支持。无论是革命遗址和革命文物的保护，还是革命博物馆、纪念馆的运营，都要加强顶层设计，统筹中国革命历史的重要节点、重大事件、重要人物等保护工作，统一标准，统筹经费，确保中国革命精神能够得到系统性的展示与传承。

（二）开展革命文化系统研究，推进革命文化价值的时代转化

新时代，革命文化焕发出新的力量，呈现出时代的新价值，需要我们加强革命文化的时代转化。为此，有必要统筹研究力量，开展革命史料的抢救、征集和研究工作，深入系统研究中国革命历史，挖掘革命文化的时代价值，为传承革命文化提供社会文化环境。

首先，发挥革命文化的政治认同价值。我国是马克思主义指导下，中国共产党领导的人民民主专政的社会主义国家。在现代化发展过程中，要增强国家意识形态的建构能力和民众的政治认同。革命文化的传播、教育、传承，有助于加强民众意识形态认同，更加团结起来，凝心聚力。井冈山精神、苏区精神、长征精神、延安精神、西柏坡精神都体现了中国共产党人的政治价值，得到了广大人民群众的认可，可以强化意识形态教育。正因如此，要发挥革命文化的政治教育功能，通过革命文化教育培养担当民族复兴大任的时代新人。

其次，发挥革命的产业经济价值。文化本身就可以形成文化资本，具有一定的资本属性，可以发挥经济价值，革命文化同样如此。一方面，革命文化中的文献、符号及旧址遗址等，具有商品经济价值，在供参观游览的同时，可以吸引游客，带动红色旅游产业；另一方面，革命文化还可以结合其他商品进行开发，打造红色旅游、红色文创等新型文化产业，产生经济价值。从这个意义来说，革命文化可以作为新常态经济发展的重要组成部分，我们可以通过发展红色文化产业、红色文化创意产业等，打造新的经济增长点，通过政策、策划、创意等推动这些产业的发展，助力地方经济发展。

最后，文化价值。革命文化是历史文化的组成部分，蕴含着丰富的时代价值观念，对培育社会主义核心价值观具有重要作用。在社会主义核心价值观的建设中，革命文化作为重要的历史文化资源，可以从历史人物、历史事件、革命精神等众多角度，为社会主义核心价值观提供养分，助力社会主义核心价值观的培育。同时，革命文化也蕴含着崇高理想、坚定信念、奋勇开拓、求实创新等革命精神，是新时代中华民族精神的体现。这种价值观念和价值取向也是培养和践行社会主义核心价值观，塑造社会主义新人的重要支撑。

（三）打造红色传播精品展陈，构建革命文化的立体传播体系

革命文化传播是继承和发扬革命文化的有效路径，如何传播好革命文化是下一步发展革命的重要议题。为此，我们要"坚持政治性、思想性、艺术性相统一，把好导向、聚焦主题，用史实说话，着力打造高质量精品展陈，增强表现力、传播力、影响力，生动传播红色文化"[1]。

首先，加强革命文化的全媒体传播。互联网已嵌入人们日常工作、生活、学习的方方面面，成为人们生活的重要组成部分。截至 2021 年 12 月，我国网民规模达 10.32 亿，互联网普及率达 73.0%，手机上网的比例达 99.7%，且上网终端设备使用更加多元[2]。互联网新媒体的快速发展，

---

① 习近平：《用好红色资源、赓续红色血脉，努力创造无愧于历史和人民的新业绩》，《求是》2021 年第 19 期。

② 中国互联网络信息中心：《第 49 次〈中国互联网络发展状况统计报告〉》，2022 年 2 月。

为革命文化传播提供了广阔的空间，传播革命文化要适应互联网时代的大趋势，充分发挥互联网的作用，实现传播渠道向新媒体转变。要充分发挥新技术新平台的作用，创新革命文化的传播渠道和表现形态，加强传播技术、传播手段与传播方法的创新。同时，传统媒体也要充分利用自身优势，在议程设置、内容创作、舆论引导等方面发挥关键性的作用。例如，运用报道、评论、访谈、广告等形式，安排专题节目、栏目和版面，发挥名主持、名记者、名栏目的优势，提高革命文化的传播力影响力。此外，还要注重运用融媒体手段传播革命文化。可以利用融媒体"一次性采编，多形态编发，多平台推送"的优势，开辟新的传播渠道，策划新的传播议题，提高革命文化传播效果。例如，建设红色文化网站，整合电影、电视、广播和视频等红色资源，开办客户端，开通微博、微信、抖音等账号，举办网络讲座、论坛和研讨会，制作红色动漫和微电影，开发游戏软件，打造红色文创产品等，增强革命文化的知识性、趣味性和娱乐性，使革命文化为广大人民群众喜闻乐见。

其次，建立革命文化的立体化传播体系。对革命文化传播来说，传播媒介非常丰富，除了新闻媒体之外，还有图书、传单、标语、横幅、广告牌、宣传栏等，都可以作为革命文化传播的重要载体。此外，学校、文化馆、图书馆、博物馆、纪念馆、烈士陵园等场所也起到革命文化作用。实现革命文化的有效传播，有必要系统谋划，建立多元化、立体化的传播体系，使革命文化传播突破时空限制，提高革命文化传播的覆盖范围，为民众学习和接触革命文化提供便利渠道。

最后，拓展反馈互动的有效通道。在信息传播环节，受众反馈有助于提升传播效果，特别是在互联网环境下，人们已经习惯了互动参与，更要重视发挥反馈互动的作用。革命文化传播要重视受众的反馈互动，拓展有效的反馈互动的通道，及时收集、处理和反馈来自民众的意见和建议，做好革命文化的传播和舆论引导工作。同时，也可以充分利用人工智能、大数据等技术，建立有效的舆情监测和舆情预警系统，预防各种有害信息的传播，警惕历史虚无主义趁虚而入，为革命文化传播提供良好的舆论环境。

作者简介：

叶俊，博士，硕士生导师。中国社会科学院新闻与传播研究所副研究员，马克思主义新闻学研究室副主任，媒介传播与青少年发展研究中心主任，中国社会科学院大学新闻传播学院副教授、新闻系主任。研究方向为马克思主义新闻理论、媒介与社会发展。

民族篇

铸牢中华民族共同体意识，构筑中华民族共有精神家园

各族干部要全面理解和贯彻党的民族理论和民族政策，自觉从党和国家工作大局、从中华民族整体利益的高度想问题、作决策、抓工作，只要是有利于铸牢中华民族共同体意识的工作就要多做，并且要做深做细做实；只要是不利于铸牢中华民族共同体意识的事情坚决不做。

——习近平在参加十三届全国人大五次会议内蒙古代表团
审议时发表的讲话（2022 年 3 月 5 日）

民族篇

铸牢中华民族共同体意识，
构筑中华民族共有精神家园

我国是一个由 56 个民族构成的社会主义国家。各民族在历史上都创造了辉煌灿烂的文化。其中，汉文化恢弘壮阔，博大精深，是中华文化的主体。55 个当代少数民族及其先民，包括历史上曾经存在但现在已经消失的民族，也都以杰出的智慧和创造力，在多民族国家的交往交流交融历史中，创造了特色鲜明、绚丽多姿的文化。汉文化和各少数民族文化共同构成了中华文化的宝库，是中华民族的共有精神财富。

新中国成立以来，党和国家高度重视繁荣发展少数民族文化事业，极大地提高了各民族群众的文明素质，促进了民族地区经济社会发展，推动了民族团结进步事业，繁荣了社会主义先进文化。进入新时代以来，以习近平同志为核心的党中央把传承发展包括各少数民族文化在内的中华优秀传统文化提升到前所未有的战略高度，基于中华民族伟大复兴和世界百年未有之大变局统筹文化建设。在习近平文化思想的指引下，民族地区的文化传承和发展进入了以铸牢中华民族共同体意识、构建中华民族共有精神家园为主要目标的崭新阶段。

一、从多元一体到铸牢中华民族共同体意识

党的十八大以来，习近平总书记站在实现中华民族伟大复兴的战略高度，强调要树立正确的历史观、民族观、国家观、文化观和宗教观，正确处理"四个关系"，要求包括文化建设在内的一切工作要向铸牢中华民族共同

体这条主线聚焦，为新时代的中华文化建设指明了方向，提供了根本遵循。

（一）正确认识多元一体的中华民族文化

我国是一个统一的多民族国家。各民族及其先民在中华大地上繁衍生息，都有着悠久的历史，创造了灿烂的文化。凝结着劳动人民生产生活智慧的多民族文化内容丰富、形式多样、特色鲜明，共同构成了中华文化五彩缤纷的宝库，为丰富、发展中华文明和人类文明做出了巨大贡献。

如何深刻全面地认识中华大地上的灿烂文化及其相互之间的关系，具有十分重要的现实意义。

首先，中华文化是由多民族文化构成的。从历史的发展到现实的状态，中华文化都充满了鲜明的多样性。中国考古学的材料证明，早在史前时期，中国境内的地域文明就呈"满天星斗"的分布格局，充分证明了早期的文化发展是多元的，其中，中原地区一直是各民族交往交流交融的核心区域。经过数千年乃至上万年的接触、交流和融汇，今天的中国文化呈现出以汉文化为主体、各少数民族文化异彩纷呈的格局。

其次，各民族文化不是相互孤立封闭地发展，而是在密切的交往、交流、交融进程中互相补充、互相吸收、互相促进。无论是从语言上，还是考古材料上，都已经雄辩地证明，在中国这个具有独特地理格局的疆域内，数千年乃至上万年来，不同文化、文明之间的交流、交往和交融从未中断。不同的文化和文明通过数千年的相互接触、吸收和借鉴，形成了中国各民族文化你中有我、我中有你的文化格局。

再次，各民族文化的多样性是中华文化博大精深、充满活力的基础。中国境内的各民族文化，有如满天繁星，散布在祖国的大地上，是世界上少有的从未中断的文化大家族。多姿多彩的各民族文化，共同汇聚成中华文化发展的整体洪流，为中华文化构筑了具有强大内生动力和多样性发展的基础。习近平总书记明确指出，多民族是我国的一大特色，也是我国发展的一大有利因素。

最后，中华文化引领了各民族文化的发展方向。中华文化是各民族文化的集大成，又体现了各民族文化的核心发展方向。以中原文化为代表的先进农耕文明，以儒家思想为核心代表的价值观追求，以汉语汉字为主要载体的文化形态，长期以来不仅在中华大地上发挥着重要的影响，甚至影响到整个东亚、东南亚等周边各国，既包容着各民族文化发展的特色，又发挥着主体性作用，体现了发展的向心力，引领了中华各民族文化多元一体、和而不同的发展道路。

（二）以铸牢中华民族共同体意识为主线的新时代文化建设

党的十八大以来，以习近平同志为核心的党中央高度重视文化建设，把文化建设纳入"五位一体"总体布局中统筹谋划，并进一步提升到中华民族伟大复兴和世界百年未有之大变局的战略高度，核心要求是以铸牢中华民族共同体意识为主线，更好传承中华优秀传统文化，更加突出文化自信和文化认同，为中国特色社会主义现代化事业奠定思想文化基础，满足各族人民对美好生活的需要。

进入新时代，党和国家更加重视中华文明的独特价值和深厚力量，强调中华优秀传统文化是中华民族历史发展的突出优势和伟大复兴的信念源泉。习近平总书记指出，中华文明在继承创新中不断发展，在应时处变中不断升华，积淀着中华民族最深沉的精神追求，是中华民族生生不息、发展壮大的丰厚滋养。习近平总书记深刻指出："为什么中华民族能够在几千年的历史长河中顽强生存和不断发展呢？很重要的一个原因，是我们民族有一脉相承的精神追求、精神特质、精神脉络。"习近平总书记强调："文化自信，是更基础、更广泛、更深厚的自信，是更基本、更深沉、更持久的力量。""中国有坚定的道路自信、理论自信、制度自信，其本质是建立在5000多年文明传承基础上的文化自信。"习近平总书记十分重视中华优秀传统文化的保护与传承、创新与发展，认为中华优秀传统文化是"中华民族的基因"，是"中华民族的精神命脉"。党的十九届六中全会明确指出，习近平新时代中国特色社会主义思想是当代中国马克思主义、二十一世纪马克思主义，是中华文化和中国精神的时代精华，实现了马克思主义中国化新的飞跃。作为马克思主义中国化的最新理论成果，习近平新时代中国特色社会主义思想将马克思主义基本原理同中华优秀传统文化相结合的自觉意识推向一个新的历史高度。

新时代的文化建设工作要坚持以铸牢中华民族共同体意识为纲，聚焦增强中华文化认同。新中国成立以来，党和国家坚持民族平等，积极繁荣发展各民族文化。进入新时代，着眼于中华民族伟大复兴的战略目标，与中华民族共同体建设密切相关的文化认同问题更加凸显。习近平总书记指出，必须构筑中华民族共有精神家园，使各民族人心归聚、精神相依，形成人心凝聚、团结奋进的强大精神纽带。加强中华民族大团结，长远和根本的是增强文化认同，建设各民族共有精神家园，积极培养中华民族共同体意识。《"十四五"文化发展规划》明确提出，要使中华民族的家国情怀更加深厚、凝聚力进一步增强。

2023年6月2日，习近平总书记在文化传承发展座谈会上发表重要讲话，进一步提出了构建中华民族现代文明的重要目标。新时代党在文化建设领域的创新理论为中华各民族文化的发展提供了基本的遵循，指明了正确的方向，引领着文化建设步入新的阶段，呈现新的面貌。

二、党的十八大以来民族地区文化建设成就

党的十八大以来，习近平总书记对坚守中华文化立场，坚定中华文化自信，增强中华文化认同，推动各民族文化传承、保护、创新，作出一系列重要论述和指示。各级各部门认真贯彻落实党中央部署，紧紧围绕铸牢中华民族共同体意识，修订制定文物保护法、公共文化服务保障法等法律法规，制定"十三五""十四五"时期文化发展规划，实施中华优秀传统文化传承发展、红色基因传承、文化惠民等一系列重大文化工程，举办全国少数民族文艺会演、全国少数民族传统体育运动会、少数民族文化创作"骏马奖"评选等一系列重大文化活动，积极搭建各具特色的节庆民俗、展览展演、文化旅游等平台，扎实推进各民族文化的传承、保护、创新，各族群众对中华文化更加热爱、更加自豪、更加自信，"五个认同"极大增强[1]。民族地区文化事业取得跨越式发展、历史性成就。

---

[1] 杨程晨：《（中国这十年）国家民委文宣司：各族群众对中华文化更加热爱、更加自豪、更加自信》，中国新闻网，https://baijiahao.baidu.com/s? id = 1741414021697951633&wfr = spider&for = pc，2022年8月17日。

（一）民族地区语言文字事业欣欣向荣

语言文字是人类社会最重要的交际工具和信息载体，也是文化的基础要素和鲜明标志。语言文字事业具有基础性、全局性、社会性、全民性特点，事关国民素质提高和人的全面发展，事关历史文化传承和经济社会发展，事关国家统一和民族团结，是国家综合实力的重要支撑，在党和国家工作大局中具有重要地位和作用。党的十八大以来，民族地区语言文字事业欣欣向荣，为各项事业发展奠定了坚实的语言基础。

1. 国家通用语言文字推广普及取得重大进展

新中国成立以来，党和国家高度重视国家通用语言文字的建设和推广。1956 年国务院发布了《关于推广普通话的指示》，1982 年《中华人民共和国宪法》明确规定"国家推广全国通用的普通话"，2000 年国家专门制定《中华人民共和国国家通用语言文字法》。党的十八大以来，国家通用语言文字推广普及工作取得了显著成绩。截至 2020 年，普通话在全国范围内基本普及，普及率从 70% 提高到了 80.72%，识字人口使用规范汉字的比例超过 95%，文盲率下降至 2.67%，以"三区三州"为代表的民族地区普通话普及率达 61.56%，中华民族"书同文、语同音"的千年梦想正在成为现实，极大地促进了民族地区文化教育事业的发展和各民族文化素质的提升，为深化各民族交往交流交融、铸牢中华民族共同体意识提供了基础条件。

2. 科学保护各民族语言文字工作取得积极成就

语言文字既是文化信息传承的载体，又是各民族文化的基础要素和重要标志，在各民族文化发展中具有突出地位和基础性作用。自党的十七届六中全会提出"科学保护各民族语言文字"重要方针以来，我国各民族语言文字的保护和传承进入了新的局面，取得了引领性成就。

对于各民族的语言文字而言，使用就是最好的保护。新中国成立以来，党和国家就从不同领域、不同角度关心、支持少数民族群众使用本民族语言文字。进入新时代，国家还利用现代化技术手段对少数民族语言文化进行保护，专门设立了中国语言资源数据库，对各民族的语言文字进行收集、整理、开发和利用。自 2015 年起，教育部、国家语委全面践行

"语言资源观",大力实施"中国语言资源保护工程",动员全国力量对汉语方言和少数民族语言资源进行调查、保存、展示和开发利用。经过一期建设,共完成 1700 多个田野调查点的调查,范围涵盖全国 31 个省(区、市)及港澳台地区的 120 余个语种及其主要方言,收集原始文件数据超过 1000 万条,建成世界上规模最大的语言资源库,系列标志性成果《中国语言文化典藏》(20 卷)和《中国濒危语言志》(30 卷)得到国家出版基金资助,分别获第九届中国出版集团出版奖和第五届中国出版政府奖。2022 年《中国语言文化典藏》第二辑又出版 20 卷,其中包括少数民族语言文化典藏 5 卷。目前,中国语言资源保护工程已进入第二期,将在各民族语言资源开发利用方面重点发力。

3. 少数民族语言文字的学习和使用得到切实的尊重和保障

我国《宪法》明确规定,"各民族都有使用和发展自己的语言文字的自由"。在国家政治生活中,全国人民代表大会、中国人民政治协商会议等重要会议,都提供蒙古、藏、维吾尔、哈萨克、朝鲜、彝、壮等民族语言文字的文件和同声传译。中国人民币主币除使用汉字之外,还使用了蒙古、藏、维吾尔、壮四种少数民族文字。大多数民族自治地方都制定了保护和使用自治主体民族语言文字的自治条例,自治机关在执行公务时,都使用当地通用的一种或几种文字。同时,少数民族语言文字在教育、新闻出版、广播影视、网络电信等诸多领域,都得到了广泛的应用和发展。

当前,除回族和满族通用汉语文外,其他 53 个少数民族都有本民族语言,有 22 个少数民族共使用 28 种文字。国家依法保障少数民族语言文字在行政司法、新闻出版、广播影视、文化教育等各领域的合法使用。截至 2020 年,全国各级播出机构共开办民族语电视频道 279 套,民族语广播 188 套。新疆使用汉、维吾尔、哈萨克、柯尔克孜、蒙古、锡伯 6 种语言文字出版报纸、图书、音像制品和电子出版物,使用多语言、多文种播送电视和广播节目等。国家在民族地区实施双语教育,基本建立起从学前到高中阶段的双语教育体系。截至 2018 年,少数民族双语教育的中小学共 6521 所,接受双语教育的在校生 309.3 万人,双语教育的专任教师

20.6 万人①。2020 年 12 月发布的《中国共产党统一战线工作条例》和
2021 年 8 月召开的中央民族工作会议，都强调尊重、支持和保障少数民族
群众学习本民族语言文字。

学习方面，我国中小学依法开设国家通用语言文字课程，同时又根据
实际开设了少数民族语言文字课程，特别是在民族区域自治地方和少数民
族人口相对聚集地区，想要学习少数民族语言文字的少数民族群众都有机
会学习、使用本民族语言，包括那些离开学校走向社会的、还不能熟练掌
握国家通用语言文字的人，国家为他们开展通用语言文字培训，为他们学
习少数民族语言提供保障。

国家在少数民族群众的政治生活、社会生活包括新闻出版等方面也大
力创造使用少数民族语言的条件。如在政治生活中，"两会"印发的文件
均有少数民族文字版。在司法工作中，国家为少数民族群众用本民族语言
文字进行诉讼提供了条件。在新闻出版方面，新疆、西藏等省份均开设了
少数民族语言文字电台、电视台，开办了多种少数民族文字期刊，方便少
数民族群众生活。在互联网上，少数民族群众也可以自由使用少数民族语
言获取信息、学习交往②。

4. 各民族语言文字的信息化取得积极进展

为了让少数民族群众共享信息化发展成果，我国政府采取各种措施促
进少数民族语言文字规范化、标准化和信息处理工作的健康、快速发展。
藏文成为全国第一个具有国际标准的少数民族文字。随着新媒体技术的运
用，一些重点语种、文种的语音及文字识别、机器辅助翻译等已经取得显
著进展，与国家通用语言文字的互译互通成效显著，可以实现在手机上随
机翻译，为基层民族工作提供了极大便利。科大讯飞等信息企业也积极开
展民族语文语音识别的研究和应用工作，效果明显③。

---

① 中华人民共和国国务院新闻办公室：《为人民谋幸福：新中国人权事业发展 70 年》（白
皮书），2019 年 9 月。
② 国家民委：《铸牢中华民族共同体意识 为实现中华民族伟大复兴汇聚磅礴力量》，光明
网，https://m.gmw.cn/baijia/2022-09/08/36011520.html，2022 年 9 月 8 日。
③ 王锋：《为我国各民族交往交流交融搭建语言之桥》，《中国社会科学报》2018 年 11 月 6 日。

（二）少数民族传统文化传承和发展进入新局面

我国各族人民在长期生产生活实践中创造了丰富多彩的文化遗产，包括多语种、多文种的古籍文献，以及民间文学、传统音乐、传统舞蹈、传统技艺、传统医药等灿若星河的非物质文化遗产资源，构成了中华优秀传统文化博大精深的百花园。党的十八大以来，少数民族传统文化的传承和保护更加受到重视，进入了一个新局面。

1. 少数民族古籍文献的整理和保护成绩显著

我国各民族在历史上先后创造了不同的民族文字，积累了种类繁多、数量巨大、内容丰富、特色各异的民族典籍文献。这些民族典籍文献是中华民族优秀传统文化不可分割的重要组成部分。但少数民族文字古籍多分布在边疆民族地区，资源分散、文种多样、形制复杂，流传过程中损毁严重，亟待发现、保护和利用。

党的十八大以来，习近平总书记高度重视古籍工作，多次发表重要讲话和论述。2019 年 7 月 16 日，习近平总书记在考察内蒙古大学图书馆时强调，要加强对蒙古文古籍的搜集、整理、保护，挖掘弘扬蕴含其中的民族团结进步思想内涵，激励各族人民共同团结奋斗、共同繁荣发展。习近平总书记的重要论述，为少数民族古籍文献的整理和保护进一步指明了方向。新时代以来，少数民族古籍整理保护工作取得巨大成就。

一是加强制度设计，强化机制保障。随着国家对少数民族古籍保护的顶层设计不断加强和完善，民族古籍工作走上了可持续发展的科学轨道。2018 年 9 月 17 日，我国第一个关于少数民族文字古籍保护定级的国家标准《中国少数民族文字古籍定级》（GB/T 36748—2018）正式发布，为我国少数民族古籍分级保护和科学管理提供了重要依据。

二是摸清古籍家底，挖掘珍贵古籍。"中华古籍保护计划"正式实施以来，各级古籍工作部门克服机制、经费、语言、人才、地理等方面的诸多困难，系统开展少数民族文字古籍普查，分类整理、登记编目。随着古籍普查的深入，普查范围逐渐突破了传统的图书馆、档案馆系统，拓展到文博系统等新领域。少数民族古籍总数之多、分布之广超过以往认知。普查发现的藏文古籍品类之丰、质量之佳都超出预期，为古籍版本研究和西藏历史文化研究提供了丰富资料。此外，蒙古文、水文、彝文、傣文等少数民族文字古籍普查工作也有序开展。随着古籍普查的深入开展，一批有重要价值的少数民族文字古籍不断被发现。国务院先后批准公布 6 批《国家珍贵古籍名录》，共收录 13026 部珍贵文献，其中珍贵少数民族文字古籍共 16 个文种 1133 部，占总数的 8.70%。中华文化的图谱更加完整、清晰。截至 2020 年，抢救、整理散藏民间的少数民族古籍约百万种（部、件、册）（不含馆藏及寺院藏书），包括很多珍贵的孤本、珍本和善本。

三是数字化与出版并重，让少数民族古籍"活起来"。古籍数字化是古籍再生性保护的重要手段，也是古籍利用和服务社会的重要形式。在国家珍贵古籍数字化项目中，西藏、新疆、广西、云南等民族地区完成约 3 万拍珍贵古籍数字化。2017 年，"国家图书馆藏少数民族文字古籍数字化"项目正式启动，选取国家图书馆具有代表性的藏文、蒙古文、满文、东巴文、哥巴文、彝文等 19 个文种的珍贵古籍进行数字化，目前已完成约 33 万拍的古籍数字化工作。影印出版是少数民族文字古籍再生性保护的传统手段。《中华再造善本》（续编）设立"少数民族文字文献编"，首次收入 13 个文种的 29 部少数民族文字古籍①。国家民委少数民族古籍保护与资料信息中心的重点出版项目《中国少数民族文字珍稀典籍汇编》获第七届中华优秀出版物（图书）奖；《〈格萨尔王传〉大全》《云南少数民族古籍珍本集成》（71—80 卷）等少数民族古籍出版精品也陆续面世。被誉为"少数民族四库全书"的《中国少数民族古籍总目提要》，已出版 51 个民族卷，收录少数民族古籍书目 10 余万种。组织实施《中国少数民族古籍总目提要》编纂工程，全部完成后将收录书目约 30 万种。

四是助力人才培养，建立民族古籍保护专业队伍。少数民族文字古籍工作对专业人才有极高的要求。"中华古籍保护计划"实施以来，通过培训基地、传习所、高校三位一体模式强化人才队伍培养。截至 2020 年，国家图书馆（国家古籍保护中心）举办全国性的古籍保护培训班 223 期，少数民族地区共计 3000 余人次参加培训，占总人次数的 30%；在民族地区举办培训班 50 余期，培训学员 2500 余人次，占总人次数的 25%；面向

---

① 郭晶：《〈中华再造善本〉（续编）少数民族文字古籍的甄选》，《国家图书馆学刊》2016年第 3 期。

全国举办藏文、东巴文、彝文等少数民族古籍普查、鉴定、修复类培训班20余期，培养专门人才近900人次，为民族地区培养了一批具有较高水平的古籍保护专业人员。全国25个省（区、市）都已建立少数民族古籍整理与研究机构。同时，还在贵州、甘肃建立"国家古籍保护人才培训基地"，在甘肃、云南、四川建立国家级古籍修复技艺传习所。在高校合作方面，广西图书馆与广西大学文学院合作建设"广西大学文学院古籍实践研究基地"，贵州省古籍保护中心与贵州民族大学图书馆联合申报入选"贵州国家古籍保护人才培训基地"。民族地区高校与公共图书馆通过合作共建，共同推动了古籍保护工作，培养了民族古籍保护人才，为少数民族古籍保护事业集聚了力量①。

2. 少数民族非物质文化遗产保护取得显著成就

非物质文化遗产是中华优秀传统文化的重要组成部分，是中华文明绵延传承的生动见证，是连结民族情感、维系国家统一的重要基础。习近平总书记指出："要加强非物质文化遗产保护和传承，积极培养传承人，让非物质文化遗产绽放出更加迷人的光彩。"党的十八大以来，习近平总书记高度重视非物质文化遗产的保护与传承工作，多次实地考察非遗项目，发表重要论述、作出重要指示。

在党和国家关心关怀下，非遗保护工作取得了显著成绩。目前，我国已建立起社会力量参与、多层次多渠道传播的非遗工作新格局。截至2021年12月，我国具有中国特色的国家、省、市、县四级名录体系已经建立，一批珍贵、濒危和具有重要价值的非遗项目得到有效保护，共认定代表性项目10万余项、代表性传承人9万多人，其中国家级非遗代表性项目已达1557项，代表性传承人3068名；通过国家非遗保护专项资金的大力支持，中国传统工艺振兴计划、中国非遗传承人群研修研习培训计划顺利推进；设立了23个国家级文化生态保护（实验）区，支持对1805名国家级非遗代表性传承人进行记录；我国共有42个非遗项目列入联合国教科文组织非物质文化遗产名录（名册），总数居世界第一。为鼓励和支持传承人开展传习活动，切实做好非遗保护传承工作，努力推动中华优秀传统文

---

① 王沛：《"中华古籍保护计划"少数民族古籍保护情况综述》，载《古籍保护研究》（第七辑），大象出版社2021年版。

化创造性转化和创新性发展，中央和地方政府逐步提高补助经费。从 2008 年开始，国家级非遗代表性传承人每人每年获得中央财政补贴 8000 元，2011 年补贴标准提高到 1 万元，2016 年 3 月 30 日，国家将补贴标准提高到每年 2 万元。各省、区、市相应提高不同级别非遗代表性传承人的补助经费标准。

在非物质文化遗产保护工作中，少数民族非遗保护得到了高度重视。元上都遗址、土司遗址、红河哈尼梯田文化景观、拉萨布达拉宫历史建筑群（含罗布林卡和大昭寺）等列入世界文化遗产名录。截至 2021 年，我国入选联合国教科文组织人类非物质文化遗产名录（名册）的 42 项非物质文化遗产中，少数民族项目有 15 项，占 35.7%；在 23 个以非遗保护为核心的国家级文化生态保护（实验）区中，民族地区有 11 个；在全国 1557 个国家级非遗项目中，少数民族遗产项目占 1/3。在国务院公布的第五批国家级非遗项目中，更加关注少数民族非遗项目，满族新城戏、白族大本曲、蒙古族皮艺、藏棋、维吾尔族曲棍球、彝族传统建筑营造技艺、壮族天琴艺术、布依族武术、瑶族祝著节、朝鲜族百种节等一批少数民族非遗项目列入名录，其中包括塔塔尔族传统糕点制作技艺、赫哲族嫁令阔、独龙族民歌、门巴族萨玛民歌等人口较少民族的项目。

少数民族非遗代表性传承人是少数民族非遗传承的核心力量。目前，全国有 3068 名国家级非遗名录代表性传承人，少数民族非遗代表性传承人 845 名，占比 27.5%。其中，第五批国家级非遗传承人共 1082 人，其中少数民族传承人有 339 人，占比 31.3%，少数民族传承人所占比例进一步提升，体现了党和国家对少数民族非遗传承事业的高度重视。

2021 年 8 月，中共中央办公厅、国务院办公厅印发《关于进一步加强非物质文化遗产保护工作的意见》，明确指出保护好、传承好、利用好非物质文化遗产，对于延续历史文脉、坚定文化自信、推动文明交流互鉴、建设社会主义文化强国具有重要意义。要坚持以铸牢中华民族共同体意识为主线，促进各民族非物质文化遗产保护传承，树立和突出各民族共享的中华文化符号和中华民族形象。在这一精神的指导下，我国的非物质文化遗产保护和传承工作将进入一个新的阶段。

3. 文物古迹和文化生态保护实验区、中华民族特色文化保护地工作成

效显著

自 2007 年我国在福建省设立第一个国家级文化生态保护区——闽南文化生态保护实验区以来，经过 10 余年的不断探索与实践，我国的文化生态保护区建设初见规模。截至 2020 年，全国已设立 23 个国家级文化生态保护区，其中 11 个在少数民族地区。此外，各省、自治区、直辖市也相继设立了百余个特色鲜明的省级文化生态保护区，形成了分层多元的文化生态保护区建设体系，在推动我国非物质文化遗产的整体性保护、促进区域性经济社会协调发展等方面发挥了重要作用。

热贡文化生态保护实验区是我国在民族地区设立的第一个文化生态保护实验区。自 2008 年设立以来，经过 10 余年建设，热贡地区的文化生态得到了明显修复，藏戏、"六月会"以及以唐卡、堆绣、泥塑、木雕、彩绘、壁画、石刻等为主要文化表现形式的"热贡艺术"得到了长足发展，广大从业者也脱贫增收，带动了热贡地区经济社会的发展[1]。青海省果洛藏族自治州是我国格萨尔文化资源最富集的地区之一，享有"中国格萨尔文化之乡"的美誉。格萨尔文化（果洛）生态保护实验区于 2014 年获批设立，有力地推动了格萨尔文化的保护工作。截至 2020 年，果洛已拥有国家命名的马背藏戏团 6 家，其他藏戏团 29 家；《格萨尔》传习所（点）76 家；《格萨尔》风物遗迹名录 132 处[2]。

2011 年 3 月，原文化部在大理白族自治州设立国家级大理白族自治文化生态保护实验区。10 余年来，围绕"遗产丰富、氛围浓厚、特色鲜明、民众受益"这一建设目标，坚持保护优先、整体保护、"见人见物见生活"的理念，实验区着力构建大理优秀传统文化传承发展体系，在苍洱之间绘制出了一幅浓墨重彩的文化生态美丽画卷。2019 年，完成 100 多部传承人和项目专题片摄制；大理文化生态保护实验区数据库建设初验结束并上线，建成大理州非物质文化遗产博物馆、大理市非物质文化遗产博物馆、云龙白族吹吹腔博物馆、周城璞真白族扎染博物馆、祥云汪氏银器艺

---

① 马盛德：《文化生态保护区建设的探索与实践》，《中国民族报》2020 年 8 月 7 日。
② 桑子文：《格萨尔文化，在情境保护中焕发新机》，《中国民族报》2020 年 8 月 17 日。

术博物馆 5 个非遗博物馆，仅 2019 年就接待观众 40 多万人次①。

党的十八大以来，国家把西藏自治区确定为中华民族特色文化保护地，在资金、政策、技术、人才等方面给予了大力支持，极大推动了优秀传统文化与时俱进、创新交融、去粗取精。西藏自治区先后制定了《西藏自治区文物保护条例》《拉萨市老城区保护条例》《西藏自治区布达拉宫文化遗产保护管理条例》等法律法规，使西藏优秀传统文化保护地传承得到有效制度保障。国家和西藏自治区先后投入了 50 多亿元（不包括基础设施投入），对全区内 55 个全国重点文物和 610 多处自治区级文物进行了保护和建设，仅对大昭寺周边八廓街的保护性改造就投入达 13 亿元。对布达拉宫里面的经典典籍，特别是贝叶经的保护工作也全面推进，在数据录入平台、贝叶经无损提取装置、文物归档整理等方面都做了大量卓有成效的工作。

（三）少数民族文学艺术创作进入一个新时期

扶持少数民族文艺繁荣发展，一直是党和国家文化建设工作中的重要内容。2015 年 10 月，中共中央印发《关于繁荣发展社会主义文艺的意见》，对发展民族民间艺术，保护和发掘我国少数民族文艺成果及资源提出了明确的原则和工作部署，推动我国少数民族文学艺术创作进入新时期。

1. 少数民族文学创作蓬勃发展

党的十八大以来，在习近平总书记关于文艺工作的重要论述指引下，在各级党委政府的扶持下，我国各民族作家深入生活、扎根人民、关注现实、抒写时代，创作了一大批优秀文学作品，少数民族文学事业呈现出蓬勃发展、蒸蒸日上的良好局面。

中国作协从 2013 年起组织实施了"中国少数民族文学发展工程"，支持重点作品创作、优秀作品出版、民族文学优秀作品翻译、理论评论建设、少数民族文学对外翻译、少数民族作家培训等。截至 2019 年，共扶持重点作品选题 578 项，资助出版少数民族文学原创作品 80 部；评选出

---

① 杨磊、赵向军：《苍洱之间，大理文化生态保护的生动实践》，《中国民族报》2020 年 8 月 30 日。

版"中国少数民族文学之星"丛书20部,推出20位年龄在50岁以下的少数民族中青年作家;编辑出版《新时期中国少数民族文学作品选集》60册,收录55个少数民族2218位作者的4279件作品,包含小说、散文、诗歌、报告文学、影视剧本,荣获第四届中国出版政府奖。发展工程中的汉译民专项每年精选年度优秀汉语文学作品,翻译成蒙古、藏、维吾尔、哈萨克、朝鲜5种民族文字,已翻译、出版作品集150卷。同时实施的民译汉专项,已出版少数民族文学汉译作品64部。

从2013年起实施的"中国当代少数民族文学作品对外翻译工程",对已签订外文版出版合同的当代少数民族优秀文学作品给予翻译资助,截至2019年已资助130个项目,涉及英、法、西、阿等26个语种,向世界展示了中国少数民族文学的独特价值和魅力。

截至2019年10月,我国先后有4位少数民族作家的作品荣获中宣部"五个一工程"奖,1位少数民族作家的作品荣获中国出版政府奖,6位少数民族作家荣获鲁迅文学奖,27位少数民族作家荣获全国少数民族文学创作"骏马奖",2位少数民族作家荣获全国优秀儿童文学奖,4位少数民族作家的作品入选"21世纪文学之星"丛书。

截至2019年,中国作协个人会员总数达12211人,其中少数民族1464人,占比12%,全国省级作协会员中有少数民族作家6000余人。我国55个少数民族都有中国作协会员,都有本民族的代表性作家①。

2.少数民族传统艺术百花齐放

党的十八大以来,在党和国家的大力扶持下,各民族的歌舞、曲艺、戏剧等传统艺术也蓬勃发展,呈现出百花齐放的喜人局面。

得益于国家艺术基金和各地政府的大力扶持,越来越多的少数民族艺术精品不但得以"活下来",而且在新时代焕发了青春活力,成为各民族兄弟姐妹交流、融合、共鸣的重要桥梁②。在西藏,为推动藏戏艺术的保护、传承与发展,投入2000多万元建成西藏藏戏艺术中心,有效改善了西藏藏剧团的创作和演出条件,打造了一批传统和现实题材藏戏剧目;在

---

① 王珍:《党的十八大以来少数民族文学事业成果丰硕》,《中国民族报》2019年10月18日。
② 《凝心聚力启华章——写在第六届全国少数民族文艺会演开幕之际》,《中国民族报》2021年9月1日。

宁夏，六盘山花儿文化生态保护区、花儿保护传承基地相继建立，得到传承发展的民歌"花儿"已成为当地的著名文化品牌；在新疆，文化惠民工作深入推进，各类民间传统文艺活动争奇斗艳，一台"永远的麦西热甫"在丝绸之路沿线国家巡演中一票难求。除了百花齐放的歌舞、曲艺外，保护难度较大的少数民族戏剧类艺术如维吾尔歌剧、苗剧、蒙古剧、白剧、彝剧、壮剧、畲歌剧、花儿剧等也在抢救保护中得到了创新发展。

作为民族工作领域最具影响力的文化活动之一，全国少数民族文艺会演集中体现了少数民族文艺创作的最新成果，代表着少数民族文艺发展的最新水平。2016 年第五届全国少数民族文艺会演，来自全国 35 个代表团、56 个民族的 7000 多名演职人员演出了涵盖歌舞诗、舞剧、话剧等 11 个类别 43 台剧目 92 个专场的舞台艺术，包括藏戏、壮剧、傣剧、畲歌戏等 5 个少数民族剧种，少数民族剧种数量为历届之最，侗族大歌、维吾尔族木卡姆、朝鲜族长鼓舞等非遗项目登台亮相。2021 年第六届全国少数民族文艺会演集中上演了 42 台优秀剧目，其中超过一半的剧目来自省级以下基层文艺院团，除现场演出反响热烈外，在国家民委网站和央视网的线上展播不到一个月总浏览量即突破 1300 万人次。如繁星遍布的各民族优秀传统文化走到了舞台中央，获得了更为广泛的关注与认可，充分展示了少数民族优秀传统文化的艺术魅力和新时代的创新发展。

（四）民族地区文化产业蓬勃发展

党中央高度重视文化产业发展。党的十八大以来，先后出台了一系列政策文件，完善文化经济政策，初步形成文化产业的规划体系，为文创产业发展构建起良好环境。通过不断创新生产经营机制，培育新型文化业态，健全现代文化产业和市场，形成以文创理念为内生驱动力的产业发展新模式，推动我国文化产业进入高质量快速发展新阶段。

2014 年 2 月，国务院出台《关于推进文化创意和设计服务与相关产业融合发展的若干意见》，文化创意和设计服务与相关产业融合发展正式成为国家战略。为推动特色文化产业发展成为深入传承弘扬中华优秀传统文化、优化区域文化产业布局、支持西部地区民族地区经济发展、促进群众就业增收的重要手段，2014 年文化部联合财政部印发《关于推动特色文化产业发展的指导意见》，首次从国家层面对特色文化产业发展作出部署，引导各地通过创意转化、科技提升和市场运作，构建具有鲜明区域和民族特色的文化产业体系。同年，文化部（今文化和旅游部）、财政部联合出台了我国首个区域文化产业专项规划《藏羌彝文化产业走廊总体规划》，将走廊建设列入中央财政文化产业发展专项资金重点支持范围，成为民族地区文化产业发展的特色样板。

随着文化产业顶层设计和一系列扶持政策落地，民族地区纷纷出台文件、制定方案，大力推进文创产业发展。当前，民族文创产品的创作蔚然成风，不仅涌现出众多文创企业，而且正在实现产品审美与实用兼容、传统与时尚共存，有力推动了民族文化的传承保护、创新交融，促进了各民族交往交流交融，助力脱贫攻坚、全面建成小康社会和乡村振兴，让各族同胞共享新时代的光荣与梦想。

在内蒙古，从"烧麦君""焙子君"等本土美食 IP，到"乌兰牧骑""套马""兴安魂"等非物质文化遗产系列产品；从呼和浩特本土文创产品的走俏，到"文创链接未来"主题的创业投资高峰论坛；从内蒙古文化产业博览交易会到"弘扬蒙古马精神"创意设计作品大赛；从连续多年参加深圳文博会到亮相北京国际文化创意产业博览会，内蒙古文创产业迅猛发展。特别是通过"走出去"和"引进来"，当地文化机构和龙头文化企业及创意工作者，积极将丰富多彩的文化资源转化为优质文创产品，为内蒙古文创产业发展和全面小康打造了良好平台。

在新疆，随着旅游兴疆战略大力实施，新疆旅游业快速发展，带动了文创产业更好更快的崛起。"胡杨刺绣"毛毡笔记本、民族娃娃形象 U 盘、国际大巴扎和喀纳斯风景的刺绣摆台……新疆大学新疆文化发展研究中心创作的文创产品相继出现在各大景区；新疆维吾尔自治区博物馆内文创商店里新奇有趣的文创产品成为游客"新宠"。2019 年首届乌鲁木齐市文创和旅游商品纪念品创意设计大赛进一步提升了当地特色文创和旅游商品纪念品开发水平；以 7 坊街创意产业集聚区为代表的乌鲁木齐文创产业蓬勃发展，通过出台政策、吸引人才，不断延伸产业链。2019 年 12 月新疆冰雪文创旅游展助推全疆文创产业发展迈上新高度。新疆抢抓"一带一路"建设机遇，积极推动文化产业与传统产业相融合，重点发展文化旅游业、民族手工艺业、文化贸易业、创意设计业等，推动文化产业向特色化、品牌化方向发展。

西藏文化产业也快速发展。"文创西藏"已经成为雪域高原文旅产业新名片。电影《我的喜马拉雅》，大型实景剧《文成公主》等一批新时代文化产品叫好叫座，深受中外游客欢迎。每年的雪顿节上，八大藏戏以及丰富多彩的民间文化活动在罗布林卡展示，群众踊跃参与。一大批优秀传统文化、艺术产品进入了全区乃至全国和国际文化市场，使优秀西藏文化特别是民族文化的传播力、影响力和美誉度不断提升。藏历新年、拉萨雪顿节、那曲赛马节等一系列传统文化在保护的基础上和群众文化活动结合在一起，在新时代获得新生和蓬勃的发展活力。

在云南大理，民族文化保护传承工程、少数民族文化精品工程和民族文化"双百"工程深入实施，各民族优秀传统文化在保护传承和创新交融中获得发展活力。2016 年以来，大理共实施民族文化项目 120 多个，资金总数达 2000 余万元。项目内容涵盖白族戏曲、甲马文化、苗族歌舞、石宝山歌会、彝族服饰、祥云芦笙文化、宾川祭龙节民族文化、剑川白族黑陶文化保护传承、"一带一路"精品木雕开发等。通过项目的实施，民族文化展示交流方式更加丰富，民族文化交融创新更加深入，民族文化服务社会能力显著提高，民族文化对外交流传播力不断增强。

民族文化产业的蓬勃发展及其与文化旅游的深度融合，不断推动各民族文化相互尊重、相互欣赏、相互学习、相互借鉴，不断丰富中华文化基因库，中华文化的影响力更加广泛深入，各族群众铸牢中华民族共同体意识的思想文化基础不断夯实。

（五）民族地区公共文化服务体系建设取得跨越式发展

党的十八大以来，随着国家综合实力的提升，党和国家高质量推进民族地区公共文化服务体系建设，丰富少数民族群众文化生活，促进民族地区文化建设与经济社会协调发展，为促进各民族共同团结奋斗共同繁荣发展提供了有力保障。

文化和旅游部支持民族地区国家公共文化服务体系示范区和示范项目创建工作，探索实行县级文化馆、图书馆总分馆制。会同有关部门实施民族自治县、民族县村综合文化服务中心覆盖工程、流动文化车工程和流动图书车工程。为集中连片特困地区和西藏、四省藏区、新疆南疆四地州的重点县已建成的村文化活动室购置设备。实施边疆万里数字文化长廊建设项目、少数民族语言资源建设项目。组织"春雨工程""大地情深"和"阳光工程"文化志愿服务示范活动。通过一系列标准化和文化惠民工程，优质的文化资源不断向从城市向乡村、从中东部向"三区"延伸，边疆民族地区的公共文化体系建设实现了跨越式发展。民族地区省、市、县、乡、村"五级"民族地区公共文化网络建设初步形成，公共文化人才队伍逐渐壮大，每个乡（镇）综合文化站（社区文化中心）都配备了专职编制，每个行政村（社区）都设置有政府购买的宣传文化公益岗位。民族地区公共文化产品供给日益增多，民族地区充分利用传统节日等文化资源，最大限度地为民族地区群众开展各类文化活动，丰富当地群众的精神文化生活。

"三区"人才支持计划文化工作者专项实施以来，累计向基层选派文化人才16.9万人，"戏曲进乡村"项目每年为我国中西部地区的1.3万个乡镇配送7.8万场戏曲演出；数字图书馆推广工程和文化共享工程让全国所有的地级市图书馆、99%的县级图书馆，即便是最边远的地方，哪怕设施刚刚落成，也能够获得145TB的数字资源[①]。西新工程、广播电视村村通工程、无线覆盖工程、农村电影放映工程等重大项目建设跨越发展，民族地区广播、电视、通信、互联网等现代信息传递方式与全国同步发展，各族群众的获得感、幸福感显著增强。截至2020年，民族自治地方共设置广播电台、电视台、广播电视台等播出机构729个。全国各级播出机构共开办民族语电视频道279套，民族语广播188套，基本建成了功能较齐、语种较全、覆盖面较广的广播影视体系。加快实施农家书屋工程、少数民族文字出版工程等重点文化惠民工程，逐步形成了具有一定规模、多类别、覆盖面广的民族地区新闻出版公共服务体系。一个较为完整的公共文化服务体系已在民族地区初步建成，更好地满足了各族群众精神文化生活需求。

---

① 《公共文化服务这十年：让百姓文化生活更有获得感》，《中国文化报》2022年10月10日。

"十三五"期间，内蒙古在全国率先实施"智慧广电"网络服务进村入户工程，建成广电光纤网络 11 万公里。较全国提前 3 年完成"户户通"工程，全区广播电视综合人口覆盖率达到 99.53%，真正做到了"户户通""村村响"。在全国率先整省推进应急广播"村村响"工程，在疫情防控、脱贫攻坚等工作中发挥重要作用。

西藏现代文化事业也全面繁荣发展。区、市、县、乡、村各级都建有图书馆、群艺馆、博物馆，县区有综合文化中心，乡镇有综合文化站，行政村有文化活动室。广播电视综合覆盖率超过 99%，而且这些都是双语的。2018 年 9 月，中央广播电视总台推出"藏语广播"客户端，这是专为藏族同胞打造的在线藏语收听平台。西藏大力实施美丽西藏可爱家乡优秀文化产品乡村供给工程，极大丰富了各民族群众的文化生活。

"十三五"期间，新疆大力支持乌鲁木齐市京剧院、喀什古城、新疆大剧院等 591 个文化和旅游基础设施项目建设，带动社会资本投入近 70 亿元。自 2017 年启动县级文化馆、图书馆总分馆制建设以来，截至 2021 年 10 月全区已建成文化馆分馆和图书馆分馆共 1764 个，极大地推动了县域公共文化资源共建共享和服务效能提升[1]。

截至 2020 年底，云南省通过统筹无线、有线、卫星 3 种方式，全省广播、电视综合人口覆盖率分别达到 99.26% 和 99.38%。全省 8502 个贫困村、11 个"直过民族"和人口较少民族主要聚居区、易地扶贫搬迁集中安置点均实现广播电视信号全覆盖。

三、民族地区文化事业发展的问题和挑战

文化建设事关各民族人民的文化教育、文化认同、文明素质和精神生活。新时代民族地区的文化建设，既有文化资源丰富、发展潜力巨大的优势，又面临多方面的挑战和困难。这些困难和挑战，有的是历史遗留的基础薄弱等问题，有的是新时期凸显的不适应时代发展需求的问题，有的涉及文化传承和发展的安全问题，等等。初步概括有以下几个方面：

---

① 李莉：《新疆：公共文化空间走向"才貌双全"》，http：//sdxw.iqilu.com/share/YSOyM-SOxMyEZNDQ4OQ==.html，2022 年 3 月 18 日。

（一）民族地区文化事业发展基础仍然薄弱

改革开放以来，特别是党的十八大以来，各级政府下大力气在民族地区开展文化基础设施建设，但由于基础差、底子薄，与中东部地区相比，民族地区文化事业的发展基础仍较为薄弱。

一是受自然和社会条件制约，文化建设难度大。我国民族地区地域广阔、交通不便、人口居住分散，制约了民族文化的整体发展。许多地区的少数民族人口定居条件差，山地、高原、戈壁及沙漠等复杂的地理特征，使公共服务设施建设难度大、服务成本高。由于城镇化等，少数民族中青年人口进城务工生活，传统文化在新时期的保护和发展中内生动力不足，也缺乏必要的环境，出现传承断裂和文化资源流失等现象。

二是部分民族地区对文化建设重要性的认识还有不足。党的十八大以来，党和国家把文化建设纳入"五位一体"总体布局统筹推进。但在一些民族地区，由于各方面条件限制，特别是经济发展滞后，在具体工作中仍较为普遍地存在着"重经济，轻文化"或"文化搭台，经济唱戏"的思想倾向，将文化建设本身作为重要发展目标的自觉性、主动性还有欠缺。

三是语言文字基础还需要继续夯实。语言文字是文化建设的重要基础和工作抓手，直接影响到各民族优秀传统文化的传承和中华民族共有精神家园的构建。当前语言文字基础还存在两方面的问题：一是民族地区的国家通用语言文字推广不平衡不充分，普及的质量和水平亟待提高。到2020年底，全国仍有近1/5人口不能用普通话进行交流，偏远欠发达地区的"三区三州"普通话普及率仅为61.56%，西藏自治区还不到50%。二是少数民族语言文字的传承保护形势严峻，少数民族语言资源流失、功能弱化的大趋势尚未得到根本扭转，一些使用人口较少的语言濒危问题尤为突出。

四是民族文化的产品供给不能满足少数民族群众精神文化生活需要。这方面的表现较为多样，主要有：①公共文化服务体系不完善、供给不充分、落地难度大。②少数民族的文化产品大多是原生性、民间性、自发性的，政府部门和社会组织提供的文化产品在数量、质量、内容、形式方面还不能满足少数民族群众的需求。③总体而言，由于民族地区的信息化建设相对滞后，民族语言文字信息化水平相对较低，造成少数民族文化的传承发展面临信息化障碍和鸿沟。

五是文化人才队伍严重匮乏。目前民族地区文化人才总体呈现出"总量少、质量差，兼职多、专职少，初级人才多、中高级领军人才少"的特点，主要表现有：①基层文化馆、图书馆、文管所普遍缺乏专业技术人才。村级文化活动室几乎没有专门的从业人员。②少数民族本土文化人才培养难度大，非遗传承人后备人才少，面临断档。③信息化人才缺乏，文化产业经营管理人才更是奇缺。

（二）文化产业和创新性发展滞后

总的来看，民族地区的文化事业发展主要依托于资源禀赋，在传统文化的创新和产业化发展方面还有很大的发展空间。

一是文化事业发展总体上处于粗放资源型模式，创造性转化、创新性发展处于较低水平。①传统文化资源粗放式利用。各少数民族文化资源丰富，但缺乏创造性转化、创新性发展的意识和条件，长期停留于吃民族文化原生资源老本的低水平发展状态。②民族地区文化建设缺乏"大文化"统筹规划，导致民族地区文化工作小、散、乱以及低水平重复建设问题较为常见。③群众的文化创造主体性、参与性不够。民族地区的文化建设工作多由政府主导，往往带有较强的政策性，以管理为主，服务性不足，群众参与和创造文化的热情没有得到激发，群众文化工作机制尚未成型。

二是文化产业化发展普遍滞后。与中东部地区相比，西部民族地区的文化产业化发展总体处于较低的水平。主要有以下几个方面的体现：①西部民族地区和各少数民族群众总体上缺乏市场意识，文化资源产品化的主动性和自觉性不强，不少地方处于一种被动发展的状态。②文旅融合程度不高。西部民族地区大都把旅游作为主要产业，但受各方面条件的限制，旅游业的发展水平不高，在很多情况下还停留在自然资源层面，旅游业对文化发展的驱动力、融合力不强。③文化产业的市场培育还不够充分。文化产品的出产仍处于零散的点状，尚未形成文化产品市场。

（三）文化传播能力不足，文化安全仍有待加强

随着中华民族伟大复兴事业不可逆转的发展和世界百年未有之大变局的加速演进，中华文化传播以及文化安全方面的问题更加紧迫。对于民族地区而言，这是一个十分突出的工作短板。

一是对少数民族文化在对外传播战略中作用的认识不足。随着中华民族伟大复兴事业的推进，中国逐渐走进世界文化的中心位置，中国的发展受到国际社会的更多关切，我国各少数民族地区各项事业的发展也成为国内外媒体关注的重要内容。另外，为了打压和遏制中国的发展，以美国为代表的西方国家进一步加大了对我国民族工作的歪曲、污蔑、抹黑。目前民族地区的文化传播无法适应快速发展的形势，主要原因是在我国的对外宣传格局中，尚未把少数民族文化宣传作为重要战略任务来统筹。

二是民族地区的文化传播能力亟须提升。这方面还有很多问题亟待改善，主要问题有：①工作机制体制不适应传播需要。长期以来由政府主导的单向宣传模式实际效果不佳，需要创新文化交流和传播形式，有效整合各类资源，充分发挥各类主体的文化宣传作用，形成多样化、多层次的文化传播工作体系。②传播能力现代化水平不高。长期以来民族地区文化传播限于本地化平台和传统媒介，数字化水平低，传统的广播、电视和报纸等无法形成广泛的影响力，难以对外界传播。③传播内容单一，影响力弱。民族地区的文化节目大多限于民族风俗、节日、美食等内容的单一化、碎片化介绍，在传播时效性、内容观赏性、受众针对性等方面都存在明显短板，在传播力、影响力等方面不能满足民族地区文化传播需要。④缺乏对外传播的意识和能力。目前民族地区的文化传播主要还是针对旅游者的通俗性文化宣介，尚未形成面向国际的宣传意识和工作格局。即便是一些边境民族地区，也缺乏主动面向国际传播的意识和主动性。

三是文化安全形势仍然严峻。民族地区的文化安全问题，既有来自内部的保护和传承问题，也有来自外部的文化渗透问题，还有非传统意义的网络安全问题。主要表现在：①少数民族文化资源流失的趋势尚未得到根本扭转。随着改革开放和民族地区现代化的进程加快，少数民族语言和传统文化总体上处于较快流失的态势，虽然国家和民族地区采取了多方面的

保护和传承措施，但流失大趋势尚未得到根本扭转，这是中华文化宝库的损失。②边疆民族地区的文化渗透形势依然严峻。我国民族地区大多位于边境，境外势力对我国的文化渗透长期持续，以美国为代表的西方国家利用文化霸权对我国进行污蔑、抹黑宣传，形势不容乐观。③网络文化安全成为新课题。随着信息化的快速发展，民族地区网络生活极大丰富。由于语言文字情况复杂，线上线下的事件紧密交织，涉及民族地区的网络文化生活的安全隐患也更加凸显。

四、新时代民族地区文化建设建议

习近平总书记指出：“文化自信是一个国家、一个民族发展中最基本、最深沉、最持久的力量。”进入新时代以来，民族地区的文化建设取得了系统性成就、跨越式发展。党的二十大着眼于中国特色社会主义现代化和中华民族伟大复兴的宏伟目标，提出了丰富人民精神世界，推进文化自信自强，铸就社会主义文化新辉煌的总目标，并作出了建设具有强大凝聚力和引领力的社会主义意识形态、广泛践行社会主义核心价值观、提高全社会文明程度、繁荣发展文化事业和文化产业、增强中华文明传播力影响力等极具针对性、引领性的工作部署。基于《“十四五”文化发展规划》，民族地区的文化建设要根据发展实际，积极推进高质量发展，为全面繁荣各民族文化，铸牢中华民族共同体意识，构建中华民族共有精神家园开拓奋进。

（一）全面提升对文化建设的战略认识

思想引领实践，实践升华理论。民族地区要全面提升认识，把文化建设提升到前所未有的战略位置来统筹推进。

第一，全面落实“五位一体”总体布局。民族地区要切实按照中央要求，把文化的繁荣发展作为核心发展目标，满足人民群众不断增长的美好生活需要。中国式现代化是物质文明和精神文明协调发展的现代化，如果没有丰富多彩的文化精神生活，美好生活就无法真正实现。

第二，落实中央民族工作会议要求，把文化建设作为铸牢中华民族共同体意识的主要途径和抓手。习近平总书记指出，解决好民族问题要同时解决好物质和精神两方面的问题，正确处理中华文化和各民族文化的关系，巩固各族人民团结奋斗的共同思想基础。要把建设中华民族共有精神家园作为战略任务来抓，在增强对中华文化认同的基础上繁荣发展各民族文化。

第三，按照党的二十大精神要求，把文化建设提升到全面建设社会主义现代化国家、全面实现中华民族伟大复兴的高度来认识。必须坚持中国特色社会主义文化发展道路，增强文化自信，围绕举旗帜、聚民心、育新人、兴文化、展形象建设社会主义文化强国，发展面向现代化、面向世界、面向未来的，民族的科学的大众的社会主义文化，激发全民族文化创新创造活力，增强实现中华民族伟大复兴的精神力量。

（二）以铸牢中华民族共同体意识为纲做好文化工作，强化"五个认同"

党的十九大报告提出"铸牢中华民族共同体意识"的重要论断，在2021年中央民族工作会议上，习近平总书记又再次强调"以铸牢中华民族共同体意识为纲"做好新时代民族工作。新时代的民族文化工作，要坚持以铸牢中华民族共同体意识为主线，不断强化"五个认同"。

第一，加强中华民族共同体意识教育。铸牢中华民族共同体意识，强化"五个认同"，要从青少年抓起，从全社会抓起。全面贯彻落实《新时代爱国主义教育实施纲要》，健全爱国主义教育常态化机制，扎实推动爱国主义教育融入贯穿国民教育和精神文明建设全过程；要充分利用学校、家庭、社区、红色基地、政治符号、节日民俗、大众传播媒介、民族特色旅游资源等教育载体，积极在民族地区各级各类学校开设铸牢中华民族共同体意识课程，强化其思想熏陶和文化教育功能，促使爱国主义理念和中华民族共同体意识入脑入心，落地生根、开花结果。

第二，加强思想引领，牢固树立正确的历史观、民族观、国家观和文化观。对中华文化的认同是"五个认同"的基础。习近平总书记指出："文化认同是最深层次的认同，是民族团结之根、民族和睦之魂。""加强中华民族大团结，长远和根本的是增强文化认同，建设各民族共有精神家园，积极培养中华民族共同体意识。"要通过春风化雨、润物无声的思想理念引领，引导各民族人民正确认识中华文化和各民族文化的关系，充分理解各民族优秀传统文化都是中华文化的组成部分，中华文化是主干，各民族文化是枝叶，根深干壮才能枝繁叶茂。在繁荣发展各民族文化的同时，激励各族人民共同团结奋斗、共同繁荣发展，不断增强各族群众对中华文化的认同和自信，为实现中华民族伟大复兴的中国梦贡献力量。

第三，大力推广普及国家通用语言文字，为各民族交往交流交融、促进中华民族文化认同奠定语言基础。充分认识语言文字事业的基础性、全局性、社会性和全民性作用，国家通用语言文字作为各民族交往交流交融的重要工具，中华文化的重要载体、凝聚体和鲜明标志，是构建中华民族共有精神家园的重要途径。按照"聚焦重点、全面普及、巩固提高"的新时代推广普通话工作方针，民族地区要深入开展推普攻坚行动、学前儿童普通话教育专项计划，进一步完善师资队伍，稳步推进三科统编教材使用，为实现2025年全国范围内普通话普及率85%的目标打下良好基础。

（三）以社会主义核心价值观为引领，推进中华民族共有精神家园建设

习近平总书记在中共中央政治局第三十九次集体学习时强调，要坚持守正创新，推动中华优秀传统文化同社会主义社会相适应，展示中华民族的独特精神标识，更好构筑中国精神、中国价值、中国力量。我国是统一的多民族国家，各民族都有自己历史悠久灿烂的特色文化。繁荣和发展各民族的优秀传统文化，尊重和保障各民族学习和使用自己的语言文字，是马克思主义民族理论和中国社会主义制度优越性的体现。在新时代，一方面要努力促进各民族文化百花齐放、各美其美；另一方面要融会贯通、美美与共，以社会主义核心价值观为引领，成为增进文化认同、彰显文化自信的重要载体，构筑起与中华民族伟大复兴进程相适应的共有精神家园。

第一，科学保护各民族语言文字，尊重和保障各民族语言文字的使用。语言文字是各民族最重要的社会交际工具和信息载体，也是文化的基础要素和鲜明标志。我国各民族共使用约130多种语言，30多种现行文字，此外还有很多历史上曾经使用的文字。这些语言文字本身就是中华各民族文化的重要组成部分，也是各民族传统文化传承和发展的重要载体，语言文字中还沉积着各民族知识体系。此外，各民族语言文字还作为民族

文化的重要标志，被各民族人民寄予深厚的感情。因此，党的十七届六中全会提出"科学保护各民族语言文字"的工作要求，中央民族工作会议又强调"尊重和保障各民族语言文字的使用"，两项工作与推广普及国家通用语言文字一起，共同构成新时代推进中华民族共有精神家园建设的语言基础。

第二，着力加强各民族文化的交流互鉴。悠久灿烂的中华文化是各民族共同创造的。要深刻认识中华文化是各民族文化的集大成，推动各民族文化传承保护和创新交融。历史上，各民族文化互鉴融通、交相辉映，共同创造了灿烂的中华文化。我国文化宝库中的诗经、汉赋、唐诗、宋词、元曲、明清小说，既有大量反映各民族生产生活的作品，也有各民族作者的创造。《人类非物质文化遗产代表作名录》的中国项目中，少数民族项目占到1/3，它们都是世界文化宝库中的璀璨明珠。要牢固树立正确的文化观，不断推动各民族在文化上相互尊重、相互欣赏、相互学习、相互借鉴，共同弘扬和发展中华文化，共同构筑中华民族共有精神家园①。相对而言，基于国家通用语言文字的文化形态和成果很容易地传播到各少数民族群众的文化生活中，但反过来，各少数民族的优秀文化形态和成果很难进入基于国家通用语言文字的文化体系。要积极构建系统吸纳各民族文化经典的"新国学"。积极借鉴新中国成立以来，国家推动一些少数民族文学、艺术作品的创作和翻译的经验。如《五朵金花》《阿诗玛》《刘三姐》《冰山上的来客》等少数民族题材的作品风靡全国乃至世界，极大加深了人们对边疆各民族人民文化的了解，也让少数民族群众不断增强在中华优秀文化大家庭中的参与感、存在感和主体意识，进而强化对中华文化的认同感。

第三，积极促进各民族传统文化的时代化。各民族传统文化是在悠久的历史发展中积淀下来的，是各民族适应特定自然、历史和社会条件的成果的集合。这个文化集合体里既有各民族的优秀文化，也有一些腐朽的、过时的或与时代发展不适合的文化要素。因此，既要反对传统文化传承中的"历史虚无主义"，也要反对"文化保守主义"。对于各民族的传统文

---

① 闵言平：《牢固树立正确的祖国观民族观文化观历史观》，《中国民族报》2021年2月3日。

化要采取"拿来主义"的态度，不能毫无选择地全盘继承和发展，而是要以社会主义核心价值观为尺度，对传统文化进行梳理和辨析，取其精华，把各民族传统文化中与社会主义核心价值观契合度高的内容筛选出来进行传承、传播，使之发扬光大。要深入挖掘弘扬蕴含在各民族古籍以及其他传统文化形式中的民族团结进步思想内涵，在"推陈出新"中实现"古为今用"，服务于民族工作大局①。对一些有价值的传统文化载体和文化形态进行必要的改造和创新，增强时代感，注入新内容，反映新生活，使之获得传承和发展的内在活力。

第四，积极推进民族地区宗教中国化。习近平总书记在全国宗教工作会议上指出，要用社会主义核心价值观来引领和教育宗教界人士和信教群众，弘扬中华民族优良传统，用团结进步、和平宽容等观念引导广大信教群众，支持各宗教在保持基本信仰、核心教义、礼仪制度的同时，深入挖掘教义教规中有利于社会和谐、时代进步、健康文明的内容，对教规教义作出符合当代中国发展进步要求、符合中华优秀传统文化的阐释。

（四）持续夯实文化建设基础，提升文化发展能力

党的十八大以来，各级党和政府全面加强文化基础设施建设，民族地区的文化基础设施和文化发展能力有了跨越式发展。但由于民族地区历史欠债多等各方面条件限制，相比起中东部地区来说基础仍较为薄弱。在新时代，民族地区要系统谋划，进一步健全现代公共文化服务体系建设，全面提升文化发展能力。

第一，进一步加强公共文化服务体系建设。2015 年，中共中央办公厅、国务院办公厅印发了《关于加快构建现代公共文化服务体系的意见》，明确指出要推动边疆地区、民族地区公共文化建设实现跨越式发展。一是进一步加大民族地区公共文化供给的投入。鉴于民族地区自给能力有限，中央和省级财政应加大对民族地区公共文化基础设施项目转移支付力度，免除地方政府相关配套资金，积极探索鼓励社会资金投入民族地区公共文

---

① 李晓东：《让少数民族古籍成为铸牢中华民族共同体意识的重要资源——访国家民委全国少数民族古籍整理研究室主任张谋》，https://m.gmw.cn/baijia/2020-07/17/34002774.html，2020 年 7 月 17 日。

化基础设施建设。二是推动优质公共文化资源向民族地区、边疆地区倾斜，创新实施文化惠民工程，坚持以人民为中心的创作导向，推出更多增强人民精神力量的优秀作品。三是大力实施国家文化数字化战略，健全现代公共文化服务体系，全面提升基于"互联网+"的文化传播能力。四是扶持民族地区新闻出版事业发展，加强民族地区广播电视传输覆盖保障及涉农等节目制作译制传播，提升"三区三州"市级广播电视播出机构融合发展能力建设，积极开展少数民族语言影视译制，不断增强民族地区群众的文化获得感。

第二，积极推进文化治理体系和治理能力现代化。一是完善文化治理和文化供给体系，更好形成各文化工作参与方的工作合力。通过协调不同公共文化服务供给部门的职能分配，整合各级政府对于区域、城乡、群体间公共文化服务供给，鼓励和引导社会组织、各族群众作为消费者和受益者在建设公共文化体系过程中的参与作用，为边疆民族地区提供高可及性、高水平、多元化的公共文化服务。二是进一步强化服务职能。努力建设服务型政府，文化主管部门在提升文化管理水平的同时强化文化服务职能，立足于为民族地区文化事业发展提供更好保障，建设更好环境，提供更好服务，集中推出带有时代性、引领性、示范性的文化精品。三是积极倡导文化生态区保护。改变被动式、碎片化、单一化的文化保护模式，积极倡导系统性、整体性保护，坚持保护优先、整体保护、见人见物见生活的理念，既保护非物质文化遗产，也保护孕育发展非物质文化遗产的人文环境和自然环境，努力实现遗产丰富、氛围浓厚、特色鲜明、民众受益的目标。四是提升工作法治化水平。尽管党的十八大以来在文化工作领域颁布了多项法律法规，但文化立法在中国特色社会主义法律体系中仍然是一个薄弱环节，在文化发展的相关领域如文化市场、文化传播、网络视听内容管理、国家文化公园等方面，一些基本的、重要的法律制度仍然缺失，一些法律如《中华人民共和国文物保护法》《中华人民共和国著作权法》《中华人民共和国非物质文化遗产法》等亟须修订修改。民族地区的文化立法更是薄弱，大多数民族自治地方尚未出台文化保护和发展条例等，建立健全和完善文化法律制度是当前及今后一段时间的一项紧迫任务。

第三，强化文化人才队伍建设。在文化建设工作中，"重物轻人"的现象比较普遍，民族地区各类人才缺乏，这一问题就更加突出。加强文化传承、管理、服务、宣传、产业等多方面人才队伍建设十分关键。要统筹施策，推动人才下乡、能人返乡，充分发挥民族文化能人、非遗传承人、产业带头人等引领作用。一是加强非遗传承人的培养。通过设立传习所、研究院等机构，对有志于发扬本土文化的人员进行专业指导，提升其文化素养和专业水平。同时，加大对非遗传承人的补贴力度。二是鼓励和扶持群众性文化团体和个人。鼓励和扶持群众性文艺社团、演出团体和基层宣讲员、各类文化人才、文化活动积极分子，建设更多具有文化特色的"文化传承发展协会""研习社"等基层文化组织。培养扎根基层的乡土文化能人、民族民间文化传承人、乡村文化和旅游能人。三是进一步完善民族地区公共文化服务的人员配备、机构编制和经费保障，加强业务培训，提升公共文化服务管理人员的综合能力。加强县级和城乡基层宣传文化队伍建设，配齐配强乡镇党委宣传委员、基层文化设施、文物管理人员。四是大力培养文化产业人才。与其他各类人才相比，民族地区文化产业人才更为缺乏。要通过"请进来""走出去"等形式，加大对产业人才的培训，特别是到中东部文化产业发达地区学习培训。五是大力培养多语种文化传播人才，特别是精通国家通用语言、民族语言和外语的复合型传播人才。

第四，统筹文化发展和安全问题。在传统社会中，民族地区的社会和文化处于较为保守和闭塞状态，文化安全问题并不凸显。随着改革开放的深化特别是信息化社会的加速发展，民族地区的文化安全问题也凸显出来。新时代，民族地区在进一步向外开放的同时，要更好地统筹发展和安全，保持文化的繁荣发展。一是进一步加强各民族传统文化特别是濒危语言文化的传承保护。积极开展民族语言、民族文字古籍、非物质文化遗产等各种文化形态的传承保护，做到分类指导，对已经处于濒危的文化资源要进行抢救性保存，对于仍有活力的文化形态要千方百计做到活态传承。二是进一步完善边疆民族地区防止境外文化渗透的系统性工作机制。三是着力培养一支忠诚于党的民族事业的多语言文字工作队伍，并在文化、教育、宣传、出版等重要领域的关键岗位使用，把好语言文化安全关。四是更加重视网络文化安全。面向信息化、数字化发展，科学有效地全面加强对涉藏、涉疆、涉教等网络媒体的监管，加强和完善对民族类、宗教类文化自媒体的规范引导。

（五）以乡村振兴，文化产业发展，文旅融合，推进"双创"高质量发展

新时代，民族地区要立足于"共抓大保护，不搞大开发"的发展思路，以生态和文化保护为依托，充分发挥文化资源优势，着力提升文化保护和发展水平，努力谋划优秀文化创造性转化、创新性发展，使优秀传统文化得到更好的保护和利用，在文化产业发展进程中造福于民族地区，使各民族人民有获得感，促进民族地区乡村振兴。

第一，将文化建设融入乡村振兴规划。2020年，我国全面打赢脱贫攻坚战，以"三区三州"为代表的民族地区也和全国一道总体脱贫，进入小康社会。但新时代民族地区巩固脱贫攻坚成果的任务还非常繁重。边疆民族地区大多数是农牧区，乡村振兴是新时代发展的核心主题。在乡村振兴的进程中，文化振兴是重要的发展目标，也是发展的重要抓手和途径。民族地区要更好地统筹"五位一体"总体布局，更加重视文化建设的地位和作用，将文化建设融入乡村振兴的各项工作规划，更好凝聚民族地区发展的思想动力，并通过文化产业的发展引领和促进乡村振兴。

第二，提升文旅融合的深度、广度和质量。民族地区大多有丰富的旅游资源，文化旅游产业是民族地区发展的重要依托。《"十四五"文化发展规划》坚持以文塑旅、以旅彰文，大力推动文化和旅游在更广范围、更深层次、更高水平上融合发展。民族地区在这个方面有着得天独厚的条件，也有较大的提升空间。一是进一步构建文旅融合发展机制，加强顶层设计，统筹做好文化和旅游工作。目前各级政府的文化和旅游部门已经合并，有利于加强统筹规划，推动文化和旅游业态融合、产品融合、市场融合。二是尽快形成高效的文化和旅游资源保护利用机制，在优秀文化资源传承创新的基础上，提升现有旅游产品的文化内涵，通过挖掘文化特色，开发优质旅游新产品。三是在硬件设施上综合提升，强化服务体验等软件环境，打造优质旅游环境。如将各类文物展示场所以创新方式纳入旅游目的地，丰富并提升文旅小镇建设，构建旅居共享生活、文旅消费体验新型空间等。四是聚焦"文化+科技"融合创新，利用科技将民族特色文化元素融入实体经济和制造领域，推动民族特色文化产业与手工艺制作、旅游商品等产业融合和业态升级。通过新型体验技术，大力发展线上线下一体化、网景实景相结合的文化应用场景，打造一批沉浸式文化体验项目，促进民族特色文化的创新发展和活态传承。

第三，大力培育民族文化市场。一是培育壮大民族特色文化市场主体。加快培育地方文化领域龙头企业，重视发展新型文化企业，做大做强乡村文化旅游专业合作社，打造文化认同、利益共享的村落共同体。围绕首位产业、龙头企业开展全产业链招商，积极引进文化行业优强企业和产业链延伸配套企业。鼓励民间资本和社会资本投资创办乡村文化企业，对视角独特、眼光长远、创新能力强、孵化条件好的小微企业予以重点扶持。二是培养文化企业和品牌。帮助小散弱的民族文创小微企业实现品牌化、产业化、数字化的整体提升。积极打造具有较强文化功能和丰富文化内涵的旅游品牌。三是积极构建数字化文化市场服务平台。调动设计师、生产方、营销团队各方对传统民族文化产品多方合力、合作赋能的意愿，全产业链提升民族文创产品的商业价值和品牌价值。四是保护民族文化知识产权。不断健全版权创造、运用、保护、管理、服务、宣传、培训工作体系，全方位赋能、增值、保护文化知识产权，为传统民族文化沉淀大量宝贵的非物质文化财富和创新源泉。五是积极拓展国际市场。极具中国传统特色的文化产品深受国外市场的欢迎。广泛开展对外联系和交流活动，积极引进国外团体和创业企业交流，有组织地推荐企业和文化产品赴外参加各类商品交易，将民族特色文化产品有效地推介到国际市场①。

第四，加强文化协同创新。针对民族地区文化工作小、散、碎片化、低水平重复建设等普遍性问题，强化文化协同创新的要求在新时代更加凸显。一是加强不同主体的协同创新。通过企业、高校、合作社、非遗传承人等强化文化协同创新，推出更多兼具传统性、时代性、艺术性和实用性的文化产品。二是数字产业与文化产业的协同创新。基于"互联网+"的快速发展，将数字化贯穿于文化创新的全过程，使得任何人都可以随时随地地了解到文化产品，并参与到文化产品的生产和消费全过程，特别是促进文化产品的创作生产从小规模的专业作者向大规模的业余作者迁移，遍

---

① 胡晓蓉：《云南省培育扶持示范基地 促进民族文创小微企业创业创新增强活力》，云南网，http://yn. yunnan. cn/system/2022/05/15/032082713. shtml，2022 年 5 月 15 日。

布城乡的各民族文化人才都可能成为文化产品的创造者，从而赋予文化创新全新的活力。三是区域文化协同创新。健全合作互助、扶持补偿机制，推动东部地区以创新引领文化发展，扶持革命老区、民族地区、边疆地区文化发展，形成相互促进、优势互补、融合互动的区域文化发展格局。特别是支持中东部的文化创意企业对口帮扶民族地区，支持民族地区文化产业走向全国，走向世界①。

（六）加强文化传播，讲好中华民族文化故事

随着改革开放的深入推进，长期处于经济社会发展滞后和信息文化封闭状态的民族地区成了改革开放的前沿，民族地区各项事业的发展也成为国内外舆论关注的热点。在中华民族伟大复兴和世界百年未有之大变局的大背景下，党的二十大把增强中华文明传播力影响力作为文化建设的核心任务。民族地区文化传播要做好以下几个方面的工作，以适应新时期民族地区的发展要求。

第一，立足文化开放，构建新时代文化传播体系。民族地区要立足对外开放前沿和文化宣传重要阵地的定位，积极构建全方位、多层次、宽领域的文化宣传和传播体系，形成适应新时代发展需要的文化传播新格局②。对内，要振奋民族精神，坚持正确的历史观、国家观、民族观、文化观、宗教观，自觉维护好民族团结和祖国统一，促进"五个认同"。对外，真实反映中国各民族人民多元一体、文化多样繁荣的情况，强化中国在世界上民族问题方面的国际话语权和影响力。

第二，依托信息化发展契机，全面提升文化传播能力。长期以来，由于民族地区地处边疆，交通不便，信息闭塞，基础设施建设滞后，文化传播短板明显。进入新时代以来，随着信息化技术的快速发展并广泛应用于文化传播，依托丰富多彩的文化资源，民族地区的文化传播迎来了弯道超车的发展契机。以"互联网+"加持推动民族地区文化传播在手段上不断突破、在传播内容上不断丰富，进而推动越来越多的少数民族文化走向更

---

① 参见《"十四五"文化发展规划》。
② 李资源、李倩岚：《我国少数民族文化开放与文化安全的思考》，《贵州民族研究》2019年第12期。

广阔的舞台，有利于各民族文化的繁荣发展和民族地区各项事业的宣传。

第三，通过多语种、多形式的宣传使党和国家的方针政策在民族地区更加入脑入心。党和国家的大政方针，是民族地区文化宣传和传播的重要内容。除了国家通用语言文字以外，民族地区还特别需要用各民族语言文字进行政策宣传和阐释，让各民族群众更加容易接受，入脑入心。同时，要积极改变以往简单的政策文件翻译的形式，以生动鲜活的多样化形式把党的声音、国家的惠民政策传递给各民族群众，不断夯实各民族同心共筑中国梦的思想基础。

第四，进一步加强优秀传统文化的传播。各民族的优秀传统文化，凝聚着各民族人民悠久历史中的知识和智慧，是中华文化的重要组成。一段时期以来，在全球化、城镇化背景下，少数民族传统文化面临着不断萎缩甚至濒危的局面。新时代，各民族优秀传统文化传承保护进入新局面。要从青少年和学校教育抓起，推进以"民族文化进校园"为主要途径的优秀传统文化科普教育，推动各级各类学校开设传统文化学习课程。充分利用信息化、数字化条件，综合运用报纸、书刊、电台、电视台、互联网站等各类载体，融通多媒体资源，统筹宣传、文化、文物等各方力量，面向时代、面向青少年、面向世界，创新表达方式，系统全面地彰显各民族传统文化的独特魅力。

第五，加大国际传播力度，讲好中华文化传承发展和中国特色民族团结进步故事。民族地区要进一步增强中华文化国际传播的自觉性和主动性，着眼于中华民族伟大复兴和世界百年未有之大变局，讲好民族地区团结进步和繁荣稳定的中国故事。要充分利用多语种人才优势，深入研究国际文化传播规律，创新表现形式，有效提升文化传播的亲和力、精准化和实效性。加强各民族优秀传统文化的国际传播，充分展示各民族语言文化得到全面繁荣发展的大好局面。用鲜活生动的语言和形象，积极展示各族人民一家亲，同心共筑中国梦的时代故事，为世界各国提供中国特色解决民族问题的中国道路、中国方案、中国智慧。积极主动应对国际舆论斗争，有理有据地开展针对性宣传传播，鲜活有力地反击以美国为代表的西方国家和境外势力对我国民族工作的污蔑抹黑。服务于边疆地区对外开放和长治久安以及"一带一路"倡议，积极开展语言文化传播，促进与周边和"一带一路"沿线国家文化交流互鉴,增进睦邻友好和人心相通,服务于国家对外开放大局和人类命运共同体构建。

参考文献

[1] 段红云:《加快推进新时代中国特色民族学研究转型》,《思想战线》2022 年第 2 期。

[2] 李伟:《新中国 70 年少数民族文化建设的历程、成就及经验研究》,《湖北师范大学学报(哲学社会科学版)》2020 年第 2 期。

[3] 刘琳琳:《边疆民族地区公共文化服务均等化:从碎片性供给到整体性统筹》,《中国延安干部学院学报》2020 年第 4 期。

[4] 民盟中央:《民盟中央在全国政协十三届三次会议上的书面发言:深化公共文化供给侧改革 促进民族地区文化事业繁荣发展》,《中央盟讯》2020 年第 3 期(总第 434 期),https://www.mmzy.org.cn/upload/pdf/202003mx.pdf。

[5] 张冬梅、郑晓宁:《促进民族地区公共服务高质量供给的文化能力提升研究》,《中央民族大学学报(哲学社会科学版)》2022 年第 2 期。

[6] 周明星、罗俊梅、翟坤周:《论新时代我国少数民族群众美好文化生活的内涵、困境及路径》,《贵州民族研究》2020 年第 3 期。

作者简介:

王锋,中国社会科学院民族学与人类学研究所副所长、研究员,《民族语文》主编。兼任国家语委科研规划领导小组成员、中国民族语言学会会长、中国语言学会副会长、中国民族古文字研究会副会长、中国社会科学院中国少数民族语言研究中心理事长、中国语言资源保护工程核心专家组成员。研究方向为中国少数民族语言文字、社会语言学和文化语言学,学术著作有《从汉字到汉字系文字——汉字文化圈文字研究》等。

法律篇

新时代文化法治与法治文化建设

历史和现实告诉我们，只有传承中华优秀传统法律文化，从我国革命、建设、改革的实践中探索适合自己的法治道路，同时借鉴国外法治有益成果，才能为全面建设社会主义现代化国家、实现中华民族伟大复兴夯实法治基础。

——习近平在中央全面依法治国工作会议上的讲话
（2020 年 11 月 16 日）

法律篇

新时代文化法治与法治文化建设

　　社会主义文化法治建设是社会主义民主法治建设的重要组成部分，是促进社会主义文化繁荣发展、实现国家文化安全的重要保障；社会主义法治文化是中国特色社会主义文化的重要组成部分，是社会主义法治国家建设的重要支撑。

　　党的十八大以来，以习近平同志为核心的党中央高度重视社会主义文化建设和法治建设，作出一系列重大决策部署，创造性地提出"坚持以社会主义核心价值观引领文化建设制度""传承中华优秀传统法律文化"，为新时代文化法治和法治文化建设提供了根本遵循，指明了前进方向。党的第十九届四中全会审议通过《中共中央关于坚持和完善中国特色社会主义制度、推进国家治理体系和治理能力现代化若干重大问题的决定》，提出要"坚持和完善繁荣发展社会主义先进文化的制度，巩固全体人民团结奋斗的共同思想基础"。2020 年底，中共中央印发《法治社会建设实施纲要（2020—2025 年）》，提出："建设社会主义法治文化。弘扬社会主义法治精神，传播法治理念，恪守法治原则，注重对法治理念、法治思维的培育，充分发挥法治文化的引领、熏陶作用，形成守法光荣、违法可耻的社会氛围。丰富法治文化产品，培育法治文化精品，扩大法治文化的覆盖面和影响力。"一系列重要论断和决策充分表明，以习近平同志为核心的党中央对社会主义文化建设的规律认识进入了一个新境界，新时代文化法治和法治文化发展面临新形势、新要求、新任务。必须更好发挥法治固根本、稳预期、利长远作用，为建设社会主义文化强国提供坚实有力的法治保障，运用法治思维和法律制度做好文化工作，实现文化法治和法治文建设体制机制的规范化、制度化、科学化。

一、党的十八大以来文化法治与法治文化建设的成就

"文化是一个国家、一个民族的灵魂。文化兴国运兴，文化强民族强。"① 文化建设是促进社会主义文化大发展大繁荣，加快建设社会主义文化强国的应有之义。党的十八大以来，我国意识形态领域形势发生全局性、根本性转变，全党全国各族人民文化自信明显增强，全社会凝聚力和向心力极大提升，为新时代开创党和国家事业新局面提供了坚强思想保证和强大精神力量②。在以习近平同志为核心的党中央坚强领导下，全面依法治国和法治中国建设迈出坚实步伐，文化法治和法治文化建设迈入新阶段，取得了突破性进展。

（一）文化法治建设的突出成就

1. 以建设社会主义文化强国为目标，推进文化法治战略布局

文化法治建设经历了漫长的发展过程。早在 2001 年，国家就在"十五"规划中提出了"文化产业"的概念，2003 年党的十六大将发展文化产业作为社会主义文化建设的重要任务，2004 年中宣部印发《关于制定我国文化立法十年规划（2004—2013）的建议》，标志着文化法治建设步入正轨。2011 年，中国共产党第十七届中央委员会第六次全体会议通过《中共中央关于深化文化体制改革、推动社会主义文化大发展大繁荣若干重大问题的决定》，明确提出要"加强文化法治建设，提高文化建设法治化水平"，针对文化体制改革和社会主义文化发展问题展开顶层制度设计，确立了文化法治建设的基本框架，推动文化法律制度建设步入快车道。

党的十八大以来，党中央高度重视从宏观战略层面牢牢把握社会主义先进文化发展的前进方向和文化法律体系的整体架构，面对新情况、新问题审时度势，不断出台重要决策、完善顶层制度，为文化法治建设标明着

① 习近平：《决胜全面建成小康社会　夺取新时代中国特色社会主义伟大胜利——在中国共产党第十九次全国代表大会上的报告》，《人民日报》2017 年 10 月 18 日。
② 《中国共产党第十九届中央委员会第六次全体会议公报》（2021 年 11 月 11 日）。

力方向，推动文化法治建设步入快速发展、高质量发展的新阶段。2013年，中国共产党第十八届中央委员会第三次全体会议通过《中共中央关于全面深化改革若干重大问题的决定》，将"紧紧围绕建设社会主义核心价值体系、社会主义文化强国深化文化体制改革，加快完善文化管理体制和文化生产经营机制，建立健全现代公共文化服务体系、现代文化市场体系，推动社会主义文化大发展大繁荣"作为全面深化改革的重要组成部分，并且针对推进文化体制机制创新，从完善文化管理体制、建立健全现代文化市场体系、构建现代公共文化服务体系、提高文化开放水平等方面进行了详细的阐述。2014年，中国共产党第十八届中央委员会第四次全体会议通过《中共中央关于全面推进依法治国若干重大问题的决定》，提出："建立健全坚持社会主义先进文化前进方向、遵循文化发展规律、有利于激发文化创造活力、保障人民基本文化权益的文化法律制度。制定公共文化服务保障法，促进基本公共文化服务标准化、均等化。制定文化产业促进法，把行之有效的文化经济政策法定化，健全促进社会效益和经济效益有机统一的制度规范。制定国家勋章和国家荣誉称号法，表彰有突出贡献的杰出人士。加强互联网领域立法，完善网络信息服务、网络安全保护、网络社会管理等方面的法律法规，依法规范网络行为。"2018年，中共中央印发《社会主义核心价值观融入法治建设立法修法规划》，提出："发挥先进文化育人化人作用，建立健全文化法律制度。完善公共文化服务和文化产业法律体系，建立健全有利于中华优秀传统文化传承发展的法律制度，完善互联网信息领域立法。"

2. 中国特色社会主义文化法律体系不断完善，为社会主义先进文化建设提供法治保障

文化法律制度是社会主义法律体系的重要组成部分，也是社会主义先进文化建设的法治保障，在行为引导、教化弘扬、激励促进等方面发挥着独特作用。为了完善社会主义文化法律体系，党中央、国务院围绕文化建设出台了一系列法律制度，推动文化法治建设从无到有、从粗到细。特别是党的十八大以来，文化领域重要立法进程不断加快，文化法律规范立改废释有序推进，文化法律制度体系持续完善，形成了以宪法为基础，涉及民法、行政法、经济法、刑法、诉讼法等多部门多领域的文化法律体系，

保障人民基本文化权益，弘扬社会主义核心价值观。

第一，文化法律体系以宪法为核心。文化权利是宪法赋予公民的基本权利之一，《宪法》第四十七条规定："中华人民共和国公民有进行科学研究、文学艺术创作和其他文化活动的自由。国家对于从事教育、科学、技术、文学、艺术和其他文化事业的公民的有益于人民的创造性工作，给以鼓励和帮助。"这一规定为文化法律体系提供了宪法依据、奠定了宪法基础，也是新时代文化法治建设的根基所在。

第二，文化市场管理法律体系。在法律层面，2016 年制定《电影产业促进法》，促进电影产业健康繁荣发展，弘扬社会主义核心价值观，规范电影市场秩序，丰富人民群众精神文化生活；2019 年《文化产业促进法（草案征求意见稿）》面向社会征求意见，旨在把行之有效的文化经济政策法定化，健全促进社会效益和经济效益有机统一的制度规范。在行政法规层面，在 2005 年《营业性演出管理条例》的基础上展开多轮修订工作，加强对营业性演出的管理，促进文化产业的发展，繁荣社会主义文艺事业；在 2006 年《娱乐场所管理条例》的基础上，分别于 2016 年和 2020 年展开两次修订，加强对娱乐场所的管理，保障娱乐场所的健康发展。在部门规章层面，2013 年制定《娱乐场所管理办法》并于 2017 年和 2022 年进行两次修订，进一步加强娱乐场所经营活动管理，维护娱乐场所健康发展，满足人民群众文化娱乐消费需求；2016 年制定《艺术品经营管理办法》，加强对艺术品经营活动的管理，规范经营行为，繁荣艺术品市场，保护创作者、经营者、消费者的合法权益；2017 年和 2022 年两次修订《营业性演出管理条例实施细则》，为营业性演出管理条例的实施提供更加具体的规则基础；2021 年制定《文化和旅游市场信用管理规定》，规范和加强文化和旅游市场信用管理，创新文化和旅游市场管理机制。可以说，党的十八大以来，文化管理体制改革取得重大突破，政府职能进一步转变，文化市场营商环境不断优化，统一、开放、竞争、有序的现代文化市场体系初步形成，文化市场政策法规逐步健全，文化产业成为战略性新兴产业。

第三，文化服务法律保障体系。在法律层面，2016 年制定《公共文化服务保障法》，加强公共文化服务体系建设，丰富人民群众精神文化生活；2017 年制定《公共图书馆法》并于 2018 年进行修正，促进公共图书馆事业发展，发挥公共图书馆功能，保障公民基本文化权益。在行政法规层面，2015 年制定《博物馆条例》，促进博物馆事业发展，发挥博物馆功能，满足公民精神文化需求，提高公民思想道德和科学文化素质。党的十八大以来，我国公共文化服务体系不断完善，公共文化服务质量和文化事业发展水平显著提高，人民群众文化权益得到实现。

第四，传统文化法律保护体系。在法律层面，分别于 2013 年、2015 年和 2017 年多次展开修正工作，于 2020 年发布《文物保护法（修订草案）》并向社会征求意见，不断加强文物保护利用，提高新时代文物工作依法管理水平。在行政法规层面，在 1991 年《考古涉外工作管理办法》的基础上，分别于 2011 年和 2016 年展开两次修订，进一步加强考古涉外工作管理，保护我国的古代文化遗产，促进我国与外国的考古学术交流；在 1989 年《水下文物保护管理条例》的基础上，分别于 2011 年和 2022 年展开两次修订，加强水下文物保护；在 2003 年《文物保护法实施条例》的基础上，于 2013 年、2016 年、2017 年展开多轮修订，持续推进文物保护法具体落实措施的修改和完善；在 2008 年《历史文化名城名镇名村保护条例》的基础上于 2017 年展开修订，加强历史文化名城、名镇、名村的保护与管理，继承中华民族优秀历史文化遗产；在 2010 年《古生物化石保护条例》的基础上于 2019 年展开修订，加强对古生物化石的保护，促进古生物化石的科学研究和合理利用。在部门规章层面，2012 年制定《大运河遗产保护管理办法》，加强对大运河遗产的保护，规范大运河遗产的利用行为，促进大运河沿线经济社会全面协调可持续发展；2013 年修订《传统工艺美术保护条例》，保护传统工艺美术，促进传统工艺美术事业的繁荣与发展；2018 年制定《国家级文化生态保护区管理办法》，加强非物质文化遗产区域性整体保护，维护和培育文化生态，传承弘扬中华优秀传统文化；2019 年制定《国家级非物质文化遗产代表性传承人认定与管理办法》，鼓励和支持国家级非物质文化遗产代表性传承人开展传承活动。通过对传统文化保护法律法规和规章的制定与修订，为传统文化的创造性转化和创新性转化提供扎实的法治基础，为文化繁荣提供了有力的法治支持。

第五，文化新业态新模式法律治理体系。党的十八大以来，党中央、国务院高度重视和密切关注文化新业态新模式的发展创新，保持包容审慎的态度，对于随着网络文化等文化新业态新模式产生的较为突出的问题，多通过行政法规、部门规章以及规范性文件等方式进行引导和规范。在行政法规层面，在 2002 年《互联网上网服务营业场所管理条例》的基础上，分别于 2011 年、2016 年、2019 年和 2022 年展开修订工作，加强对互联网上网服务营业场所的管理，保障互联网上网服务经营活动健康发展。在部门规章层面，在 2003 年《互联网文化管理暂行规定》的基础上，分别于 2004 年、2011 年和 2017 年展开修订，进一步加强对互联网文化的管理，保障互联网文化单位的合法权益，促进我国互联网文化健康、有序发展。为了及时应对文化新业态新模式带来的新问题，监管部门出台了大量规范性文件，引导文化产业和市场健康有序发展，如 2022 年文化和旅游部、公安部等五部门联合发布《关于加强剧本娱乐经营场所管理的通知》，在丰富文化供给、满足人民群众文化娱乐消费需求的同时，推动剧本娱乐行业规范化发展。

3. 文化行政管理与综合执法体制机制不断健全，文化市场健康规范有序发展

文化市场综合执法不断完善的时代背景是我国持续深化简政放权、创新监管方式的"放管服"改革。随着社会生产力不断解放，人民群众的物质生活和精神生活不断丰富，文化领域新业态新模式不断涌现，各类文化市场主体迅速发展，亟须文化市场管理体制机制不断创新、逐步规范，进一步提高文化市场综合执法能力和水平。早在 2004 年，中宣部等七部门联合发布的《关于在文化体制改革综合试点地区建立文化市场综合执法机构的意见》就已启动文化市场综合执法机制改革，由原文化部负责全国文化市场综合行政执法，建立统一的文化市场综合行政执法机制。2012 年 2 月 1 日开始施行的《文化市场综合行政执法管理办法》，成为我国第一部文化市场综合行政执法专门性部门规章。2016 年，中共中央办公厅、国务院办公厅印发《关于进一步深化文化市场综合执法改革的意见》，强调要"通过深化改革，建设文化市场综合执法法律法规支撑体系；形成权责明确、监督有效、保障有力的文化市场综合执法管理体制；建设一支政治

坚定、行为规范、业务精通、作风过硬的文化市场综合执法队伍；进一步整合文化市场执法权，加快实现跨部门、跨行业综合执法"，并且形成了明确综合执法适用范围、加强综合执法队伍建设、健全综合执法制度机制、推进综合执法信息化建设、完善文化市场信用体系、建立健全综合执法运行机制6个方面的重要任务。此后，大量文化市场综合执法规范进入立改废释程序，不断丰富、充实、更新文化行政执法规范。2018年，在《关于进一步深化文化市场综合执法的指导意见》的基础上，中共中央办公厅、国务院办公厅印发《关于深化文化市场综合行政执法改革的指导意见》，进一步整合文化市场执法职能和执法队伍，逐步规范文化市场综合执法队伍人员编制，加强文化市场综合执法队伍建设，健全文化市场综合执法制度机制，强化文化市场综合执法保障，健全文化市场综合执法运行机制。同年，文化和旅游部出台《文化市场黑名单管理办法（试行）》，旨在适应国家简政放权、放管结合、优化服务的方针政策，加强文化市场事中事后监管，完善守信激励和失信惩戒机制，提高文化市场监管效能，促进文化市场健康有序发展。2021年，文化和旅游部进一步出台《文化和旅游市场信用管理规定》，自2022年1月1日起旅行，在原有文化市场黑名单管理的基础上，针对文化和旅游市场信用监管制定专门部门规章，为文化和旅游市场信用管理工作提供规则依据和法治保障，进一步提高文化市场综合执法的法治化水平，创新文化市场监管机制，丰富文化市场管理工具箱。

4. 文化资源司法保护取得显著成果，构建新时代文化资源相关权益的救济屏障

文化资源的传承与保护是文化安全的重要内容。党的十八大以来，文旅部门积极与司法部门开展合作，为文化资源提供长效司法保护，构建起新时代文化资源保护的法律屏障。

一是文化资源保护相关专门法庭成立。2018年，最高人民法院与国家文物局展开合作，就加强文物资源的司法保护构建合作机制，结合地方文化资源成立专门的文化法庭。以福建省为例，福州市成立了全国首个遗产保护巡回法庭"福州古厝与文化遗产保护巡回法庭"，审理市辖区内与被列入市级和县级以上文物保护单位的古建筑相关案件；为回应"泉州：宋

元中国的世界海洋商贸中心"成功申遗，泉州市鲤城区人民法院成立海丝史迹保护巡回法庭；漳州市龙海区人民法院在埭美、月港等地设立4个司法服务点，拓展对海丝史迹和涉台文物的保护覆盖面；为了解决历史文化遗产相关难题积案，福建省高级人民法院专门出台了《关于加强文化遗产司法保护的十项措施》。此外，河北省秦皇岛市成立了首家长城文化保护法庭，保障全市国家长城文化公园建设各项工作的开展，统一相关案件的裁判标准，有效提升法庭专业化审理职能①；山西省大同市设立了云冈文化保护法庭，以云冈石窟文化保护为依托，专门审理历史文化遗产保护类案件。

二是文化资源保护专任检察官设立。随着党中央、国务院对文化资源保护的高度重视，以公法模式加强文化资源保护成为文化保护的主要力量。在这一过程中，各地也开始积极探索以地方检察机关为依托创新文化司法保护方式。例如，江苏省苏州市姑苏区检察院打造"文化遗产检察官"；重庆市大足区检察院设立"文化遗产检察官"，在大足石刻博物馆设立"文化遗产检察官办公室"，通过加强公益诉讼与文物保护合作，推动文物和文化遗产办案专业化、保护法治化；广东省广州市黄埔区出台区级历史文化保护传承实施意见和联动工作机制方案，在区检察院设立文化遗产法官专门办理文化遗产相关公益诉讼案件。

三是文化资源保护公益诉讼有序推进。2021年，《中共中央关于加强新时代检察机关法律监督工作的意见》指出，要积极稳妥拓展公益诉讼案件范围，探索办理文物和文化遗产保护等领域公益损害案件。《2022年最高人民检察院工作报告》显示，2021年最高人民检察院发布典型案例，指导办理文物和文化遗产保护领域公益诉讼5554件。通过在文化保护等新领域不断拓展检查履职，强化新时代文化资源司法保护力度。

（二）社会主义法治文化建设的成就

1. 大力弘扬宪法精神

习近平总书记指出："我们要在全社会加强宪法宣传教育，提高全体

---

① 《保护长城文化　河北秦皇岛首家长城文化保护法庭挂牌成立》，央视网，https://news.cctv.com/2022/07/04/ARTI9Y41B5d1IHqnWO5pykz8220704.shtml，2022年7月4日。

人民特别是各级领导干部和国家机关工作人员的宪法意识和法治观念，弘扬社会主义法治精神，努力培育社会主义法治文化，让宪法家喻户晓，在全社会形成学法尊法守法用法的良好氛围。"① 党的十八大以来，国家大力弘扬宪法精神，采取多种方式在全社会开展宪法宣传教育，党员干部的宪法思维更加科学，人民群众的宪法意识更加强烈。

宪法教育被作为党员干部教育的重要内容，各级领导干部和国家机关工作人员重视宪法学习，通过法制讲座、专题培训班等形式学习宪法的规则、原则与精神。做到学用结合、理论联系实践，树立忠于宪法、遵守宪法、维护宪法的自觉意识，同时在国家治理实践过程中不断丰富自己的经验，从自己的工作实践出发认识宪法学习教育的必要性和重要性，从而形成对宪法的敬畏之心，维护宪法权威和树立宪法至上意识，提高以宪法来统揽社会治理全局的意识和能力。

2021 年 6 月，中共中央、国务院转发了《中央宣传部、司法部关于开展法治宣传教育的第八个五年规划（2021—2025 年）》，并发出通知要求各地区各部门结合实际认真贯彻落实。根据规划，关于"突出宣传宪法"的要求，目前全社会正在深入持久开展宪法宣传教育活动，以阐释好"中国之治"的制度基础，阐释好新时代依宪治国、依宪执政的内涵和意义，阐释好宪法精神。此外，正在不断加强《国旗法》《国歌法》等宪法相关法的学习宣传，强化国家认同。全面落实宪法宣誓制度，加强宪法实施案例宣传，结合"12·4"国家宪法日，开展"宪法宣传周"集中宣传活动。加强宪法理论研究，推动宪法类教材和图书的编写、修订、出版。在新市民仪式、青少年成人仪式、学生毕业仪式等活动中设置礼敬宪法环节，大力弘扬宪法精神。

2. 通过"全民普法"推进"全民守法"

在 14 亿多人口的大国持续开展全民普法，是人类法治史上的一大创举，也是中国特色社会主义制度优势的体现，更是中国特色社会主义法治的重要组成部分。党的十八大以来，围绕"六五""七五""八五"普法规划的实施，中国特色社会主义法律体系学习宣传的深入开展，"谁执法、

---

① 习近平：《在首都各界纪念现行宪法公布施行三十周年大会上的讲话》，载习近平：《论坚持全面依法治国》，中央文献出版社 2020 年版，第 14 页。

谁普法"等普法责任制的广泛实行，法治文化蓬勃发展，全社会法治观念明显增强，社会治理法治化水平明显提高。

一是大力宣传宪法相关法、民商法、行政法、经济法、社会法、刑法等多个法律部门的法律法规。广泛开展民法典普法工作，让民法典走到群众身边、走进群众心里。大力弘扬平等自愿、诚实信用等法治精神，教育引导公民正确行使权利、积极履行义务。积极组织疫病防治、野生动物保护、公共卫生安全等方面法律法规和相关知识的宣传教育活动。二是突出学习宣传党章，深入开展党规党纪教育，教育引导广大党员做党章党规党纪和国家法律的自觉尊崇者、模范遵守者、坚定捍卫者。三是深入宣传社会主义民主政治建设的法律法规，提高人民有序参与民主政治的意识和水平。大力宣传依法行政领域的法律法规，推动各级行政机关树立"法定职责必须为、法无授权不可为"的意识，促进法治政府建设。大力宣传市民公约、乡村民约、学生守则、行业规章、团体章程等社会规范。四是深入宣传市场经济领域的法律法规，推动全社会树立保护产权、平等交换、公平竞争、诚实信用等意识，促进大众创业、万众创新，促进经济在新常态下平稳健康运行。五是持续宣传有利于激发文化创造活力、保障人民基本文化权益的相关法律法规，促进社会主义精神文明建设。六是持续推动宣传国家安全和公共安全领域的法律法规，提高全民安全意识、风险意识和预防能力。大力宣传国防法律法规，提高全民国防观念，促进国防建设。大力宣传党的民族、宗教政策和相关法律法规，维护民族地区繁荣稳定，促进民族关系、宗教关系和谐。七是不断宣传环境保护、资源能源节约利用等方面的法律法规，保障推动美丽中国、生态文明建设。八是大力宣传互联网领域法律法规，教育引导网民依法规范网络行为，促进形成网络空间良好秩序，实现网络善治。

中宣部委托国家统计局形成的"2020年全国社会心态调查综合分析报告"显示，当自己或家人遇到不公平事情时，选择"通过法律渠道解决"的居第一位，比2016年提升3.7个百分点；选择"托关系、找熟人"的比例明显下降。2020年10月，"中国普法"微信公众号以法律常识和基本法治理念为内容，对全国随机进行了网上测评和问卷调查，参与人数451万，明确接受过普法教育的人数占比为83.4%，测评答题正确率为

74%。两份权威调查和报告得出的结论表明，全面依法治国迈出坚实步伐，人们的法治观念、法律意识不断提高，"遇事讲法、遇事找法"逐步成为社会普遍共识①。

3. 推动中华优秀传统法律文化创造性转化、创新性发展

习近平总书记以高瞻远瞩的战略眼光、深沉坚定的文化自信，就推动中华优秀传统文化创造性转化、创新性发展提出了一系列新思想新观点新论断，指出"中华优秀传统文化是中华民族的精神命脉，是涵养社会主义核心价值观的重要源泉，也是我们在世界文化激荡中站稳脚跟的坚实根基"②。习近平总书记强调："中国人民在实现中国梦的进程中，将按照时代的新进步，推动中华文明创造性转化和创新性发展，激活其生命力，把跨越时空、超越国度、富有永恒魅力、具有当代价值的文化精神弘扬起来，让收藏在博物馆里的文物、陈列在广阔大地上的遗产、书写在古籍里的文字都活起来，让中华文明同世界各国人民创造的丰富多彩的文明一道，为人类提供正确的精神指引和强大的精神动力。"③

党的十八大以来，紧紧围绕习近平总书记在《求是》杂志刊发的重要文章《把中国文明历史研究引向深入，增强历史自觉坚定文化自信》所提出的要求，中华优秀传统法律文化创造性转化、创新性发展从三个方面得以推动。

一是坚持马克思主义的根本指导思想，传承弘扬革命文化，发展社会主义先进文化，从中华优秀传统文化中寻找源头活水。习近平法治思想把马克思主义基本原理同中国具体实际相结合、同中华优秀传统文化相结合，顺应时代要求、体现时代精神、回答时代之问，彰显科学性、人民性、实践性，开辟了21世纪马克思主义法治理论新境界，展现出强大的真理力量。二是坚持守正创新，推动中华优秀传统文化同社会主义社会相适应，展示中华民族的独特精神标识，更好构筑中国精神、中国价值、中

① 全国普法办：《"七五"普法规划实施报告》，法律出版社2021年版，第674页。
② 习近平：《在文艺工作座谈会上的讲话》（2014年10月15日），人民出版社2015年版，第25页。
③ 习近平：《在联合国教科文组织总部的演讲》（2014年3月27日），载《出席第三届核安全峰会并访问欧洲四国和联合国教科文组织总部、欧盟总部时的演讲》，人民出版社2014年版，第17页。

国力量。党的十八大以来，积极传承中华法系的优秀思想和理念，挖掘民为邦本、礼法并用、以和为贵、明德慎罚、执法如山等中华传统法律文化精华，根据时代精神加以转化，使中华优秀传统法律文化焕发出新的生命力。各地加强对法律文化历史遗迹和文物的发掘、整理、保护与展示，宣传法治代表性人物的事迹和精神。弘扬善良风俗、家规家训等优秀传统文化中的法治内涵。注重发掘、总结党在革命时期领导人民进行法治建设的光荣历史和成功实践，大力弘扬红色法治文化。将红色文化资源的保护、宣传和利用工作纳入法治范畴，探索建立红色法治文化遗存目录，明确保护责任，修缮相关设施，完善展陈内容。建设了一批以红色法治文化为主题的法治宣传教育基地。四川省凉山彝族自治州冕宁县红军文化广场探索"广场舞普法""法治电影"新模式，将法治元素融入其中，以法治为主题创编诗歌、小品、相声、快板等文艺作品，丰富群众法治文化生活①。三是充分运用中华文明探源工程等研究成果，更加完整准确地讲述中国古代法制史，更好发挥以史育人作用。其中，文物和文化遗产承载着中华民族的基因和血脉，是不可再生、不可替代的中华优秀文明资源。为此，应依法持续推进文物保护利用和文化遗产保护传承，挖掘文物和文化遗产的多重价值，传播更多承载中华文化、中国精神的价值符号和文化产品。

4. 加强社会主义法治文化阵地建设，繁荣发展社会主义法治文艺

党的十八大以来，为了不断提升公民法治意识，宣传法治文化，让法治信仰根植于人民心中，通过创建社会主义法治文化阵地，深化和创新法治宣传，在充分运用传统、行之有效的法治宣传教育手段的基础上，不断结合现代科学技术，创新发展新的形式，社会主义法治文艺不断繁荣发展，法治文化的影响力、渗透力和感染力在润物无声、潜移默化中不断增强。一是各地充分结合地方特色，建立起知识普及、观念引导、能力培养"三位一体"的社会主义法治文化体系。例如，江苏省打造了各级各类法治文化阵地近1.3万个，建成全国法治宣传教育基地10个、省级"法治文化建设示范点"610个，创作法治戏曲、法治故事、法治动漫等法治文化作品6万余部，常态化举办法律知识竞赛、法治文艺演出、法治电影展

---

① 《四川凉山彝族自治州冕宁县红军文化广场探索"广场舞普法""法治电影"新模式》，https：//www.neac.gov.cn/seac/c102806/201910/1137996.shtml，2019年10月28日。

映等基层法治文化活动①。山东省覆盖城乡、不同类型和特色的法治文化阵地初具规模，累积建设了法治文化公园（广场）1.7 万余处，法治文化长廊 3 万余条，省级法治文化建设示范基地 184 个。福建、安徽、陕西等地将法治文化元素融入旅游资源，建设特色红色文化法治阵地②。二是在充分利用传统有效的法治宣传方式基础上，促进单向式传播向互动式、服务式、场景式传播转变，增强受众参与感、体验感、获得感，使法治宣传更接地气，更为群众喜闻乐见。例如，山东将法治文化、齐鲁传统文化、地方特色相结合，形成法治文化品牌，呈现百花齐放的生动局面③。三是以互联网为代表的新兴媒体，特别是通过中央和地方重点新闻网站、各级普法网站和政府网站、知名商业门户网站等媒介，积极履行社会责任，充分发挥信息传播速度快、覆盖面广、影响力强等优势，法治宣传取得良好效果。四是充分利用社区、广播、电视、报刊、网络等媒体开辟法治宣传栏目，利用楼宇电视、公交电视、电子显示屏、手机报、政务微博等现代传媒开展法治宣传教育。例如，山西省大同市云冈区运用法治文化长廊，开拓法治宣传阵地，在社区布设法治文化长廊，全方位、多层面宣传涉及群众生活方方面面的法律法规。通过标牌、宣传栏、漫画故事等简单易懂的形式，使法律知识和法治文化融入群众生活④。五是注重运用新技术分析各类人群不同的法治需求，走好全媒体时代群众路线，鼓励公众创作个性化普法产品，加强对优秀自媒体制作普法作品的引导，提高公众对普法的参与度。例如，山东省禹城市开通"禹法同行"抖音，通过发布普法情景剧、普法微课堂开展法治宣传，制作播出多期，形成线上线下全民广泛参与的普法新格局。加强互动普法，与禹城电视台合作开办《法润禹城》法制栏目，邀请律师走进直播间，结合经典案例，以案释法，解答群众咨询，实现新媒体矩阵齐力发声，开创"指尖普法"阵地新模式⑤。六是坚持法治宣传教育

① 《让法治成为"强富美高"新江苏核心竞争力的重要标志》，新华日报新华红公众号，ht-tp：//baijiahao. baidu. com/s?id＝16828620854298908438wfr＝spidor&for＝pc，2020 年 11 月 9 日。

② 《"法""景"融合打造特色法治文化阵地》，《法治日报》2022 年 5 月 7 日。

③ 《山东全方位打造法治文化齐鲁品牌》，澎湃新闻公众号，2021 年 10 月 8 日。

④ 《云冈区司法局强化农村法治文化阵地建设》，山西法制网，2022 年 8 月 15 日，http：//law. sxgov. cn/content/2022－08/29content_ 12827465. htm. dex. php/channel/details/86188。

⑤ 《禹城市：法治短剧奏实效传播法治正能量》，澎湃新闻公众号，2022 年 8 月 30 日。

从娃娃抓起，把法治教育纳入国民教育体系，《青少年法治教育大纲》得到全面贯彻落实。截至"七五"普法规划结束，全国共建立青少年法治教育实践基地 3 万余个。中小学法治副校长、法治辅导员配备率达 98.1%。政府、司法机关、学校、社会和家庭共同参与的青少年法治教育格局正在形成，青少年依法保护自身合法权益和用法律规范自身行为的意识和能力明显增强①。

二、文化法治与法治文化建设中的重要问题

建设社会主义文化强国就是"要弘扬社会主义先进文化，深化文化体制改革，推动社会主义文化大发展大繁荣，增强全民族文化创造活力，推动文化事业全面繁荣、文化产业快速发展，不断丰富人民精神世界、增强人民精神力量，不断增强文化整体实力和竞争力"②。文化法治与法治文化建设需要贯彻落实习近平法治思想，坚持党的领导，坚持以人民为中心，以社会主义核心价值观为引领，确保新时代文化发展的正确方向。

（一）在文化法治和法治文化建设中贯彻落实习近平法治思想

党的十八大以来，以习近平同志为核心的党中央在领导全面依法治国、建设法治中国的伟大实践中，从历史和现实相贯通、国际和国内相关联、理论和实际相结合上，深刻回答了新时代为什么实行全面依法治国、怎样实行全面依法治国等一系列重大问题，提出了一系列全面依法治国新理念新思想新战略，创立了习近平法治思想③。

习近平法治思想是新时代全面依法治国的根本遵循和行动指南④，也是新时代文化法治和法治文化建设的根本遵循和行动指南。习近平总书记

---

① 全国普法办：《"七五"普法规划实施报告》，法律出版社 2021 年版，第 674 页。

② 习近平：《提高国家文化软实力》（2013 年 12 月 30 日），载《习近平谈治国理政》，外文出版社 2014 年版，第 160 页。

③《习近平法治思想概论》编写组：《习近平法治思想概论》，高等教育出版社 2021 年版，第 1 页。

④《习近平法治思想概论》编写组：《习近平法治思想概论》，高等教育出版社 2021 年版，第 58 页。

在中央全面依法治国工作会议上提出并系统阐述的"十一个坚持",是习近平法治思想的核心要义。习近平法治思想集中体现了党在法治建设领域的理论创新、制度创新和实践创新,是马克思主义法学原理与全面依法治国和建设法治中国实践相结合的重大理论成果,也是文化法治和法治文化建设应当遵循的科学理论。

文化法治和法治文化是中国特色社会主义法治体系的重要组成部分。2021 年中共中央印发《法治中国建设规划(2020—2025 年)》,提出建设法治中国,应当实现法律规范科学完备统一,执法司法公正高效权威,权力运行受到有效制约监督,人民合法权益得到充分尊重保障,法治信仰普遍确立,法治国家、法治政府、法治社会全面建成。到 2025 年,党领导全面依法治国体制机制更加健全,以宪法为核心的中国特色社会主义法律体系更加完备,职责明确、依法行政的政府治理体系日益健全,相互配合、相互制约的司法权运行机制更加科学有效,法治社会建设取得重大进展,党内法规体系更加完善,中国特色社会主义法治体系初步形成。到 2035 年,法治国家、法治政府、法治社会基本建成,中国特色社会主义法治体系基本形成,人民平等参与、平等发展权利得到充分保障,国家治理体系和治理能力现代化基本实现。新时代文化法治和法治文化建设贯彻落实习近平法治思想,根本就是要用法治思维和法律工具推动文化发展,形成真正适合社会主义先进文化需要的法治体系,促进文化领域国家治理体系和治理能力的现代化,为建设社会主义文化强国提供法治护航。

(二)在文化法治和法治文化建设中坚持党的领导

坚持党的领导,是社会主义法治的根本要求,是党和国家的根本所在、命脉所在,是全国各族人民的利益所系、幸福所系,是全面推进依法治国的题中应有之义;党的领导和社会主义法治是一致的,社会主义法治必须坚持党的领导,党的领导必须依靠社会主义法治[①]。习近平总书记指出:"中国特色社会主义大厦需要四梁八柱来支撑,党是贯彻其中的总的

---

① 习近平:《关于〈中共中央关于全面推进依法治国若干重大问题的决定〉的说明》(2014 年 10 月 20 日),载习近平:《论坚持全面依法治国》,中央文献出版社 2020 年版,第 92 页。

骨架，党中央是顶梁柱。"①

　　党的领导是新时代文化发展的根本保证，新时代文化法治和法治文化建设更加需要加强党的领导。党的领导是中国特色社会主义最本质的特征，是中国特色社会主义制度的最大优势，是社会主义法治最根本的保证②。习近平总书记指出："党和法的关系是一个根本问题，处理得好，则法治兴、党兴、国家兴；处理得不好，则法治衰、党衰、国家衰。"③ 一方面，在文化立法、文化执法、文化司法、法治文化宣传等各项工作中坚持党的领导，确保文化法治和法治文化建设的正确方向，使文化领域各项法律法规的制定和实施都要在党的领导下、在法治的轨道上开展工作④。另一方面，在文化法治和法治文化建设中进一步推进党的领导入法入规。"推进党的领导制度化、法治化，既是加强党的领导的应有之义，也是法治建设的重要任务。"⑤ 要把党的领导贯彻落实到文化法治和法治文化建设的各个环节，将党中央的决策部署落实到新时代文化发展的各项工作中，深入推进文化领域党内法规制度建设，"善于使党的主张通过法定程序成为国家意志、转化为法律法规，推进党的领导制度化、法治化、规范化"⑥。

（三）在文化法治和法治文化建设中坚持以人民为中心

　　党的十九届四中全会审议通过的《中共中央关于坚持和完善中国特色社会主义制度、推进国家治理体系和治理能力现代化若干重大问题的决

---

　　① 习近平：《发挥党纵览全局、协调各方的领导核心作用》（2012 年 11 月至 2018 年 4 月），载习近平：《论坚持党对一切工作的领导》，中央文献出版社 2019 年版，第 11 页。
　　② 《习近平法治思想概论》编写组：《习近平法治思想概论》，高等教育出版社 2021 年版，第 90 页。
　　③ 习近平总书记在省部级主要领导干部学习贯彻党的十八届四中全会精神全面推进依法治国专题研讨班上的讲话（2015 年 2 月 2 日）。
　　④ 《习近平法治思想概论》编写组：《习近平法治思想概论》，高等教育出版社 2021 年版，第 86 页。
　　⑤ 习近平：《在中央全面依法治国委员会第一次会议上的讲话》（2018 年 8 月 24 日），载习近平：《论坚持全面依法治国》，中央文献出版社 2020 年版，第 223 页。
　　⑥ 习近平：《推进全面依法治国，发挥法治在国家治理体系和治理能力现代化中的积极作用》（2020 年 2 月 5 日），载习近平：《论坚持全面依法治国》，中央文献出版社 2020 年版，第 273 页。

定》明确提出，坚持法治建设为了人民、依靠人民，加强人权法治保障，保证人民依法享有广泛的权利和自由、承担应尽的义务，引导全体人民做社会主义法治的忠实崇尚者、自觉遵守者、坚定捍卫者。中国坚持把人权的普遍性原理和当代实际相结合，走符合国情的人权发展道路，奉行以人民为中心的人权理念，把生存权、发展权作为首要的基本人权，协调增进全体人民的经济、政治、社会、文化、环境权利，努力维护社会主义公平正义，促进人的全面发展①。因此，在文化法治和法治文化建设中坚持以人民为中心，是新时代文化发展的应有之义。

一方面，文化法治和法治文化建设应当以实现和保障人民文化权利为基本目标。2021 年 12 月，国务院印发《"十四五"数字经济发展规划》，明确提出了"数字化公共服务更加普惠均等"的发展目标，提出要加快推动文化教育等领域公共服务资源数字化供给和网络化服务。因此，保障人民文化权利实现，确保新时代文化发展惠及全体人民群众，使人民群众能够公平、平等、普遍地享受文化产品和服务，满足基本的文化需求，是文化法治建设需要实现的命题。另一方面，文化法治和法治文化建设应当坚持立法为民、执政为民。文化领域法律体系的制定和实施，都要坚持维护人民根本利益、体现人民共同意志，反映广大人民的共同意愿、充分保障广大人民的各项权利和根本利益②。既要在立法、司法、执法等过程中坚持群众路线、开门立法，充分征求社会公众的意见，促进公众参与，更好地体现民情、汇聚民意、集中民智，也要关注和及时回应人民群众反映较为集中的突出问题，将文化法治和法治文化建设真正落到实处，落到人民群众的身边。

（四）在文化法治和法治文化建设中坚持以社会主义核心价值观为引领

党的十八大以来，党中央高度重视将社会主义核心价值观融入文化法治建设。文化领域法律制度是社会主义核心价值观入法入规的重要阵地，

---

① 习近平：《走符合国情的人权发展道路》（2018 年 12 月 10 日），载《习近平谈治国理政》（第三卷），外文出版社 2020 年版，第 288 页。

② 《习近平法治思想概论》编写组：《习近平法治思想概论》，高等教育出版社 2021 年版，第 103 页。

将社会主义核心价值观体现在文化法律制度中是我国新时代文化法治和法治文化建设的重要内容。

　　社会主义核心价值观是文化法治和法治文化建设的重要引领。党的十八大高度概括了社会主义核心价值观的基本范畴，将社会主义核心价值体系建设作为扎实推进社会主义文化强国建设的重要任务，指出要"倡导富强、民主、文明、和谐，倡导自由、平等、公正、法治，倡导爱国、敬业、诚信、友善，积极培育和践行社会主义核心价值观"。2013年，中共中央办公厅印发《关于培育和践行社会主义核心价值观的意见》，指出富强、民主、文明、和谐，自由、平等、公正、法治，爱国、敬业、诚信、友善，是社会主义核心价值观的基本内容，"要把社会主义核心价值观贯彻到依法治国、依法执政、依法行政实践中，落实到立法、执法、司法、普法和依法治理各个方面，用法律的权威来增强人们培育和践行社会主义核心价值观的自觉性"，"注重把社会主义核心价值观相关要求上升为具体法律规定，充分发挥法律的规范、引导、保障、促进作用，形成有利于培育和践行社会主义核心价值观的良好法治环境"。2014年，党的十八届四中全会审议通过《中共中央关于全面推进依法治国若干重大问题的决定》，明确要求"要恪守以民为本、立法为民理念，贯彻社会主义核心价值观，使每一项立法都符合宪法精神、反映人民意志、得到人民拥护"。2017年，党的十九大进一步指出，培育和践行社会主义核心价值观，要以培养担当民族复兴大任的时代新人为着眼点，强化教育引导、实践养成、制度保障，发挥社会主义核心价值观对国民教育、精神文明创建、精神文化产品创作生产传播的引领作用，把社会主义核心价值观融入社会发展各方面，转化为人们的情感认同和行为习惯。

　　此后，社会主义核心价值观入法入规不断取得突破性进展。2018年第五次《宪法修正案》第三十九条将《宪法》第二十四条第二款中"国家提倡爱祖国、爱人民、爱劳动、爱科学、爱社会主义的公德"的表述，修改为"国家倡导社会主义核心价值观，提倡爱祖国、爱人民、爱劳动、爱科学、爱社会主义的公德"，社会主义核心价值观被正式写入《宪法》，成为所有法律法规规章以及规范性文件的根本指引之一。2018年中共中央印发《社会主义核心价值观融入法治建设立法修法规划》，为社会主义核心价值观入法入规提供了明确的方向和具体的方案，提出要力争经过 5 年到 10 年时间，推动社会主义核心价值观全面融入中国特色社会主义法律体系，筑牢全国各族人民团结奋斗的共同思想道德基础，为决胜全面建成小康社会、夺取新时代中国特色社会主义伟大胜利、实现中华民族伟大复兴的中国梦、实现人民对美好生活的向往，提供坚实制度保障。从现行文化法律法规以及部门规章来看，社会主义核心价值观已经成为文化法律制度的重要法律原则，或是在条文中直接吸收了社会主义核心价值观的具体内容，将其作为法律术语进行明确要求。例如，《公共图书馆法》第三条第二款明确规定"公共图书馆应当坚持社会主义先进文化前进方向，坚持以人民为中心，坚持以社会主义核心价值观为引领，传承发展中华优秀传统文化，继承革命文化，发展社会主义先进文化"；《公共文化服务保障法》第三条规定，"公共文化服务应当坚持社会主义先进文化前进方向，坚持以人民为中心，坚持以社会主义核心价值观为引领；应当按照'百花齐放、百家争鸣'的方针，支持优秀公共文化产品的创作生产，丰富公共文化服务内容"；《英雄烈士保护法》第一条将"培育和践行社会主义核心价值观"作为立法目标之一；等等。

三、文化法治和法治文化建设的未来发展

法律具有指引作用、评价作用、预测作用、强制作用和教育作用。2021 年 12 月 6 日，习近平总书记在主持中共中央政治局就建设中国特色社会主义法治体系进行第三十五次集体学习时强调："我国正处在实现中华民族伟大复兴的关键时期，世界百年未有之大变局加速演进，改革发展稳定任务艰巨繁重，对外开放深入推进，需要更好发挥法治固根本、稳预期、利长远的作用。要坚定不移走中国特色社会主义法治道路，以解决法治领域突出问题为着力点，更好推进中国特色社会主义法治体系建设，提高全面依法治国能力和水平，为全面建设社会主义现代化国家、实现第二个百年奋斗目标提供有力法治保障。"因此，文化法治和法治文化建设坚持正确的前进方向，才能为新时代文化发展提供真正扎实、稳固的法治保障。

（一）深入推进科学立法、民主立法、依法立法

党的十八大以来，在党中央、国务院高度重视文化领域立法工作的大力推动下，我国已经基本形成了全方位、多层次的文化法律制度体系。习近平总书记指出："人民群众对立法的期盼，已经不是有没有，而是好不好、管用不管用、能不能解决实际问题；不是什么法都能治国，不是什么法都能治好国；越是强调法治，越是要提高立法质量。"① 我国社会经济发展正处于转型升级的关键时期，新时代文化法治和法治文化建设在未来发展中必须牢牢把握住文化立法的重要抓手，以法治促进文化发展，在文化领域"提高科学立法、民主立法、依法立法水平，不断完善中国特色社会主义法律体系"②，在重点领域加快推动骨干性文化立法的制定和实施，积极应对新时代文化立法的新要求和新挑战。

第一，丰富和健全文化法律制度体系，激活文化产业活力。通过制度建设推动文化资源创新转化，有序缩减文旅领域的负面清单，持续优化营商环境，完善文化产业公平竞争制度体系，加速文化资源禀赋的有效转化和创新性转化。积极探索政府与社会资本合作等多元模式，优化各类所有制形式市场主体参与文化产业竞争的限制条件，有序推进文物、文化遗产等知识产权保护和开发利用。

第二，加强传统文化法律保护的力度。加强对传统文化振兴的法律激励，通过财政补贴、税收优惠、传统文化标识和名录等方式扶持传统文化。加快文物保护法、非物质文化遗产法等相关法律以及相关实施细则的制修订进程，加强对传统文化以及相关产业应用的知识产权保护或商业秘密保护。完善传统文化侵权的救济机制，在国内法治和涉外法治两个层面共同推进传统文化保护的法律救济。

第三，加强对文化新业态新模式的引导。通过面向新时代的文化立法规划以及相关方针政策的出台，对新时代文化法治建设作出前瞻性、体系

---

① 习近平：《全面推进科学立法、严格执法、公正司法、全民守法》（2013年2月23日），载习近平：《论坚持全面依法治国》，中央文献出版社2020年版，第20页。
② 习近平：《在中央全面依法治国委员会第一次会议上的讲话》（2018年8月24日），载习近平：《论坚持全面依法治国》，中央文献出版社2020年版，第233页。

性、全局性的战略布局，为信息社会语境中多元文化发展和产业创新提供指引和方向。

第四，加大涉外文化法治体系的建设。运用法治思维有序扩大文化对外开放，对于文化对外开放坚持分类管理、有序开放、加强监管、逐步推进的原则，确保国家文化安全，促进国际文化交流。积极探索文化领域的国际合作以及治理规则，在未成年人保护、知识产权保护、文化资源保护、文化遗产保护等重点文化领域，积极开展多边、双边的执法、司法合作机制，在文化领域探索基于全人类共同价值的国际治理合作框架和基本共识。

（二）不断健全依法行政制度和执法工作体系

2021年，中共中央、国务院印发《法治政府建设实施纲要（2021—2025年）》，对新时代法治政府建设提出了明确的要求，提出要健全依法行政制度体系，加快推进政府治理规范化程序化法治化，健全行政决策制度体系，不断提升行政决策公信力和执行力，健全行政执法工作体系，全面推进严格规范公正文明执法。文化法治建设同样要在法治政府建设的总体目标下有序推进。

文化执法是未来文化法治建设的重要组成部分。习近平总书记指出，"全面推进依法治国的重点应该是保证法律严格实施"，"推进严格执法，重点是解决执法不规范、不严格、不透明、不文明以及不作为、乱作为等突出问题"[①]。

文化执法体制机制完善是进一步推进国家治理体系和治理能力现代化的重要内容。在党的十八届四中全会上，习近平总书记首次提出"在法治轨道上推进国家治理体系和治理能力现代化"的重大命题[②]。党的十九届四中全会进一步提出了坚持和完善中国特色社会主义制度、推进国家治理体系和治理能力现代化的总体目标，具体到文化领域，文化行政执法作为

---

① 习近平：《加快建设社会主义法治国家》（2014年10月23日），载习近平：《论坚持全面依法治国》，中央文献出版社2020年版，第114页。

② 习近平：《关于〈中共中央关于坚持和完善中国特色社会主义制度推进国家治理体系和治理能力现代化若干重大问题的决定〉的说明》，《人民日报》2019年11月6日第4版。

国家治理体系和治理能力现代化的重要组成部分，同样需要在法治轨道上持续推进和完善。

一方面，进一步提高文化行政执法的规范化、程序化、法治化程度。文化市场新业态新模式不断涌现，网络文化成为文化市场的重要场域，传统文化市场行政执法手段无法适应日新月异的技术变化和人民群众日益增长的文化需求。为此，要及时修订文化市场综合执法管理规范，提高文化市场执法体系建设的标准化和规范化，严格划定文化行政执法权力清单和责任清单，深化文化执法程序和体制机制改革，推动形成权责明确、监督有效、保障有力的文化市场综合执法管理体制。同时，要注重创新文化执法工具，拓展文化行政执法工具箱，丰富包括说服教育、警示告诫、指导约谈等多种方式在内的文化治理工具箱，针对人民群众反映较大、需要及时回应的新问题出台文化行政执法指导性案例，推动文化行政执法从运动式执法向常态化执法转向，从管理式治理向法治式治理转向，引导文化市场规范健康持续发展。

另一方面，进一步提高文化行政执法的现代化、技术化水平。科技带来技术革命的同时，也为文化行政执法提供了技术治理、合作治理等多种模式的创新工具。未来文化行政执法需要在制度、理念、工具等方面实现全面创新，促进文化综合执法的信息化建设和大数据建设，提高文化综合执法的效能和信息化程度，利用科技实现技术治理，构建文化市场风险评估体系。与此同时，文化具有社会属性，对于文化市场的监管还需要寻求共管共治合作治理的支持，推动形成行业自律、自我规制、自我管理，充分运用社会治理层面的规制工具，实现文化领域的系统性治理。

（三）不断创新文化保护传承创新的司法保障机制

中华优秀传统文化是中华民族生生不息的精神滋养。习近平总书记高度重视弘扬传统文化，指出"中华优秀传统文化是中华民族的精神命脉，是涵养社会主义核心价值观的重要源泉，也是我们在世界文化激荡中站稳脚跟的坚实根基"[①]，"要处理好继承和创造性发展的关系，重点做好创造

---

① 习近平：《在文艺工作座谈会上的讲话》（2014年10月15日），人民出版社2015年版，第25页。

性转化和创新性发展"①。

在文化保护传承创新的过程中，司法保障机制是不可或缺的重要组成部分。未来文化法治建设需要进一步完善文化资源司法保护体系，构建文化资源司法保护的创新裁判规则，推动社会主义核心价值观不但要入法入规，还要融入具体案件裁判的释法说理，在文化保护传承创新的司法保护中真正落实社会主义核心价值观的基本要求。充分发挥司法职能，为文化资源的保护、传承与创新提供有力的司法保障，依法严惩盗窃、盗掘、损毁、倒卖、走私文物、破坏文化遗产、历史遗迹等文化领域犯罪行为，传承好、保护好、利用好历史遗迹和历史文物。通过设立文化司法保护示范点、文化专门法庭、文化专任检察官等创新方式，加强文化资源行政执法与司法保护的有效衔接，围绕文化资源相关的违法犯罪打击、生态环境保护、知识产权保护以及征地拆迁等与人民群众切身利益息息相关的领域和事项，推动行政与司法形成"府院"联动、协同治理的法治保护合力。充分发挥司法裁判规则的引领和导向作用，围绕文物保护、文化遗产保护、非遗传承以及地方性文化资源保护等重点领域定期发布典型指导案例，为文化资源保护营造良好的司法保护氛围。

（四）加快建设社会主义法治文化

2021年4月，中共中央办公厅、国务院办公厅印发《关于加强社会主义法治文化建设的意见》，提出要持续加强法治文化建设，将其纳入公民道德建设工程、社会信用体系建设中。到2035年，基本形成与法治国家、法治政府、法治社会相适应，与中国特色社会主义法治体系相适应的社会主义法治文化，基本形成全社会办事依法、遇事找法、解决问题用法、化解矛盾靠法的法治环境。

未来几年，将以《关于开展法治宣传教育的第八个五年规划（2021—2025年）》的落实为中心，持续推动法治文化与地方文化、行业文化、企业文化融合发展，通过建设法治文化阵地、培育法治文化精品、传播典型法治案例等方式，引领法治风尚，塑造社会主义核心价值观的积极作

---

① 习近平：《培育和弘扬社会主义核心价值观》（2014年2月24日），载《习近平谈治国理政》，外文出版社2014年版，第164页。

用，积极推进社会主义法治文化建设，具体包括以下几个方面：

一是进一步发挥大众传媒的作用。充分利用广播、电视、报刊、网络等大众媒体开展法治宣传教育，通过开设专栏、专刊、专版、专题节目、微博、手机报等，使得法治宣传教育更便捷，更有针对性，更为人民群众喜闻乐见。

二是加强社会主义法治文化阵地建设。把法治文化阵地建设纳入城乡规划，建好用好各种法治文化阵地，扩大覆盖面，提高利用率和群众参与度。加强法治宣传教育基地、法治文化创作基地、青少年法治教育实践基地等建设，完善建设标准，增强实用功能。注重发掘、研究、保护红色法治文化，传承红色法治基因，建设一批以红色法治文化为主题的高质量法治宣传教育基地。推动法治文化与地方、行业特色文化有机融合。

三是繁荣发展社会主义法治文艺。坚持以人民为中心的工作导向，把社会效益放在首位，创作生产与精神文明建设"五个一工程"等文艺精品工程有机衔接的优秀法治文艺作品。落实媒体公益普法责任，综合运用"报、网、端、微、屏"等资源和平台，推动法治融媒体建设，建立以内容建设为根本、先进技术为支撑、创新管理为保障的法治全媒体传播体系，创建法治品牌栏目、节目。

四是推动法治文化数字化建设。以全国"智慧普法"平台为依托，组织开展法治动漫微视频征集展播活动，建立全国法治文艺精品库，汇聚优秀网络法治文艺作品，逐步实现共建共享。加大法治文化惠民力度，充分利用"三下乡"活动，组织丰富多彩的法治文艺下基层，在重大节庆日、法律法规实施日等时间节点，组织开展群众性法治文化活动。

五是强化法治人才培养。坚持立德树人、德法兼修，实施法治文化人才教育培养计划，深入开展社会主义核心价值观和社会主义法治理念教育。加强法治文化专业队伍建设。完善普法讲师团服务管理，推动实现制度化规范化。健全法治文化志愿服务体系，提高志愿服务水平，推进志愿服务精准化、常态化、便利化、品牌化。加强法治报刊出版网络队伍建设，加强法治新闻采编创作人员法治培训。发展壮大法治文化理论研究力量，培养学科带头人。完善法治文化建设人才培养使用评价激励机制。

六是推动中华优秀传统法律文化创造性转化、创新发展。传承中华法系的优秀思想和理念，研究我国古代法制传统和成败得失，挖掘中华传统法律文化精华，根据时代精神加以转化，加强研究阐发、公共普及、传承运用，使中华优秀传统法律文化焕发出新的生命力。加强对法律文化历史遗迹的保护，弘扬代表性人物的事迹和精神，因地制宜建立基地，免费向社会开放。加强对法律文化典籍、文物的保护和整理，让书写在古籍里的文字活起来、传下去。挖掘善良风俗、家规家训中的优秀法治内容，倡导传承优良家风。

作者简介：

李霞，中国社会科学院法学研究所宪法与行政法研究室主任、研究员，中国社会科学院大学法学院副院长、教授、博士生导师，中国社会科学院文化法制研究中心秘书长。北京大学法学学士、法学硕士，中国社会科学院研究生院法学博士。美国哥伦比亚大学法学院、匈牙利中欧大学法学院、台湾地区"中央研究院"法律学研究所访问学者。兼任中国行政法学研究会常务理事、副秘书长、政府规制专业委员会委员，中国法学会网络与信息法学研究会、北京市行政法学研究会、北京市立法学研究会、北京市农村法治研究会理事，全国港澳法研究会会员。研究方向为行政法学、监察法学。

徐玖玖，中国社会科学院法学研究所网络与信息法研究室助理研究员，中国社会科学院文化法制研究中心助理研究员。研究方向为网络与信息法学、经济法学。

服务篇

新时代中国公共文化服务
发展探索

要推动公共文化服务标准化、均等化，坚持政府主导、社会参与、重心下移、共建共享，完善公共文化服务体系，提高基本公共文化服务的覆盖面和适用性。

——习近平在全国宣传思想工作会议上的讲话
（2018 年 8 月 21 日）

服务篇

新时代中国公共文化服务发展探索

  党的十八大以来，党中央、国务院高度重视公共文化服务发展，将现代公共文化服务体系建设、公共文化服务标准化均等化等内容纳入"十三五"和"十四五"文化发展改革的重要目标。2022 年 8 月，中共中央办公厅、国务院办公厅印发《"十四五"文化发展规划》，为我国新时代公共文化服务发展提供了指南。2022 年 10 月，党的二十大报告肯定了在过去十年，"我们确立和坚持马克思主义在意识形态领域指导地位的根本制度，新时代党的创新理论深入人心，社会主义核心价值观广泛传播，中华优秀传统文化得到创造性转化、创新性发展，文化事业日益繁荣，网络生态持续向好，意识形态领域形势发生全局性、根本性转变"。党的二十大报告指出，坚持和发展马克思主义，必须同中华优秀传统文化相结合，"把马克思主义思想精髓同中华优秀传统文化精华贯通起来、同人民群众日用而不觉的共同价值观念融通起来"，"以社会主义核心价值观为引领，发展社会主义先进文化，弘扬革命文化，满足人民日益增长的精神文化需求"。在我国继续全面建设社会主义现代化国家实现第二个百年目标的新征程这一新的历史时期，公共文化服务发展也面临着新挑战和新任务，回顾梳理我国公共文化服务十年来的发展状况，分析当前面临的主要问题，思考解决的对策，对于进一步推进新时代公共文化服务发展具有极其重要的意义。

一、党的十八大以来中国公共文化服务发展取得的成就

  过去十年，我国在公共文化服务体系、基本条件、服务方式、均等

化、服务满意度等方面取得了显著成效。主要体现为：

（一）公共文化服务体系基本建立

基于现实原因，我国的公共文化服务体系建设是与公共文化服务活动同时进行的，它是为群众提供公共文化服务的依托和基础，同时也是公共文化服务的基本内容。截至 2020 年，我国基本达到了"十三五"规划提出的公共文化服务体系基本建立的目标。

公共文化服务发展最令人瞩目的成就是现代公共文化服务的制度体系基本建立，这是现代公共文化服务体系的核心部分。目前我国公共文化服务制度框架已经基本建立，这一框架结构大致可以分为以下三个相互支撑的层次：

一是法律法规基础层面。党的十八大以来，我国出台或修正了《中华人民共和国公共文化服务保障法》（2016 年）、《中华人民共和国公共图书馆法》（2017 年出台，2018 年修正）、《中华人民共和国文物保护法》（2017 年第五次修正），上述三部法律，与 2011 年出台的《中华人民共和国非物质文化遗产法》共同组成了公共文化服务的法律基础。此外，新公布（发布）或修订了《博物馆条例》（2015 年）、《中华人民共和国文物保护法实施条例》（2017 年第四次修订）、《中华人民共和国考古涉外工作管理办法》（2016 年第二次修订）、《中华人民共和国水下文物保护管理条例》（2022 年第二次修订），这些法规与 2003 年公布的《公共文化体育设施条例》和 2006 年公布的《长城保护条例》（2006 年）等构成了公共文化服务基本领域和专项保护的法规依据。这些法律法规的出台和修订，为促进公共文化服务发展奠定了坚实的法律基础。

二是国家政策层面。连续成体系的政策安排为公共文化发展提供了源源不断的推动力，使公共文化服务得以有计划地稳步前进。党的十八大以来，结合我国文化事业繁荣发展的总体规划，国务院和文化部门出台和发布了大量的政策制度，保持了充分的政策供给。"十三五"期间，出台和发布的政策制度主要有《关于加快构建现代公共文化服务体系的意见》（2015 年）、《关于推进基层综合性文化服务中心建设的指导意见》（2015 年）、《"十三五"时期贫困地区公共文化服务体系建设规划纲要》（2015 年）、《关于进一步加强文物工作的指导意见》（2016 年）、《关于做好政府向社会力量购买公共文化服务工作的意见》（2015 年）等，各省份也纷纷出台相应的政策。根据《中华人民共和国国民经济和社会发展第十四个五年规划和 2023 年远景目标纲要》和《"十四五"文化和旅游发展规划》，文化和旅游部编制了《"十四五"公共文化服务体系建设规划》，各省份也紧随其后出台相关政策。从总体上看，从国家到各地不同层级的公共文化服务发展政策，保持了高度的一致性和延续性，范围涵盖了公共文化服务的基本领域，内容体系也已经非常完整，包括财政支持、机构管理、从业人员管理、基础设施建设、公共图书馆事业发展、繁荣群众文艺发展、全国古籍保护工作、公共数字文化建设等方面。

三是管理办法和规范标准层面。我国政府在文化事业经费管理、文化队伍建设、基础设施建设和评估标准、文化服务政务公开、公共文化服务方法与流程等方面提供了明确具体的管理办法和规范标准，使公共文化服务逐渐标准化、规范化，保证公共文化服务政策落到实处。例如，《国家基本公共文化服务指导标准（2015—2020 年）》《财政部关于修改〈文化事业建设费使用管理办法〉的决定》《2018 年全国基层文化队伍培训工作计划》《国家文物局文博人才培训基地评估细则（试行）》《公共文化服务领域基层政务公开标准指引》《关于规范主题公园建设发展的指导意见》《公共美术馆建设标准》《美术馆藏品登记著录规范》《美术馆藏品二维影像采集规范》《信息与文献 公共图书馆影响力评估的方法和流程》《博物馆馆藏资源著作权、商标权和品牌授权操作指引》《关于进一步加强文博事业单位人事管理工作的指导意见》《关于深化文物博物专业人员职称制度改革的指导意见》等。

以上三个层面相互支撑，构成一个完整的框架体系，为公共文化服务提供了坚实的法律制度基础和政策指南，为公共文化服务标准化提供了明确的依据。

（二）公共文化服务基本条件明显改善

良好的公共文化服务条件是提供高质量公共文化服务的前提。经过长期有序地推进，我国公共文化服务的经费投入、组织和人力资源、基础设施等基本条件得到了明显改善。

全国文化和旅游事业费一直呈增长趋势，从 2012 年的 480.10 亿元增加到 2022 年底的 1202.89 亿元，总量增加了 722.79 亿元，增长了 150.54%。全国人均事业费也从 2012 年的 35.46 元增加到 2022 年底的 85.20 元，增长了 140.27%；全国文化和旅游事业费占财政总支出比重从 0.38%增加到 0.46%[①②]。尽管增速不快，但总体趋势是逐年增加。公共文化示范区建设等文化项目和惠民工程是文化投入的重要渠道，中央每年支持地方公共文化服务体系建设补助资金在 2023 年达到了 2012 年以来的最高投入，为 149.63 亿元[③]。

公共文化服务机构数一直保持比较平稳状态，截至 2022 年底，全国文化和旅游单位 31.40 万个，较 2012 年底的 29.61 万个没有太大增长[④]。但是我国的文化机构经过管理体制和机制改革，机构组织的设置更加合理，管理体制机制更加完善。从业人员数量从总量上来看，大大增加，同时总体专业素质水平得到了提升，在职称结构中高级职称所占比重越来越高。

全国公共图书馆、群众性文化机构、博物馆、美术馆的基本设施条件发生了巨大变化，尤其是数字技术的使用，大大提升了文化服务的覆盖率、可及性和便捷性。据统计，截至 2022 年底，全国共有公共图书馆 3303 个，群众文化机构 45623 个，博物馆 6565 个、美术馆 718 个[⑤⑥]。目前，所有公共图书馆、文化馆、文化站、美术馆和90%以上的博物馆已实现免费开放。以在四个基本公共文化服务中使用率最高的公共图书馆为例，2022 年末，全国公共图书馆实际使用房屋建筑面积 2098 万平方米，全国公共图书馆总藏量 135959 万册，阅览室座席数 155 万个，全年共为读者举办各种活动 21.23 万次。从人均资源情况来看，2022 年末全国平

① 2018 年 4 月，我国整合文化部、国家旅游局的职责，成立文化和旅游部。自 2019 年起，原文化事业费统一称为文化和旅游事业费，两者表达的意思一致。
② 《中华人民共和国文化和旅游部 2022 年文化和旅游发展统计公报》，https：//zwgk. mct. gov. cn/zfxxgkml/tjxx/202307/t20230713_ 945922. html，2023 年 7 月 13 日。
③ 中华人民共和国财政部：《关于下达 2023 年中央支持地方公共文化服务体系建设补助资金预算的通知》（财教〔2023〕54 号），http：//jkw. mof. gov. cn/zxzyzf/zybzdfggwhfwtxjszxzj/202305/，2023 年 4 月 12 日。
④⑥《中华人民共和国文化和旅游部 2022 年文化和旅游发展统计公报》，https：//zwgk. mct. gov. cn/zfxxgkml/tjxx/202307/t20230713_945922. html，2023 年 7 月 13 日。
⑤ 《2023 国际博物馆日中国主会场活动在福州开幕》，http：//www. ncha. gov. cn/art/2023/5/18/art_ 722_ 181687. html，2023 年 5 月 18 日。

均每万人公共图书馆建筑面积 148.61 平方米，全国人均图书藏量 0.96 册①。基础设施的改善为公共文化高质量服务提供了比较充分的前提条件。

（三）公共文化服务均等化水平逐步提升

我国长期致力于推进公共文化服务均等化，保障公民均等地享有基本公共文化权利，尤其是"十三五"期间，这项工作取得了重要进展。在《"十三五"推进基本公共文化服务均等化规划》《"十三五"时期贫困地区公共文化服务体系建设规划纲要》的指导下，我国文化部门通过文化事业费均衡分配、财政转移支付制度、"三馆一站"等公共文化基础设施对社会免费开放等政策，通过戏曲进乡村、配送文艺演出以及"春雨工程"等志愿项目向比较薄弱的地区输送文化等措施，为老年人、少儿、盲人等群体提供有针对性的文化服务，来缩小我国区域、城乡、异质群体之间的差距，均等化水平逐渐提升。

以城乡和地区之间的文化和旅游事业费分布为例，从 2012 年底到 2022 年底，县及县以下的区域指标总量逐年增加，至 2016 年，所占比重开始超过县以上区域，至 2020 年达到 54.8%②。数据显示我国文化事业经费投入从以县以上区域为主，转变成为以县及县以下的农村为主，从转变的过程可以发现，全国文化事业费投入一直向比较薄弱的农村倾斜。

中央支持地方转向补助资金在促进城乡公共文化服务均等化过程中起到了重要作用，收到了良好的效果。"十三五"期间，我国在该项资金上累计补助 800 余亿元，仅 2020 年的补助资金便达 152.9 亿元，用于扶持文化志愿服务活动及各地区公共文化服务信息化、数字化建设，开展戏曲演出共计 7 万余场，各项基础设施配置到 2.3 万个农村群众文化机构③。

---

① 《中华人民共和国文化和旅游部 2022 年文化和旅游发展统计公报》，https：//zwgk. mct. gov. cn/zfxxgkml/tjxx/202307/t20230713_945922. html，2023 年 7 月 13 日。

② 《中华人民共和国文化部 2012 年文化发展统计公报》，https：//www. mct. gov. cn/whzx/bnsj/cws/201401/t20140102_827971. htm，2014 年 1 月 2 日；中华人民共和国文化部：《文化发展统计分析报告（2017）》，中国统计出版社 2017 年版；《中华人民共和国文化和旅游部 2020 年文化和旅游发展统计公报》，http：//www. gov. cn/fuwn/2021－07/05/content_ 5622568. htm?eqid = f463768c0000166600000046475942f，2021 年 7 月 5 日；《中华人民共和国文化和旅游部 2021 文化和旅游发展统计公报》，https：//zwgk. mct. gov. cn/zfxxgkml/tjxx/202206/t20220629_934328. html，2022 年 6 月 29 日。

③ 中华人民共和国国家统计局：《中国统计年鉴 2020》，中国统计出版社 2020 年版。

此外，各级文化部门根据老年人、未成年人、残障人士、农民工、农村留守妇女儿童等群体的文化需求，开发和提供基本公共文化产品和服务，有效地保障了他们的基本文化权益。

（四）数字化服务建设效果明显

互联网、大数据、云计算等数字科技的蓬勃发展为公共文化服务数字化准备了充分的新技术条件，数字化服务成为一种必然趋势，它不仅深刻影响着公共文化服务体系的结构，而且大大扩展了公共文化服务的覆盖面，提高了公共文化服务的便捷性和可及性，为群众享受公共文化服务打开了一个全新的空间。

凭借数字科技，我国建立起了数字公共图书馆、博物馆、美术馆等公共服务数字网络和服务平台，促进了资源的共享整合，同时也增加了群众的文化服务体验。"云上传播""线上服务"、各种形式的直播、云观展等新数字化传播形式为日益为人们熟识和接受，逐渐成为人们享受文化服务的重要渠道。

湖北大学高等人文研究院、中华文化发展湖北省协同创新中心在其全国性大规模调查"中国文化发展现状调查（2020）"中，对"公共文化服务数字化程度越来越高，享受公共文化服务越来越便利"这一观点的看法进行了公众认同度调查。数据显示，选择"非常同意"和"同意"累计占比90.78%，选择"非常不同意"和"不同意"累计占比仅为2.81%。这表明，绝大多数民众对"公共文化服务数字化程度越来越高，享受公共文化服务越来越便利"是持高度肯定态度的，从群众评价的角度说明了我国公共文化数字化、便利化落实效果明显[1]。

总体来看，我国公共文化服务呈现出信息化、数字化、现代化趋势，数字化建设比较有成效，为"十四五"时期公共文化服务转型奠定了基础。

二、我国公共文化服务发展存在的主要问题

党的十八大以来，我国公共文化服务体系基本建立，在标准化、均等

---

[1] 湖北大学高等人文研究院、中华文化发展湖北省协同创新中心、湖北文化建设研究院：《文化建设蓝皮书：中国文化发展报告（2021）》，社会科学文献出版社2021年版。

化、数字化等基本方面取得了重要成就，从总体看，我国已经完成了基本公共文化服务体系的构建，基本建立起了公共文化服务设施网络体系，服务均等化稳步推进，数字化服务已经有了比较好的开端，总体发展趋势良好。但与此同时，我国公共文化服务也存在着一些不可忽视的短板。

（一）城乡区域之间、异质群体之间公共文化服务发展水平仍存在差距

公共性是公共文化服务的基本特征之一。公共文化服务的公平性体现在公共文化服务内容的同质性、对象的全体性、方式的开放性等方面，又可归纳为公共文化服务的均等化程度。我国公共文化服务当前还存在城乡区域、异质群体之间公共文化服务发展水平不均的问题。

一方面，城乡区域间公共文化服务差距虽有所缩小，但仍存在。从全国文化和旅游事业费在城乡分配上来看，全国文化和旅游事业费在城乡分配上依旧将重点放在县及县以下单位，东部地区仍然是文化事业费的重点投入地区（见表1）。因此，城乡间、区域间公共文化服务仍有差距。

表1　全国文化和旅游事业费按城乡和区域分布情况

指标	区域	2005 年	2010 年	2015 年	2016 年	2017 年	2018 年	2019 年	2020 年
总量（亿元）	全国	133.82	323.06	682.97	770.69	855.80	928.33	1065.02	1088.30
	县以上	98.12	206.65	352.84	371.00	398.35	424.96	516.91	501.00
	县及县以下	35.70	116.41	330.13	399.68	457.45	503.37	548.11	587.30
	东部地区	64.37	143.35	287.87	333.62	381.71	416.24	478.15	491.60
	中部地区	30.58	78.65	164.27	184.80	213.30	232.71	265.31	269.80
	西部地区	27.56	85.78	193.87	218.17	230.70	242.93	277.97	301.60
所占比重（%）	全国	100.00	100.00	100.00	100.00	100.00	100.00	100.00	100.00
	县以上	73.30	64.00	51.70	48.10	46.50	45.80	48.50	46.00
	县及县以下	26.70	36.00	48.30	51.90	53.50	54.20	51.50	54.00
	东部地区	48.10	44.40	42.10	43.30	44.60	44.80	44.90	45.10
	中部地区	22.90	24.30	24.10	24.00	24.90	25.10	24.90	24.80
	西部地区	20.60	26.60	28.40	28.30	27.00	26.20	26.10	27.70

资料来源：《中华人民共和国文化和旅游部 2016 年文化发展统计公报》《中华人民共和国文化和旅游部 2019 年文化发展统计公报》《中华人民共和国文化和旅游部 2020 年文化和旅游发展统计公报》。

从"城乡基本公共文化服务差距认同度的纵向比较"来看，认同"城乡基本公共文化服务建设的差距越来越小"的占总体样本数的 79.54%，不认同的（含"不清楚""不同意""非常不同意"）占 20.46%；认为"居住在城市比居住在农村更能享受优质的公共文化服务"占总体样本比重的 82.29%（见表 2）。数据表明，我国城乡基本公共文化服务一体化建设有一定成效，民众多认为城乡间公共文化服务差距有缩小，但仍有20.46% 的民众不认同该观点；八成以上的民众认为城市的公共文化服务比农村的更优质，反映出农村地区的公共文化服务水平与城市有一定差距，城乡要素流动不够畅通。

表 2　城乡基本公共文化服务差距认同度的纵向比较

分类	F24. 我认为，城乡基本公共文化服务建设（文化广场）的差距越来越小（2021 年）	居住在城市比居住在农村更能享受优质的公共文化服务（2020 年）
	占总体样本比重（%）	占总体样本比重（%）
非常不同意	2.82	1.08
不同意	4.61	7.37
不清楚	13.03	9.26
同意	40.11	53.28
非常同意	39.43	29.01
合计	100.00	100.00

资料来源：湖北大学高等人文研究院、中华文化发展湖北省协同创新中心"中国文化发展现状调查（2021）"数据库；湖北大学高等人文研究院、中华文化发展湖北省协同创新中心"中国文化发展现状调查（2020）"数据库。

另一方面，异质群体间公共文化服务发展有一定差距，与普通民众相比，他们的需求未得到充分满足。异质群体，又称特殊群体，指在公共文化服务对象中较为特殊的、在享受服务的过程中有一定困难的群体，包括老年人、留守儿童、残障人士等。由"对特殊人群的关注度"的调查数据可知，九成以上的被调查者认为"社会对老年人的精神文化需求关注亟待提高"。有近九成的被调查者认为当前手机不方便老年人和特殊人群使用，认为普通民众与特殊群体间有数字鸿沟存在，且鸿沟仍在进一步扩大（见

表3）。由此可见，我国公共文化服务对异质群体公共文化服务需求的重视程度不够，公共文化服务发展适老、适残程度较低，需给予该群体以更多的关注，多方合力缩小数字鸿沟，改善异质群体间均等化问题，以实现全体人民共同富裕的宏伟目标。

表3 对异质群体"精神文化需求的关注亟待提高"
"群体间数字鸿沟仍在扩大"的观点认同

分类	G29. 老龄化程度越来越高，社会对老年人的精神文化需求的关注亟待提高	I35. 手机App操作复杂，不方便特殊群体和老年人的使用，数字鸿沟仍在扩大
	占总体样本比重（%）	占总体样本比重（%）
非常不同意	2.38	1.84
不同意	1.51	1.94
不清楚	6.09	6.80
同意	39.82	47.41
非常同意	50.19	42.00
合计	100.00	100.00

资料来源：湖北大学高等人文研究院、中华文化发展湖北省协同创新中心"中国文化发展现状调查（2021）"数据库。

（二）公共文化服务数字化建设水平仍有待提升

党的二十大报告强调"必须坚持科技是第一生产力"。随着科技信息技术的迅猛发展，网络化、数字化、智能化的概念逐渐与文化相交，与公共文化服务相融，公共数字文化服务作为必然趋势，逐渐成为政府文化工作的重要内容之一，并在《"十四五"公共文化服务体系建设规划》中被列为主要任务。当前我国公共文化服务数字化建设虽已覆盖面较为广泛、内容较为丰富，但仍有部分领域的数字化建设有待提升。

第一，在硬件设施方面，数字文化的设施建设有待加强。公共数字文化服务的发展离不开基层数字文化设施这一物质基础，基层数字文化设施的加速普及有利于公共文化服务数字化建设加速发展。由表4可知，当前我国基层基础文化设施中，数字文化设施较传统文化设施来说偏少。

表 4　所在村或社区的基础文化设施建设

分类	人数	占样本比重（%）	占选择人次比重（%）
综合文化服务中心	2710	48.73	18.23
农家书屋	872	15.68	5.86
阅报栏	2044	36.76	13.75
电子阅报屏	1106	19.89	7.44
文化广场	2741	49.29	18.44
公园	2491	44.79	16.75
健身路径	2370	42.62	15.94
非遗文化建筑	534	9.60	3.59
选择人次总计	14868	—	100.00

资料来源：湖北大学高等人文研究院，中华文化发展湖北省协同创新中心"中国文化发展现状调查（2019）"数据库。

　　第二，在科技创新方面，公共文化的数字智能普及程度未充分满足人民日益增长的数字文化需要。由表 5 数据可知，71.66% 的受访者认为"应拓展文化服务智慧应用场景"，75.26% 的受访者希望"公共文化网络平台和政务平台'一体化'"，71.38% 的受访者认为应"利用微信、短视频开展公共数字文化服务"。由此可见，群众对公共数字文化服务的发展有一定关注与期待，希望享受到更加贴近生活、更加普遍和便利的公共数字文化服务。这无疑为公共文化服务数字化建设提供了发展的"群众智慧"与"群众方向"。

表 5　公共文化（数字化、网络化、智能化）
科技创新（多选）

分类	人数	占样本比重（%）	占选择人次比重（%）
D22A. 应拓展文化服务智慧应用场景	5564	71.66	20.20
D22B. 利用微信、短视频开展公共数字文化服务	5542	71.38	20.12
D22C. 公共文化网络平台和政务平台"一体化"	5843	75.26	21.21
D22D. 推进群众文化活动直播、互动体验服务	4912	63.27	17.83
D22E. 鼓励数字文化企业参与免费服务	4546	58.55	16.50

续表

分类	人数	占样本比重（%）	占选择人次比重（%）
D22F. 数字化、网络化文化产品是"快餐"	1143	14.72	4.15
选择人次总计	27550	——	100.00

资料来源：湖北大学高等人文研究院、中华文化发展湖北省协同创新中心"中国文化发展现状调查（2021）"数据库。

（三）基层公共文化服务存在短板

近年来我国基层公共文化服务在可及性与便利性方面得到了改善与发展，但其在供给问题方面仍存在短板，主要体现在质、量两个方面。

在公共文化服务供给的质方面，其不足主要表现为公众对公共文化活动的认同度较低。

随着各地进一步根据民众文化需求大力举办群众文化活动，更多群体参与到公共文化服务活动中来。但在文化活动发展的相关评价分析中，认为自己所在地区歌舞等文化活动开展得如火如荼的被调查者占样本总量的84.20%（"同意""非常同意"），认为所在地区文化活动开展得不尽如人意的（"不同意""非常不同意"）的累计占比为5.38%（见表6）。数据表明，当前公共文化服务活动的开展并未充分满足群众的多元化需求。

表6 对"社区（镇、村）广场歌舞等活动开展得有声有色，深受人们喜爱"观点的认同统计

分类	样本数	占总体样本比重（%）	占有效样本比重（%）	占有效样本比重（2019年）（%）	累计有效比重（%）
非常不同意	63	0.87	0.87	1.19	0.87
不同意	326	4.51	4.51	3.99	5.39
不清楚	752	10.41	10.41	13.81	15.80
同意	4014	55.58	55.58	41.49	71.38
非常同意	2067	28.62	28.62	39.53	100.00
合计	7222	100.00	100.00	100.00	——

资料来源：湖北大学高等人文研究院、中华文化发展湖北省协同创新中心"中国文化发展现状调查（2019、2020）"数据库。

新时代新文化

在公共文化服务供给的量方面，其不足主要表现为基层公共文化设施不够齐全、建设效果不佳。

其一，基层文化设施不够齐全。由数据可知，认为自己所在地区公共文化服务设施齐全（"同意""非常同意"）的受调查者占总样本量的80.85%，认为自己所在地区公共文化服务设施不齐全（"不同意""非常不同意"）的累计占比为9.93%，另外还有9.22%的受访者表示"不清楚"（见表7）。这说明我国基层公共文化服务设施建设齐全程度未得到公众的充分认可。

表7　"我所在的社区（村）公共文化服务设施齐全，
有各种形式的文化活动"观点的认同统计

分类	样本数	占总体样本比重（%）	占有效样本比重（%）	累积有效比重（%）
非常不同意	81	1.12	1.12	1.12
不同意	636	8.81	8.81	9.93
不清楚	666	9.22	9.22	19.15
同意	3995	55.32	55.32	74.47
非常同意	1844	25.53	25.53	100.00
合计	7222	100.00	100.00	—

资料来源：湖北大学高等人文研究院、中华文化发展湖北省协同创新中心"中国文化发展现状调查（2020）"数据库。

其二，基层文化设施建设成效不佳。其不佳体现在基层文化设施建设数量差异与落实效果上。从基层文化设施建设的频数分析来看，不同地区文化设施的样本比重有较大差异，"农家书屋"和"非遗文物建筑"分别占比19.50%和17.70%，比重相较其他设施明显偏低；综合文化服务中心、文体广场、健身路径和公园四类文化设施比重较高，发展较好（见表8）。

表8　所在村（社区）建有的文化设施情况（多选）

分类	人数	占样本比重（%）	占选择人次比重（%）
综合文化服务中心	4618	63.90	17.00
农家书屋	1409	19.50	5.19
阅报栏	3412	47.20	12.56
电子阅报屏	2462	34.10	9.06
文体广场	4880	67.60	17.96
非遗文物建筑	1279	17.70	4.71
健身路径	4612	63.90	16.97
公园	4500	62.30	16.56
选择人次总计	27172	—	100.00

资料来源：湖北大学高等人文研究院、中华文化发展湖北省协同创新中心"中国文化发展现状调查（2020）"数据库。

从基层文化建设水平的差异性检验结果来看，获得较高评价的基层文化设施之间也存在显著差异。基于1.644的总均值参数，四项获得较高评价的基层文化设施呈现出高于显著性水平、低于显著性水平和显著性水平几乎一致三种层次（见表9）。因而我们可以认为在差异检验下，基层社区（村）的设施建设落实效果不佳，存在短板。党的二十大报告指出要进一步完善分配制度，体现在基层公共文化服务中，则需要政府通过再分配和转移支付来弥补供给短板。

表9　基层文化建设中的水平（总均值参数1.644）差异检验

题项（变量）	样本数	均值	均值差	T值	显著性（P）
D8A. 综合文化服务中心	7222	1.64	−0.005	−0.808	0.419
D8E. 文体广场	7222	1.68	0.032	5.757	0.000***
D8G. 健身路径	7222	1.64	−0.005	−0.954	0.340
D8H. 公园	7222	1.62	−0.021	−3.666	0.000***

注：*** 表示 $p < 0.01$。

资料来源：湖北大学高等人文研究院、中华文化发展湖北省协同创新中心"中国文化发展现状调查（2020）"数据库。

（四）社会力量作用未充分发挥，公共文化服务形式单一

一方面，我国公共文化服务供给主体多元化程度低，社会力量作用发挥不够充分。在当前文化体制关系下，公共财政投入资金、文化事业单位具体运行的政府一元主导模式仍是我国公共文化服务的主要模式。随着我国文化体制改革的深入，我国公共文化服务供给模式逐渐由"政府一元主导"向"社会力量多元参与"转变。例如，在文艺服务领域，政府采购公益性演出等方式引导社会性质的表演团体参与基层公共文化服务，但在公共图书馆、文化馆、博物馆等基本领域，社会力量的参与度较低，其作用未得到充分发挥。因此，从总体来看，政府仍是大部分公共文化服务的直接供应者，供给主体多元化程度低、社会力量作用发挥不充分的问题并未完全改善，不利于文化事业、文化产业的繁荣发展。

另一方面，公共文化服务的服务形式比较单一，文化活动形式不够丰富。由表7可知，认同自身所在社区（村）"有各种形式的文化活动"的受访者累计占比为80.85%，不认同的占比为9.93%，表明基层公共文化活动形式不够丰富，群众认同度低。对四项认同度较高的"群众文艺活动发展认同状况"进行差异性检验分析可知，广场舞活动与文化馆文艺活动两项文化活动的认同均值显著低于总体认同均值水平（见表10），表明虽有部分群体参加活动，但仍有群众对其不满意，其原因可能是他们未找到心仪的公共文化活动，也可能是受疫情影响，城乡区域中大部分群众聚集性文艺活动的开展均受到限制，群众外出旅游亦受限，文化生活丰富程度减少，可享受的公共文化服务形式单一，引起群众不满。

表 10　群众文艺活动发展状况认同（总均值参数 1.702）差异检验结果

题项（变量）	样本数	均值	均值差	T 值	显著性（p）
D19A. 广场舞活动丰富群众	7764	1.69	-0.009	-1.755	0.079
D19B. 文化馆在促进群众文艺活动	7764	1.65	-0.055	-10.193	0.000***
D19C. 对老年人群体的文艺活动需求越来越关注	7764	1.76	0.054	11.09	0.000***
D19D. 群众文艺活动对文明素质提升越来越明显	7764	1.71	0.011	2.124	0.034*

注：* 表示 p<0.05，*** 表示 p<0.001。

资料来源：湖北大学高等人文研究院、中华文化发展湖北省协同创新中心"中国文化发展现状调查（2021）"数据库。

（五）文化助力效果不够明显

"授人以鱼不如授人以渔"，国家在大力推进乡村振兴战略的过程中，除了需要在政策、财政经费上予以支持，更需要在文化方面，尤其是教育领域，对欠发达地区群众予以扶持，文化赋能乡村振兴，要授之以"渔"、授之以"渔之梦"。通过发展该地区人民的公共文化服务，丰富其文化生活，充实其精神世界，提高其的思想文化素质和科学技术水平，力争从根本上改善其生活。但当前，我国文化助力乡村振兴的效果不够明显。

为全面贯彻乡村振兴战略，以文化产业赋能乡村经济社会发展，文化和旅游部会同相关部门联合印发《关于推动文化产业赋能乡村振兴的意见》，综合考虑现阶段乡村经济社会发展需要、文化资源禀赋，将主要从创意设计、演出产业、音乐产业、美术产业、手工艺、数字文化、其他文化产业和文旅融合八个重点领域赋能乡村振兴。八个领域或多或少都有涉及公共文化服务，如对地方特色文化的开发、数字文化引领文化产业发展、举办各类群众文艺活动。但其赋能成效还未达到理想程度。如有关"乡村网红与乡村振兴"的举措，群众的满意度并不太高（见表11、表12）。受访者中，对"乡村网红是巩固脱贫攻坚成果的创新举措"认同度低，仅占总样本量的54.86%；该观点的均值亦显著低于总体均值。由此可见，乡村网红文化未达到很好助力全面推进乡村振兴的效果。

表 11　乡村网红与乡村振兴（多选）

分类	人数	占样本比重（%）	占选择人次比重（%）
D21A. 这是巩固拓展脱贫攻坚成果的创新举措	4259	54.86	16.66
D21B. 地方文化"走出去"，文旅融合发展的创新	6191	79.74	24.22
D21C. 网红直播带货"一夜暴富"被追捧不应提倡	4816	62.03	18.84
D21D. 乡村网红翻车的很多，要整治	5159	66.45	20.18
D21E. 乡村网红需要把握方向，将好事做好	5139	66.19	20.10
选择人次总计	25564	—	100.00

资料来源：湖北大学高等人文研究院、中华文化发展湖北省协同创新中心"中国文化发展现状调查（2021）"数据库。

表 12　乡村网红与乡村振兴（总均值参数 1.624）差异检验结果

题项（变量）	样本数	均值	均值差	T 值	显著性（p）
D21A. 这是巩固拓展脱贫攻坚成果的创新举措	7764	1.55	-0.075	-13.357	0.000***
D21C. 网红直播带货"一夜暴富"被追捧不应提倡	7764	1.62	-0.004	-0.672	0.502
D21D. 乡村网红翻车的很多，要整治	7764	1.66	0.04	7.553	0.000***
D21E. 乡村网红需要把握方向，将好事做好	7764	1.66	0.038	7.059	0.000***

注：＊＊＊表示 p<0.001。

资料来源：湖北大学高等人文研究院、中华文化发展湖北省协同创新中心"中国文化发展现状调查（2021）"数据库。

（六）民众文化遗产保护的认知及参与意识有待提高

一方水土养一方人，一方的文化遗产能够为一方的民众带来丰富的精神财富和物质财富。文化遗产从存在形态上分为有形的物质文化遗产和无形的非物质文化遗产，都与群众的公共文化生活密切相关。保护一方物质、非物质文化遗产，是基层公共文化服务工作的重要内容之一，仅依靠政府相关工作人员的努力不足以有效地保护一方文化遗产，还需要民间力量的主动参与。但当前我国公共文化服务文化遗产保护领域仍存在一些不足。

第一，公众对文化遗产保护目的的认知较为狭隘。目前，随着保护、开发物质文化遗产和传承、保护非物质文化遗产的宣传力度的加强，人们对地方文化遗产的了解程度和保护意识较从前有所增强（见表 13）。从表 14 可以看出，人们普遍认为"地方民俗非遗保护，需开展活动传承"以及"非遗保护的目的是服务现实文化生活"，由此不难看出普通民众保护文化遗产的目的较为单一化和功利化，导致出现"为了保护而保护"，未真正享受和理解保护文化遗产的过程与精神价值。

表 13　对"人们对文物保护和开发的意识增强，但是在基层具体落实还是不够"观点的认同统计

分类	样本数	占总体样本比重（%）	占有效样本比重（%）	累计有效比重（%）
非常不同意	198	2.55	2.55	2.55
不同意	236	3.04	3.04	5.59
不清楚	786	10.12	10.12	15.71
同意	3377	43.50	43.50	59.21
非常同意	3167	40.79	40.79	100.00
合计	7764	100.00	100.00	—

资料来源：湖北大学高等人文研究院、中华文化发展湖北省协同创新中心"中国文化发展现状调查（2021）"数据库。

表 14　非遗保护问题的认知与评价（总均值参数 1.535）差异检验结果

题项（变量）	样本数	均值	均值差	T 值	显著性（p）
D30B. 地方民俗非遗保护，需开展活动传承	7764	1.83	0.30	25.063	0.000***
D30E. 非遗保护的目的是服务现实文化生活	7764	1.47	-0.07	1.685	0.000***
D30F. 非遗保护需要政府主导多方保护	7764	1.31	-0.23	-28.552	0.000***

注：＊＊＊表示 p<0.001。

资料来源：湖北大学高等人文研究院、中华文化发展湖北省协同创新中心"中国文化发展现状调查（2021）"数据库。

第二，公众主动参与地方文化遗产的意识较低。由表 14 可知，"非遗保护需要政府主导多方参与"的均值显著低于总均值，这表明民众对文化遗产保护的参与主体的理解与多元参与、共享公共文化服务成果的初衷有所出入。保护好地方特色文化遗产需要该地区多方主体积极参与，其良好效果所需的资金、人力投入并非是某一单一主体能够胜任的。开发文化遗产，人人受益；保护文化遗产，人人有责。

从 70 年来文化建设（存在的问题）评价差异检验结果（表 15、表 16）来看，虽然人们对非物质文化遗产保护成效的感知和认同有所提升，非文化遗产的保护有显著提高，但从文化遗产的保护实际实践结果来看，我国基层地方特色文化遗址保护力度明显不够；分散到民众个人后的非物质文化遗产保护意识并不是太浓厚，民众在保护过程中的主体意识及自组织意识不强，表明已经进行的相关文化遗产保护并未实际融入普通群众的日常文化生活之中。此现象与民众文化遗产保护及参与意识不足有很大关系。

表 15　70 年文化建设（存在的问题）评价（总均值参数 1.465）差异检验

题项（变量）	样本数	均值	均值差	T 值	显著性（P）
D12B. 优秀传统文化继承和弘扬成效不尽人意	7222	1.28	−0.184	−34.892	0.000***
D12D. 地方特色文化没有得到真正的关注	7222	1.32	−0.147	−26.783	0.000***
D12F. 地方特色文化遗址保护不够	7222	1.80	0.331	69.720	0.000***

注：＊＊＊表示 p<0.01。

资料来源：湖北大学高等人文研究院、中华文化发展湖北省协同创新中心"中国文化发展现状调查（2020）"数据库。

表 16　70 年文化建设（取得的成绩）评价（总均值参数 1.695）差异检验

题项（变量）	样本数	均值	均值差	T 值	显著性（P）
D12A. 优秀传统文化继承和弘扬成效	7222	1.75	0.051	9.881	0.000***
D12C. 地方特色曲艺文化得到关注	7222	1.67	−0.020	−3.699	0.000***
D12E. 非物质文化遗产保护意识增强	7222	1.67	−0.029	−5.246	0.000***

注：＊＊＊表示 p<0.01。

资料来源：湖北大学高等人文研究院、中华文化发展湖北省协同创新中心"中国文化发展现状调查（2020）"数据库。

综上所述，文化遗产的保护成效不够充分，已取得的显著成就更多停留在政府工作、制度规范和设施建设层面，民众对文化遗产保护的认知较为狭隘、对其的重视程度与参与度较低。

三、推进我国公共文化服务发展的对策建议

推动公共文化服务高质量发展，是进一步深化文化体制改革，发展社会主义先进文化的重要任务，也是让人民享有更加充实、更为丰富、更高质量的精神文化生活，保障人民群众基本文化权益，满足对美好生活新期待的必然要求。在新的形势下更好推动公共文化服务实现高质量发展是发展新时代中国特色社会主义新文化的必然要求。

（一）继续推进公共文化服务均等化发展

实现基本公共文化服务均等化是社会主义文化建设的主要内容，是弘扬社会主义核心价值观和建设社会主义文化强国的主要任务，与广大人民群众的利益息息相关。现阶段我国城乡区域之间、异质群体之间公共文化服务发展水平仍存在差距，应继续推进公共文化服务均等化发展。

第一，应继续推进城乡一体化，进一步缩小城乡间差距。促进区域间文化资源均衡配置，继续加大对乡村地区财政、设备、人才等方面的倾斜与支持；鼓励城乡之间公共文化服务更加有效互动，实现线上文化资源共享、线下活动多方联动合办，使群众享受到均等化的公共文化服务。加强城乡社区养老服务网络建设，加大农村养老服务补短板力度。进一步健全多层次社会保障体系，明显提升基本公共文化服务均等化水平。

第二，应坚持问题导向，更加关注异质群体的需求，促进公共文化服务更加人性化。例如，加大对特殊群体公共文化的保障力度，给予其更多的政策、资金倾斜；加强特殊群体服务人才队伍建设，培养专业化人才，精准对接异质群体公共文化服务工作；在社会范围内鼓励多方开发适合异质群体使用的电子产品、软件、平台，有针对性地解决数字文化鸿沟问题，提升异质群体公共文化服务质量。以此推进基本公共文化服务均等化，丰富异质群体的精神文化生活，从而丰富全体人民的精神文化生活，进一步增强中华民族凝聚力和中华文化影响力。

（二）推进智慧化公共文化设施和服务平台建设

进入信息化时代以来，数字化设备、数字化技术、数字化资源等以各种方式迅速地融入到了人类生活的方方面面，党的二十大报告强调建设"网络强国、数字强国"，大力发展公共文化服务数字化建设成了我国公共文化服务发展的必然趋势之一。我国在该方面应多措并举以补不足，促进其发展。

在硬件设施方面，继续加大对基层公共数字文化设施建设的投入力度，持续推动公共文化机构数字资源建设。在发展内容方面，应加强数字文化内容资源建设，构建智慧化公共数字服务平台，打造完善优化具有数字化功能的智能服务终端，如"智慧平台+公共文化服务"。构建现代化产业体系，推动互联网、大数据、人工智能和文化产业深度融合。同时，注意因地制宜，有差异化地加强地方特色数字资源建设。在管理模式方面，加强基层公共文化机构的智慧化服务与管理模式创新，加强服务数据的采集工作，有针对性地提升基层公共文化服务个性化、社会化供给水平。同时，要完善网络综合治理，培育积极健康、向上向善的网络文化，充分发挥互联网在激发全民族文化创新创造活力中的作用。

（三）加快健全完善基层公共文化服务管理运行机制

现代公共文化服务体系于党的十八届三中全会上被首次提出，是新的历史起点上全面深化改革的重要内容之一。在党的二十大上，习近平总书记再次强调健全现代公共文化服务体系。加快健全完善基层公共文化服务管理运行机制是我国公共文化服务运行机制工作的重要组成部分，有利于健全我国现代公共文化服务体系，亦是解决我国基层公共文化服务存在供给问题的关键突破口。

第一，健全公民需要体系。公民及其组织是公共文化服务的对象，若想提升基层公共文化服务供给能力，应健全公民需要体系，为公民的文化需求提供多种反馈渠道；应提升基层订单式公共文化服务能力，促使基层公共文化服务活动的开展能够更加充分地满足群众的多元化需求；应构建科学的公共文化服务管理运行机制和评价考核机制，以提升基层公共文化服务供给方式的科学性，进而提升公众对基层公共文化服务的认同感。

第二，健全公共文化基础设施体系。作为公共文化服务的物质保障，公共文化场所及基础设施建设是健全现代文化服务体系的基石。针对我国当前公共文化服务基础设施建设不全和设施建设成效不佳等问题，应明确各级政府公共文化服务责任划分，将补齐文化设施建设短板落实到具体部门，着重在较薄弱的基础设施，如综合文化服务中心、公园、农家书屋等方面加大投资和建设的力度；建立健全公共文化服务基础设施建设成效评价机制，发挥评价考核的激励约束作用，创新实施文化惠民工程，提高公共文化场馆免费开放服务水平，提高基层公共文化设施资源使用效益。

（四）挖掘社会力量，促进多元合作治理与供需平衡，探索基层公共文化服务新形式

公共文化服务的全面发展，离不开社会多方力量的参与和其自身形式的创新，两者对于传统的"政府一元主导"模式来说，是两股新鲜血液的注入。面对我国公共文化服务现阶段服务供给主体单一、社会力量参与较少、公共文化活动形式较为单一的问题，应有针对性地采取措施挖掘社会潜力，探索更多形式的基层公共文化服务。

第一，继续推进政府购买公共文化服务，通过社会力量、社会资金的引入弥补欠发达地区人员、设备方面的不足；鼓励具有较高服务水平和管理规范的公共文化类社会组织积极参与公共文化服务，充分发挥非营利性文化组织、企业、社会文化团体等的作用；构建和完善公共文化志愿服务体系，壮大文化志愿者队伍，促进公共文化服务社会化发展。

第二，公共文化服务活动形式应基于现实条件与群众的关切点来丰富。目前，社区是我国民众享受公共文化服务的最基本的组织，也是民众最基本的活动范围。探索社区公共文化服务新形式，丰富社区公共文化服务供给，是解决该领域问题的趋势所在。开展社区文化惠民乐民活动，以社区为单位组织群众文艺活动，吸引居民积极参加，以文化产业项目带动基层公共文化服务发展。

（五）以正确理念引领文化助力巩固脱贫攻坚成果

继续大力发展农村地区公共文化服务，以文化助力乡村振兴，防止文

化返贫，是现阶段巩固脱贫成果和实施乡村振兴战略的重要内容。

第一，应坚持以民为本的发展初衷和以人民为中心的创作导向。引导多元主体共同参与创作，呈现出更多人民喜闻乐见的、能够体现人民精神力量的优秀文艺作品；构建更科学和人性化的评价指标体系与绩效考核机制，切实解决文化助力乡村振兴过程中"重上级考核标准、轻群众不同需要"的应付式发展问题；健全意见沟通反馈渠道，以进一步深切关注民众的实际公共文化需求。

第二，应坚持马克思主义在意识形态领域的指导地位，深入学习贯彻习近平文化思想，引导全社会广泛践行社会主义核心价值观。一方面，党的二十大报告指出，要建设具有强大凝聚力和引领力的社会主义意识形态，开辟中国化马克思主义新时代新境界。以公共文化服务助力巩固脱贫攻坚成果离不开马克思主义的正确指导。另一方面，社会主义核心价值观作为社会主义核心价值体系的内核，对于促进国民全面发展、引领社会全面进步、实现中华民族伟大复兴的中国梦有着重要的现实意义。应在文化助力乡村振兴的具体过程中深入开展社会主义核心价值观的宣传教育，不断加深民众对正确价值观念的理解与认同；将正确理念融入在作品中，通过多主体参与创作出更加丰富多彩的文化成果；将发展公共文化服务、弘扬社会主义核心价值观、家风建设三者结合起来，重视文化在乡村振兴中的重要作用，鼓励欠发达地区加强家庭家教家风建设。"家风正，则民风正"，当一个地区民风淳朴且追求上进，能够自主发展时，以公共文化服务发展赋能乡村振兴的目标就能够得到实现。

（六）加强地方特色文化遗产保护宣传力度，提高民众文化遗产保护意识

文化遗产是一个地区传统文化延续的重要载体，是该地区公共文化服务向着具有地方特色发展的宝贵资源。推动地方文化遗产良性发展，离不开当地居民对其进行有意识的保护和开发。结合上述问题部分的数据可知，当前我国各地文化遗产保护已有一定成效，目前存在的问题与民众文化遗产保护意识有关，故应采取措施予以解决。

第一，应弘扬地方优秀传统文化，强化地方文化遗产保护工作的宣传力度。线上方面，应以官方、非官方两线并行的方式进行宣传。官方的如

图书馆、文化馆、博物馆这类公共文化单位，可以在弘扬地方优秀传统文化的基础上，有针对性地开展文化遗产线上分享会、线上科普等活动；非官方的如民间组织、志愿组织、文化遗产爱好者、非物质文化遗产传承人，可以以视频直播方式对当地文化遗产进行宣传，在社会范围内营造良好的氛围，提升民众对文化遗产的认知程度与保护意识。线下方面，各界力量可以举办文化遗产展览会、研习班、工作坊，吸引群众广泛参与到文化遗产保护的活动中来，切实感受到保护其的价值与乐趣。

第二，探索文化遗产保护新模式，促进地方特色文化发展、文化遗产保护性开发与当地旅游业发展相结合。建立健全文遗保护性开发的意见反馈机制，打通民意上行的渠道，广泛聆听和采纳"关于当地文化遗产如何发展"等问题的民意，探索文化遗产保护新模式，促进地方文化遗产多元化发展。实现以文化产业项目带动公共文化服务发展，在促进一方文化遗产保护性开发、提升地方发展的经济效益的同时，提升民众文化遗产保护意识和保护能力。

参考文献

［1］国家统计局：《中国统计年鉴2020》，中国统计出版社2020年版。

［2］湖北大学高等人文研究院、中华文化发展湖北省协同创新中心、湖北文化建设研究院：《文化建设蓝皮书：中国文化发展报告（2021）》，社会科学文献出版社2021年版。

［3］湖北大学高等人文研究院、中华文化发展湖北省协同创新中心、湖北文化建设研究院：《文化建设蓝皮书：中国文化发展报告（2020）》，社会科学文献出版社2020年版。

［4］湖北大学高等人文研究院、中华文化发展湖北省协同创新中心、湖北文化建设研究院：《文化建设蓝皮书：中国文化发展报告（2019）》，社会科学文献出版社2019年版。

［5］青岛公共文化课题组：《公共文化服务的实践探索与创新——基于青岛示范区的调查》，山东大学出版社2016年版。

［6］曹铁臻、张生言、谌平：《城市公共文化云平台建设》，中国传

媒大学出版社 2018 年版。

作者简介：

周鸿雁，湖北大学公共管理学院教授，哲学博士，博士生导师，美国迈阿密大学访问学者。兼任中华文化协同创新中心湖北省分中心副研究员，湖北省农村社区研究中心、湖北大学高等人文研究院研究员，湖北省哲学学会理事、湖北省伦理学会理事。研究方向为管理哲学、行政伦理、公共文化服务。

孙若晨，湖北大学公共管理学院公共管理专业 2021 级硕士研究生。

产业篇

推动文化产业高质量发展

要推动文化产业高质量发展，健全现代文化产业体系和市场体系，推动各类文化市场主体发展壮大，培育新型文化业态和文化消费模式，以高质量文化供给增强人们的文化获得感、幸福感。

——习近平在全国宣传思想文化工作会议上的讲话
（2018 年 8 月 21 日）

产业篇

推动文化产业高质量发展

　　文化产业具有低能耗、可持续、创意性等特征，符合现阶段"质量变革、效率变革、动力变革"的经济发展新要求。党的十八大对文化产业提出"到 2020 年成为国民经济支柱性产业"的发展目标，此后，文化市场主体不断壮大、新型文化业态模式涌现。2020 年，党的十九届五中全会就"健全现代文化产业体系"作出最新战略部署，这标志着文化产业发展进入跨越式成长的跃迁阶段。然而，目前还存在高质量文化产品和服务有效供给不足，不能满足人民多样化、多层次的精神文化需求；高端复合型文化产业人才供给不足，人才培养机制尚不完善；文化企业创新能力不足，文化科技成果转化机制欠缺；文化产业国际竞争力不足，在全球产业链分工中处于相对弱势地位等问题。回顾党的十八大以来我国文化产业的发展历程与成就经验，我们需要从生态建设、人才储备、环境营造等方面对其未来发展作出科学规划，为发展中国特色社会主义文化产业体系不懈努力。

一、党的十八大以来文化产业发展的主要成就

　　党的十八大以来，我国文化产业发展迅猛，经历了巩固改革成果阶段、探索转型阶段、协同发展阶段及高质量发展阶段，成就斐然：文化产业规模持续增长，产业结构不断高级化，市场主体越发活跃；对外文化贸易异军突起，有力推动中华文化"走出去"战略实施；实施乡村文化振兴，释放居民文化消费潜力、满足居民美好生活需要。在此过程中，我国

· 279 ·

文化产业始终坚持"双效统一"原则,在政策引领、试点先行的创新发展理念引导下,坚持融合化、集约化、协同化的发展路径,以推进产业转型升级、释放市场活力为抓手,以平台建设强化服务保障,初步建成中国特色现代文化产业发展体系和市场体系。

(一) 文化产业规模持续增长,高质量发展态势显现

党的十八大以来,我国文化及相关产业增加值稳步增长。如图 1 所示,我国文化及相关产业增加值从 2012 年的 18071 亿元增加到 2019 年的 45016 亿元,受新冠疫情影响,2020 年文化及相关产业增加值有所下滑,但仍高达 44945 亿元。2012~2020 年,文化及相关产业增加值平均增长率为 12.06%,比同期 GDP 平均增长率高 3.34 个百分点。此外,2012~2020 年,文化及相关产业增加值占 GDP 的比重从 3.36%上升至 4.43%,占第三产业增加值的比重从 7.38%上升至 8.14%。

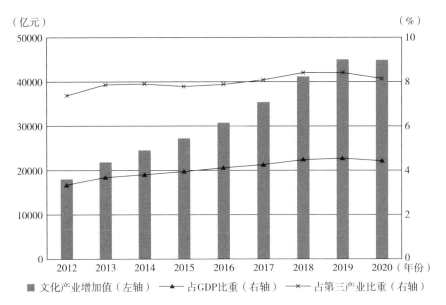

图 1 2012~2020 年中国文化及相关产业增加值及占 GDP、第三产业增加值比重

资料来源:历年《中国文化及相关产业统计年鉴》《中国统计年鉴》。

文化市场主体更加活跃。如图 2 所示,我国文化及相关产业法人单位

数由 2012 年的 66.30 万个增加至 2019 年的 209.31 万个，年均增长率为
17.85%。其中，文化服务业的法人单位数最多，年平均增长率最快，为
22.19%，远高于文化制造业 7.49% 的年均增长率。文化服务业的法人单
位数比重也从 2012 年的 62.84% 上升至 2019 年的 75.05%。在文化及相
关产业，特别是文化服务业快速发展的背景下，文化产业逐渐成为拉动就
业增长的重要力量。文化产业的就业人数从 2013 年的 1760 万人增长到
2020 年的 1893.79 万人，年平均增长率为 1.05%。

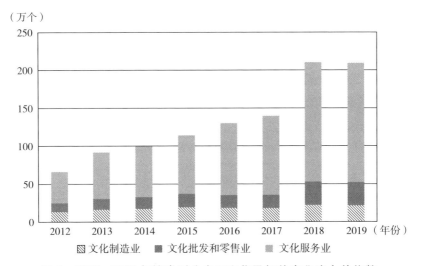

图 2　2012~2019 年按类别分中国文化及相关产业法人单位数

资料来源：历年《中国文化及相关产业统计年鉴》（中国文化及相关产业法人单位数仅披露
至 2019 年）。

规模以上文化及相关产业稳步增长，产业结构逐渐呈现高级化特征。
如图 3 所示，2012~2020 年，我国规模以上文化及相关产业企业数稳步增
长，由 2012 年的 36469 家上升至 2020 年的 63913 家，年均增长率为
7.27%。2015 年之前，文化制造业规模以上企业数量占比最高，各年均高
于 40%；2014 年以来，文化服务业规模以上企业数持续增加，比重由
2015 年的 41.85% 上升至 2020 年的 52.03%，而文化批发和零售业规模以
上企业数比重在 18% 左右。我国的文化及相关产业结构呈现出从文化制造
业主导向文化服务业主导转变的优化态势。

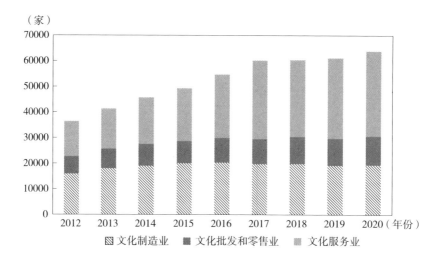

图 3　2012～2020 年按类别分规模以上中国文化及相关产业企业数

资料来源：历年《中国文化及相关产业统计年鉴》。

文化及相关产业营业收入稳步增长，行业分化明显。2018 年，国家统计局对文化及相关产业进行了更符合行业发展动态的分类，将其划分为可以直接满足居民精神文化消费的六大核心行业和三个辅助性行业①。根据对全国 6.5 万家规模以上文化及相关产业企业的调查情况（见表 1），2021 年被调查企业共计实现营业收入 119064 亿元，按可比口径②计算，比 2020 年增长 16.0%；比 2019 年增长 18.6%；两年平均增长 8.9%。虽然近年来规模以上文化及相关产业企业的营业收入稳步增长，但不同行业间呈现出较大差异。其中，新闻信息服务 2021 年的营业收入为 13715 亿元，两年平均增长 16.7%，增长率最高；创意设计服务 2021 年营业收入

---

①　六大核心行业分别为新闻信息服务、内容创作生产、创意设计服务、文化传播渠道、文化投资运营、文化娱乐休闲服务，三大辅助性行业分别为文化辅助生产和中介服务、文化装备生产、文化消费终端生产。

②　2021 年规模以上文化及相关产业企业营业收入的上年数与之前公布的 2020 年数据存在差异，主要原因是：一是规模以上企业数量发生增减变化。2021 年有部分企业达到规模以上标准纳入调查范围，也有部分企业因规模变小而退出调查范围，还有新建投产、破产注（吊）销企业等，使得规模以上企业数量发生变化。2021 年，全国规模以上文化及相关产业调查企业数量为 6.5 万家，比上年增加 4595 家。按照可比口径，2020 年全国规模以上文化及相关产业企业营业收入为 102647 亿元。二是加强统计执法，对统计执法检查中发现的不符合规模以上要求的企业及填报的不实数据进行了清理，对相关基数依规进行了修正。

为 19565 亿元，两年平均增长 13.8%；文化消费终端生产两年平均增长 10.5%，2021 年实现营业收入 22654 亿元。文化及相关产业中比重最大的为内容创作生产，为 21.1%，2021 年营业收入为 25163 亿元，两年平均增长 9.7%。文化娱乐休闲服务由于受到新冠疫情的影响，2021 年营业收入仅为 1306 亿元，两年平均下降 9.2%。文化传播渠道、文化辅助生产和中介服务的增长率也偏低，两年平均增长率分别为 3.2% 和 3.3%。

表1 2021 年全国规模以上文化及相关产业企业营业收入情况

	绝对额（亿元）	所占比重（%）	比 2020 年增长（%）	比 2019 年增长（%）	两年平均增长（%）
总计	119064	100.0	16.0	18.6	8.9
按行业类别分					
新闻信息服务	13715	11.5	15.5	36.3	16.7
内容创作生产	25163	21.1	14.8	20.2	9.7
创意设计服务	19565	16.4	16.6	29.5	13.8
文化传播渠道	12962	10.9	20.7	6.5	3.2
文化投资运营	547	0.5	14.3	17.5	8.4
文化娱乐休闲服务	1306	1.1	18.1	−17.5	−9.2
文化辅助生产和中介服务	16212	13.6	14.6	6.7	3.3
文化装备生产	6940	5.8	13.6	14.9	7.2
文化消费终端生产	22654	19.0	16.2	22.1	10.5

注：①表中速度为未扣除价格因素的名义增速；②表中部分数据因四舍五入，存在总计与分项合计不等的情况。

资料来源：国家统计局。

文化及相关产业专利授权呈增长态势，凸显高质量发展特征。如图 4 所示，2012~2020 年，我国文化及相关产业专利授权数仅在 2014 年出现了负增长，其余年份均正增长，授权专利数由 2012 年的 82769 项上升至 2020 年的 201732 项，年平均增长率为 11.78%。其中，比重最大的外观设计专利的年平均增长率最低，仅为 7.75%；比重居于第二的实用新型专利的年平均增长率次之，为 19.94%；比重最低且申请难度最大的发明专利年平均增长率最高，为 20.72%。整体上，我国的文化及相关产业的专利授权呈现出增长态势，且发明专利的授权增长最为明显，呈现明显的高质量发展特征。

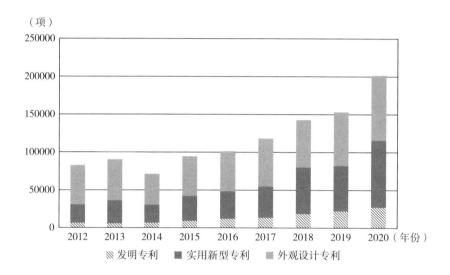

图 4　2012~2020 年中国文化及相关产业专利授权情况

资料来源：历年《中国文化及相关产业统计年鉴》。

（二）对外文化贸易稳步提升，重点突出

文化产品进出口额稳步提升，各年持续顺差。党的十八大以来，我国持续加大文化领域对外开放力度①，文化产品进出口额稳步提升，从 2012 年的 887.5 亿美元上升至 2020 年的 1086.9 亿美元（见图 5），虽然有的年份出现了负增长，但仍实现了年均 2.57% 的增长率。商务部数据显示，2021 年文化产品进出口额更是高达 1558.1 亿美元，同比增长 43.35%。与此同时，2012~2020 年，我国文化产品出口总额持续高于进口总额，顺差优势极为明显。2020 年，我国文化产品出口额为 972 亿美元，进口额为

---

① 比如，2014 年 3 月，国务院出台《关于加快发展对外文化贸易的意见》（国发〔2014〕13 号），明确指出加快发展对外文化贸易，在更大范围、更广领域和更高层次上参与国际文化合作和竞争，把更多具有中国特色的优秀文化产品推向世界。

114.9 亿美元，实现顺差 857.1 亿美元，较 2012 年 645.5 亿美元的顺差，增加了 211.6 亿美元。鲜明的文化特色和巨大的国外市场是中国文化产品实现顺差增长的重要因素，为推动我国文化产业"走出去"，提升国家文化软实力提供了有力支撑。

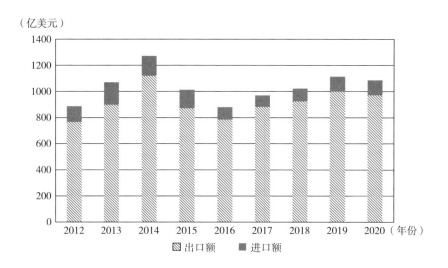

图 5　2012~2020 年中国文化产品进出口情况

资料来源：历年《中国文化及相关产业统计年鉴》。

整体来看，对外文化贸易重点突出。从贸易方式来看，在文化产品出口总额中，一般贸易出口比重最高，2020 年一般贸易出口额为 523.2 亿美元，占出口总额的比重为 53.83%，加工贸易和其他贸易占比分别为 27.65% 和 18.52%。在文化产品进口总额中，也是一般贸易进口最高，2020 年一般贸易进口额为 64.2 亿美元，占进口总额的比重为 55.87%，其他贸易次之，占比为 33.16%，加工贸易比重最低，为 10.88%。由此可知，无论文化产品的进口总额还是出口总额，一般贸易均占主导地位。从商品类别来看，2020 年文化用品出口额为 566.1 亿美元，占文化产品出口总额的 58.24%，其次为工艺美术品及收藏品，占比为 25.14%，而文化专用设备和出版物出口额占比分别仅为 13.27% 和 3.33%。2020 年工艺美术品及收藏品进口额为 48.4 亿美元，占文化产品进口总额的 42.12%，文化专用设备、文化用品、出版物进口额占比分别仅为24.72%、18.62%、14.62%。从企业性质来看，民营企业是我国文化出口的主力，集体、私营及其他企业文化产品出口额从2012年的139.28亿美元上升至2020年的658.2亿美元，占比从2012年的53.78%提升至2020年的67.72%。而对于文化产品的进口来说，外资企业进口比重相对较高，2020年外资企业文化产品进口额为45.6亿美元，占比为39.69%，国有企业和集体、私营及其他企业文化产品进口占比分别为30.20%和30.11%。

文化产品进出口国家和地区相对集中。2020年我国累计向排名前15位的国家和地区出口总额为723.36亿美元的文化产品，这些国家和地区累计出口额占出口总额的74.42%，集中度较高（见表2）。其中，文化产品出口额占比前三的国家和地区分别为美国、中国香港和英国。美国的出口额遥遥领先于其他国家和地区，2020年累计向美国出口281.86亿美元的文化产品，占比高达29%。我国对美国的文化产品出口依赖度较高。而对于文化产品的进口来说，2020年累计排名前15位的国家和地区进口总额为82.42亿美元，合计占比高达71.73%，集中度也较高。其中，文化产品进口额占比前五的国家分别为意大利、法国、德国、美国和日本。上述国家的进口额占比均超过了8.5%，大幅高于其他国家和地区。

表2　2020年文化产品前15位进出口国家和地区

国家和地区	出口累计金额（亿美元）	比重（%）	国家和地区	进口累计金额（亿美元）	比重（%）
美国	281.86	29.00	意大利	11.95	10.40
中国香港	95.65	9.84	法国	11.92	10.37
英国	51.04	5.25	德国	10.78	9.38
日本	45.25	4.66	美国	10.63	9.25
荷兰	45.25	4.66	日本	10.09	8.78
德国	32.15	3.31	瑞士	6.28	5.47
加拿大	26.14	2.69	中国香港	5.13	4.46
新加坡	24.03	2.47	英国	3.86	3.36
澳大利亚	22.89	2.35	新加坡	3.78	3.29

续表

国家和地区	出口累计金额（亿美元）	比重（%）	国家和地区	进口累计金额（亿美元）	比重（%）
俄罗斯	21.14	2.17	中国台湾	2.22	1.93
韩国	20.42	2.10	韩国	1.64	1.43
印度	15.10	1.55	印度尼西亚	1.60	1.39
法国	14.66	1.51	加拿大	0.97	0.84
波兰	13.95	1.44	荷兰	0.93	0.81
沙特阿拉伯	13.83	1.42	波兰	0.64	0.56

资料来源：《中国文化及相关产业统计年鉴2020》。

（三）产业融合发展趋势增强

在万物互联、虚实共生的技术背景下，产业壁垒被打破，横向跨界成为党的十八大以来文化产业发展的重要特征。当前，"文化+"的融合特性在技术赋能下正向更宽领域、更广范围促成产业融合化，涌现出了一系列新兴业态。

文化和制造业相融合，文化制造业稳步发展。文化制造业是文化产业的重要组成部分，是文化和制造业相融合的产物，文化制造业主要包括文具、工艺美术、玩具、演艺娱乐设备、包装印刷等传统文化产品制造业，以及软件、工业设计等新兴文化产品制造业。如图6所示，2012~2020年，规模以上文化制造业的资产总额稳步增长，从2012年的21653.40亿元增长至2020年的35096.22亿元，年平均增长率为6.22%。增长率出现了先下降后上升的趋势，这主要是因为"十三五"以来，我国经济发展方式逐渐从规模速度型向质量效率型转变，传统文化制造业的增速明显放缓；随着2018年国家和地方文化和制造业进一步融合，以"文化+""科技+"为依托的文化新业态、新模式不断涌现且迅速发展，软件、工业设计等新兴文化产品制造业成为投资热点，文化制造业资产总额增速开始回升。

文化和旅游深度融合，文旅产业快速发展。文化和旅游融合是文化发展的重要内容。2018年，原文化部和原国家旅游局合并组建成为文化和

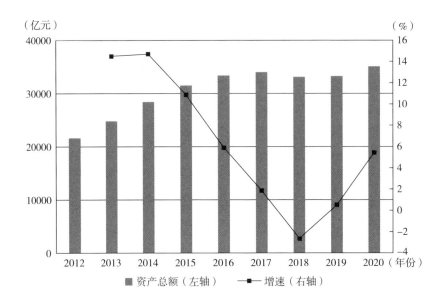

图 6   2012~2020 年规模以上文化制造业资产总额情况

资料来源：历年《中国文化及相关产业统计年鉴》。

旅游部，并确定了"宜融则融，能融尽融，以文促旅，以旅彰文"的工作方针。在此方针下，博物馆旅游、旅游演艺、主题公园、文创产品等业态和产品得到快速发展。以旅游演艺为例，2012~2021 年，全国艺术表演团体由 7321 个增长至 18370 个，年平均增长率为 10.76%；从业人员由 24.20 万人增长至 45.33 万人，年平均增长率为 7.22%；演出场次由 135.02 万场增长至 232.53 万场，年平均增长率为 6.23%；国内演出观众人次由 8.28 亿人次增长至 9.28 亿人次，年平均增长率为 1.27%；演出收入由 64.15 亿元增长至 112.99 亿元，年平均增长率为 6.49%（见表 3）。虽然各项指标在 2019~2020 年受到新冠疫情的影响有所下滑，但整体呈现增长态势。

表 3   2012~2021 年全国艺术表演团体基本情况

年份	机构数 （个）	从业人员 （万人）	演出场次 （万场）	演出观众人数 （亿人次）	演出收入 （亿元）
2012	7321	24.20	135.02	8.28	64.15

年份	机构数 （个）	从业人员 （万人）	演出场次 （万场）	演出观众人数 （亿人次）	演出收入 （亿元）
2013	8180	26.09	165.11	9.01	82.07
2014	8769	26.29	173.91	9.10	75.70
2015	10787	30.18	210.78	9.58	93.93
2016	12301	33.29	230.60	11.81	120.86
2017	15742	40.30	293.57	12.47	147.68
2018	17123	41.64	312.46	11.76	152.27
2019	17795	41.25	296.80	12.30	126.78
2020	17581	43.69	225.61	8.93	86.63
2021	18370	45.33	232.53	9.28	112.99

资料来源：《中华人民共和国文化和旅游部 2021 年文化和旅游发展统计公报》。

    文化和数字经济相融合，数字化趋势明显。在文化产业领域，动漫、游戏、互联网游戏服务、数字内容服务、互联网广告服务及可穿戴智能文化设备制造等数字新业态发展态势迅猛。国家统计局的数据显示，2021年文化新业态特征较为明显的 16 个行业小类[①]实现营业收入 39623 亿元，比上年增长 18.9%；两年平均增长 20.5%，高于全部规模以上文化及相关产业企业 11.6 个百分点。以在线阅读为例，2021 年我国在线阅读用户总规模达到 5.02 亿，占网民总数的 48.6%，读者数量达到了历史最高水平[②]。2018~2020 年我国数字阅读行业市场规模平均增速超过 15%，2022年整体市场有望达到 453.9 亿元[③]。数字用户的增长以及公众不断提升的数字文化产品的需求已经成为带动文化消费产业发展的新增长点。

---

    ① 新业态特征明显的 16 个行业小类是：广播电视集成播控，互联网搜索服务，互联网其他信息服务，数字出版，其他文化艺术业，动漫、游戏数字内容服务，互联网游戏服务，多媒体、游戏动漫和数字出版软件开发，增值电信文化服务，其他文化数字内容服务，互联网广告服务，互联网文化娱乐平台，版权和文化软件服务，娱乐用智能无人飞行器制造，可穿戴智能文化设备制造，其他智能文化消费设备制造。

    ② 中国互联网络信息中心：《第 49 次〈中国互联网络发展状况统计报告〉》，2022 年 2 月。

    ③ 艾媒咨询《2020 年中国移动阅读行业发展专题研究报告》。

(四) 基层资金投入加大，文化消费潜力释放

基层地区资金投入不断加大。党的十八大以来，在党中央新时代乡村振兴的蓝图中，文化振兴是实施乡村振兴战略的重要内容，而乡村文化产业和旅游不断融合发展，并得到了国家资金的大力支持。如表4所示，全国文化和旅游事业费从2010年的323.1亿元增长至2021年的1132.9亿元，增长了2.51倍；其中，县以上文化和旅游事业费从2010年的206.7亿元增长至2021年的506.4亿元，比重却从64.0%下降至44.7%；而县及县以下文化和旅游事业费从2010年的116.4亿元增长至2021年的626.5亿元，比重从36.0%上升至55.3%。这在一定程度上说明，中央政府在不断加大对乡村地区的文化和旅游经费投入，这为乡村地区的文旅产业发展提供了重要保障。此外，乡村文旅产业的发展不局限于文化和旅游，多地通过政企联动，帮助农民开通电商小店，为优质农产品搭建"短视频+直播+电商"三位一体的产销平台，助力农产品创收，为农民脱贫做出了重要贡献。

表4　全国文化和旅游事业费按城乡分布情况

	年份	2010	2015	2018	2020	2021
总量 （亿元）	全国	323.1	682.9	928.3	1088.3	1132.9
	县以上	206.7	352.8	425.0	501.0	506.4
	县及县以下	116.4	330.1	503.4	587.3	626.5
所占比重 （%）	全国	100.0	100.0	100.0	100.0	100.0
	县以上	64.0	51.7	45.8	46.0	44.7
	县及县以下	36.0	48.3	54.2	54.0	55.3

资料来源：《中华人民共和国文化和旅游部2021年文化和旅游发展统计公报》。

农村文化消费潜力逐步释放。农村特色产业的发展，有效地推动了农村文化资源的转化利用，以重点产业项目为载体，形成了诸多以传统手工艺生产为主的农村特色文化产业集聚区。在促进乡村文化振兴的同时，有利于促进农民就业增长，为农村文化消费潜力的释放提供有力支撑。

2013~2019 年，城镇、农村居民人均文化娱乐消费支出呈现上行态势，2020 年由于受到新冠疫情影响，城镇、农村居民人均文化娱乐消费支出均大幅下滑（见图 7）。但是，在此期间，农村居民人均文化娱乐消费支出比重整体上呈现上行趋势，从 2013 年的 15.60% 上升至 2020 年的 22.76%。这说明，农村的文化消费潜力不断得到释放，这为扩大内需，满足农民对美好生活的需求提供了重要保障。

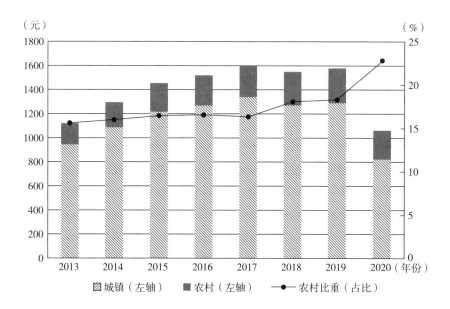

图 7　2013~2020 年城镇、农村居民人均文化娱乐消费支出情况

资料来源：历年《中国文化及相关产业统计年鉴》。

以乡村文旅为代表的乡村消费，促使乡村一二三产业融合发展。乡村产业的融合发展一定程度上有利于引导乡村产业延长价值链条，以新业态、新模式丰富产业门类，促进城乡之间生产要素流动，提高产业效率。乡村消费有助于完善产业基础设施配套，截至 2021 年末，乡镇综合文化站有 32524 个，全国平均每万人群众文化设施建筑面积 352.13 平方米①。乡村基础设施的完善有利于推动乡村整体产业升级。此外，社会各界积极

---

① 《中华人民共和国文化和旅游部 2021 年文化和旅游发展统计公报》。

探索文化扶贫、艺术扶贫与消费扶贫的结合模式，从而带动各类乡村文化营造项目在各地繁荣，以乡村历史文化资源、创意生产要素为基础，引导"一村一品"的乡村文化品牌塑造，激发乡村文化产业发展的内生动力。

二、文化产业高质量发展存在的问题和差距

缺少世界一流的文化企业。在 2022 年福布斯世界 500 强企业排名中，143 家中国企业上榜，国家电网、中石油、中石化保持全球排位前十，31 家中国（包括中国台湾和中国香港）企业进入全球排位前 100，足以彰显我国大型企业的国际竞争力水平。但是，在世界 500 强中却没有中国文化企业，4 家上榜的娱乐业企业分别是美国的华特迪士尼公司、维亚康姆 CBS 公司、Netflix 公司和法国的 Financièredel' Odet 公司，华特迪士尼公司在 500 强排位第 145，是全球文化相关产业的绝对领军企业（见表 5）。2021 年，即便出现负增长，迪士尼仍然实现营业收入 653.88 亿美元。在 2022 年中国 500 强企业排名中，以娱乐教育为主营业务的企业只有 2 家，分别是北京蓝色光标数据科技股份有限公司、好未来教育集团，排名第 312 位和 420 位，2021 年收入分别是 400.77 亿元人民币和 283.27 亿元人民币，中国营收最高的文化企业仅相当于美国华特迪士尼公司的不足 10%[①]。即便是近年来备受关注的互联网企业游戏业务的年收入也仅在千亿元人民币规模。因此，无论是与全球领军文化企业比较，还是与国内其他行业比较，我国都缺乏具有国际竞争力的大型文化类企业。虽然文化产业的繁荣发展需要构建以众多中小微企业参与的产业生态，但领军型企业的缺位使得我国文化产业难以形成优质要素资源汇聚的平台和载体，从而形成具有国际领先的产业竞争力。例如，美国华特迪士尼公司的文化业务涵盖电影、电视、音乐、出版、新闻、主题公园，同时还是科技创新公司掌握海量世界领先的技术专利，构建了庞大的与金融、科技、地产、制造、信息相融合的文化帝国，吸引全球高端要素资源，实现文化产业的全球布局和全球盈利。

----

① 2022 年《财富》中国 500 强排行榜单。

表 5　2022 年世界 500 强、中国 500 强和美国 500 强中的文化企业

2022 年世界 500 强企业（娱乐业）				
2022 年排名	2021 年排名	公司名称	2021 年营业收入（百万美元）	国家
145	150	华特迪士尼公司	65388	美国
443	458	Financièredel' Odet 公司	27470	法国
465	457	维亚康姆 CBS 公司	26186	美国
484	—	Netflix 公司	24996	美国
2022 年中国 500 强企业（教育、娱乐业）				
2022 年排名	2021 年排名	公司名称	2021 年营业收入（百万元人民币）	
312	268	北京蓝色光标数据科技股份有限公司	40077	
420	334	好未来教育集团	28327	
2022 年美国 500 强企业（娱乐、出版业）				
2022 年排名	2021 年排名	公司名称	2021 年营业收入（百万美元）	
53	50	华特迪士尼公司	67418	
115	115	Netflix 公司	29697.8	
116	109	派拉蒙	29579	
287	247	福克斯公司	12909	
310	290	华纳兄弟探索	12191	
326	326	自由传媒	11400	
374	337	新闻集团	9358	
396	373	动视暴雪	8803	

资料来源：《财富》500 强榜单。

文化产业区域发展失衡问题突出。从区域的角度看，文化产业的发展与当地经济发展水平、人口规模和受教育水平、城市化水平、基础设施条件、工业化进程、文化历史底蕴、商业和创业环境相关，相对于农业、采掘业、制造业和一般服务业，文化及相关产业的发展需要借助更加综合的地区基础条件，因此更难培育和发展。如图 8 所示，2019 年，广东省文化及相关产业规模以上企业营业收入达到 1.82 万亿元，广东省、北京市、江苏省、浙江省四个省市规模以上文化及相关产业企业营业收入超过万亿元规模，这四个省市收入超过了全国总额的一半。相较于排名后十位的省区市合计仅占到全国总额的 1.5%。总体来看，我国文化产业的基本布局特征是：沿海地区发展规模和水平远超内陆地区，10 个沿海省市规模以上文化及相关产业企业营业收入合计占到了全国总额的 63.07%，收入超万亿元的省市中除了北京全部是沿海地区，除北京市外，内陆地区文化及相关产业收入最高的是湖北省，但仅相当于广东省的 1/5。南方地区发展规模和水平远超北方地区，北方地区规模以上文化及相关产业营业收入只占到全国的约 20%（如果排除北京市，北方地区只占 8%）。从产业收入的地区结构看，文化产业区域发展的失衡问题远远高于制造业和其他服务业，东强西弱、南强北弱的区域经济特征在文化产业方面表现得更加突出。

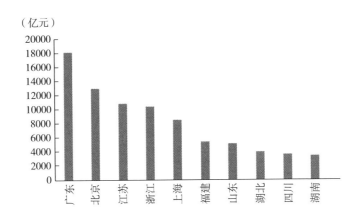

图 8　2019 年前十省市文化及相关产业规模以上企业营业收入

文化产业政策法规体系还不完善。相对于制造业和其他服务业，我国文化产业不仅产业自身发展水平比较滞后，相关政策法规体系建设并不完善。例如，由于我国文化领域立法相对滞后，各类盗版、侵权现象时有发生，严重损害企业的创新积极性，阻碍产业的健康发展。相对于美国、日本、韩国等文化产业发达国家，我国文化产业相关政策也比较薄弱，难以满足文化产业高质量发展的要求。

文化产业的"引进来""走出去"面临风险和障碍。在文化产业的"引进来"方面，国外资本、技术、人才等优势要素资源与中国优势传统文化缺乏结合。在全球化背景下，我国进口国外优质文化产品规模和相关产业投资规模不断增大，国内影视、小说、动漫、演义等文化产品大量借鉴欧美日韩套路，出现大量只追捧短期利益缺乏深度的文化产品，不仅使国内文化产业缺乏创新精神，也严重影响我国传统文化的传承和产业转化。在文化产品"走出去"方面，语言、文化、风俗的差异造成我国文化产品在国际市场的接受度较低，加上我国文化产业本身缺乏国际化经验，对国外相关政策法规、宗教习俗了解不足，中国文化产品的出口、文化企业的海外布局还处于起步阶段。文化产业中的服务业也是我国极少的存在贸易逆差的产业，2019 年，包括文化实物产品在内的文化产品进出口总额 1114.5 亿美元，贸易顺差 883.2 亿美元，但是文化和娱乐服务进出口总额仅为 52.8 亿美元，贸易逆差 28.8 亿美元。

高端人才和复合型人才有较大缺口。产业的高质量发展必然依靠高质量的人才供给，近年来，很多产业的转型升级都面临人才短缺的问题，而文化产业高质量发展的人才缺口问题更加严峻。根据相关研究报告，即便是国内人才聚集的北京市，创意产业从业人员在总的就业人口中所占的比例不过 0.1%，相比较，纽约文化创意产业的从业人员占该城市全部工作人口总数的 12%，伦敦这一比重高达 14%，东京高达 15%。人才可以说是纽约、伦敦、东京成为全球文化产业高地的重要基础。国内文化产业相关人才不仅储备不够，结构也非常不合理，尤其是在产业融合发展、国际化发展的背景下，复合型人才更是难以满足要求，而当前的教育培训的体制和学科设置短期内都难以提供合格的相关人才，人才短缺将是我国文化产业高质量发展长期面临的问题。

三、文化产业高质量发展的展望

文化市场和产业规模保持高增长，产业体系更加完善。从需求端看，中国庞大的人口基数、发展中国家首屈一指的教育水平、不断扩大的中产阶级规模将构成全球增长最快，并必定成为全球第一的文化产品服务消费市场。根据相关统计，中国在 2020 年超过北美（包括美国和加拿大）成为全球电影票房最大的国家，2021 年，中国票房市场达到 74.38 亿美元，北美市场只有 44.84 亿元，尽管近几年各国电影票房受疫情影响，但中国成为全球最大票房国家的地位已经基本稳固。从供给端看，产业政策将更加聚焦和有效，文化企业发展和创新的内在动力将增强，北京、上海、广州、深圳、成都等城市将形成世界级的文化产业集聚地，各地方也建设发展更多的文化产业园区，在信息技术的支持下，文化产业将构建线上线下融合的覆盖全国范围的文化产业链。除了电影、电视、广告、出版、文化演出等传统文化产业部门，网络社交、电子竞技、软件开发、数字内容等新兴文化产业也在做大规模，我国文化产业体系将更加完善、产业结构趋于高级化。当然，我国本土文化企业还比较羸弱，与国外大型跨国文化公司差距甚大，我国文化产业的发展将面临严峻的"国内市场竞争国际化"，如何实现国内文化市场、文化产业和中国文化企业的同步壮大发展是未来必须面对和解决的难题。

文化产业数字化转型加速推进。数字技术的进步、数字化手段的应用、数字基础设施的完善能够大大拓宽文化产品服务创新创意的空间、扩大文化产品服务市场范围、降低文化企业经营成本。我国数字经济发展全球领先，"互联网+"的融合发展已经在电子商务、共享经济等领域培育了成熟的新兴产业和业态，数字经济与文化产业的融合也已经取得不少成就，潜移默化地改变着文化产品服务的消费习惯，以及文化产业的转型升级方向。在数字经济的影响下，文化产业将出现去中心化趋势，产业运行效率大大提升、产业边界逐渐模糊消失、产业链跨界延伸、平台经济特征越发显著，当然，数字化转型也会加剧文化产业的竞争，不适应数字经济的企业甚至整个细分行业将被淘汰，而存活的企业也将面临巨大的来自不断涌现创新型文化企业和跨界进入文化产业新企业的竞争。值得一提的是，文化产业的数字化转型、数字经济与文化的深度融合将有助于提升我国文化软实力和中国文化海外传播影响力。例如，国内一些互联网企业的平台型应用产品的全球布局近年来成绩斐然，这在客观上不仅促进了中国文化产品服务的出口，还推动了国际市场和国外消费者对中国文化、中国文化产品的认可。根据 Sensor Tower 的最新应用排名，2022 年第一季度，字节跳动旗下的 TikTok 再次成为全球下载次数最多的移动应用（非游戏），击败了 Meta 旗下包括 Facebook 和 Instagram 在内的众多国外应用。美国是当前 TikTok 增长最快的市场，2022 年第一季度，美国用户 TikTok 消费支出环比增长 125%，远远高于 TikTok 全球 40% 的平均增速。

文化市场更加繁荣和开放。随着我国经济持续快速发展，以及文化产品供给质量显著提升，人们越来越愿意为文化相关产品和服务付费。如图 9 所示，2021 年，全国城镇居民人均教育文化娱乐消费支出 3322 元，占人均消费支出的比重为 10.96%。党的十八大以来，除了 2018 年和 2020 年，城镇居民人均教育文化娱乐支出的增长都明显快于全部消费支出的增长，教育文化娱乐支出的占比稳步提高。2020 年，受疫情影响，线下文化服务受到极大冲击，但客观上也刺激了线上文化服务的发展，促进了我国文化产业的数字化转型。国内文化消费持续增长的同时，文化市场也将更加开放，呈现多元化的发展趋势。如图 10 所示，党的十八大以来，我国引进版权数量略有下降，但来源国更加均衡，美国仍是最大版权引进来源国，但占比从 2013 年最高的 34.2% 下降到了 2020 年的 25.4%。当然，受价格、供需匹配和消费文化习惯的影响，文化消费占居民支出的比重与发达国家相比还非常低，我国国内文化市场发展需求端的培育还任重道远，同时也意味着我国国内文化市场还有巨大的增长空间。

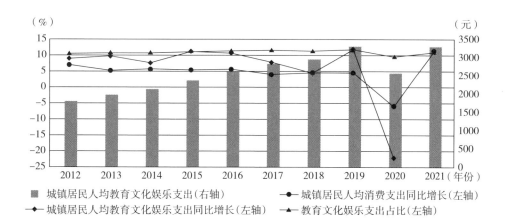

图 9　2012~2021 年城镇居民文化相关支出情况

资料来源：国家统计局。

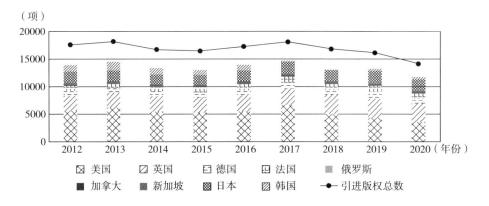

图 10　按国别分版权引进情况

文化产业赋能能力增强。文化是最重要和最核心的"软实力",在文化产业自身做大做强的过程中,通过产业融合,文化产业对其他产业的赋能能力也将增强,培育更多的"文化+"新产业和新业态。文化与旅游的融合发展将推动我国旅游业加速供给侧结构性改革,跃迁至更具文化内涵的更高发展水平。例如,以故宫为代表,国内很多景区(包括博物馆)相继推出周边文创产品,形成一批"超级 IP",在大幅度增加景区收益的同时,还起到文化宣传传播的作用,提高了中国文化的影响力。文化产业也正在赋能制造业的转型升级,文化产业的发展丰富了制造产品的美学价值,并且以工业设计能力的增强促进制造业的转型升级。

作者简介:

邓洲,中国社会科学院工业经济研究所工业发展研究室主任、副研究员,硕士生导师。研究方向为工业发展、技术创新、产业结构研究。

吴海军,中国社会科学院工业经济研究所助理研究员,经济学博士。研究方向为产业经济与企业创新。

文旅篇

推进文化和旅游深度融合发展

旅游是不同国家、不同文化交流互鉴的重要渠道，是发展经济、增加就业的有效手段，也是提高人民生活水平的重要产业。中国高度重视发展旅游业，旅游业对中国经济和就业的综合贡献率已超过10%。中国拥有悠久历史、灿烂文化、壮美山川、多样风情，我们热情欢迎各国旅游者来华观光度假。

　　——习近平向联合国世界旅游组织第22届全体大会所致的贺词
（2017年9月13日）

　　旅游是综合性产业，是拉动经济发展的重要动力。旅游是修身养性之道，中华民族自古就把旅游和读书结合在一起，崇尚"读万卷书，行万里路"。

　　——习近平在俄罗斯"中国旅游年"开幕式上的致辞
（2013年3月22日）

推进文化和旅游深度融合发展

党的二十大报告提出："坚持以文塑旅、以旅彰文，推进文化和旅游深度融合发展。"当前，文旅融合呈现出前所未有的活跃态势，已成为影响未来文旅产业和区域发展的重要因素。打造文旅深度融合发展格局，不仅是文化和旅游自身转型发展的客观需要，更是推进中国式现代化文化产业高质量发展落实落地的必然要求。立足新发展阶段，瞄准新发展需求，推动文化和旅游在更深层次、更广范围、更高水平上实现深度融合，必须以全新的理念在打造融合发展新模式、拓展融合发展新空间、激发融合发展新活力、构建融合发展新机制上集中发力。

一、党的十八大以来文化旅游产业的主要成就

党的十八大以来，国民文化旅游需求持续释放，文旅日渐成为人民美好幸福生活的基本需要，文化旅游业成为国民经济战略性支柱产业，中国文化旅游业迈入大众化发展新阶段。这一时期文化旅游业在产业、事业、改革、创新四个维度上实现了突破，为高质量转型奠定了基础。

（一）三大市场持续高速增长，形成全球最大国内旅游消费市场

2018 年[①]，国内旅游游客数量增长到 55.39 亿人次，入境旅游人数为 1.41 亿人次，出境旅游人数为 1.5 亿人次，旅游业总收入达到 5.13 万亿元（见图 1 至图 3）。中国继续保持世界第一大出境旅游客源国和全球第

---

① 考虑到新冠疫情对文旅产业带来的非正常扰动，在研究文旅产业的成就和问题时，主要取疫情发生前一年即 2018 年数据。

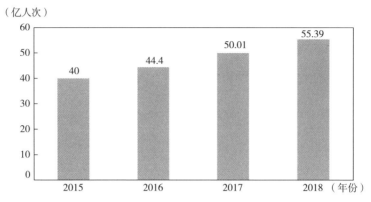

图 1　2015～2018 年国内旅游人数

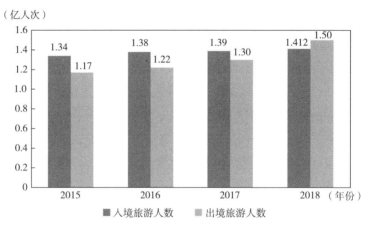

图 2　2015～2018 年入境旅游人数和出境旅游人数

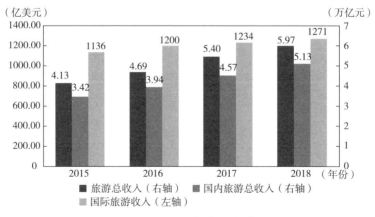

图 3　2015～2018 年全国旅游收入

四大入境旅游接待国地位，是全球最大的国内旅游消费市场，文化旅游产业完成了大众化的转变。

（二）旅游消费占比迅速提高，成为支撑消费的重要力量

旅游消费从 2015 年的 11.37% 上升到 2018 年的 13.46%（见图 4），旅游业对住宿、餐饮、民航、铁路客运业的贡献超过 80%，旅游业日益成为支撑和扩大消费的重要力量。

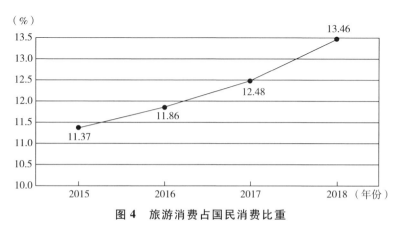

图 4　旅游消费占国民消费比重

注：旅游消费占国民消费比重为国内旅游总收入消费额与当年全国消费品零售总额之比。

（三）居民出游率持续提高，已经达到发达国家平均水平

这一阶段，中国国民人均出游稳步上升，2018 年人均国内旅游次数为 3 次，发达经济体人均国内旅游次数为 2.7 次，中国的居民出游率已经超过这一平均水平，呈现出内需高度旺盛的特点（见图 5）。根据中国旅游研究院发布的《中国旅游消费大数据报告 2018》，2018 年中国国内居民出游力指数达到 17.8%，国民分季度出游意愿维持在 82%~87% 的高位，旅游日渐成为国民的幸福生活的基本需要，成为衡量现代生活水平的重要指标。

（四）旅游就业贡献稳步提升，成为就业市场的重要支撑

2018 年，旅游直接就业人数增长到 2826 万人，旅游直接和间接就业增长到 7991 万人，旅游就业占全国就业总人口的比重达到 10.29%，成为就业市场的重要支撑。

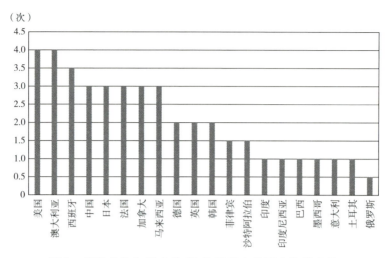

图 5　旅游总收入排名前 20 的国家人均国内旅游次数

资料来源：世界旅游城市联合会、中国社会科学院旅游研究中心：《世界旅游经济趋势报告（2019）》，中国出境游论坛暨世界旅游城市联合会研究成果发布会，北京，2019 年 1 月。

二、文化旅游产业主要面临的问题

（一）旅游业对国民经济的综合贡献度仍有待增强

中国旅游业的综合贡献水平与国际较优水平相比，仍然还有差距。2018 年全国旅游总收入相当于 GDP 的 6.63%（见图 6），同年全球旅游总收入为 5.34 万亿美元，相当于 GDP 的 6.1%[①]，中国旅游水平与此相当。2018 年亚太地区旅游总收入相当于 GDP 的 10.6%，新兴经济体旅游业总收入相当于 GDP 的 15.4%，中国与之相比差距较大。主要国家旅游总收入占 GDP 比重如图 7 所示。从世界旅游及旅行理事会（WTTC）发布的旅游业贡献数据来看，2016 年中国旅游业对 GDP 直接贡献和综合贡献分别为 4.92% 和 11.01%，与葡萄牙（分别为 6.4% 和 16.6%）、西班牙（分别为 5.1% 和 14.2%）和意大利（分别为 4.6% 和 11.1%）等世界旅游强国相比还有一定发展空间（见表 1）。

---

① 世界旅游城市联合会、中国社会科学院旅游研究中心：《世界旅游经济趋势报告（2019）》，中国出境游论坛暨世界旅游城市联合会研究成果发布会，北京，2019 年 1 月。

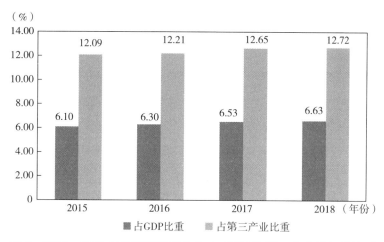

图6　2015~2018年全国旅游总收入占GDP和第三产业增加值比重

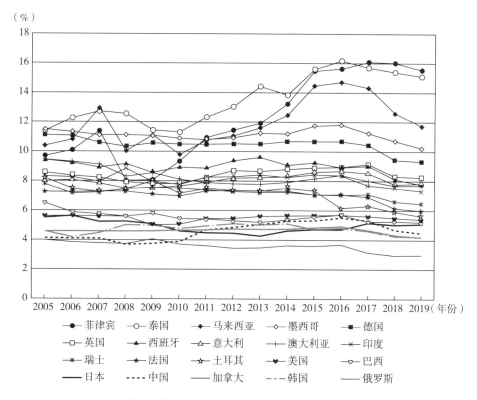

图7　主要国家旅游总收入占GDP的比重

资料来源：世界旅游城市联合会、中国社会科学院旅游研究中心：《世界旅游经济趋势报告（2019）》，中国出境游论坛暨世界旅游城市联合会研究成果发布会，北京，2019年1月。

表 1 WTTC 测算的世界主要国家和地区旅游业的直接贡献和综合贡献（2016 年）

国家和地区	旅游业对 GDP 直接贡献（%）	旅游业对 GDP 的综合贡献（%）
中国	4.92	11.01
世界平均	3.1	10.2
日本	2.4	7.4
韩国	1.8	5.1
泰国	9.2	20.6
欧盟	3.7	10.2
葡萄牙	6.4	16.6
西班牙	5.1	14.2
意大利	4.6	11.1
德国	4.0	10.8
法国	3.6	8.9
英国	3.4	10.8
美国	2.7	8.1
加拿大	1.8	6.3
澳大利亚	2.9	10.9

资料来源：WTTC。

（二）游客人均消费有很大提升空间

2018 年，我国国内游客人均消费为 926.16 元/人次，入境游客人均消费为 900.14 美元/人次（见图 8），同年全球国内旅游人均消费为 347.5 美元，入境旅游人均花费为 1243.2 美元，均高于我国游客的旅游人均花费。从世界旅游总收入排名前 20 位的国家来看，旅游人均花费平均为 392.3 美元/人次，中国仅为 244.7 美元/人次，排在 20 个国家之末。如何进一步提升游客人均花费，是推动旅游高质量发展的重要任务。

（三）文化旅游企业总体效益仍不理想

近年来，我国文化旅游投资大幅提升，但企业总体运行效率仍然不高，"小、弱、散、差"的特征依然存在。2016 年全国旅游企业平均总资产为 6196.43 万元，旅游企业的平均营业总收入为 2666.90 万元，旅游企业平均营业利润和平均净利润均分别为 116.04 万元和 100.58 万元，旅游企业年末从业人数平均为 54 人。从效益上看，2016 年全国旅游企业净资

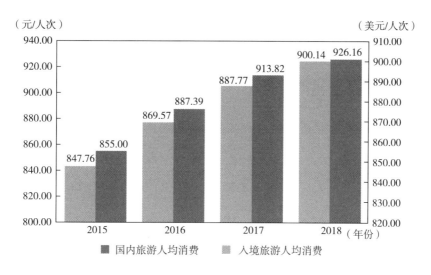

图8　2015~2018年中国游客人均消费

产收益率平均为4.37%（见图9），旅游企业总资产报酬率平均为3.57%，旅游企业总体盈利能力相对较低，特别是与全球主要旅游企业相比差距明显。根据《世界旅游经济趋势报告（2018）》对全球具有代表性的50家旅游上市公司①的分析，全球旅游上市公司的企业营业利润率2016年高达22.6%，旅游上市公司总资产报酬率为13.07%，远远高于我国旅游企业的盈利能力。具体来看，全国星级饭店数量和营收均出现负增长，2016年全国9861家星级酒店的净利润仅为4.71亿元；全国旅行社增长率持续下滑，2016年的增长率仅为1.15%。即使是以OTA为代表的在线旅游企业虽保持高速增长，但以资本换市场、以价格补贴等方式换取流量的做法并不可持续，多数OTA企业仍处于亏损状态，尚不能实现经营上的盈利。

（四）各区域文化旅游发展水平呈收敛趋势，但仍存在较大差距

当前，中西部地区文化旅游发展提速，东中西三大区域之间的差距，无论是在累计潜在出游力还是在旅游产业综合发展水平方面均呈现出明显

①　该报告所选取的样本公司中，大部分来自美国纽约证券交易所和纳斯达克证券交易所、加拿大多伦多证券交易所、法国巴黎证券交易所、英国伦敦证券交易所、德国法兰克福证券交易所等成熟资本市场，少量来自于中国、澳大利亚等新兴资本市场。样本公司分为旅行社、交通、酒店及综合类四种类型。

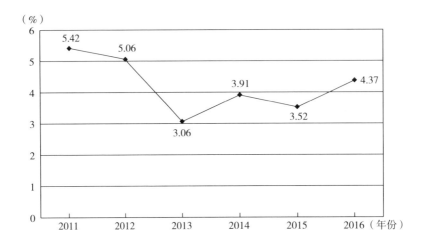

图9 2011~2016年旅游企业平均净资产收益率

资料来源：原国家旅游局。

的收敛趋势。2017年，东中西三大区域旅游接待量总体呈现4∶3∶3的格局，2017年客源地潜在出游力之比为6∶3∶1，相较于长期处于"7∶2∶1"的三级阶梯状分布格局已有所缓解，中西部地区居民出游意愿及旅游收入增长明显。中西部地区旅游收入和旅游人次的增长率均超过东部地区，2017年中西部地区旅游收入的增长率分别为25.79%和27.69%，超过东部地区的9.63%；中西部地区旅游人次的增长率分别为18.62%和22.65%，超过东部地区的3.55%。从旅游客源地来看，中西部地区居民旅游消费金额占全国旅游消费总金额的比重均不断提升，东部地区占比有所收缩，中西部地区居民旅游消费意愿明显增强。从旅游目的地来看，中西部地区旅游消费人次占比均不断提高，东部地区的主导地位有所削弱，项目和资本向中西部聚焦的态势正在形成，区域均衡化趋势显现。但是，不同区域、城乡之间在出游率、发展理念、基础设施、公共服务水平、产业发育程度、服务水平等方面依然存在一定差距，区域发展存在不平衡问题。从客源地分布看，前50位客源城市贡献了63.8%的游客，客源分布不均衡性现象突出、假日集中出游的时间非均衡格局依然严峻；旅游发展的城乡二元化格局尚无明显改观，城乡居民的出游力差距仍然较大。2018年城镇居民国内出游人数41.19亿人次，农村居民国内出游人数14.20亿次，城镇居民出游人数和旅游花费占总数的份额分别达到74.4%和83.1%。下一阶段，如何进一步缩小城乡、区域发展差距，促进区域均衡发展是旅游高质量发展的重要任务。

（五）运行效率有所提升，全要素生产率增长结构有待优化

总体上看，我国文化旅游业的总体运行效率有所提升，据宋瑞的测算，中国旅游业全要素生产率平均增速为5.6%，其中技术进步增速为2.9%，技术效率进步增速为2.6%[①]。产业的高质量增长核心在于全要素生产率的增长，在这方面，我国与传统的旅游强国相比仍有较大差距。如与美国相比，我国的入境旅游全要素生产率增长幅度与其相差14%。进一步分解，中国入境旅游业的技术进步和美国不相上下，说明中国旅游业在新科技的采用或新产品的发明方面已经有所进步，但技术效率和规模效率拖累了整体技术效率的发挥，说明中国旅游业在组织和管理大企业的能力及知识方面仍有缺陷（见表2）。

表2　中美入境旅游的全要素生产率

国家	技术效率	技术进步	纯技术效率	规模效率	全要素生产率变动
中国	0.989	1.013	1.004	0.985	1.002
美国	1.127	1.013	1.122	1.004	1.142

资料来源：金准、孙盼盼：《世界与中国：旅游的转折与变革》，载《旅游绿皮书》社科文献出版社2016年版。

（六）贸易平衡度有待平衡

党的十八大以来，中国旅游服务贸易逆差增长率逐渐变缓，贸易平衡度呈现改善趋势，但总体上来看，我国出境旅游高速增长，入境旅游发展相对缓慢，旅游贸易逆差相对较大，出入境旅游发展不平衡问题仍然存在（见表3）。下一阶段，如何进一步发展入境旅游，优化出入境旅游结构是重要问题。

[①]　宋瑞：《我国旅游业全要素生产率研究——基于分行业数据的实证分析》，《中国社会科学院研究生院学报》2017年第6期。

表3　中国旅游服务贸易进出口额　　　　　　单位：亿美元

年份	2015	2016	2017	2018
差额	-1914	-2177	-2160	-2374
出口额	580	444	388	395
进口额	-2495	-2621	-2548	-2768

资料来源：《中国国际收支平衡表》。

（七）国际竞争力仍有较多短板

党的十八大以来，我国世界旅游竞争力稳步上升，根据世界经济论坛发布的《2017年全球旅游业竞争力报告》，中国旅游竞争力指数的总分是4.7分，在全球排名第15位。但旅游竞争力的短板依然存在，中国除了在自然资源（排名第5位，得分5.25分）和文化资源与商务旅游（排名第1位，得分6.94分）方面比较有优势之外，在旅游商业环境方面，中国排名第92位，安全防范方面排名第95位，旅游健康与卫生方面排名第67位，信息技术与通信技术方面排名第64位，旅游业的优先程度方面排名第50位，旅游国际开放度方面排名第70位，价格竞争力方面排名第38位，环境可持续性方面排名第132位，地面和港口基础设施方面排名第44位，旅游服务基础设施方面排名第92位，旅游业大而不强的特点彰显无遗。

三、当前我国文化旅游产业正步入关键发展时期

新时代，我国文化旅游产业处于"四期合一"的关键发展时期，即国民经济换挡期、全球旅游格局深度调整期、国家战略全面落实期以及文化和旅游融合的纵深发力期。其中，国民经济换挡期所产生的影响将是中长期的、根本性的，将给中国旅游业带来一系列结构性变化，而其他"三期"所产生的影响是阶段性的，将给中国旅游业提出一些战略性要求。

（一）国民经济换挡期

新时代，我国经济进入从高速增长向中速增长过渡的阶段，年增长率

将逐步调换到 6% 左右。这一变化是经济发展的自然过程，也符合国际经验。1960 年以来，全球 100 多个经济体中，只有 12 个国家和地区完成了追赶任务，迈过高收入经济门槛，且普遍经历了增速换挡期。例如，德国、日本、中国台湾和韩国等国家和地区，经济增速平均从 8.3% 降到 4.5%，降幅在 50% 左右（见表 4）[①]。中国在 2008 年前后越过了刘易斯拐点，2012 年劳动年龄人口开始净减少，2016 年中国人均 GDP 为 8117 美元，经济增速 6.7%，逐步进入中速增长平台[②]。对此，党的十九大报告作出准确判断："我国经济已由高速增长阶段转向高质量发展阶段，正处在转变发展方式、优化经济结构、转换增长动力的攻关期。"

表 4　成功追赶经济体的典型数据

		德国	日本	韩国	中国台湾	平均	中国
高速期	时间	1951~1965 年	1951~1973 年	1961~1996 年	1951~1989 年		1979~2013 年
	持续期（年）	15	23	36	39	28	36
	增速（%）	6.6	9.3	8.5	8.8	8.3	9.8
中速期	时间	1966~1972 年	1974~1991 年	2001~2010 年	1990~2010 年		2014 年至今
	持续期（年）	7	18	10	21	14	
	增速（%）	4.0	3.7	4.9	5.1	4.5	
	降幅（%）	61.0	40.0	58.2	58.1	54	

资料来源：国务院发展研究中心、国家统计局、Wind。

中速发展期将是一个相对较长的时期，从国际经验看，平均为 14 年。对于中国旅游业而言，这将带来诸多方面的重大变化。其一，文化旅游业地位将得到明显提升。从国际同期经验看，在经济换挡期，文体娱乐消费的占比往往都会有较为显著的提升，是其文化旅游业地位提升的重要时期。从我国自身发展来看，从 2020 年到 2035 年，是我国着力实现社会主

[①]　任泽平：《大势研判：经济、政策与资本市场》，中信出版社 2016 年版。
[②]　任泽平：《大势研判：经济、政策与资本市场》，中信出版社 2016 年版；刘世锦：《中速平台与高质量发展》，中信出版社 2018 年版。

义现代化的关键时期，在此时期，文化旅游业将面临从产业到产业和事业并重的关键转型期，文化旅游业的发展程度以及全民享受旅游权益和旅游机会的程度，将成为体现社会主义现代化发展程度的重要方面。其二，文化旅游发展质量将有显著提升。从日本、韩国、中国台湾等国家和地区的发展经验来看，其文化旅游业的大发展，特别是体现质量的诸多指标有较大提升之时，往往并不在高速发展期，而是在增速换挡期。国民经济从高速到中速的转型与换挡，也将伴随着中国文化旅游业从速度和规模型发展向质量和效益型发展的转换。其三，文化旅游发展模式将面临重大转变。经济换挡期，意味着我国生产力和生产关系的调整，在此背景下，文化旅游业传统的发展红利、增长模式也将面临很大的变化。如何更好地应对和调适这些变化，将有待改革和创新的进一步推进。

（二）全球文化旅游格局的深度调整期

从全球来看，当前国际环境正处于世界力量格局、世界体系格局、世界发展格局三大格局的剧烈变动时期，全球文化旅游格局也正在发生重大调整。世界多极化、经济全球化、文化多样化、社会信息化深入发展，国际产业发展和分工格局出现重大变革，国际形势的不稳定性不确定性更加突出。在此背景下，全球文化旅游格局正在发生重大调整，核心变化有以下三个方面：一是欧洲进入成熟期，增长乏力，亚太市场正成为驱动世界旅游业发展的关键力量；二是中等收入国家旅游经济全面崛起，取代高收入国家在全球旅游业增长格局中的地位，并推动全球旅游增长；三是中国作为东亚旅游、中等收入国家旅游发展的"领头羊"，在新的全球旅游格局中正发挥重大作用，特别是其日益增长的出境游客，成为不可忽视的柔性力量（见表5）。

表5　旅游总收入排名前20的国家

年份	2012	2013	2014	2015	2016	2017	2018	2019
1	美国	美国	美国	美国	美国	美国	美国	美国
2	中国	中国	中国	中国	中国	中国	中国	中国
3	德国	德国	德国	德国	德国	德国	德国	德国

年份	2012	2013	2014	2015	2016	2017	2018	2019
4	日本	英国	英国	英国	英国	日本	日本	日本
5	英国	日本	日本	日本	日本	英国	英国	英国
6	法国	法国	法国	印度	印度	印度	印度	印度
7	意大利	意大利	意大利	法国	法国	法国	法国	法国
8	印度	印度	印度	意大利	意大利	意大利	意大利	意大利
9	墨西哥	墨西哥	墨西哥	墨西哥	墨西哥	墨西哥	墨西哥	墨西哥
10	巴西	西班牙	巴西	西班牙	西班牙	西班牙	西班牙	西班牙
11	西班牙	巴西	西班牙	澳大利亚	澳大利亚	澳大利亚	澳大利亚	澳大利亚
12	澳大利亚	澳大利亚	澳大利亚	巴西	巴西	巴西	巴西	巴西
13	加拿大	加拿大	加拿大	加拿大	加拿大	加拿大	加拿大	加拿大
14	俄罗斯	俄罗斯	俄罗斯	韩国	韩国	泰国	泰国	泰国
15	土耳其	土耳其	韩国	土耳其	泰国	韩国	韩国	韩国
16	韩国	韩国	土耳其	泰国	土耳其	土耳其	土耳其	菲律宾
17	泰国	泰国	奥地利	俄罗斯	菲律宾	菲律宾	菲律宾	土耳其
18	瑞士	瑞士	瑞士	瑞士	俄罗斯	瑞士	俄罗斯	俄罗斯
19	阿根廷	瑞典	瑞典	奥地利	瑞士	俄罗斯	瑞士	瑞士
20	瑞典	阿根廷	马来西亚	菲律宾	奥地利	奥地利	奥地利	奥地利

资料来源：世界旅游城市联合会、中国社会科学院旅游研究中心：《世界旅游经济趋势报告（2019）》，中国出境游论坛暨世界旅游城市联合会研究成果发布会，北京，2019年1月。

就自身发展而言，我国文化旅游业主要依赖于国内旅游，国际影响力仍有较大提升空间。从国内旅游和入境旅游的对比来看，我国国内旅游规模巨大、增速明显，而入境旅游占比较小、增长缓慢。与西班牙、瑞士、奥地利等国家依靠入境旅游和国内旅游双轮驱动的模式相比，我国旅游业的输入性较小，国际影响力相对较弱，仍有较大提升空间（见图10）。

就内外变化而言，文化旅游业应在大国外交、文化传导和新的经贸关系构建中发挥更大作用。自2018年以来，特别是新冠疫情叠加俄乌冲突的背景下，"逆全球化"思潮和贸易保护主义倾向明显抬头，全球文化旅游产业受疫情冲击明显，全球贸易趋缓，融资出现紧缩；除美国以外的主要发达经济体，制造业PMI明显下滑；发达经济体政策外溢效应变数和不确定性因素增加，新兴经济体增速预期下降，全球经济处于高位回落进程。在更为复杂的国际格局下，中国文化旅游业的增长和转型，对世界文化旅游体系、世界贸易结构都将发挥重要作用。新时代，我国文化旅游业的国际影响力亟待修复、优化和强化，要重新调整和配置资源，形成导入和输出的双向影响力，强化国际竞争力，构建更为广泛和精细的影响传递机制，在大国外交、文化传导和新的经贸关系构建中发挥更大的作用。

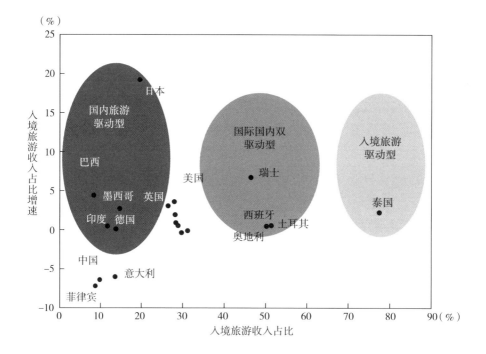

图10　旅游总收入排名前 20 的国家其旅游发展驱动类型

资料来源：世界旅游城市联合会、中国社会科学院旅游研究中心：《世界旅游经济趋势报告（2019）》，中国出境游论坛暨世界旅游城市联合会研究成果发布会，北京，2019 年 1 月。

（三）国家战略的全面落实期

从战略支撑来看，面对当前和未来的发展格局，党和国家制定了新的战略发展框架，文化旅游业对于落实其中诸多重大倡议、战略、举措都有重要意义。党的二十大报告明确提出，全面建成社会主义现代化强国，总的战略安排是分两步走：从2020年到2035年基本实现社会主义现代化；从2035年到本世纪中叶把我国建成富强民主文明和谐美丽的社会主义现代化强国。未来五年是全面建设社会主义现代化国家开局起步的关键时期，主要目标任务包括：经济高质量发展取得新突破，科技自立自强能力显著提升，构建新发展格局和建设现代化经济体系取得重大进展；改革开放迈出新步伐，国家治理体系和治理能力现代化深入推进，社会主义市场经济体制更加完善，更高水平开放型经济新体制基本形成；人民精神文化生活更加丰富，中华民族凝聚力和中华文化影响力不断增强。在此基础上，国家形成了全新的战略发展框架，文化旅游业与此框架中的诸多重大倡议、战略、举措，都有很大的响应空间和支撑能力。文化旅游业对于推动社会进步、生态文明，以及乡村振兴、刺激消费、投资不振、就业带动、消化库存、利用产能和树立核心价值观的红色旅游等诸多方面都有特殊的支撑贡献。国际层面的"一带一路"倡议推进、新的经贸关系的构建、国际关系的重整，国内区域层面的京津冀协同发展、长三角一体化、长江经济带构建、粤港澳大湾区发展，以及改革层面综合改革的推进，消费层面新的消费经济格局的确立，文化层面的文旅融合，民生层面的助力全面建成小康社会目标的实现等，文化旅游业都有其立足点和发力点。

从时间节点而言，新时期将是文化旅游业响应落实国家战略的重要时期。《"十四五"旅游业发展规划》明确提出"以文塑旅、以旅彰文，系统观念、筑牢防线，旅游为民、旅游带动，创新驱动、优质发展，生态优先、科学利用"的原则。到2025年，旅游业发展水平不断提升，现代旅游业体系更加健全，旅游有效供给、优质供给、弹性供给更为丰富，大众旅游消费需求得到更好满足。国内旅游蓬勃发展，出入境旅游有序推进，文化旅游业国际影响力、竞争力明显增强，旅游强国建设取得重大进展。文化和旅游深度融合，建设一批富有文化底蕴的世界级旅游景区和度假区，打造一批文化特色鲜明的国家级旅游休闲城市和街区，红色旅游、乡村旅游等加快发展。在此目标下，如何依托旅游业的高质量转型，坚定全面深化改革的大方向，站在更高起点推进力度更大、要求更高、举措更实的旅游业综合改革，推进交通、土地、金融、规划等旅游相关的配套改革，破解旅游业发展的体制机制障碍，落实国家战略，推动我国从旅游大国向旅游强国的转变，将成为关系文化旅游产业发展的重要方面。

（四） 文化和旅游融合的纵深发力期

2018 年 3 月，中共中央印发《深化党和国家机构改革方案》，根据该方案，文化部、国家旅游局进行了职责整合，组建文化和旅游部，以统筹文化事业、文化产业发展和旅游资源开发，提高国家文化软实力和中华文化影响力。自此旅游与文化纳入同一行政管理机构之下，并在发展理念、工作方式、产业引导、公共服务等各个方面按照"宜融则融、能融尽融，以文促旅、以旅彰文"的原则探索融合发展之路。

当前，文旅融合已经有了重要进展，突出表现在以下三个方面：一是认识上已经形成社会共识。"文化是旅游的灵魂，旅游是文化的载体"的观念已深入人心。二是组织和政策上，机构改革和融合快速推进，从中央到地方，均已全面完成机构改革，并推出了一批推进文旅融合的政策。三是实践层面，初步的探索已经开始，并取得了良好效果。近年来，各级政府以提高旅游发展质量和效益、丰富文化产品形式和供给为中心，加快文化与旅游融合发展的步伐，推动文化和旅游在产业、产品、市场、活动、设施、载体等各个层面相互渗透、彼此依托、融合发展，大量旅游产品、旅游活动、旅游营销依托文化资源和文化手段成长起来，文化资源保护利用与旅游发展不断结合，既促进了旅游产业的转型升级，也使文化得以传承和发展。

文化和旅游的融合发展，既是系统工程，也是长期工程。当前文化和旅游的融合发展，尚处于构建基础期，其深度和广度仍有不足，主要体现在以下几个方面：一是旅游发展过程中，对特色文化资源的挖掘和表现不够。文化特色不明显，差异性、主题化不突出，与文化的融合水平相对较低，方式较为单一。二是文化资源的产品化、市场化开发不足。大量文物等资源的活化方式相对落后，仅停留于静态的展示，甚至解说也仅仅局限于文物本体，难以对游客产生吸引力。三是在文化和旅游融合发展模式上，多复制、少创新，业态创新、内容创新、模式创新和管理创新等不足，文化创意、高科技元素在融合中的应用较少，旅游产品、工艺品、艺术作品表演等转化为文化产品的能力有限，缺乏具有竞争力及市场影响力的融合精品。四是忽视非物质文化遗产的旅游化利用。一些地方在挖掘本地文化资源时，只重视物质文化遗产，忽视了非物质文化遗产，非物质文化遗产没有形成产业化。五是文化旅游产业链的纵向延伸不充分，产业效益有待进一步释放。

我国是世界旅游大国和文化资源大国，但还不是世界旅游强国，也不是世界文化强国，中国文化的世界影响力仍有很大提升空间。从国际经验来看，文化强国和旅游强国是相辅相成的，无论是西班牙、法国、德国，还是日本、英国和美国等国家，既是世界旅游强国，也是世界文化强国，这些国家已经达到了文旅合一、深度融合的状态，文化强国和旅游强国相辅相成、相得益彰。与之相比，我国文旅融合在机制、路径、能力、效率、功能等方面还存在差距，在事业和产业的平衡、社会效益和经济效益的统一、高质量文化旅游产品的供给、依托文旅融合产生的创新驱动等方面还存在诸多短板，各级文化和旅游主管部门在文化和旅游融合的思维、机构改革和融合方向方面存在不足，这些都有待于新时代的纵深发力，这是我国旅游业走向高质量旅游强国的必由之路。

四、新时代文旅产业高质量发展的总体思路与支撑体系

（一）总体思路：推动实现文旅产业高质量发展

新时代我国文化旅游业发展，应以习近平新时代中国特色社会主义思想为指导，基于实现社会主义现代化强国和中华民族伟大复兴的目标，面向新时代人民日益增长的美好生活需要和不平衡不充分的发展之间的矛盾，坚持以人民为中心的发展思想，以"五位一体"的功能定位为集成，以高质量发展为主线，以文旅融合为抓手，把握关键的突破口，进一步深化旅游领域的改革和开放，建立高效均衡的发展机制，解决文化旅游领域发展的不平衡不充分问题，推动文化旅游业成为人民普遍满意、文旅有机融合、消费持续旺盛、乡村振兴推进、国内国际融通的现代服务业。

1. 以"五位一体"的功能定位为集成

新时代中国文化旅游业发展，必须在新的形势和环境下，准确调整功

能定位，构建更为丰富、有力、全面和战略的"五位一体"的发展定位，推动建立文化旅游业发展的全新战略发展框架，让文化旅游业成为彰显美好生活的风向标，推动文化繁荣的承载体，促进消费旺盛的发动机，推动乡村振兴的助力器，推进民间外交的前沿地，打造人民普遍满意，文旅有机融合，消费持续旺盛，乡村振兴有力推进，国内国际融通的战略发展框架。

2. 以"高""强""深"为目标，构建新时代旅游业高质量发展的主线

中国文化旅游业发展，必须要紧紧围绕高质量发展的主线，建立高质量、强能力、深发展的目标体系，推动文化旅游业的质量型、内涵式转变，提升服务质量，提升游客体验。从文化旅游发展的事业和产业关系来看，文化旅游业高质量发展目标，体现为提升六个"高质量"、推进四个"强能力"和拓展四个"深发展"。

第一，提升六个"高质量"。要以质量提升为核心，推动六个高质量的现代文化旅游服务业的形成，即经济效益高、产业运行效率高、附加值高、产业正外部性高、满足人民群众需求的程度高、在国际分工体系中占据上游。

第二，推进四个"强能力"。要紧抓能力建设，形成产业治理能力强、产业支撑能力强、公共服务能力强、产业创新能力强的旅游业能力体系。

第三，拓展四个"深发展"。纵深挖掘文化旅游业潜力，推动其效应的深度拓展。具体而言：一是深入，即深入支撑经济；二是深透，即通过改革全面盘活要素、激活生产力；三是深度，即深度与文化融合，深度与生态契合，深度与科技结合；四是深刻，即深刻影响社会民生外交文化。

3. 以文旅融合为抓手，形成旅游业高质量发展的载体

新时代我国文化旅游业的高质量发展，必须以文旅融合为抓手，推动文化和旅游深度融合，用文化的理念发展旅游，用旅游的方式传播文化，不断创造新产品，催生新业态，推动旅游业成为高质量发展的重要动力。从高质量发展的角度看，文旅融合是新时代旅游业实现高质量发展的主要载体，这主要包括以下四个方面的内涵：

第一，以文旅融合为内核，提升产业的附加值和内涵。通过文旅融合，植入产业的内容之芯、文化之芯，推动优势产业的重组、优势部门的

加快发展、高技术含量高附加值行业的比重上升，带来文化旅游产业的细化和深化，推动知识密集型文化旅游产业的形成。

第二，以文旅融合为机制，为产业带来更强的改革动能。依托文旅融合带来的行政和资源的整合效应，为产业带来更强的改革动能，破除产业高质量发展的障碍，推动产业松绑前行。

第三，以文旅融合为驱动，形成推动低效率部门改进的动力。通过文旅融合，可以大力推动文化内涵丰富而经济条件欠缺的区域、部门、环节方面的发展，形成低效区域、低效部门、低效环节、低效方面的改进，大幅提高产业整体质量。

第四，以文旅融合为平台，推动我国形成文化和旅游相辅相成的强国机制。文化和旅游的融合，将推动文化和旅游部门与国家战略更为有力的衔接，在国际、国内、区域、城乡、就业、消费等多个领域形成更深度的战略体系，形成文化和旅游相辅相成的机制。

4. 建立高效均衡的机制，解决产业发展中的不平衡不充分问题

我国文化旅游业发展需以效率提升为突破口，进一步深化旅游领域的改革和开放，建立高效均衡的发展机制，解决产业领域发展的不平衡不充分问题。其中最重要的是建立高流动的基本要素体系、低负荷的产业运行机制、双牵引的产业动力机制、快替代的综合升级机制和绿色化的均衡发展机制。第一，高流动的基本要素体系。要通过新的开放机制和区域联动机制，建立游客、资本、人才、要素国内国际充分流动的要素体系。第二，低负荷的产业运行机制。要通过综合改革，切实降低中国文化旅游业发展面临的高负荷问题，建立低负荷的产业运行机制，解决产业发展面临的资源、用地、能源、融资等多方面的高成本问题。第三，双牵引的产业动力机制。要突破旧有的单方面的政府主导体系，建立需求侧推动和供给侧引领双向牵引的动力机制。第四，快替代的综合升级机制。要通过市场环境的优化，推动技术、业态、产品、产业的快速替代升级。第五，绿色化的均衡发展机制。要树立绿色化发展的观念，推动文化旅游业实现绿色生态发展。

（二）构建六大支撑体系

根据新时代我国文旅产业的发展思路，要构建旅游业高质量发展体

系，就必须要结合旅游业自身的产业特征，按照高质量发展的要求，加快推动形成旅游业高质量发展的市场经济体系、政策体系、标准体系、统计体系、绩效体系、政绩体系，形成高质量发展的支撑体系。

1. 文化旅游业高质量发展的市场经济体系

新时期建立文化旅游高质量发展的市场经济体系，应把握以下几个着力点：第一，健全现代市场体系。统一开放、竞争有序的市场体系，是发挥市场在资源配置中起决定性作用的基础，也是提高全要素生产率，推进创新的重要保障。应积极推动各种要素实现自由流动，使市场在资源配置中起决定性作用，实现市场准入畅通、市场开放有序、市场竞争充分、市场秩序规范，加快形成企业自主经营公平竞争、消费者自由选择自主消费、商品和要素自由流动平等交换的现代市场体系。第二，进一步完善法治体系。市场经济有序运行的前提是法治，因此，建立健全文旅产业法治体系，是高质量发展的市场经济体系的前提和基础。应围绕《旅游法》的修订和完善，推动依法治旅；加大宣传力度，推动各市场主体树立文旅法治的观念；加强执法队伍建设，提高执法的能力和水平。第三，激发市场主体的创新活力。市场主体的活力和竞争力是文化旅游业高质量发展的基础，没有强大的市场主体，就不可能实现产业高质量发展。应加大改革创新力度，处理好政府和市场的关系，为市场主体发展提供良好的营商环境；加大对创业创新的支持，鼓励市场主体积极探索消费新业态新模式，增强市场主体的活力和竞争力；加大供给侧结构性改革力度，提升全要素生产率，培育多元化旅游市场主体。

2. 文化旅游业高质量发展的政策体系

建立高质量发展的政策体系，要把数量型政策与质量型政策相结合，长期政策与短期政策相结合，正向引导与负向约束相结合，运用负面清单制度引导产业高质量发展。文化旅游业高质量发展政策体系的核心在于，推动市场机制的高效运行，实现治理的法治化和智能化，加强行业的知识产权保护力度，抑制以降低质量为代价的恶性竞争。

建立高质量发展政策体系，必须从完善宏观政策、产业政策、微观政策、社会政策等多个方面协调推进。在宏观政策中要做到充分尊重旅游市场规律，把握发展趋势，充分发挥财政政策、金融政策等数量型政策的作用，与此同时要更加重视人力资本政策、技术创新政策等质量型政策的作用。在产业政策中，应积极推动改革创新，创造制度红利，推动新业态的发展和推进传统行业的转型升级，培育科技创新，推动产业与现代信息技术实现深度融合，以信息化推动文化旅游产业实现高质量发展。在微观政策上，应充分发挥市场主体的主体性作用，激活市场主体的创造活力，积极培育和扶持具有国际竞争力的企业加快发展。在社会政策上，要积极引导文化旅游业在增进民生福祉提高群众幸福感，推进乡村振兴，缩小城乡不平衡中发挥更加重要的作用。

3. 文化旅游业高质量发展的标准体系

标准化是实现文化旅游高质量发展的重要途径。新时期，应进一步发挥标准化体系在推动实现文化旅游业高质量转型上的基础性作用，以提升文化旅游产业素质和旅游服务质量为核心目标，着眼于五大主要任务：一是加强规划引导。文化和旅游部应联合其他部门，根据旅游标准化发展的现状和文化旅游产业发展的最新实践，推动制定全国旅游标准化发展规划，明确"十四五"时期旅游标准化的主要任务与保障措施。二是完善标准体系。推动建立符合高质量发展的旅游业基础标准、旅游业要素系统标准、旅游业支持系统标准和旅游业工作标准四大领域标准相互衔接配套的旅游标准体系建设。三是创新运行机制。明晰新时期旅游标准化工作任务，理顺管理体制，充实旅游标准体系的实施监督条款，不断转变和完善旅游标准评定方式，提高旅游标准实施有效性的措施。四是加强理论支撑。积极汇聚多学科专家技术力量，重点研究推出一批优先发展领域的标准。加强旅游标准化与科研工作特别是重大科技计划和重要项目研究的紧密结合，保证标准的先进性和有效性。五是扩展国际领域。进一步增强我国在国际文旅标准化活动中的话语权，扩大我国参与国际标准化工作的程度和深度。抓好实质性参与国际标准制修订工作，加强国际标准化合作与交流，以不断提升服务质量，为打造"中国服务"夯实基础。

4. 文化旅游业高质量发展的统计体系

数据是做决策的基础，推动建立文化旅游业高质量发展的统计体系，应着眼于五大任务：一是改革统计管理体制，完善统计监管机制。应通过文化旅游统计工作协调会议，形成以文化和旅游部为工作主力，其他相关部委密切配合的旅游统计工作机制，并加强信息化监管力度。二是调整文化旅游统计维度。以产业统计为重心转向综合统计为重心。文化旅游产业高质量发展应更多关注经济效益、社会效益和生态效益的统一，传统文化旅游统计体系仅关注旅游人次和旅游收入等经济效益，而人民的幸福生活才是文化旅游业高质量发展追求的终极目标。三是完善统计体系。正确把握国际标准、国际惯例及我国国情，在统计体系构建中探索与国际接轨，加强对旅游消费、旅游投资等核心概念的研究，健全对旅游消费、旅游投资的统计体系。四是创新统计方法。积极利用现代科学技术、各类统计工具，结合智慧旅游建设、大数据应用以及数据挖掘领域的升级，形成"互联网+旅游统计"的改革。进一步构建基于信息智能化的旅游统计网络，实现各级统计网络的全覆盖。五是改革统计数据发布模式。强化服务型统计意识，将统计数据的发布作为政府公共服务的重要内容，构建准确、翔实、持续的统计数据库体系，实现线上网络发布平台、线下统计资料发布的"线上线下"联动。

5. 文化旅游业高质量发展的绩效评价体系

文化旅游业高质量发展的绩效评价体系，就是要以高质量发展为目标，逐渐淡化对旅游收入和旅游人次增长的追求，更加注重旅游质量和效益的提升，更加重视文化旅游业在经济效益、社会效益和生态效益方面的协调统一。新时期，推动建立文化旅游业高质量发展的绩效评价体系，应从评价体制、评价主体、评价方法和结果反馈四个方面入手，谋划和设计科学的文化旅游业高质量发展绩效评价体系，从而为推动我国文化旅游业实现高质量发展提供有效制度保障。一是健全文化旅游业高质量发展的绩效评价体制机制。可考虑研究出台文化旅游业高质量发展绩效评价的法律法规，确保文化旅游业高质量发展绩效评价在统一的法律法规的制度框架下运行，做到有法可依、有法必依；建议明确各级政府制定和执行文化旅游业发展应进行绩效评价，确立高质量发展绩效评价的重要地位。二是明确高质量发展的绩效评价机构主体。着力推进高质量发展绩效评价主体的多元化，尽快形成从中央到地方、从内部到外部，职能分工不同、信息资源共享、专业人才数量充足的高质量发展绩效评价组织体系，切实提高绩效评价的客观性和公信力。三是科学制定评价技术方法。借鉴国际已有的好经验好做法，充分调动各方力量，统筹推进高质量发展评价理论和实践探索，探索发展出适合我国现阶段高质量发展的评价体系。四是确保评价结果反馈见效。加强高质量发展绩效评价结果公开力度，探索建立高质量发展绩效评价结果行政问责制度、政府绩效奖惩制度等，对高质量发展绩效评价中发现的好经验好做法，应给予表扬，对政策落实不到位、政策调整滞后等行为坚决给予绩效问责。

6. 文化旅游业高质量发展的政绩考核体系

文化旅游业高质量发展的政绩考核体系，就是要建立一套科学合理的政绩考核体系，通过规范顶层设计，促进产业高质量发展。文化旅游业高质量发展的政绩考核体系，必须要注重反映产业发展的质量、结构和效益，注重反映产业对经济、政治、文化、社会、生态发展带来的综合效益，注重满足人民群众多样化的美好生活需要，全面推动产业发展实现质量变革、效率变革与动力变革，以高质量考评引领和驱动旅游业高质量发展。要建立产业高质量发展的政绩考核体系，应着眼于实现三大任务：一是改革产业发展政绩评价体系。逐步弱化产业在速度方面的指标，更加注重产业发展的质量和效益；科学合理的产业高质量发展的政绩考核体系，既要看发展又要看基础，既要看显绩又要看潜绩，特别是要把民生改善、社会进步、生态效益等指标和实绩作为产业高质量发展考核的重要内容。二是积极引导地方政府和干部树立正确的政绩观。切实把产业高质量发展的政绩考核体系落到实处，以政策的长期性和稳定性，确保发展的高质量，进一步增强政策的理论前瞻性和现实指导性。三是要积极落实产业高质量发展的政绩考核体系。改进干部政绩考核方式，完善考核结果运用，为产业高质量发展提供有效机制和制度导向。

作者简介：

金准，中国社会科学院财经战略研究院副研究员，中国社会科学院大学商学院副教授，中国社会科学院旅游研究中心秘书长，管理学博士。世界旅游城市联合会专家委员会特聘专家。研究方向为文化旅游产业政策、国际旅游比较等。

城乡篇

推动城乡与区域文化协调发展

推动加快建设和完善覆盖城乡的公共文化服务体系，加强重大公共文化工程和文化项目建设。

——习近平在党的十八届三中全会第一次全体会议上的讲话
（2013 年 11 月 9 日）

要推动乡村文化振兴，加强农村思想道德建设和公共文化建设，以社会主义核心价值观为引领，深入挖掘优秀传统农耕文化蕴含的思想观念、人文精神、道德规范，培育挖掘乡土文化人才，弘扬主旋律和社会正气，培育文明乡风、良好家风、淳朴民风，改善农民精神风貌，提高乡村社会文明程度，焕发乡村文明新气象。

——习近平参加十三届全国人大一次会议山东代表团审议时强调
（2018 年 3 月 8 日）

城乡篇

推动城乡与区域文化协调发展

　　我国是一个地域面积广袤、自然条件差异较大、多元文化交融的发展中大国，促进城乡区域文化协调发展是我国实现社会主义现代化目标的内在要求。为了缩小城乡区域文化发展差距，习近平总书记指出，推动加快建设和完善覆盖城乡的公共文化服务体系，加强重大公共文化工程和文化项目建设①。党的十八大以来，在以习近平同志为核心的党中央坚强领导下，各级党委政府紧紧围绕着建设社会主义文化强国和提高国家文化软实力目标，加大城乡区域文化资源和公共文化的配置，优化文化发展空间格局和推动文化更均衡更充分发展，并取得了较大进展，增强了各地区各族人民群众在精神层面的获得感和幸福感。

一、党的十八大以来我国城乡区域文化发展取得的成就

　　文化是民族生存和发展的重要力量。只有城乡区域文化均衡发展，国家文化软实力才能得以全面提升，文化自信才有现实的基础。党的十八大以来，我国城乡区域文化发展迈上新的台阶，取得新的突破，推动物质文明与精神文明更深入更平衡发展，不断为社会主义现代化建设注入强有力的精神动力。

　　第一，城乡区域文化平衡发展。从数字看2012~2020年城乡区域文化发展的变化（见图1），各省（区、市）人均地方财政文化体育与传媒支

---

　　① 中共中央文献研究室：《习近平关于社会主义文化建设论述摘编》，中央文献出版社2017年版，第185页。

出的变异系数经历了波动变化，近些年出现了下降的趋势，这说明地方政府对基本公共文化投入的区域差距缩小。同时，从文化场馆建设看，以公共图书馆为例，各地区人均拥有公共图书馆馆藏量的变异系数呈现明显的下降趋势，各地区每万人拥有公共图书馆建筑面积的变异系数总体上呈现略有下降的态势，这些变化表明了各地区人均拥有公共图书馆馆藏量和每万人拥有公共图书馆建筑面积差距明显缩小，侧面反映了欠发达地区文化场馆硬件条件明显改善，使得地区之间的文化场馆建设和资源配置的差距有所缩小。此外，从城乡文化发展看，2012～2021年全国县及县以下文化和旅游事业费占比总体上具有上升的趋势（见图2），这表明中央加大了对乡镇和农村地区文化和旅游发展的投入，弥补长期以来县及县以下文化服务和设施投入的不足。

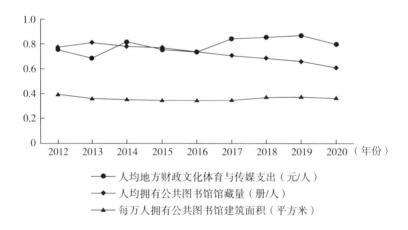

图1 2012～2020年各地区文化财政支出和公共图书馆建设的差距变化

资料来源：国家统计局。

第二，区域重大战略推动区域文化协同发展。党的十八大以来，党中央把促进区域协调发展摆在更加重要的位置，在习近平总书记亲自谋划、亲自部署和亲自推动下，京津冀协同发展、长江经济带发展、粤港澳大湾区建设、长三角区域一体化发展、黄河流域生态保护和高质量发展等区域重大战略先后付诸实施，推动基础设施互联互通、产业联动布局、生态环境联防共治等工作取得突破，同时也带动了有关地区文化协同发展。2014年

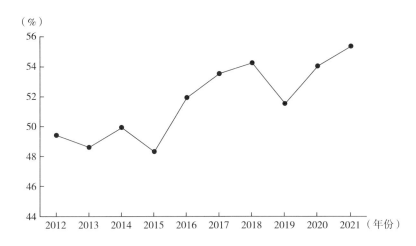

图 2　2012～2021 年全国县及县以下文化和旅游事业费占比

注：2012～2016 年报告的是县及县以下文化事业费占全国比重，2017 年及以后报告的是县及县以下文化和旅游事业费占全国比重。

资料来源：文化和旅游部发布的历年文化和旅游发展统计公报。

京津冀协同发展战略实施以来，京津冀三地文化部门加大对接协作，推动文化旅游资源共建共享，共同推出适合区域消费的公园和文化旅游景区年卡，推动长城、大运河等国家文化公园规划和建设，以点带面推进通武廊、京雄保、京张承、津唐沧文化协同发展示范片区建设，共同举办了多场全国性或专题性文化展会或文化旅游活动，依靠体制机制创新探索文化旅游产业链整合、升级，抓住后冬奥的市场机遇期规划建设京张体育文化旅游带，催生体育、文化、旅游融合发展的新业态新模式。在长三角区域一体化发展过程中，沪、苏、浙和皖三省一市建立了长三角公共图书馆智库服务联盟，实现了图书馆资源共享；通过线上线下形式组织举办了长三角文旅融合优秀原创群众文艺作品展演、"2020 长三角阅读马拉松"大赛等形式文化活动，得到群众的好评、点赞；共同推动区域文化遗产保护，建设大运河文化带和国家文化公园，使得一大批标志性的历史文化古迹重新进入群众视线；成立了长三角旅游推广联盟，举办长三角文化和旅游推介会；利用强大的文化资源和产业优势，联手举办长三角国际文化产业博览会，将之打造成为长三角文化科技、数字创意、文旅融合、文博文创的展示交流平台。粤港澳三地立足岭南文化深厚基础，联合举办粤港澳大湾区文化合作论坛或展会，推动媒体、影视戏剧、文化创意、智库、文旅产业等众多领域的广泛交流，通过常态化交流形成一批文化合作项目落地；共同开展城市旅游交流合作，通过研学、工业旅游等项目吸引港澳青少年赴粤学习交流；吸引市场力量共同参与推广粤剧、潮剧、广绣、粤菜、客家菜等具有地域浓郁特色的文化向国内外传播推广。总之，区域重大战略实施成为区域文化协同发展的重大机遇和有效途径，同时文化纽带作用反过来推动区域一体化发展走深走实。

第三，特殊类型地区借力借势促进文化事业后发赶超发展。对于革命老区，2015 年以来，中央先后出台了赣闽粤原中央苏区和大别山、左右江、川陕等革命老区振兴发展规划，加大对中央苏区和革命老区的革命遗址保护；中央和地方各级政府安排经费对革命旧居旧址进行保护和修缮，特别是加大对瑞金中央苏区旧址、古田会议会址、杨家岭革命旧址、鄂豫皖苏区首府革命博物馆、川陕革命根据地博物馆等革命历史类纪念设施、遗址和英雄烈士纪念设施修缮和保护，将一批革命遗址设为红色文化爱国教育基地；赣、闽、湘等地中央苏区县和革命老区县充分挖掘红色文化资源，共同开辟了多条专题性的红色文化旅游线路。对于少数民族地区，党的十八大以来，中共中央先后于 2014 年和 2021 年召开了中央民族工作会议，习近平总书记出席会议并作了重要讲话，强调要大力传承和弘扬民族文化，为民族地区发展提供精神动力。党的十八大以来，中央加大民族地区财政转移支付力度，通过脱贫攻坚战解决了民族地区绝对贫困问题，也改变了民族地区文化基础设施较为落后的面貌，提高了少数民族群众文化素质，通过推广使用国家统编教材，开展少数民族文化遗产保护、少数民族古籍整理、少数民族文化会演等工作，在民族地区筑牢了中华民族共同体的文化根基。对于边疆地区，中央持续深入实施兴边富民行动，实施了边境文化固边工程、基层公共文化保障工程等，逐步改变了边境地区文化资源匮乏、文化基础设施薄弱的状况，基本实现广播电视全覆盖，组织开展基层电影放映，实施了"春雨工程边疆万里数字文化长廊行"等文化工程，通过"中华民族一家亲"文化下基层等活动向边疆地区群众送戏、送书、送医，丰富和提高了边疆地区群众的精神文化生活。

第四，国家文化公园建设凝心而动、聚力而行。党的十八大以来，习近平总书记高度重视文化建设，中央启动国家文化公园体系建设，着力提升中华文化重要标志的传播力和影响力，大力推进了大运河、长江、长城、长征、黄河等国家文化公园建设，实施了保护传承、研究挖掘、环境配套、文旅融合、数字再现等重点工程，依托红色文化遗址、旧居等建设了一批爱国主义教育基地，依托古迹遗址等建设了博物馆、纪念馆、陈列馆、展览馆等展示体系，利用重大纪念日和传统节庆日因地制宜策划主办了一些全国性或地方性、形式多样、主题突出的文化活动。有关地方按照要求加强对长城重要点段的修复和保护，一批红色旅游公路建设和打通，京杭大运河博物馆开工建设，京杭大运河京冀段具备通航条件；江苏省连续举办了三届以文旅融合发展为主题的大运河文化旅游博览会，吸引大运河沿线省份组团参会；中央有关机构召开了国家文化公园建设的系列研讨会，高校、科研机构、业界等领域代表参会并就国家文化公园建设规划、保护修缮、开放展示、法律法规、融资机制、市场化运作等方面进行深入的探讨。中央有关部门通过国家社科基金等途径资助高校、科研机构等多方面力量深入实地考察和研究阐释红船精神、井冈山精神、长征精神、遵义会议精神、延安精神、抗战精神、西柏坡精神等成果，为庆祝中国共产党成立100周年献礼。同时，为确保工作落到实处，中央成立了国家文化公园建设领导小组，负责规划编制、建立部际工作协同机制、指导相关省市编制有关规划、督导地方政府推动重点项目落地等。此外，中央有关部门还成立了国家文化公园建设专家咨询委员会，邀请古建、党史、水利、历史、考古、文化等多个领域知名专家学者担任委员，发挥专家对国家文化公园工作的决策支持作用。

第五，现代城市文化蓬勃发展。随着城镇化步入高质量发展阶段，中央坚持走以人为核心的新型城镇化道路，支持有关部门引导各地推进人文城市建设，留住城市历史文脉，保护历史文化名城、古镇和历史文化街区，把非物质文化遗产融入城市规划之中，充实历史文化记忆，创新发展城市文化。截至2022年3月底，全国共有140座国家历史文化名城，遍布31个省（区、市）。党的十八大以来，越来越多的城市结合自身特色提升城市文化内涵，修复或翻新了一批历史文化街区，建设了一批地标性、公益性的文化场馆，建设了一批便民生活的一刻钟公共文化服务圈，因地制宜举办了一大批市民系列文化活动，开展了全民阅读活动，专项扶持了一批具有城市文化地标意义、满足市民精神需求的实体书店，建成了一批以创意为特色的文化产业园区，培育了一批有影响力的文化品牌，继续深入推动国有文艺院团改革，持续激发和释放文化体制改革活力，抓住重大纪念活动制作和创作了一批文化影视剧作品和城市题材。北京作为全国文化中心，充分发挥首都文化优势，全面提升古都文化、红色文化、京味文化和创新文化内涵，厚植历史文化名城底蕴，实施琉璃河、路县故城考古遗址公园、首钢冬奥场馆改造等工程项目，保护中轴线历史文化古迹，建成了环球影城等大型娱乐项目，使传统与现代文化相互融合，守住城市历史文脉，创新现代文化业态。上海充分发挥长三角龙头城市的地位，大力推动现代都市文化与红色文化、海派文化、江南文化的交融，建成了中共一大纪念馆、上海市历史博物馆（上海市革命历史博物馆）、上海迪士尼度假区、中国证券博物馆、广富林文化遗址公园、国际舞蹈中心等文化设施，夯实了国际文化大都市的基础。深圳作为年轻的现代化大都市，始终把提升城市文化软实力作为城市发展的重点任务，开工建设了国深博物馆、深圳创意设计馆、湾区书城、深圳音乐学院等文化项目，推动了南头古城、大鹏所城等"十大特色文化街区"改造提升，通过立法形式促进全民阅读，打造了"设计之都"的城市名片，连续多年举办了文博会、书博会等高水平文化展会，使城市成为文化精神的向往之地。

第六，乡村振兴补强农村公共文化短板。乡村振兴不仅要实现物质条件改善提升，还要推动乡村文化振兴。党的十八大以来，以习近平同志为核心的党中央高度重视乡村文化振兴工作，大力弘扬和践行社会主义核心价值观，加强乡村精神文明建设，使文化振兴成为乡村振兴的精神动力和思想保障。我国各地因地制宜推动乡村文化振兴，大力开展"治陋习、树新风"的移风易俗活动，加大农村公共文化设施建设，建成了一大批农家书屋，培养壮大一批农村文艺演出队伍，认定和保护一批重要的农业文化遗产，建设了一批农业研习教育基地，组织开展农耕文化中小学教育活动，传承弘扬优良的文明家风，涌现出了21个全国村级"乡风文明建设"优秀典型案例。山东省曲阜市小雪街道武家村是全国村级"乡风文明建设"优秀典型案例之一，从简化红事、传承家训入手推动移风易俗工作，实施了"送一个家训牌匾、献一句婚姻祝福、讲一堂婚前辅导、给一本村规民约、读一段爱情誓言"的"五个一"红事新风尚，建设家风集训展室，以文字和图片形式展示全村 17 个姓氏家族的家风家训，举办"儒家讲堂"，发扬儒家文化。黑龙江省通河县通河镇桦树村是远近闻名的"敬老村"，把"仁孝"文化作为铸村之魂，将每年 9 月 12 日确定为仁孝节，举办百寿宴，宴请 60 岁以上的老人，同时制定了红白喜事随礼标准、酒席规模，大力推动移风易俗，助力乡村振兴发展。山西省运城市盐湖区龙居镇雷家坡村坚持以德孝文化为支点，以优良党风带民风，用德孝文化带动村干部立德、群众行孝，形成"全村向善"的良好村风，也塑造了文化软实力，吸引外来企业落户发展，带动全村集体经济发展。

二、党的十八大以来我国城乡区域文化发展的经验

回顾党的十八大以来的积极变化，中央和各级政府在推动城乡区域文化建设时发挥了有效作用，深入贯彻了以人民为中心的发展思想，并且积累了以下经验：

第一，坚持党对城乡区域文化发展的领导。党的十八大以来，在长江经济带发展、黄河流域生态保护和高质量发展等区域重大战略谋划和实施过程中，习近平总书记对加强保护长江文化、黄河文化等工作都作了具体部署。在习近平总书记的推动下，我国开始大规模实施长城、大运河、长江、长征、黄河等国家文化公园建设，抢救、保护一批呈现中华文化独特创造、价值理念和鲜明特色的文物和文化资源。各级党委政府高度重视落实国家区域发展战略和国家文化公园建设部署，弘扬社会主义核心价值观，加强区域文化的保护和传承，组建工作专班对有关历史文化古迹、遗址公园、古镇古村落等进行全面摸底，邀请文化、历史、民俗等各方面专家进行指导，妥善保护修缮文物和古迹，对具有标准性、影响力的文化遗产进行整体性保护和启动项目申遗工作，引入数字技术等科技手段加大对各类文化资源的保护和呈现，推动文化与旅游融合、文化与教育融合、文化与科技融合，促进文化事业和文化产业协同发展。

第二，坚持城乡区域文化平衡发展。党的十八大以来，中央高度重视区域城乡文化平衡发展，在新时代中部地区高质量发展、西部大开发、东

北全面振兴等重大战略中都明确要深入挖掘和利用地域特色文化旅游资源，提升中原文化、楚文化、三晋文化、秦文化、巴蜀文化等地域文化影响力，传承发扬中央苏区革命老区红色文化，推动省、市（盟、州）和县（市、区、旗）图书馆、文化艺术馆、博物馆等文化公共服务设施"标配"并形成网络。为解决农村公共文化服务短缺的问题，各级党委政府通过乡村振兴等补齐农村地区文化公共服务设施的短板，通过数字化手段促进城乡公共文化服务共享发展，因地制宜振兴乡村文化，使越来越多的乡村成为"望得见山水、记得住乡愁"的让人向往之地。同时，各级党委政府深入落实做好文化服务标准化、便民化，推动图书馆、文化馆、博物馆、美术馆等公共文化场所免费开放，送戏曲、电影、图书等下乡，明显改善农村地区收听广播、电视等条件，同时通过一刻钟服务圈解决了城镇居民就近获得公共文化服务的问题。

第三，坚持区域文化协同发展。在实施区域重大战略过程中，区域文化协同发展是区域一体化发展的一项重要任务，各级文化部门加强工作对接、政策对接和项目对接，签订了区域间文化合作发展协议，在文化场馆展示、文化活动等领域建立共建共享机制，共同推动文化产业、文化旅游线路、文化产业发展带等建设，合作举办全国性或区域性的文化展会，共同申请和建设区域性公共文化品牌，共同保护跨区域的历史文化遗产。为夯实合作基础，有关地方文化部门深入研究区域文化协同发展的重点领域和利益共享机制，先易后难，从增量合作入手，共同搭台唱戏，做到文化服务与文化产业"两手抓"，通过重大展会举办或区域性重大文化设施建设深化文化协同发展的领域和机制，培育发展区域性文化发展生态，让政产学研用金等各类主体齐聚发展。此外，中央有关部门高度重视区域文化协同发展，为落实国家文化公园建设等重要任务建立国家文化公园建设协同推进机制，定期举办工作会议，研究解决重点项目建设推进的用地、资金等问题。

第四，坚持区域传统文化传承与创新发展。习近平总书记强调："要增强文化自信，在传承中华优秀传统文化基础上发展社会主义先进文化，加快建设社会主义文化强国。"① 党的十八大以来，中央高度重视社会主义

---

① 中共中央文献研究室：《习近平关于社会主义文化建设论述摘编》，中央文献出版社2017年版，第18页。

文化建设，大力弘扬中华民族优秀传统文化，加大对传统文化特别是非物质文化的保护力度。各级党委政府立足各地区文化特色，对地方戏曲、语言文字、手工艺品等传统文化进行保护，丰富传统文化的表现形式，挖掘传统文化的元素发展文化创意产品，动员各地妇联力量推广家风家教，促进农村移风易俗。此外，各级党委政府加大对传统文化保护的资金投入，培养非物质文化遗产传承人，引导行业协会、企业、高校科研机构等力量参与传统文化保护和研究，鼓励媒体宣传推介地方传统文化，支持地方文艺剧团推出传播正能量、接地气的新作品。

第五，科技助力城乡区域文化发展。党的十八大以来，中央积极推动区域城乡文化创新发展，重视科技力量在文化发展的推动作用。随着新兴技术兴起与广泛应用，各地积极探索"互联网+文化服务"，让城乡居民可以通过互联网、手机 App、扫码等途径获得图书馆、博物馆、美术馆等文化场馆的预约或订票，从而获得便利化的文化服务。有关地方引入高校、科研院所、科技企业等创新力量参与文物、考古和文化古迹保护修复，建立了各类文化科技创新平台。中央有关部门从各地区遴选认定了一批国家旅游科技示范区、国家文化和科技融合示范基地、省部级实验室等重点创新载体，通过实施一批科技专项或重大技术攻关突破核心关键技术瓶颈，特别是文化资源保护与复原复现技术、文化资源数字化与内容挖掘集成技术等，推动一批契合市场需求的实用创新成果转化应用。在产业化应用方面，北京、深圳等城市积极培育文化科技企业加快发展，在舞台表演仿真、非物质文化遗产新材料、古籍文献的数字化与保护等领域出现了一批文化科技深度融合的创新型企业。

三、当前我国城乡区域文化发展面临的主要问题

在看到成就的同时，也应该看到，现阶段我国城乡区域文化发展仍然面临着发展不平衡不充分、区域协调体制机制缺失、文化与其他领域融合不够等问题。

第一，城乡区域文化发展不平衡不充分问题还比较突出。从区域文化发展势头看，各地区财政收入和预算支出差距较大，对于文化发展的投入

也有较大差距，这就直接导致了文化公共服务设施建设差距较大。文化人才向发达地区特别是中心城市集聚，而偏远地区文化人才比较匮乏和老龄化的趋势明显，进而导致各地区文化人才资源无论是绝对量还是相对于其常住人口的规模都显示出较大的差距。各地区经济发展水平、居民收入水平和文化设施具有较大差距，文化消费差距呈现扩大的趋势。从城乡文化发展势头看，各级政府虽然越来越重视城乡文化均衡发展，主要精力更多地从农村文化服务设施补短板着手，建设了一批文化场馆，但对农村非物质文化遗产的保护、群众特色的文化接续扶持、农村特色农耕文化的保护和挖掘、农村文艺人才的培养等还不够重视，致使一些农村非物质文化遗产失传，农村文艺人才大幅萎缩，农耕文明代表性的器物丢弃毁损、散落流失比较严重，农村文化场馆利用率不高比较突出。并且，有些地方政府对如何促进农村文化繁荣发展的积极性不高，缺少有效的举措。

第二，区域文化事业发展的共建共享机制有待完善。尽管中央实施了一系列旨在推动区域各领域合作的区域重大战略，各地区也有不同层级的区域合作，但区域公共文化服务的合作基本停留于各类文件或地方政府之间签订的协议，以及对口帮扶的活动，缺少实质性、持续性的共建共享机制。即使在京津冀协同发展、粤港澳大湾区建设、长三角区域一体化发展中，关于区域公共文化服务共建共享的先进经验做法和典型案例都很少，联合举办文化展会或活动较多，但通过机制建设推动各地区公共文化服务便利共享却非常困难。结合实际，具体的原因至少有两个方面：一方面，公共文化服务不是各级政府政绩考核的核心指标，因此，有些地方官员对提高公共文化服务的质量和推动区域公共文化服务合作不重视，积极性不高；另一方面，公共文化服务的区域合作需要各相关合作方的投入，但却难以直接为各相关合作方带来实实在在的短期利益，不易转化为物质化的业绩或地方经济增长的绩效。基于此，地方政府对推动区域公共文化服务合作动力不足，以至于相关共建共享机制不足。

第三，区域文化的特色挖掘不够。我国是一个多民族、自然条件多样、发展差异较大的国家，各地区具有浓郁、特色的区域文化，中央和地方政府在不同时期也设立了一批文化遗产，然而，随着时代变迁、社会发展需求变化以及传承保护机制缺失，各地区传统特色文化传承遇到了前所未有的挑战，优秀传统文化之魂难以维续，传统文化与"潮文化""洋文化"等新兴文化现象冲突和矛盾增多。此外，有些地方传统文化已消失殆尽，演变成为缺少精神涵养的"文化荒漠"。究其原因，可能有以下几方面：一是优秀传统文化的投入和保护主体缺失，以至于优秀传统文化传承的机制缺失和链条崩塌；二是优秀传统文化创新机制不足，未能随着时代变迁和社会变化产生群众喜闻乐见的表现形式，从而导致年轻人难以接受老古、刻板的传统文化；三是优秀传统文化长期缺少传播的稳定载体，没有进入中小学课堂，也没有形成"从娃娃抓起、从小熏陶"的社会氛围。正是因为这些原因，很多地方优秀传统文化逐渐退出历史舞台，成为濒危或即将灭绝的"社会印迹"。

第四，文化与旅游结合不够紧密。党的十八大以来，我国文化旅游发展进入爆发式发展阶段，这种势头与我国经济发展阶段和社会需求变化密切相关。同时，中央也将文化部与国家旅游局整合成为一个新的部门，这种机构调整折射出文化与旅游融合发展成为历史性的趋势，也恰恰说明了我国长期以来存在文化与旅游发展融合度不够，有些地方甚至将两者割裂起来发展或分头发展。例如，少数文化遗址长期处于封闭管理状态，仅满足少数学术研究之需要，居民难以了解其中的"真容"及其历史脉络，于是存在居民对传统文化知识匮乏的现象。又如，少数导游由于缺少系统性的历史文化专业知识学习，自编自导解读历史文化古迹或红色历史遗迹及其背后的故事，从而导致很多历史故事被人为地篡改或解读，违背传统文化传承的初衷和规律，容易产生极其不良的后果。这些现象在一些相对落后、信息比较封闭的地方比较突出，值得高度重视。文化与旅游是相互融合的一体，是文化传承保护和文化兴盛的必由之路。

第五，文化与科技结合不够紧密。随着信息技术的迭代创新，各类文化资源在新兴技术的驱动下比较容易形成市场化的商品或社会化的公共产品，文化与科技融合成为文化传承保护与创新发展的重要途径。然而，当前我国文化事业和产业领域还存在一些文化与科技结合不够的现象。比如，很多古籍、文物等文化资源被束之高阁，馆藏部门对数字技术了解较少，没有意识或能力将这些宝贵资源转化为数字内容，进而让更多人了解中国传统优秀文化的精髓。又如，我国很多地方文化古迹和文物资源众多，省域内也拥有较多的高校科研院所，但长期以来这些高校科研院所却忽视了当地文化资源保护修复的专业人才培养和技术需求，没有将学科优势转化为服务地方文化发展的新优势。这些现象的背后原因是：一方面，各级政府制定的文化发展政策缺少跨部门的统筹协调机制，使得文化与科技融合未能得到应用的重视，科技助力文化繁荣发展的动力偏弱；另一方面，科技企业参与文化资源保护和开发受到较多的政策限制，各级政府也没有强烈地意识到产学研协同创新在文化与科技融合中的特殊作用。

四、加快新时代城乡区域文化繁荣发展的思考

针对当前城乡区域文化发展的问题，下一步宜先易后难、锚定问题，提出以下破解问题的思路建议：

第一，加大对特殊类型地区和农村地区文化发展投入。中央财政应设立地区文化繁荣发展基金，采取政府拨款与社会募捐相结合的方式提高资源使用的精准性、有效性，针对项目类型予以必要的资助，加大对特殊类型地区和农村地区公共文化投入。中央有关部门可针对欠发达地区公共文化投入的资金较大需求，研究发行促进文化发展的公益彩票，通过公益彩票募集资金，专门用于特殊类型地区和农村公共文化建设投入，减少地方政府的财政负担。

第二，推动国家文化公园形成"点—线—面"融合发展的格局。为合力推动国家文化公园建设，中央有关部门应完善协调发展机制，整合各部门的政策资源，探索项目制、分类适用的政策支持体系，形成对长城、长江、黄河、大运河等国家公园"以点连线、以线带面"全面政策覆盖。同时，积极发挥地方政府和社会力量的积极性，引导地方政府强化区域合作，在大运河、黄河、长江等跨流域文化资源开发共享，建立统一、规范、垂直管理的国家公园体制，在人员、组织机构、形象设计等领域加强统筹。中央和地方各级政府要按照职责分工承担国家公园的人、财、物的配置。

第三，文化与科技融合推动区域文化协同发展。中央和地方各级政府要设立文化科技创新专项，采取"揭榜挂帅"等制度吸引高校、科研机构

和科技企业从事文化资源数字化工程、修复保护工程等，引导各类文化科技项目的产学研用相结合。中央有关部门应根据各地区文化资源保护和开发的需要完善高校相关学科的专业设置，扩大文化科技专业人才的培养规模，鼓励有关高校、科研院所和企业设立文化科技类的创新平台。

第四，继续加强区域文化遗产传承保护。各级政府要加强地区特色文化传承保护，全面调查各类文化遗产，建立全覆盖、多领域的文化遗产台账，用数字化手段对台账进行精准管理。借鉴"河长制"，鼓励各地区探索文化遗产保护责任到人的工作机制，分类设立文化遗产项目"首席专家制""首席传承人制"或"首席项目官制"，建立奖惩分明的机制。中央有关部门要实施文化遗产保护专项督查，加大对各地区文化遗产保护情况的巡查，及时发现与文化遗产保护的有关渎职失职等违纪违法行为。

第五，大力培养农村文化人才。各级政府要高度重视农村精神文化需求，利用乡村振兴发展的机遇鼓励发展一大批村级群众文化演出队伍。有条件地方可设立"文化特派员"，鼓励一批文艺工作者深入农村"传帮带"农村文化积极分子，发挥其扎根农村、服务农村和繁荣农村文化的纽带作用。引导社会各界力量，加大农村公共文化基础设施投入，全面解决偏远农村广播电视接收难的问题。

参考文献

［1］中共中央文献研究室：《习近平关于社会主义文化建设论述摘编》，中央文献出版社 2017 年版。

［2］刘焕鑫：《为全面实施乡村振兴战略打造精神引擎》，《国家人文历史》2021 年第 10 期。

作者简介：

叶振宇，中国社会科学院工业经济研究所区域经济室主任、研究员，经济学博士，中国社会科学院大学应用经济学院教授、博士生导师，兼任中国区域经济学会秘书长，全国经济地理研究会常务理事等。研究方向为区域发展战略、制造业高质量发展、区域一体化发展、微观集聚经济学等。

国际篇

推动中华文化更好走向世界

坚守中华文化立场，提炼展示中华文明的精神标识和文化精髓，加快构建中国话语和中国叙事体系，讲好中国故事、传播好中国声音，展现可信、可爱、可敬的中国形象。加强国际传播能力建设，全面提升国际传播效能，形成同我国综合国力和国际地位相匹配的国际话语权。深化文明交流互鉴，推动中华文化更好走向世界。

——习近平在中国共产党第二十次全国代表大会上的报告

（2022 年 10 月 16 日）

国际篇

推动中华文化更好走向世界

党的二十大报告提出，增强中华文明传播力影响力，坚守中华文化立场，讲好中国故事、传播好中国声音，展现可信、可爱、可敬的中国形象，推动中华文化更好走向世界。中华文化作为一种原生性文化、主体性文化①，经历了几千年的历史变迁，蕴含着中华民族独特的价值观与思想理念。中国特色社会主义进入新时代，中华文化与现代文明相互融合，不断发展，产生出新的意涵：一方面包含着中华民族几千年文明历史所孕育的中华优秀传统文化；另一方面包含着党领导人民在革命、建设、改革中创造的革命文化和社会主义先进文化。在信息流动不断加速、世界格局变幻莫测的时代，中华文化作为中华民族的独特精神标识，是中华民族屹立于世界民族之林的立身之本，在不断的发展演变中生发出勃勃生机。

全球化和互联网技术这两重因素促使国家之间交往日趋频繁，价值观念和思想文化的碰撞与摩擦也随之增加。在风云诡谲的国际舆论场，"讲清楚中国是什么样的文明和什么样的国家，讲清楚中国人的宇宙观、天下观、社会观、道德观"②成为关键命题。在西方文化占据主流的当下，中华文化"走出去"作为一种"以我为主"的自我阐释手段，有助于建立一种与世界其他文明平等对话的交流机制，让他国脱离中国作为异域文化的空间想象，让世界读懂中国、读懂中国人民、读懂中国共产党、读懂中华民族。推动中华文化"走出去"，是讲述好中国故事、阐释好中国特色、

---

① 朱汉民：《中国文化基因与中华文明生命力》，《中国哲学史》2022年第4期。
② 习近平：《把中国文明历史研究引向深入　增强历史自觉坚定文化自信》，《求是》2022年第14期。

树立当代中国良好国家形象的重要内容，是当前中国国际传播建设的关键一环。

"文化兴国运兴，文化强民族强。"党的十八大以来，习近平总书记高度重视中华文化"走出去"，作出了一系列关于文化对外传播的重要讲话，着重强调了中华文化深厚底蕴的重要价值，深刻指出了中华文化"走出去"面临的基本问题，全面提出了中华文化"走出去"的实践方案，为中华文化的对外传播工作指明了前进方向、提供了重要遵循，丰富发展了中华文化"走出去"理论和实践创新成果。

一、党的十八大以来中华文化"走出去"的重要成就

（一）创新文化对外传播体系，打开文化"走出去"实践新格局

2011 年，党的十七届六中全会审议通过《中共中央关于深化文化体制改革推动社会主义文化大发展大繁荣若干重要问题的决定》，明确提出实践"文化走出去"战略，党的十八大以来，以习近平同志为核心的党中央不断丰富发展战略的基本内容，深化中华文化"走出去"的内涵和外延，为推动中华文化"走出去"作出了重大贡献。

1. 强调中华文化的重要时代价值

中华文化代表着中华民族的精神标识，是古老文明经历历史长河洗礼后留下的珍贵财富。新中国成立以来，中国经历了从站起来、富起来到强起来的历史飞跃，创造了经济社会快速发展的奇迹，证明了中华文化对于社会治理的重要支撑作用，也为面临恐怖主义、民粹主义、国际金融危机、逆全球化的世界提供了中国方案和中国智慧。正如习近平总书记所强调的："中国优秀传统文化的丰富哲学思想、人文精神、教化思想、道德理念等，可以为人们认识和改造世界提供有益启迪，可以为治国理政提供有益启示，也可以为道德建设提供有益启发。"[1]

2013 年，在全国宣传思想工作会议上，习近平总书记指出，中华民族

---

[1] 习近平：《在纪念孔子诞辰 2565 周年国际学术研讨会暨国际儒学联合会第五届会员大会开幕会上的讲话》，《人民日报》2014 年 9 月 25 日。

创造了源远流长的中华文化，中华民族也一定能够创造出中华文化新的辉煌。独特的文化传统，独特的历史命运，独特的基本国情，注定了我们必然要走适合自己特点的发展道路。尤其在"一带一路"倡议的有效推动下，中国与世界各国尤其是"一带一路"沿线国家在经济往来、文化交往等方面逐步加强，显现出中国在国际舆论场上强大的感召力。但习近平总书记清醒认识到："目前看，我们在经济合作上用力多，文化这条腿总体上还不够有力。"中国在对外交流中，文化传播将被提高到前所未有的高度之上，不仅要展现中华民族五千多年的悠久文明，还要传播当代中国蓬勃发展的多彩文化。

为了更好地传播中华文化，挖掘和阐发工作成为重中之重，"要把优秀传统文化中具有当代价值、世界意义的文化精髓提炼出来、展示出来"。除此之外，还要与当代文明融合。要加强对中华优秀传统文化的挖掘和阐发，使中华民族最基本的文化基因与当代文化相适应、与现代社会相协调，弘扬跨越时空、超越国界、富有永恒魅力、具有当代价值的文化精神。要推动中华文明创造性转化、创新性发展，激活其生命力，让中华文明同各国人民创造的多彩文明一道，为人类提供正确精神指引。要围绕我国和世界发展面临的重大问题，着力提出能够体现中国立场、中国智慧、中国价值的理念、主张、方案。

2. 提出文化软实力提升的科学路线

党的十八大提出，文化实力和竞争力是"国家富强、民族振兴的重要标志"，文化软实力被提高到新的历史高度，成为新时代社会主义文化建设的重中之重，"关系'两个一百年'奋斗目标和中华民族伟大复兴中国梦的实现"①。习近平总书记在主持中共中央政治局第十二次集体学习时强调，"提高国家文化软实力要'形于中'而'发于外'"。中华文化"走出去"成为提升文化软实力的重要组成部分，党中央对此提出了多个层面的要求。

为提升文化软实力，要加强顶层设计和统筹协调。体制机制的优化可以增强中华文化"走出去"的实际效果。习近平总书记高度重视制度建设，在对外工作的部署上，强调各方面统筹协调，整合各类资源，"讲好中国故

---

① 《建设社会主义文化强国　着力提高国家文化软实力》，《人民日报》2014 年 1 月 1 日。

事，不仅中央的同志要讲，而且各级领导干部都要讲；不仅宣传部门要讲、媒体要讲，而且实际工作部门都要讲、各条战线都要讲"①。这极大程度上为中华文化"走出去"奠定了坚实的组织和物质基础。

在积极推动中华文化"走出去"、有效开展国际舆论引导和舆论斗争的基础上，我国国际话语权和影响力得到显著提升，但仍面临来自于内部和外部的诸多挑战。2021 年，习近平总书记在主持中共中央政治局等三十次集体学习时，从全局和战略角度出发，提出"必须加强顶层设计和研究布局，构建具有鲜明中国特色的战略传播体系"，首次将建立战略传播体系放到国际传播建设的重要位置之上，从制度和体制机制上创新对外传播体系，这将对提高中华文化"走出去"的有效性起到至关重要的作用。

为提升文化软实力，要加强对外话语体系建设。为让世界全面客观认识当代中国，要"讲清楚中华文化积淀着中华民族最深沉的精神追求，是中华民族生生不息、发展壮大的丰厚滋养；讲清楚中华优秀传统文化是中华民族的突出优势，是我们最深厚的文化软实力；讲清楚中国特色社会主义植根于中华文化沃土、反映中国人民意愿、适应中国和时代发展进步要求，有着深厚历史渊源和广泛现实基础"②。为实现上述目标，要注重对话传播话语体系建设，用中国理论阐释中国实践，用中国实践升华中国理论③。

为提升文化软实力，要推动中华文化与当代价值文化相结合。习近平总书记在主持中共中央政治局第十二次集体学习时强调，要使中华民族最基本的文化基因与当代文化相适应、与现代社会相协调，以人们喜闻乐见、具有广泛参与性的方式推广开来，把跨越时空、超越国度、富有永恒魅力、具有当代价值的文化精神弘扬起来，把继承传统优秀文化又弘扬时代精神、立足本国又面向世界的当代中国文化创新成果传播出去④。同时，要做好对外宣传工作，创新对外宣传方式，着力打造融通中外的新概念新范畴新表述。

---

① 中共中央文献研究室：《习近平关于社会主义文化建设论述摘编》，中央文献出版社 2017 年版，第 208 页。

② 倪光辉：《胸怀大局把握大势着眼大事　努力把宣传思想工作做得更好》，《人民日报》2013 年 8 月 21 日。

③ 杜尚泽：《坚持正确方向创新方法手段　提高新闻舆论传播力引导力》，《人民日报》2016 年 2 月 20 日。

④ 《建设社会主义文化强国　着力提高国家文化软实力》，《人民日报》2014 年 1 月 1 日。

为提升文化软实力，要全面提升对外交流水平。党的十九大报告指出，加强中外人文交流，要以我为主、兼收并蓄。习近平总书记对此提出了更为细致和全面的要求。习近平总书记指出，要深入开展各种形式的人文交流活动，通过多种途径推动我国同各国的人文交流和民心相通。同时，要以理服人，以德服人，提高对外文化交流水平，完善人文交流机制，创新人文交流方式，综合运用大众传播、群体传播、人机传播等多种方式展现中华文化魅力。

3. 创新发展文化对外传播的具体实践

习近平总书记不仅在思想观念和体制机制上推动中华文化"走出去"，还在不同层面的实践操作层面提出了具体而微的要求。

一是不断创新对外传播方式。习近平总书记在党的新闻舆论工作座谈会上的讲话中指出，要创新对外话语表达方式，研究国外不同受众的习惯和特点，采用融通中外的概念、范畴、表述，把我们想讲的和国外受众想听的结合起来，把"陈情"和"说理"结合起来，把"自己讲"和"别人讲"结合起来，使故事更多为国际社会和海外受众所认同。要用好新闻发布机制，用好高端智库交流渠道，用好重大活动和重要节展赛事平台，用好中华传统节日载体，用好海外文化阵地，用好多种文化形式，让中国故事成为国际舆论关注的话题，让中国声音赢得国际社会理解和认同。这对外宣媒体提出了非常细致的要求。除此之外，为加强对外传播的效果，习近平总书记还提出，要更好发挥高层次专家作用，利用重要国际会议论坛、外国主流媒体等平台和渠道发声。

二是利用文艺作品进行交流。习近平总书记在文艺工作座谈会上的讲话提出，文艺是最好的交流方式，在这方面可以发挥不可替代的作用，一部小说，一篇散文，一首诗，一幅画，一张照片，一部电影，一部电视剧，一曲音乐，都能给外国人了解中国提供一个独特的视角，都能以各自的魅力去吸引人、感染人、打动人[1]。编译工作对于文化走出去的作用也十分显著，"通过准确传神的翻译介绍，让世界更好认识新时代的中国，对推进中外文

---

[1] 《在文艺工作座谈会上的讲话》，《十八大以来重要文献选编（中）》，中央文献出版社2016年版，第128页。

明交流互鉴很有意义"①。

三是有效传递传统文化成果。为展现中华优秀传统文化的魅力，习近平总书记提出，要系统梳理传统文化资源，让收藏在禁宫里的文物、陈列在广阔大地上的遗产、书写在古籍里的文字都活起来②。历史文化遗产是中华民族的基因和血脉，不仅要加强保护，也要传承和弘扬。历史文化遗产不应仅存在于博物馆和古籍之中，而是要缩短与普通民众的距离，让遗产活在当下，这为如何更好挖掘中华文化的宝贵资源提供了重要的理论指导。

（二）新时代对外文化交流迈向新高度，多层次立体化传播中华优秀文化

党的十八大以来，《关于进一步加强和改进中华文化走出去工作的指导意见》等政策文件助推了中国文化"走出去"的落地，相关工作取得了令人瞩目的成绩。

1. 元首外交带动文化外交取得丰硕成果

习近平主席是中华传统文化的代言人，也是文化外交的践行者③。自2013年3月首次出访俄罗斯以来，截至2022年9月底，习近平主席曾42次走出国门，足迹遍及69国，在国内接待了100多位国家元首和政府首脑，以电话、信函、视频等方式开展"云外交"。同110多个国家和地区组织建立伙伴关系，先后同9个国家建交、复交，建交国总数升至181个④。习近平主席在外交工作中主动加强同各国政党和国际组织的友好往来、文明交流，注重在外交场合讲述中国文化、中国故事。

在外事访问中，习近平主席注重弘扬中国传统文化和价值理念，并将其融入中国倡议、中国方案之中。2013年，在莫斯科国际关系学院发表的演讲中，习近平主席首次提出"命运共同体"理念。倡导构建相互尊重、公平正义、合作共赢新型国际关系的人类命运共同体理念，正是植根于中华民

---

① 《习近平给外文出版社的外国专家的回信》，新华网，http://www.news.cn/2022-08/26/c_1128951067.htm，2022年10月16日。
② 《建设社会主义文化强国 着力提高国家文化软实力》，《人民日报》2014年1月1日。
③ 杨悦：《新中国文化外交70年——传承与创新》，《国际论坛》2020年第1期。
④ 郝薇薇：《命运与共行大道——习近平外交思想推动人类发展进步潮流》，《人民日报》2022年9月30日。

族的"和"文化，是"天下为公"理想在国际关系中的创造性转化。近年来，这一理念多次被写入联合国、上海合作组织等多边机制重要文件①。在对外文化交流中，习近平主席经常在各种场合讲述中华文化的历史脉搏和思想渊源。2014年9月，在纪念孔子诞辰2565周年国际学术研讨会暨国际儒学联合会第五届会员大会开幕会上的讲话中，习近平主席梳理了中国传统文化经历的几个历史时期，提出道法自然、天下为公等中国传统文化的思想财富将有助于解决当代人类面临的难题②，推动中国传统文化融入到世界之治中。

习近平主席在外交工作中身体力行地实现了中华优秀传统文化的创造性转化和创新性发展，"将传统文化的价值观优势转变为国际话语权的优势"③，形成了具有中国特色的重要外交思想，为解决全球性问题提供了古老文明的智慧。

2. 高级别机制平台引领文化交流

2017年，中央全面深化改革领导小组第三十七次会议通过了《关于加强和改进中外人文交流工作的若干意见》，指出要创新高级别人文交流机制。这一机制由中央政府搭建，初步形成覆盖世界主要国家和地区的政府间文化交流与合作网络，涵盖教育、科技、文化、卫生、体育、出版、传媒、妇女、青年、文物保护和地方合作等多个领域④。首个高级别人文交流机制是2000年与俄罗斯共同建立的中俄教文卫体（人文）合作委员会（2007年更名为中俄人文合作委员会）。此后，我国陆续建立了十大高级别中外人文交流机制，分别为中美、中英、中欧、中法、中印尼、中南非、中德、中印以及中日人文交流机制。其中，前六大机制在2016年由时任国务院副总理刘延东亲自挂帅担任中方委员会主席，足见中央领导层面对这一机制的重视程度。在这一机制的引领之下，我国的中外人文交流取得了丰硕的成果。据不

① 荣翌：《习近平外交思想是构建人类命运共同体的行动指南》，人民网，http：//world.people.com.cn/n1/2022/0813/c1002-32501839.html，2022年8月13日。
② 习近平：《在纪念孔子诞辰2565周年国际学术研讨会暨国际儒学联合会第五届会员大会开幕会上的讲话》，《人民日报》2014年9月25日。
③ 蒲傅：《习近平外交思想与中国特色大国外交新征程》，《马克思主义理论学科研究》2022年第7期。
④ 《交流互鉴合作共赢——中外高级别人文交流机制综述》，《神州学人》2016年第5期。

完全统计，党的十八大至今共开展 37 次高级别人文交流机制会议，签署 300 余项合作协议，达成近 3000 项具体合作成果①。

民心相通的关键在于文化交流，"一带一路"倡议为中华文化"走出去"提供了重要机遇。2016 年，中央全面深化改革领导小组第三十次会议强调要为"一带一路"建设提供有力的理论支撑、舆论支持、文化条件。重点媒体把为"一带一路"护航作为国际传播能力建设的重中之重，推出"一带一路"纪录片全媒体国际传播平台等传播渠道，促进沿线国家"民心相通"。2017 年，文化部发布了《"一带一路"文化发展行动计划（2016—2020 年）》，提出健全"一带一路"交流合作机制、完善"一带一路"文化交流合作平台、打造"一带一路"文化交流品牌、推动"一带一路"文化产业繁荣发展、促进"一带一路"行动文化贸易合作五项重点任务。这从政策层面为我国与沿线国家进行文化交流提供了重要支撑。

根据国家统计局发布的《党的十八大以来经济社会发展成就系列报告之十七》，截至 2019 年末，我国已与 24 个"一带一路"沿线国家签署高等教育学历学位互认协议，共计 60 所高校在 23 个沿线国家开展境外办学，16 所高校与沿线国家高校建立了 17 个教育部国际合作联合实验室②。中国与沿线国家的人文交流广度和深度不断拓展，10 余个文化交流和教育合作品牌逐步建立，其中，"鲁班工坊"在 19 个国家落地生根。丝绸之路国际剧院、博物馆、艺术节、图书馆和美术馆联盟、"一带一路"国际科学组织联盟等运行良好，有力增进了不同文化之间的交流理解和认同。"丝路一家亲"行动持续推进，菌草、杂交水稻等"小而美、见效快、惠民生"的援外项目有效增进了共建国家民众的获得感、幸福感③。除此之外，我国与沿线国家在历史遗产等领域的合作也取得了突出的成果，如中国、哈萨克斯坦、吉尔吉斯斯坦三国就"丝绸之路：长安—天山廊道的路网"成功联合申遗。

3. 海外机构推动文化传播常态化

在他国建设文化中心是一种常见的文化传播形式，德国歌德学院、法国

---

① 《中国教育国际影响力不断增强——党的十八大以来教育国际合作交流发展纪实》，《中国教育报》2022 年 9 月 23 日。

② 《党的十八大以来经济社会发展成就系列报告："一带一路"建设成果丰硕　推动全面对外开放格局形成》，http：//www.gov.cn/xinwen/2022-10/09/content_5716806.htm?eqid=b08201d3000096e0000000464887dc3，2022 年 10 月 9 日。

③ 孙壮志、郭晓琼：《高质量共建"一带一路"》，《经济日报》2022 年 10 月 13 日。

法兰西学院等都发挥着在他国传播本国语言和文化的职能。近年来，中国也在不断推进海外文化传播机构的建设，在海外设立的文化传播机构分为两类：一是海外中国文化中心；二是教育部中外语言交流合作中心（前身为孔子学院）。

海外文化中心主要开展丰富多彩的文化活动，如演出、展览、讲座、座谈以及研讨会等。除中国自办的活动外，中心还会根据需求设置中国文化培训课程，并与当地文化、艺术、学术等机构共同举办文化活动。"欢乐春节""中国文化周""天涯共此时"等活动已经形成品牌，吸引了众多海外民众的关注。其中，"欢乐春节"活动连续多年举办，年均在130多个国家举办约2000场活动[1]。截至2021年末，在全球设有45家海外中国文化中心，20家驻外旅游办事处。此外，在香港设有亚洲旅游交流中心，在台湾设有海峡两岸旅游交流协会台北办事处、高雄办事分处[2]。中国文化中心的扎实工作赢得了很多美誉。毛里求斯中心将天津芭蕾舞团商演收入捐给马莱博地区残疾人组织，获得毛里求斯总统府嘉奖；巴黎中心主任获得法兰西共和国艺术与文学骑士称号；莫斯科中心主任获得艺术科学院院士称号；悉尼中心获"多元文化奖"。巴黎、毛里求斯等5个中心获得国家广电总局"中国电影国际传播突出贡献奖"[3]。

2020年，孔子学院正式更名为教育部中外语言交流合作中心，由民间公益组织中国国际中文教育基金会负责运行，在此之前，孔子学院一直在中国国家对外汉语教学领导小组办公室的管理之下发挥着以汉语教学为主的文化交流职能。党的十八大以来，我国与159个国家和地区合作举办了孔子学院（孔子学堂）[4]，累计培养培训各国本土汉语教师近50万人次，开发了多语种主干系列汉语教材、中外文词典，推广"教学考试一体化""沉浸式"

---

[1] 韩业庭：《绘就"诗"和"远方"的新画卷》，《光明日报》2022年8月25日。

[2] 《中华人民共和国文化和旅游部2021年文化和旅游发展统计公报》，https://zwgk.mct.gov.cn/zfxxgkml/tjxx/202206/t20220629_934328.html，2022年6月29日。

[3] 张稚丹：《探访海外中国文化中心：布局初成　润物无声》，《人民日报海外版》2018年2月8日。

[4] 《中国教育国际影响力不断增强——党的十八大以来教育国际合作交流发展纪实》，《中国教育报》2022年9月23日。

"线上线下混合式"等教学法，全球孔子学院各类学员累计上千万人①，在全世界范围内引发学习汉语的热潮。

（三）文化对外传播能力不断强化，中华文化影响力传播力有效提升

大众媒介是传播中华文化的有效渠道，"打造具有较强国际影响力的外宣旗舰媒体"是当前国际传播的重要要求。互联网时代，全球媒体格局发生了前所未有的变革，中国的外宣媒体因应变局，形成"1+6+N"大外宣格局，作出了一系列改变，为中华文化"走出去"构筑起强有力的媒介体系保障。

1. "造船出海"：打造融媒体传播平台

随着互联网的崛起普及与媒体融合的纵深推进，借由"融媒体"进行对外传播也成为促进中华文化走出去的重要举措。新华社、中央广播电视总台、中国新闻社、《中国日报》、芒果TV等主流媒体纷纷加快"走出去"的步伐。为适应传播格局的变化，很多媒体不再仅局限于传统媒体功能本身，而是将自身打造成多语种多平台的融媒体传播机构，搭载中华文化扬帆出海。

中国国际电视台（中国环球电视网，CGTN）作为我国国际传播机构的代表之一，自2016年底开播以来，在国际传播能力建设上取得了突出成绩。CGTN整合中央电视台英语新闻、西班牙语等在内的6个电视频道，建立北美、非洲、欧洲3个海外分台、1个视频通讯社、1个移动新闻网为主的新媒体集群，每天24小时向全球滚动播出新闻节目②。品牌节目《环球瞭望》（*Global Watch*）主要播出世界和中国的重大新闻，《对话》（*Dialogue*）、《视点》（*The Point*）、《世界观察》（*World Insight*）等对新闻进行深度解读与评论，针对全球热点问题发出中国声音、传递中国主张③，面对蓄意抹黑以翔实证据有力反击。2019年5月29日，CGTN女主持人刘欣和美国福克斯商业频道女主播翠西就中美贸易争端展开辩论，成为中国与其他国家媒体开展

---

① 谢樱、蔡潇潇：《孔子学院十五年：全球"汉语热"带来机遇与挑战》，http：//www.gov.cn/xinwen/2019-12/10/content_5460063.htm，2019年12月10日。

② 江和平：《新时代新战略新探索 CGTN重新定义融合传播》，《电视研究》2018年第1期。

③ 龙兴春：《CGTN，打造与中国国际地位相称的世界主流媒体》，人民网，http：//media.people.com.cn/n1/2018/0105/c14677-29748391.html，2018年1月5日。

直接对话的首次尝试。2022 年，CGTN 将继续加强平台建设，与国际视频通讯社联合搭建"融媒体定制化服务平台"，聚合近 500 家国际媒体，联结全球媒体，实现信息共享①。

为加强文化报道，深入挖掘和阐发中华优秀传统文化，新华社深入挖掘中国传统文化和手工艺，推出《匠从八方来｜千年瓷都里的"洋景漂"》等系列融媒体报道，在新华社中英文大广播、海外社交媒体平台、中英文客户端、短视频专线等陆续推出，海内外总浏览量近 500 万次，传播效果突出，海内外反响积极②。芒果 TV 作为国内标志性的媒体品牌，近年来也在加紧海外布局，积极承担着主流媒体输出中华文化职责的责任与担当。2018 年 3 月，芒果 TV 开启布局国际版 App，成为芒果 TV 构建海外融媒体平台、推动"文化出海"的关键之举。芒果 TV 海外融媒体平台在几年的发展实践中，形成了既符合国际社交媒体使用者需求，又有鲜明中国特色的内容的国家化传播路径③。从各大主流媒体的传播实践与目前已取得的成效来看，海外融媒体格局的不断发展深化正在推进与中国实力及国际地位相匹配的国家文化软实力及影响力的迅速提升。

2．"借船出海"：拓展海外社交平台版图

牛津大学路透新闻研究所（Reuters Institute）发布的《2021 数字新闻报告》显示，社交媒体在人们获取新闻的过程中扮演了重要的作用，在对 12 个国家的调查中发现，66% 的人使用社交媒体平台或通信软件消费新闻④。在社交媒体成为人们获取信息重要平台的当下，中国主流媒体主动开拓海外社交媒体平台，借助社交连接，让中国故事、中华文化嵌入海外用户的朋友圈和日常生活。

在媒体布局上，脸书（Facebook）、推特（Twitter）和优兔（YouTube）是中国国际媒体主要发力的阵地。中国的社交短视频 App 抖音的海

---

① 《中央广播电视总台"融媒体定制化服务平台"上线助力全球媒体的合作、共享与联接》，http：//china. cnr. cn/news/20220301/t20220301_525753768. shtml，2022 年 3 月 1 日。

② 薛艳雯、李呐：《如何把中国传统文化对外报道做出新意？——以新华社一组"爆款"融媒体报道为例》，《中国记者》2019 年第 2 期。

③ 肖旻：《从芒果 TV"文化出海"看视频平台海外融媒体实践》，《东南传播》2020 年第 5 期。

④ Reuters Institute Digital News Report 2021，https：//reutersinstitute. politics. ox. ac. uk/digital-news-report/2021/dnr-executive-summary，June 2021.

外版 TikTok、快手海外版 Kwai 也在国际上大获成功。《2021 年主流媒体网络传播力榜单》显示，截至 2021 年 12 月底，国内已有超过 30 家省级及以上广电机构或央媒在海外三大社交平台开设账号近 700 个，累计粉丝超过 11 亿，其中脸书的粉丝规模最大，整体突破 10 亿大关，其中，中央广播电视总台（@ChinaGlobalTVNetwork）和中国日报社（@ChinaDaily）粉丝量均已过亿。优兔总粉丝量达 3800 万，其中中央广播电视总台、新华社、湖南广电、浙江广电和上海广电机构的 10 个账号粉丝量超百万。

近几年，在短视频领域的国际市场上，TikTok 市场占有率显著提升，2018 年 TikTok 成为苹果商店（Apple Store）全球下载量第一位的 App，而 Kwai 成为俄罗斯、韩国及东南亚国家下载量最大的应用程序。在这些社交媒体平台上，中国故事和文化的专业生产内容和用户生产内容各放异彩。2017 年，新华社新媒体中心推出的《你好，一带一路》系列微视频，从"一带一路"沿线各国的丝路故事，建构起"和平之路、发展之路、共荣之路"的丝路印象。2017 年，抖音在短视频平台 musical.ly 上全球同步推出的"我们来自中国"活动，中国网民通过自制的短视频展示中国美食、音乐、书法、武术、陶艺等，成功地让世界欣赏到不同地域、不同民俗风情的中国文化特色①。

3. "借嘴说话"：增强国际传播影响力

在媒体"出海"的过程中，加强与国外媒体的交流和合作，借国外媒体记者和国际友人之口讲述中国的故事，更加符合对象国受众的信息接受习惯，信息的传播效果也能得以增强。

一是借助"外嘴"正确传达内容。《中国日报》注重引进国际新闻工作者，构建掌握多种语言和多元技术能力的外籍媒体人才队伍。为了让海外受众能够正确理解媒体所发布的信息，《中国日报》在采编发流程中加入外籍编辑的改写环节，在保证报道如实传达的前提下进行合理调整和润色。经外籍编辑改写过的内容，更容易为国际受众所接受，取得了良好的传播效果。

二是借助"外嘴"实现有效交流。中国的很多国际媒体为外籍记者开设节目或栏目，借助国际友人的视角解读中国的发展现状及文化传统。中

---

① 《坚定文化自信，抖音推动中国文化走出国门》，中国日报中文网，http://caijing.china-daily.com.cn/chanye/2018-04/19/content_36060381.htm，2018 年 4 月 19 日。

国日报微视频《艾瑞克讲睡前故事》《艾瑞克跑十九大》由美籍记者艾瑞克出镜主持，通过外籍记者之口，以国际受众习惯的表达方式记录中国的发展，引发海内外媒体及受众的关注。与此同时，中国日报举行的"亚洲媒体看中国"系列采访活动，让外籍记者亲身感受中国的风土人情，从他们的视角讲述真实的中国故事。

（四）文化贸易文化出口规模逐渐扩大，文化产品受到海外受众热烈欢迎

新时代以来，我国综合国力和国际地位不断提高，在中国日益走向世界舞台中央的同时，中国的对外文化贸易也在不断发力，向世界阐释推介中华优秀文化，提升国家文化软实力和中华文化影响力。在"走出去"战略、"一带一路"倡议等顶层设计层面的强有力支持下，图书、电影、电视剧等各类文化产品千帆出海，在世界文化汪洋中乘势争流，不仅展现了中华文化的深厚底蕴，也深刻促进了世界文明的交流互鉴。

1. 出版推广

近年来，中国海外出版事业成果丰硕，讲述中国治国理政方略的习近平著作、凝聚中华文化精髓的文艺作品，荟萃普罗思想情感的网络文学都在海外大放异彩，成为"讲好中国故事，传播好中国声音"的重要力量。

党的十八大以来，习近平总书记在领导推进新时代中国建设的伟大实践中提出了许多指导性、创新性、前瞻性的思想观点，深刻把握解读了国家实力、世界秩序与时代主题，这些思想观点结集成书，在国内国外广泛发行推广，已经成为国际社会读懂中国、读懂中国共产党的窗口，是世界了解新时代中国治国理政方略、理解人类命运共同体思想的源头活水，受到了国际社会的欢迎。截至 2022 年，以《习近平谈治国理政》为代表的习近平系列著作已出版 27 种，涉及 36 个语种，发行覆盖 170 多个国家和地区，进入海外 400 余家主流渠道，在宣传党的创新理论、激发人民奋斗实践方面发挥了重要作用①。中国的治国理政思想不仅要"走出去"，还要走得远、走得广、走得深。习近平著作中所蕴含的中国智慧获得了国际

---

① 《"数"说这十年：以书为媒，沟通中外》，http://www.cicg.org.cn/2022-10/17/content_42139163.htm，2022 年 10 月 17 日。

社会的高度评价，所提供的借鉴经验赢得发展中国家的积极肯定，海外智库热烈赞扬习近平著作的出版有利于国际社会更好地理解中国。习近平著作畅销海外，向世界展示了一条独特的中国道路，中国政治理念与智慧得以广泛传播，中国文化软实力与文化自信也在其中彰显。

中国文学艺术承载着中华优秀文化，凝聚着中华民族的思想与精神，描绘着中国时代的风貌，是向全世界展示中国、沟通世界人民心灵与情感、推进打破世界文化隔阂的重要窗口。我国文学艺术海外出版发行工作卓有成效，多方协同配合，构建起中国文艺出版的坚强矩阵与宏伟版图。在地方层面，由地方性的高校、汉语国际推广机构、作家协会等组织推出的翻译出版项目为中国文学艺术出海提供了源源不断的动力。在国家层面，由国家新闻办公室、新闻出版总署等推出"中俄经典与现当代文学作品互译出版项目""中国文学海外传播工程""丝路书香翻译资助项目""经典中国国际出版工程"等，从翻译、出版、推广上为中国优秀文学艺术作品走出国门提供了强有力的支持与保障。在国际层面，中国近年来担任多个国际书展的主宾国，成立中国国际出版中心、中国主题图书俄罗斯联合编辑室、浙江大学出版社意大利分社等出版机构，在组织与操作上不断推进中国文艺出海的进程与深度①。中国文艺海外出版的成绩也可喜可贺，目前中国文艺图书的版权输出已囊括英语、法语、阿拉伯语、韩语等20多个语种，覆盖面涉及全球各个大洲、国家和地区，有效地提升了中国文化的国际传播力与影响力。

2. 网络文化出海

2015年，中共中央印发《关于繁荣发展社会主义文艺的意见》，要求创作生产符合对外传播规律、易于让国外受众接受的优秀作品，不断增强中国文艺的吸引力感召力。网络文化作为互联网时代的文化宠儿，在创新传统文化、提高文化传播能力上有着绝佳的优势。

中国网络文学与韩国偶像剧、日本动漫、美国好莱坞大片并称为"世界四大文化现象"，以其丰富多样的主题情节、极富感染力的情感思想、普世化的语言表达在世界上受到诸多民众的追捧和喜爱。习近平总书记指

---

① 张力昆、李晓燕、宋芳斌：《由"走出去"到"走进去"：中国文艺出版海外传播力的提升策略》，《新疆社会科学》2022年第1期。

出,"讲故事,是国际传播的最佳方式",中国网络文学以其特殊的优势成为中国与国际增进交流、深化理解的重要桥梁纽带。《中国网络文学国际传播报告》显示,截至2020年,中国网络文学已向海外传播作品10000余部。其中,实体书授权超4000部,上线翻译作品3000余部①。全国各大网络文学企业如阅文集团、掌阅科技等,纷纷加快推进网络文学海外布局,从出版推广到搭建起自己的海外传播平台,形成较为成熟的生产模式,覆盖范围从亚洲、北美扩展到欧洲、非洲,遍布全球,覆盖40多个"一带一路"沿线国家②。此外,网络文学IP改编也如火如荼,通过影视、动漫、游戏等方式,更加立体多维地展现故事内容,有利于打破与国外受众之间的文化隔阂,让其更全面深入地理解中国文化。网络文学的海外渗透力不断增强,在世界语境中生动讲述着中国的故事、阐发着当代中国的精神风貌。

中国游戏发展30多年来砥砺前行,在新时代更是呈现出星火燎原之势。2021年,中国游戏总收入近3000亿元,自主研发游戏海外市场游戏销售收入也达到了千亿元级别,同时,中国游戏产业逐步升级,完成从"进口替代型"向"出口导向型"的转变。中国自主研发的移动游戏在美国、日本、韩国、英国、德国等国家的流水同比增长率均高于该国移动游戏市场的增速,国产游戏在海外市场的优势已日趋突出③。中国网络游戏出海的成功,也使得其中搭载的中华优秀文化获得潜移默化的推广——传统戏曲元素、中国节庆元素、中国标志性美景等在游戏中随处可见,一些全球知名的海外游戏厂家在设计游戏时也借鉴了中华文化元素。网络游戏出海已经成为中国文化"走出去"的重要旗帜,在5G时代,游戏产业将继续作为中国文化产业蜚声国际的重要突破口,以其互动参与感、即时性、沉浸性、社交黏性等特点成为讲述中国故事的优质载体。

3. 影视交流

影视剧作为一种大众化的文化产品,在国际传播、跨文化交流中扮演

---

① 《〈中国网络文学国际传播发展报告〉发布,网文日创作量超1.5亿字》,上观新闻,https://export.shobserver.com/baijiahao/html/411536.html,2022年10月15日。

② 王飚、毛文思:《中国网络文学海外传播现状探析》,《传媒》2022年第15期。

③ 陈前进:《"十四五"时期中国网络文化"走出去":构建"网络文化共同体"》,《出版广角》2022年第4期。

着重要的角色。中国影视剧一路走来征途漫漫，在新时代的时代语境中积极回应，迸发出别样的活力，涌现出一大批各种类型的优秀影视剧作品，成为中国故事与文化对外传播的优良载体。

在国家政策的支持下，政府机关、影视企业、媒体平台等多方发力，传统媒体和新媒体整合互动，形成中国电视剧海外传播的纵深格局。自《媳妇的美好时代》在坦桑尼亚热播以来，多部中国电视剧走向海外，获得海外受众的欢迎。近年来，乘着流媒体时代的东风，中国电视剧在 Netflix、Disney+、HBO 等全球性流媒体平台上的播放呈蔚然大观之态。中国各大影视公司也纷纷在全球性的视频分享网站如 YouTube、VIKI、Dramafever 上入驻并开设相关频道，获得超百万的订阅量。同时，国内的流媒体平台如爱奇艺、优酷、腾讯等陆续开通国际版，源源不断输出中国的影视作品，取得了骄人成绩。除了借助网络平台出海，中国电视剧也利用传统渠道把握交流大势，深化海外合作。电视节联播、展映，一方面将中国故事带向更多国家和地区，另一方面也为中国影视从业者、影视机构与海外同行的合作搭建了桥梁①。2016 年，中国国际电视总公司发起成立全球首个以"丝路"为纽带、面向全媒体的国际影视媒体制播联盟——"丝绸之路电视共同体"。目前，这一共同体已与 60 个国家和地区的 137 家机构，在国际影视合作、版权交易合作、跨文化融合传播以及文化交流互鉴等方面开辟了广阔的合作空间，一起把握发展机遇，推动中国电视剧更好地"走出去"②。

"十三五"时期以来，电影成为我国文化艺术领域和文化产业的重要亮点，中国已成为全球电影市场发展主引擎，在对外传播方面呈现出多元立体的传播格局。从传播主体来看，中国电影出海集结了官方和民间的双重力量，国有电影公司和民营电影企业共同打造了中国电影对外传播的主阵地；从传播内容来看，早已在海外电影市场中占据一席之地的中国武侠、玄幻电影继续发挥着强劲的传播势能，近年来兴起的"新主流电影"则整合了主旋律、商业类型以及艺术电影，以更加一体化的姿态凸显了中

---

① 慕玲：《新时代中国电影国际传播：现状、问题与对策》，《传媒》2022 年第 15 期。

② 《特别策划：中国影视"出海"提速进阶》，https://new.qq.com/rain/a/20211108A0A26I00，2021 年 11 月 8 日。

国电影的创作能力和文化主体性，更加真实、立体的中国形象也在光影故事中得以呈现①。

4. 文化贸易

根据中华人民共和国海关总署的统计数据，2021 年中国文化产品出口贸易额为 1392.5 亿美元，相比 2012 年同期增长了 1175.2 亿美元，增长了 540.8%，实现了惊人的飞跃。中国文化贸易取得千亿美元级成绩离不开国家的政策支持以及社会各界的共同努力。2014 年，国务院印发《关于加快发展对外文化贸易的意见》，阐明发展对外文化贸易的重要意义，明确提出力争到 2020 年使"我国文化产品和服务在国际市场的份额进一步扩大，我国文化整体实力和竞争力显著提升"。目前来看，这一目标已超额完成。2022 年，商务部等 27 部门联合印发《关于推进对外文化贸易高质量发展的意见》，指出我国文化贸易发展要深化文化领域改革开放、激发创新发展新动能、激发市场主体发展活力、拓展合作渠道网络、完善政策措施以及加强组织保障，到 2025 年建成若干覆盖全国的文化贸易专业服务平台，形成一批具有国际影响力的数字文化平台和行业领军企业，进一步增强我国文化产品和服务的竞争力，进一步提高文化品牌的国际影响力，使文化贸易对中华文化走出去的带动作用进一步提升、对文化强国建设的贡献显著增强。该意见为我国对外文化贸易的进一步发展提供了指导思想与行动指南，为繁荣对外文化贸易奠定了重要基础。

二、现阶段中华文化走出去的重要研究问题

在百年未有之大变局下，文化成为一个重要的舞台，政治力量、意识形态在其上相互角逐。而随着中国国际地位的提升，中国文化不再仅依靠"他塑"，而是主动"自塑"，积极争取国际话语权。在全新的历史阶段，推动中华文化"走出去"，需要从全局出发探索解决发展过程中存在的问题。

---

① 许航、赵雪梅：《流媒体时代中国电视剧的国际传播》，《传媒》2022 年第 15 期。

（一）中华文化的挖掘阐释

中华文化"走出去"的要义是要让具有价值的中华文化走向全世界各个国家，让其他国家的人们了解中国文化，实现文化层面的"自塑"。近十年来，我国在出版、影视、网络产品等文化国际传播领域取得了卓越的成绩，让其他国家的人们对中华文化有一定的认知。但是，对于内涵丰富的中华文化未能进行创新性的转化与诠释，由此可见，中国向世界展示何种中华文化已成为重要命题。

1. 挖掘中华文化的优秀遗产

中国优秀传统文化是中国文化继承与发展的重要资源，是中华民族的精神之源。党的十九大提出，"弘扬中华优秀传统文化，要处理好继承和创造性发展的关系，重点做好创造性转化和创新性发展"。做好中华优秀传统文化的继承与发展已成为当下社会主义文化建设的重要任务。在文化的对外传播中，中华优秀传统文化占据重要位置。中国功夫、熊猫、书法、春节等中国传统符号早已成为中国文化的代表，在国际受众中拥有较高的认知基础。

然而，中华文化的阐释和传播仍旧停留在上述浅层次文化符号上。文化大致可以分为物质文化、制度行为文化、观念文化三个层次①，前两者多为显性文化，而观念文化属于隐性文化，是文化交流和竞争中的软实力。当前中华文化"走出去"以显性文化的传播为主，注重对于物质文化和行为文化的传播，对于深层次的文化内容挖掘力度不足，造成文化资源较为粗放，无法形成价值观传播的最佳效果。

爱德华·霍尔将文化分为"高语境文化"和"低语境文化"，他认为高语境文化"大多数信息或存在于物质环境中，或内化在人的身上；需要经过编码的、显性的、传输出来的信息却非常之小"②。作为一种信息传播高度依赖环境的文化，中国文化通常被视为高语境文化。这意味着中华文化跨文化传播的难度要高于其他文明的文化，而隐性文化的传播更甚。这

---

① 潘荣成：《中国文化对外传播面临的问题及其对策——基于文化层次性的研究》，《理论月刊》2022 年第 5 期。

② 爱德华·霍尔：《超越文化》，何道宽译，北京大学出版社 2010 年版，第 81 页。

为中华文化的深层次挖掘提出了挑战。

2. 挖掘中华文化的世界价值

西方国家在第二次世界大战结束后，在国际格局中占据主要的话语权，现代秩序主要由西方国家主导建构。然而，当今世界，新冠疫情席卷全球，局部战争、恐怖主义、金融危机、环境问题成为全人类共同面临的危机。人类在解决世界问题时面临诸多困境，西方方案在面对新的问题时失去了原有的效力。在世界几个主要文化中，不同于其他文化的排他性，中国文化中的人本思想可以发展为不分畛域的大同观念，有教无类的观念和民胞物与的思想具有很强的包容性[①]，中国"世界大同、和合共生"的传统观念能够为世界和平与发展贡献新的思想力量。

人类命运共同体理念便生发于"天下大同"这一中华文化传统观念。2021年10月，习近平主席在出席中华人民共和国恢复联合国合法席位50周年纪念会议时指出，人类是一个整体，地球是一个家园。任何人、任何国家都无法独善其身。人类应该和衷共济、和合共生，朝着构建人类命运共同体方向不断迈进，共同创造美好未来。自2013年首次提出人类命运共同体以来，习近平主席在多个国际场合发表演讲，持续阐述并丰富人类命运共同体这一重要理念，为人类共同解决世界问题拓展了一种新的解决思路，也为中华文化"走出去"提供了重要理论指导。

共建人类命运共同体引领下的中国文化对外传播，意味着"在文化上，要尊重世界文明多样性，以文明交流超越文明隔阂，文明互鉴超越文明冲突，文明共存超越文明优越"，这呼唤着文化传播范式的转变。多元文化视角和文化间性范式在强调国族或地域的传统文化范畴之下能够给予跨文化传播一定的理论指导，但在当前"杂糅"文化之下，文化间的界限不再明晰，同一文化中可能具有不同特征和生活方式，由此，韦尔施提出的"转文化"（Transculturality）将成为对外文化传播中的主要范式[②]。在人类文明不断交融的当下，中国文化对外传播需要在"转文化"研究范式下作出系列创新实践，探索出新时代文明创新传播之路。

---

① 许倬云：《中国文化与世界文化》，贵州人民出版社1991年版，第194页。
② 郭萌萌、王炎龙：《"转文化"：中国文化对外传播范式转换的逻辑与方向》，《现代出版》2019年第6期。

3. 挖掘中华文化的时代价值

中国共产党带领中华民族走向独立自强的道路世所瞩目。改革开放以来，中国经济快速发展，社会发展长期稳定，中国特色社会主义制度和发展道路展现了不同于"西方之治"的优越性。这种强大的生命力一方面源于马克思主义的指导，另一方面源于中华文化的涵养，由此，中国特色社会主义成为中华文化在新时代的延伸与发展。

习近平总书记指出，宣传阐释中国特色，"要讲清楚中国特色社会主义植根于中华文化沃土、反映中国人民意愿、适应中国和时代发展进步要求，有着深厚历史渊源和广泛现实基础"。中国特色社会主义道路拓展了人类对社会制度的认知，西方现代化模式不再成为唯一的发展之路。在文化对外传播中，不仅要展示中华优秀传统文化的魅力，还要展现当代中华文化的辉煌，真实讲述中国正在发生的故事。新时代，传播中国特色社会主义道理、制度、文化，将成为中华文化"走出去"的重要命题。

（二）中华文化的有效传播

中华文化的传播长久以来存在"走出去"实践取得重要成果，但却无法"走进去"的现实情况，传播的有效性面临一定的困难和阻碍。

1. 文化传播的多元化

一直以来，中华文化"走出去"以政府主导的多元主体参与模式为主，在此模式之下，中国的文化传播具有强大的动员能力和资源统筹能力，但因其官方背景带有的意识形态属性导致传播效果不尽如人意。近年来，美国芝加哥大学、瑞典斯德哥尔摩大学等几所大学关闭孔子学院，这在一定程度上说明，仅依靠官方机制推动的文化传播蕴含较为浓厚的宣传意味，对于文化传播而言可能会形成负面效果。在此背景之下，实现文化传播的多元化成为文化对外传播体制需要研究的重点。以往民间自发组织的文化传播活动，通常能够获得对象国民众的欢迎，但由于缺乏稳定的组织运作机制，民间力量组织的活动较为随机松散，难以形成常态化的组织和机制，传播效果难以维持①。由此，在统一的部署之下，探索官方与民

---

① 邓凌月：《拓展中华优秀传统文化对外传播新途径》，https://m.gmw.cn/baijia/2021-06/04/34899911.html，2021年6月4日。

间协同推动中华文化"走出去"的模式,鼓励民间力量加入中华文化的传播工作之中,进而解决传播力弱、信誉度低等问题。

部分文化传播实践中存在特意迎合西方审美的心理预设,在内容上重点突出中国传统文化,刻意展现传统文化符号,加深了其他国家对于中华文化的刻板印象,产生一种奇观化、表演化的倾向,产生东方风韵的"迷因"①,未能真实体现当代中国的真实图景。除此之外,中华文化在传播形式上也较为单一和僵化,在叙事表达、包装上缺乏生机,与互联网时代的文化潮流不相匹配。同时,在"以我为主"的对外传播体制之下,针对不同国家的文化传播内容产品存在一定程度的同质化现象,忽视对象国受众的个性化需求,在内容选择上具有很强的主观倾向性。

由此可见,在文化对外传播的内容建设上,需要探索出更为多元的文化传播模式,构建完整的对外传播话语体系,实现中华文化"走出去"的在地化。

2. 文化传播的传播渠道

自以离散化、多节点为特征的网络技术兴起以来,信息传播去中心化与再中心化的趋势逐渐显著②。在社交媒体成为重要信息源的时代,人们获得信息的数量和速度较之传统媒体时代有很大的提升,个体作为传播主体拥有了信息传播中拥有较高的参与度,在新技术的赋能之下信息传播秩序开始走向扁平化,媒体话语权逐渐被分化和转移。在网络空间中,物理空间和时间的界限被打破,跨文化交流在新的空间中呈现出新的特点,中华文化"走出去"面临新的机遇与挑战。

互联网时代的中华文化"走出去",创新传播路径是关键。目前我国文化传播的主要传播渠道为主流媒体建设的国际媒体,如 CGTN、新华社、《中国日报》等,融媒体建设方面取得了卓越成果,开设了众多社交媒体账号,在发出中国声音、传递中华文化方面发挥了重要的作用。然而,相关研究发现,中国媒介机构账号存在产品结构单一、用户圈层封闭、互动率较低、社群化效果不强、对外传播策略与用户偏好存在偏差、涉外内容

---

① 殷乐、申哲:《创新构建中华文化对外传播话语体系》,《新闻战线》2022 年第 7 期。
② 韩云杰:《去中心化与再中心化:网络传播基本特征与秩序构建》,《中国出版》2020 年第 21 期。

少且意见指向不明确等问题，在整体的社会资本上仍处于弱势地位，传播效果并不理想①。在技术实力和人才资源充足的情况下，探索海外社交媒体平台如何开展文化传播工作成为重要命题。

在互联网基础设施方面，海外的主要社交媒体平台以 Facebook、Twitter、YouTube 为代表。中国的社交媒体近年来也在积极出海，但面临多重困境。首先，海外社交媒体市场已趋近饱和。英国咨询公司维奥思社发布的《数字 2019 报告》显示，全球社交媒体用户数量达到 34.84 亿人，而 Facebook 的全球用户数量达到 21.21 亿人，占全球份额的 61%，几乎占全球社交媒体用户的 2/3。全球社交媒体使用地图则显示 WhatsApp 和 Facebook 涵盖了 92% 的国家，加之一些国家也研发了本土的社交媒体，包括日本的 Line、韩国的 Kakao Talk 等。其次，需要跨越语言文化的鸿沟。英语作为通用语言，成为国际舆论场的通用语言，海外社交媒体平台多数使用英语，天然具有语言优势。最后，各国法律制度的差异也给社交媒体平台出海带来了难题。

3. 文化传播效能的提升

2021 年，中共中央政治局进行第三十次集体学习，习近平总书记在主持学习时强调国际传播的传播效能，即"要全面提升国际传播效能，建强适应新时代国际传播需要的专门人才队伍"。这一论述意味着不仅要关注受众的接受程度，还要注重国际传播能力的建设。为了探求中华文化"走出去"的发展方向，建立一套文化走出去的效果评估体系成为重要任务。目前，国内有关文化传播效果的研究多集中在孔子学院以及文化产业方面，如何进行评估体系的顶层设计，包括评估目标、评估框架构建、评估范式、评估指标体系以及评估的实施都有待进一步探索②。

与此同时，建设高水平国际传播人才队伍也是加强文化"走出去"的重要举措。在世界政治经济和信息传播格局发生剧烈震荡的当下，建设国际传播理论研究人才队伍、区域与国别人才队伍、多学科多专业领域国际

① 辛静、叶倩倩：《国际社交媒体平台中国文化跨文化传播的分析与反思——以 YouTube 李子柒的视频评论为例》，《新闻与写作》2020 年第 3 期。
② 李怀亮：《浅析中国文化走出去效果评估体系的构建》，《南开学报（哲学社会科学版）》2018 年第 3 期。

化人才队伍、舆论斗争人才队伍，能够从全方面"加强适应新时代国际传播需要的专门人才队伍"①。但是，具体人才培养方案落地以及政策制度的研判都需要从战略全局的角度进行全盘的考量。

（三）文化产品国际竞争力

1. 文化产品价值承载的优化

近年来，中国的图书、影视剧和网络文化产品在海外畅销，但部分作品依然存在内容价值不高、中华优秀传统文化内涵不足的问题。

第一，在文化产品出海上，中国文化产品仍以工艺品和设计等传统的劳动密集型产品加工出口为主，附加值较低，处于全球文化价值链低端。而高端精细和具备创意的工艺设计产品出口规模较小，文化核心竞争力与国际影响力不足②。

第二，不少文化产品出海的驱动力是企业逐利，仅仅在商业层面实现了产品的输出，而在价值承载上相对欠缺，并未深入挖掘文化产品的价值内涵，出现"产品出海"和"文化出海"的落差。当前，网络文化产品已经成为中国文化贸易的重要组成部分，但以网络游戏和短视频为代表的文化产品却较少展现中华文化的精神价值，或挖掘、创造游戏中的多元价值及更高层面的认同可能性，缺少文化和价值的辨识度。世界文化产业强国及其文化产品，如美国好莱坞电影、韩国"韩流"及日本二次元动漫，不仅获得了商业盈利的成功，在传播价值观层面也收效显著。由此可见，如何兼顾产品与文化，使产品能够搭载价值观，并让国际受众接受，依然是一个值得思考的现实问题。

2. 削弱文化折扣的影响

不同国家和文化之间存在着不同的社会制度、行为模式、神话信仰、价值认同、文化审美等，文化产品在国内往往比在国外更有吸引力，在产品出海时难免会造成"文化折扣"。如以探讨"真"为核心的纪录片，却

---

① 张毓强、庞敏：《新时代中国国际传播：新基点、新逻辑与新路径》，《现代传播（中国传媒大学学报）》2021 年第 7 期。

② 何传添、梁晓君、周燕萍：《中国文化贸易发展现状、问题与对策建议》，《国际贸易》2022 年第 1 期。

也因中西方对"真"的不同观念而产生分野。在中国哲学中,"真"常常与"善""美"在一起,而在西方,"真"(科学)和"善"、"美"(价值)却分属于两个不同的命题①。纪录片背后不同的哲学观、美学观和文化语境成为纪录片出海遭遇"文化折扣"的原因所在。

3. 产业结构模式的调整

文化的传播不同于一般的传播活动,它不是单一的、机械的信息传递活动,不仅需要"传出去",更要"传进去"。因此,拓展传播渠道、优化传播路径是中国文化"传出去"并"传进去"的必由之路。目前,我国文化产品出口的形式仍较为局限,出口的渠道结构单一,主要依靠政府间文化交流、媒体传播以及企业传播这三种途径,其普及性与通达力受限,难以使中国文化产品的海外传播向纵深发展。此外,中国文化产品海外传播的运营能力与自主能力也有欠缺,对发达国家的高端研发技术和运营平台有较高的依赖度,同时行业整体的运营机制不完善,国家层面的出口规划还有待落地实施,文化产业模式亟须进一步完善。

三、中华文化走出去的未来发展方向探讨

在《中共中央关于党的百年奋斗重大成就和历史经验的决议》中,党中央强调,中华优秀传统文化是中华民族的突出优势,是我们在世界文化激荡中站稳脚跟的根基,必须结合新的时代条件传承和弘扬好。在实现第二个百年奋斗目标的重要节点,中华文化"走出去"将面临新的发展机遇。

(一)适应技术发展打造文化传播多样态

习近平总书记在第二届世界互联网大会开幕式上强调,互联网是传播人类优秀文化、弘扬正能量的重要载体。在技术发展日新月异的当下,互联网作为数字时代的基础设施,正在推动传播技术和传播形态的变革,对文化传播的手段、平台和渠道产生重要影响,文化传播的样态也将随之变化。

第一,利用互联网传播平台。目前,技术发展的速度加快了文化传播

---

① 何建平、赵毅岗:《中西方纪录片的"文化折扣"现象研究》,《现代传播(中国传媒大学学报)》2007年第3期。

载体的更迭。社交媒体作为 Web 2.0 的产物，已成为中国国际媒体在网络空间传播中国声音的有力工具。近年来，短视频作为新的传播载体，以较低的创作门槛吸引了大批受众，中国的国际媒体也积极在短视频领域发力。但就传播效果而言，民间力量创作的短视频作品拥有更强大的吸引力，如李子柒等中国网红以其日常生活为蓝本的内容生产营造了新的中国文化传播样态，让国际受众接触到传统文化符号之外的中国。由此可见，在新的跨文化语境中，自媒体博主将可能成为新的文化传播主体的重要补充力量，与官方媒体共同营造新的文化传播格局。

随着虚拟技术的发展，"元宇宙"作为数字化生活的未来模式，给予中华文化"走出去"以新的想象力。元宇宙"以互联网与智能算法为代表的数字媒介作为一种新的结构社会的力量，其作用于社会的方式与以往任何一种'旧媒介'不同，它下沉为整个社会的'操作系统'"①。在数字空间中，原有的文化结构、社会结构、身份认知可能都会发生变迁。新的信息传播载体与方式将极大地改变受众对于文化的感知，物理空间的阻隔将不再是文化传播的障碍。尤其是在新冠疫情的推动下，云端活动成为新常态。2021 年"欢乐春节"活动在线上展示民俗和非遗活动、文化和旅游体验活动以及文艺演出，成为探索虚拟空间文化传播活动的尝试。在元宇宙之下，文化传播活动将拓展出新的样态，人们可以以数字分身在虚拟空间获得三维的文化体验，增强文化"走出去"的实效。

第二，搭建数字化传播平台。TikTok、Kwai 等互联网平台在竞争激烈的全球社交媒体之中赢得一席之地。尤其是 TikTok，以技术中台、大数据算法推荐系统和本土化运营策略，开辟了中国互联网企业出海的成功道路，这也为中国文化传播的平台出海提供了有益借鉴。未来，数字化传播平台很可能会加速"走出去"步伐，在数字基础设施建设上占据有利地势，也为文化传播搭建重要载体。

（二）注重传播能力建设，增强国际传播话语权

正如习近平总书记所强调的，提升国家文化软实力要"形于中"而

---

① 喻国明、赵秀丽、谭馨：《具身方式、空间方式与社交方式：元宇宙的三大入口研究——基于传播学逻辑的近期、中期和远期发展分析》，《新闻界》2022 年第 9 期。

"发于外"。做好中华文化的国际传播，要整合各类资源，推动内宣外宣一体，不断加强自身国际传播能力的建设。

1. 做好"讲好中国故事"相关工作

第一，推进在地化建设。在当前的中华文化"走出去"工作中，"以我为主"的顶层设计让文化传播的落地效果不如预期。在跨文化传播工作中，对外的文化传播要因地制宜，根据对象国的宗教信仰、政策法规做出区域化的调整。对于海外中国文化中心等传播机构而言，更要做好在地化。在提前做好调研的基础上，根据对象国民众的需求和习惯，开展形式多样、丰富多彩的文化活动。

第二，打造中国符号 IP。在传统中国文化符号拥有良好接受度的基础上，要在新的历史图景之下打造代表新时代中华文化的符号。2022 年北京冬奥会上，吉祥物冰墩墩、雪容融是中国元素熊猫和灯笼的艺术再创造的产物，实现了中华文化与冬奥会元素的有效结合，以可爱形象成功"破圈"，获得国内外众多粉丝的追捧，成为冬奥会开办以来较为成功的吉祥物 IP 之一。冬奥会的尝试便是中华文化"走出去"的成功尝试，这也为中国符号的打造提供了借鉴。在中国文化 IP 的打造上，要在迎合市场逻辑的前提下，做好文化产品的生产与研发，从受众视角出发，满足受众需求，打造具有国际竞争力的高附加值产品。

第三，发出中国声音。中国国际媒体的布局已经基本形成，但在西方主流媒体拥有较大话语权的国际舆论场中，中国国际媒体要在"全球中国"的视角下发出自己的声音。在目前的信息传播实践中，中国媒体习惯于"向世界介绍中国"，偏重中国新闻的报道，对于重大国际新闻的关注较少，"忽略中国与世界的联系"[①]。在人类共同面对的重大问题中，如战争、女性权益、环境保护等，中国的国际媒体要立足中国立场，参与到重大国际新闻的报道中，实现从"介绍中国"到"联系世界"的转变。

2. 提升文化工作者的国际传播自觉

中华文化"走出去"是一项全局性的工作，不只是一项由官方主导的行动，而是由文艺工作者、新闻传播工作者、哲学社会科学工作者等组成

---

① 刘滢：《"全球中国"视域下媒体国际传播效能提升的新思考》，《新闻与写作》2021 年第 9 期。

的各个层级的文化相关领域人员共同参与的重要任务。

中国的文化工作者要立足本职工作，做好知识和作品生产。在哲学社会科学座谈会上，习近平总书记强调，只有以我国实际为研究起点，提出具有主体性、原创性的理论观点，构建具有自身特质的学科体系、学术体系、话语体系，我国哲学社会科学才能形成自己的特色和优势。在推动中华民族伟大复兴的历史节点，哲学社会科学工作者更要立足中国本土做好知识生产，在世界的哲学社会科学领域提出属于中国的理论，为理解人类社会生活与交往作出中国贡献。

文艺工作者作为文艺作品的创造者，要"讲好中国故事、传播好中国声音、阐发中国精神、展现中国风貌"，围绕中国历史传统、风俗习惯、民族特性做好内容产品的生产，通过文艺精品传达中国人的世界观、价值观，以贴近日常生活的方式传播中华文化，让世界了解中华文化的魅力。

国际传播工作者尤其是驻外记者，要立足马克思主义新闻观，培养自身语言、新闻业务、互联网技术等融媒体能力，积极了解所在对象国的文化、制度等社会环境，提升自身国际传播能力建设。同时，高校及相关机构要培养一批高水平国际传播工作者，制定出符合当前国际舆论环境的国际传播人才培养方案，为适应未来更为复杂的国际环境做好充足的准备。

3. 建设互联网时代的效果评估体系

以往的国际传播效果研究注重对于对象国受众接受程度的分析，评估效果和体系较为单一。从习近平总书记在主持中共中央政治局第三十次集体学习时提出"效能"概念可以看出，国际传播研究提高了对于国际传播效果的重视程度。在全球信息传播格局产生剧烈变动的当下，受众的信息接受习惯与信息需求与传统媒体时代有所不同。互联网技术下的移动媒体的传播效果需要重新树立一套新的评估体系，创设新的策略维度。与此同时，提高中华文化感召力等中华文化"走出去"的传播目标，也需要确切的维度对其进行分解，从量化研究和质化研究结合的角度出发，让中华文化"走出去"的成果更为立体可感。

（三）构建中国话语体系，全面宣介中国文化发展

1. 以人类命运共同体为核心理念

人类命运共同体理念对于当下中华文化"走出去"的理论建构具有重

要的指导作用。这一重要理念"归根结底在于打造真正意义上信息自由平等的流动，打破以民族国家为核心的地缘政治式、地缘经济式的国际传播格局，以交流和交往解决人类面临的共同问题"①，是"国际传播实践中需要'高举的旗帜'"②。在中华文化"走出去"的每一个层次、每一个环节、每一项内容，都要以人类命运共同体理念为核心，以文明交流互鉴的开放心态，积极开展文化之间的交流，摆脱文化间的斗争心态，包容不同价值观念和政治选择，推动形成文明之间平等交流的机制，以文化传播的交流交往促进国与国之间的和平往来，推动国际秩序走向公平公正。

2. 构建中华文化"走出去"话语体系

以习近平关于中华文化"走出去"的重要论述为理论指导。习近平总书记在不同场合强调了中华文化的重要时代价值，强调要加强中华优秀传统文化的挖掘与阐释。这为中华文化"走出去"的重要性提出了根本遵循。习近平总书记还创新了中华文化"走出去"的具体路线，指出要从加强顶层设计统筹协调、加强对话话语体系建设、与当代价值文化结合几个方面提升文化软实力。除了在理论上的建树，习近平总书记还在对外传播方式创新、文艺作品创作、传统文化成果传递等方面提出了具体要求，为具体实践指明了方向，让中华文化"走出去"的方案更加落地。新时代，中华文化"走出去"要根据习近平总书记提出的具体要求，开展多层次立体化的传播工作，推动中华文化感召力的有效提升。

创新中华文化的创新性转化和创新性阐释。一方面，要加强对于中华优秀传统文化的挖掘和阐释，在继承和发展的前提下，根据对象国的具体情况，对优秀传统文化进行重新"编码"，做好分区域、分领域的传播工作，减少文化的误读，加强中华文化的传播效果。另一方面，要强化对于当代中华文化的解读，将中国的发展优势转化为话语优势，将中国最新的马克思主义中国化理论与中国特色社会主义实践探索，以国际受众喜闻乐见的方式传播出去，体现中华文化的时代价值和世界价值，展现中国作为一个自信共同体所具有的强大精神力量，为世界提供中国智慧、中国方案。

作者简介：

张毓强，中国传媒大学教授、博士生导师，中国国际传播战略与发展研究中心（中国人民外交学会中国传媒大学研究基地）常务副主任，中国传媒大学出版社社长，《现代出版》副主编，《现代传播》特约编辑。研究方向为国际传播、传播思想史、公共外交。

体制篇

深化新时代文化体制改革

要坚持把社会效益放在首位、社会效益和经济效益相统一，深化文化体制改革，完善文化产业规划和政策，不断扩大优质文化产品供给。

——习近平在教育文化卫生体育领域专家代表座谈会上的讲话
（2020 年 9 月 22 日）

体制篇

深化新时代文化体制改革

文化既是人类经济社会活动的产物，同时又对经济社会发展产生重要作用。总体上看，文化既是推动社会发展的重要手段，又是社会文明进步的重要目标；文化的教育教化功能是凝聚韧性的精神力量，同时文化也是人类精神上的内在需求，关系民生幸福；文化既对经济增长产生直接作用，也是提升经济发展质量的重要源泉①。习近平总书记在党的十九大报告中指出："文化是一个国家、一个民族的灵魂。文化兴国运兴，文化强民族强。没有高度的文化自信，没有文化的繁荣兴盛，就没有中华民族伟大复兴。要坚持中国特色社会主义文化发展道路，激发全民族文化创新创造活力，建设社会主义文化强国。"

我们党一直高度重视中国特色社会主义文化发展，但是在改革开放之初，文化并没有进入国家整体改革的战略层面。20 世纪 90 年代，文化领域的市场化改革在社会主义市场经济体制确立后开始推进，1997 年党的十五大报告提出"深化文化体制改革，落实和完善文化经济政策"。但总体上来说，这一阶段文化体制改革主要停留在观念认识和指导思想层面，实质性的改革举措较少②。文化体制改革的深入推进开始于 2005 年发布的《中共中央、国务院关于深化文化体制改革的若干意见》。意见提出"采取先试点、后推广的方法"，将文化企事业试点单位分为公益性文化事业

---

① 云杉：《文化自觉文化自信文化自强——对繁荣发展中国特色社会主义文化的思考（上）》，《红旗文稿》2010 年第 15 期。

② 陈庚：《四十年来的中国文化体制改革研究：一个理论述评》，《山东大学学报（哲学社会科学版）》2019 年第 5 期。

单位和经营性文化企业单位，前者改革的重点是增加投入、转换机制、增强活力、改善服务，后者改革的重点是创新体制、转换机制、面向市场、增强活力，文化体制改革综合性试点地区则主要从健全文化管理体制、微观运行机制、文化市场体系、文化经济政策、资源优化配置机制、对外文化交流机制等方面进行体制机制探索。2010年7月，十七届中共中央政治局就深化我国文化体制改革研究问题进行第二十二次集体学习，提出"要加快文化体制机制改革创新，按照创新体制、转换机制、面向市场、增强活力的要求，加快经营性文化单位转企改制，稳步推进公益性文化事业单位改革，构建统一开放竞争有序的现代文化市场体系，加快推进文化管理体制改革"。2011年10月党的十七届六中全会通过《中共中央关于深化文化体制改革、推动社会主义文化大发展大繁荣若干重大问题的决定》，提出"建设社会主义文化强国"的战略目标，"建立健全党委领导、政府管理、行业自律、社会监督、企事业单位依法运营的文化管理体制和富有活力的文化产品生产经营机制"，对深化国有文化单位改革、健全现代文化市场体系、创新文化管理体制以及完善政策保障机制等方面作出部署。

党的十八大的召开标志着中国特色社会主义进入新时代。党的十八大提出"全面落实经济建设、政治建设、文化建设、社会建设、生态文明建设五位一体总体布局"，文化建设被纳入中国特色社会主义事业的总体布局之中，并提出"扎实推进社会主义文化强国建设"的具体部署。党的十八大以来，我们党以巨大的政治勇气全面深化改革，打响改革攻坚战。文化的发展繁荣，同样离不开改革创新[1]。通过深入推进文化体制改革，不断完善文化发展的制度框架，破除文化发展的各种障碍和瓶颈，增强文化治理能力现代化水平，是建设社会主义文化强国的必由之路[2]。

一、党的十八大以来文化体制改革的进展

根据涉及的内容和性质，文化体制可以划分为宏观管理体制、行业管

① 霍小光、张晓松、杨维汉等：《九万里风鹏正举：以习近平同志为总书记的党中央深改元年工作述评》，《人民日报》2015年1月28日。
② 苏泽宇：《新时代文化体制改革的内涵与特点》，《华南师范大学学报（社会科学版）》2020年第3期。

理体制和微观管理体制，文化体制改革主要就是这三大方面的改革①。党的十八大以来，一大批文化体制改革有关的重大政策措施相继出台实施，有效推动了我国文化事业的繁荣，全党全国各族人民文化自信的明显增强，为全面建设社会主义现代化国家提供了坚强思想保证和强大精神力量。

（一）文化体制改革的主要脉络

党的十八大明确提出，"要深化文化体制改革，解放和发展文化生产力"。2013 年 11 月，党的十八届三中全会通过《中共中央关于全面深化改革若干重大问题的决定》，明确文化体制改革与经济体制、政治体制、社会体制、生态文明体制和党的建设制度改革一样，是国家全面深化改革战略部署的重要组成部分，提出要"紧紧围绕建设社会主义核心价值体系、社会主义文化强国深化文化体制改革，加快完善文化管理体制和文化生产经营机制，建立健全现代公共文化服务体系、现代文化市场体系"，并在完善文化管理体制、建立健全现代文化市场体系、构建现代公共文化服务体系、提高文化开放水平等方面作出部署。2014 年 2 月 28 日，中央全面深化改革领导小组第二次会议审议通过《深化文化体制改革实施方案》，该方案是全面深化改革开局之年最先审议通过的专项改革方案之一，标志着新一轮文化体制改革开始进入全面实施阶段。此后，31 个省区市都制定下发具体的实施方案，文化体制改革扎实推进。2014 年 12 月 30 日，中央全面深化改革领导小组召开第八次会议，会议指出"文化体制改革积极创新"。2015 年 1 月，中共中央办公厅、国务院办公厅印发《关于加快构建现代公共文化服务体系的意见》，对创新公共文化管理体制和运行机制进行了部署。2016 年 12 月，《中华人民共和国公共文化服务保障法》正式颁布，并于 2017 年 3 月 1 日起施行，该法对公共文化设施建设与管理、公共文化服务提供等方面，对政府、公共文化设施管理单位、公益性文化单位、公民的权利和义务进行了规定。2017 年 5 月，中共中央办公厅、国务院办公厅印发《国家"十三五"时期文化发展改革规划纲要》，

---

① 王晓刚：《文化体制改革研究》，中共中央党校博士学位论文，2007 年，第 19 页。

提出全面深化文化体制改革、完善文化管理体制、深化文化事业单位改革、建立健全有文化特色的现代企业制度等方面的改革要求。党的十九大进一步指出："要深化文化体制改革，完善文化管理体制，加快构建把社会效益放在首位、社会效益和经济效益相统一的体制机制。"2022 年 8 月，中共中央办公厅、国务院办公厅印发的《"十四五"文化发展规划》，从完善文化宏观管理体制、深化文化事业单位改革、深化国有文化企业改革等三个方面对深化文化体制改革提出要求。党的二十大进一步强调"深化文化体制改革，完善文化经济政策"。总体上看，我国的文化体制改革体现了坚持中国共产党的领导、坚持先进文化的前进方向、坚持以人民为中心、坚持以创新为动力的方向①。

（二）文化体制改革的目标

文化是社会价值观的重要组成部分，是人民群众物质和精神文化需要的重要组成部分。同时，人的精神文化状况又会影响到他们的价值观、思想道德水平和生产力水平。党的十八大报告指出，文化"引领风尚、教育人民、服务社会、推动发展的作用"。因此，文化与意识形态、精神文化生活需求和文化产业的发展密切相关。党的十八大以来的重要文件中关于文化体制改革的表述，都反复强调"把社会效益放在首位、社会效益和经济效益相统一"，这是文化体制改革需要遵循的重要原则，也是文化创作生产体制机制的改革目标。

1. 加强社会主义意识形态建设

党的十八大将"社会主义核心价值体系建设深入开展"作为文化建设的重要目标，并强调"必须走中国特色社会主义文化发展道路，坚持为人民服务、为社会主义服务的方向"，"用社会主义核心价值体系引领社会思潮、凝聚社会共识"。在 2013 年召开的全国宣传思想工作会议上，习近平总书记强调："关于文化体制改革，我只强调一点，就是要在继续大胆推进改革、推动文化事业全面繁荣和文化产业快速发展、建设社会主义文化强国的同时，把握好意识形态属性和产业属性、社会效益和经济效益的关

---

① 孙泽海：《改革开放 40 年来我国文化体制改革历程及内在逻辑》，《理论学习—山东干部函授大学学报》2018 年第 12 期。

系，始终坚持社会主义先进文化前进方向，始终把社会效益放在首位。无论改什么、怎么改，导向不能改，阵地不能丢。"党的十八届三中全会通过的《中共中央关于全面深化改革若干重大问题的决定》在关于推进文化体制机制创新的部分提出，"必须坚持社会主义先进文化前进方向，坚持中国特色社会主义文化发展道路，培育和践行社会主义核心价值观，巩固马克思主义在意识形态领域的指导地位，巩固全党全国各族人民团结奋斗的共同思想基础"。党的十九大进一步明确："意识形态决定文化前进方向和发展道路。必须推进马克思主义中国化时代化大众化，建设具有强大凝聚力和引领力的社会主义意识形态。"党的十九届五中全会指出："坚持马克思主义在意识形态领域的指导地位，坚定文化自信，坚持以社会主义核心价值观引领文化建设，加强社会主义精神文明建设，围绕举旗帜、聚民心、育新人、兴文化、展形象的使命任务，促进满足人民文化需求和增强人民精神力量相统一，推进社会主义文化强国建设。"《中共中央关于党的百年奋斗重大成就和历史经验的决议》强调，在文化建设上必须"牢牢掌握意识形态工作领导权，建设具有强大凝聚力和引领力的社会主义意识形态"。党的二十大要求，"坚持马克思主义在意识形态领域指导地位的根本制度"，"以社会主义核心价值观为引领"，"建设具有强大凝聚力和引领力的社会主义意识形态"，"广泛践行社会主义核心价值观"。社会主义核心价值观需要融入经济社会发展各领域、贯穿社会生活全过程，文化在其中应发挥重要的舆论引导作用，同时也要发挥社会主义核心价值观对精神文化产品创作生产传播的引领作用。

2. 满足人民群众的精神文化需求

2014 年 10 月 15 日，习近平总书记主持召开文艺工作座谈会并发表重要讲话，指出："人类社会与动物界的最大区别就是人是有精神需求的，人民对精神文化生活的需求时时刻刻都存在。"随着经济发展水平的提高，人民群众在物质产品需要得到满足后，精神文化需求将会进入快速增长的阶段。党的十八大提出："让人民享有健康丰富的精神文化生活，是全面建成小康社会的重要内容。要坚持以人民为中心的创作导向，提高文化产品质量，为人民提供更好更多精神食粮。"党的二十大也强调"满足人民日益增长的精神文化需求"。因此，文化体制改革必须要以高质量的精神文化产品供给为目标，通过创造生产传播更多更好的精神文化产品以不断满足广大人民群众日益增长的精神文化需求。

3. 促进文化事业和产业的高质量发展

文化的生产和提供活动从组织形态上包括文化事业和文化产业。文化事业和文化产业是提供精神文化产品的载体，而提供丰富且高质量的精神文化产品需要文化事业和文化产业共同发力，同时发挥两者的活力和创造力。文化事业和文化产业是国民经济的重要组成部分，2021 年，文化、体育和娱乐业增加值 8495.4 亿元，占 GDP 的 0.74%。当前我国进入经济高质量发展阶段，经济的全面高质量发展要求文化产业也必须实现高质量发展。文化事业和文化产业尽管占国民经济的比重不高，但具有强大的赋能力量，一方面通过满足人民群众的精神文化需求可以提高劳动力的生产力、创造力，另一方面通过与国民经济其他产业的融合，可以增强产品的市场竞争力，因此需要"充分发挥文化在激活发展动能、提升发展品质、促进经济结构优化升级中的作用"。党的十八大提出"建设社会主义文化强国"，强大的文化事业和文化产业是社会主义文化强国的应有之义。党的十八大要求"增强文化整体实力和竞争力""推动文化事业全面繁荣、文化产业快速发展"；党的十九大进一步提出"推动文化事业和文化产业发展"；党的二十大再次要求"繁荣发展文化事业和文化产业"。

（三）文化体制改革的主要举措

文化体制改革的主要举措主要体现在加强新时代中国特色社会主义思想指导、文化事业改革与发展、文化产业的市场化与改善政府对文化的管理等方面，以"加快完善遵循社会主义先进文化发展规律、体现社会主义市场经济要求、有利于激发文化创新创造活力的文化管理体制和生产经营机制"①。

1. 加强习近平新时代中国特色社会主义思想的指导

推进文化体制改革需要正确处理文化的意识形态属性和产业属性、社

---

① 参见《中共中央关于坚持和完善中国特色社会主义制度、推进国家治理体系和治理能力现代化若干重大问题的决定》（2019 年 10 月 31 日中国共产党第十九届中央委员会第四次全体会议通过）。

会效益和经济效益之间的关系，其核心就是坚持党的领导、坚持习近平新时代中国特色社会主义思想的指导。《国家"十三五"时期文化发展改革规划纲要》明确指出，深化文化体制改革需要"正确处理党委、政府、市场、社会之间的关系，建立健全党委领导、政府管理、行业自律、社会监督、企事业单位依法运营的文化体制机制"。《"十四五"文化发展规划》指出，坚持党管宣传、党管意识形态、党管媒体，落实属地管理、分级负责和谁主管谁负责的原则，加强意识形态阵地管理，建立健全网络意识形态工作机制，维护国家意识形态安全，文化宏观管理体制的改革创新要坚持和加强党对宣传思想文化工作的全面领导，把党的领导落实到国家文化治理各领域各方面各环节。针对国有企业，《"十四五"文化发展规划》提出，把进一步发挥市场在文化资源配置中的积极作用与更好发挥政府作用结合起来，要求"完善党委和政府监管有机结合、宣传部门有效主导的国有文化资产管理体制机制"，"加强国有文化企业党的建设，发挥党委（党组）把方向、管大局、保落实的领导作用"，提升国有文化企业的控制力影响力。在具体实施层面，提出要"完善公司治理机制，将党建工作要求写入公司章程，明确党组织研究讨论企业重大经营管理事项是董事会、经理层决策重大问题的前置程序，落实党组织在公司治理结构中的法定地位"。

2. 推动文化事业的改革与发展

文化事业是不宜全面推向市场的领域，具体包括国家兴办公益性文化场馆，党报、党刊、电台、电视台、通讯社、重点新闻网站和时政类报刊，少数承担政治性、公益性出版任务的出版单位，体现民族特色和国家水准的艺术院团等[1]文化事业单位向社会提供的公共文化服务，即由政府主导、社会力量参与，以满足公民基本文化需求为主要目的而提供的公共文化设施、文化产品、文化活动以及其他相关服务[2]。虽然文化事业不参与市场竞争，但是提高文化事业的供给能力和供给质量，有利于更好地为广大人民群众提供高水平的文化产品，因此文化事业领域也是文化体制改

---

① 陈庚：《四十年来的中国文化体制改革研究：一个理论述评》，《山东大学学报（哲学社会科学版）》2019 年第 5 期。

② 《中华人民共和国公共文化服务保障法》。

革的重要方向。2015 年，中共中央办公厅、国务院办公厅印发《关于加快构建现代公共文化服务体系的意见》，在创新公共文化管理体制和运行机制方面，提出完善党委领导、政府管理、部门协同、权责明确、统筹推进的公共文化服务体系建设管理制度；加大公益性文化事业单位改革力度，进一步落实公益性文化事业单位法人自主权，建立事业单位法人治理结构，全面推进人事、收入分配、社会保障、经费保障等方面的制度改革；调动驻村（社区）单位、企业和社会组织等多方面力量共同参与基层文化的管理和服务。《国家"十三五"时期文化发展改革规划纲要》进一步提出，根据不同单位的功能定位，分类推进事业单位改革；公共文化馆、图书馆、博物馆、美术馆等要建立起事业单位法人治理结构；主流媒体严格实行采编与经营分开。《"十四五"文化发展规划》提出稳步推进公共文化机构法人治理结构改革和内部运行机制创新，探索开展国有博物馆资产所有权、藏品归属权、开放运营权分离改革试点；主流媒体构建适应全媒体生产传播的一体化组织结构和新型采编流程；以演出为中心环节深化国有文艺院团改革。

3. 推动文化产业的市场化发展

一是国有文化企业的转企改制。针对国有文化企业的改革，《国家"十二五"时期文化改革发展规划纲要》提出，要构建现代文化产业体系，形成公有制为主体、多种所有制共同发展的文化产业格局。党的十八届三中全会要求："继续推进国有经营性文化单位转企改制，加快公司制、股份制改造。对按规定转制的重要国有传媒企业探索实行特殊管理股制度。"为推动经营性文化事业单位向企业转制，2003 年 12 月国务院办公厅印发《关于印发文化体制改革试点中支持文化产业发展和经营性文化事业单位转制为企业的两个规定的通知》（国办发〔2003〕105 号），执行期限为 2004 年 1 月 1 日至 2008 年 12 月 31 日。2008 年 10 月国务院办公厅发布《关于印发文化体制改革中经营性文化事业单位转制为企业和支持文化企业发展两个规定的通知》（国办发〔2008〕114 号）。此后，2014 年 4 月和 2018 年 12 月国务院办公厅又接连两次发布《关于印发文化体制改革中经营性文化事业单位转制为企业和进一步支持文化企业发展两个规定的通知》（国办发〔2014〕15 号和国办发〔2018〕124 号）。《文化体制改革中经营性文化事业单位转制为企业的规定》（国办发〔2018〕124号）要求经营性文化事业单位转变为企业时要坚持国有资本主导地位。

二是国有文化企业的市场化发展。国有经营性文化单位转企改制是与国有文化企业的市场化改革紧密结合在一起的，包括在国有企业建立现代企业制度、推进混合所有制、开展资本运营。在建立现代企业制度方面，《文化体制改革中经营性文化事业单位转制为企业的规定》（国办发〔2018〕124号）明确了国有文化企业单位向现代企业转型的改革方向，要求经营性文化事业单位转变为企业时，要依法登记为有限责任公司或股份有限公司，加快构建有文化特色的现代企业制度。在发展混合所有制方面，《文化体制改革中经营性文化事业单位转制为企业的规定》（国办发〔2018〕124号）提出在经营性文化事业单位转制形成的企业，在坚持国有资本主导地位的前提下，应积极稳妥推进混合所有制改革。《"十四五"文化发展规划》提出，稳妥推进混合所有制改革，推行职业经理人制度，开展多种方式的中长期激励，激发基层改革创新动力。在资本运营方面，《国家"十三五"时期文化发展改革规划纲要》提出，推动产业关联度高、业务相近的国有文化企业联合重组，推动跨所有制并购重组；鼓励有条件的国有文化企业利用资本市场发展壮大，推动资产证券化。《进一步支持文化企业发展的规定》提出鼓励国有文化产业投资基金作为文化领域的战略投资者，对重点领域的文化企业进行股权投资，通过公司改制实现投资主体的多元化文化企业，符合条件的可以申请上市，已上市的可以进行并购和重组。《进一步支持文化企业发展的规定》进一步提出要创新文化产业投资基金的投资模式，推动文化企业跨地区、跨行业、跨所有制兼并重组。

三是社会力量参与文化产业发展。社会力量参与文化产业，有直接投资经营文化企业与参股国有文化企业两种形式。对于吸引社会力量的直接参与，党的十八届三中全会明确提出文化市场"鼓励各类市场主体公平竞争、优胜劣汰"，"鼓励非公有制文化企业发展，降低社会资本进入门槛"，非公有制文化企业可以参与对外出版、网络出版等活动。《国家"十二五"时期文化改革发展规划纲要》提出在国家许可范围内，引导社会资本以多种形式投资文化产业，参与国有经营性文化单位转企改制。党的十八届三中全会进一步放宽了社会资本的参与的程度，允许社会资本以控股形式参与国有影视制作机构、文艺院团改制经营；鼓励金融资本、社会资本、文化资源结合，共同建立多层次文化产品和要素市场。《国家"十三五"时期文化发展改革规划纲要》提出："降低社会资本准入门槛，鼓励和引导非公有制文化企业发展。支持'专、精、特、新'中小微文化企业发展。"《"十四五"文化发展规划》提出："鼓励、支持、引导非公有资本依法进入文化产业，保护民营文化企业产权和企业家权益。积极支持中小微文化企业发展，鼓励走专精特新发展路子。"对于吸引社会力量的间接参与，《国家"十二五"时期文化改革发展规划纲要》和《进一步支持文化企业发展的规定》（国办发〔2014〕15 号、国办发〔2018〕124 号）均提出，在国家许可范围内，鼓励和引导社会资本以多种形式投资文化产业，参与国有经营性文化事业单位转企改制。《进一步支持文化企业发展的规定》（国办发〔2018〕124 号）进一步提出，允许社会资本以控股形式参与国有影视制作机构、文艺院团改制经营。此外，国办发〔2014〕15 号和国办发〔2018〕124 号两个《进一步支持文化企业发展的规定》均鼓励文化企业进入中小企业板、创业板、"新三板"、科创板等融资，通过多种方式的债务融资工具扩大融资，国办发〔2018〕124 号《进一步支持文化企业发展的规定》进一步提出鼓励以商标权、专利权等无形资产和项目未来收益权提供质押担保以及第三方公司提供增信措施等形式提高融资能力。

四是推进媒体深度融合发展。在数字技术发展和商业模式不断创新的推动下，文化在内容、提供主体等方面呈现跨界渗透融合的趋势，媒体的深度融合发展已是大势所趋。一方面需要加强对新型媒体的监管，使其坚持正确的舆论导向；另一方面也要通过媒体间的融合促进文化事业和文化产业的发展。2014 年 8 月 18 日，中央全面深化改革领导小组第四次会议审议通过了《关于推动传统媒体和新兴媒体融合发展的指导意见》，提出推动传统媒体和新兴媒体在内容、渠道、平台、经营、管理等方面深度融合，着力打造一批形态多样、手段先进、具有竞争力的新型主流媒体，建成几家拥有强大实力和传播力公信力影响力的新型媒体集团，形成立体多样、融合发展的现代传播体系。《国家"十三五"时期文化发展改革规划纲要》也提出要推动媒体融合发展，打造一批新型主流媒体和媒体集团。2020年9月，中共中央办公厅、国务院办公厅印发了《关于加快推进媒体深度融合发展的意见》，提出要推动传统媒体和新兴媒体在体制机制、政策措施、流程管理、人才技术等方面加快融合步伐；主流媒体要建立新型采编流程、集约高效的内容生产体系和传播链条。《"十四五"文化发展规划》也将媒体深度融合发展作为文化发展的重要内容，强调要加强文化与科技、文化与旅游等方面深度融合，通过完善内容产出机制，创新媒体业态、传播方式和运营模式，提升主流媒体的内容生产力，打造一批具有强大影响力、竞争力的新型主流媒体，建立以内容建设为根本、先进技术为支撑、创新管理为保障的全媒体传播体系。

4. 深入推进文化管理体制

政府的文化管理主要包括国有文化企业监管、文化宏观管理两个方面。

针对国有文化企业监管，党的十八届三中全会提出："按照政企分开、政事分开原则，推动政府部门由办文化向管文化转变，推动党政部门与其所属的文化企事业单位进一步理顺关系。建立党委和政府监管国有文化资产的管理机构，实行管人管事管资产管导向相统一。"《文化体制改革中经营性文化事业单位转制为企业的规定》（国办发〔2014〕15号）进一步要求，建立党委和政府监管国有文化资产的管理机构。2011年，党中央和国务院决定在全国文化体制改革领导小组下设立"中央文化企业国有资产监督管理领导小组办公室"（以下简称"文资办"），挂靠财政部。随后各省（区、市）也相继成立"文资办""文资委"等机构，在行政架构上推进文化职能部门将管资产与公共管理职能分开。① 2017年3月，中宣部、财政部联合印发《中央文化企业国有资产监督管理暂行办法》，明确建立党委和政府监管有机结合、中宣部有效主导、财政部代表国务院有效履行出资人职责的中央文化企业国有资产监督管理工作机制，中宣部、财政部切实加强对中央文化企业国有资产监管工作的领导，推动实现管人管事管资产管导向相统一。《"十四五"文化发展规划》提出，创新文化宏

---

① 傅才武、何璇：《四十年来中国文化体制改革的历史进程与理论反思》，《山东大学学报（哲学社会科学版）》2019年第2期。

观管理体制，深化文化领域行政体制改革，"完善党委和政府监管有机结合、宣传部门有效主导的国有文化资产管理体制机制，推进管人管事管资产管导向相统一"。

针对文化宏观管理，一是加快建设文化法治体系。《国家"十三五"时期文化发展改革规划纲要》提出要加快文化立法，抓好公共文化服务保障法、网络安全法、电影产业促进法等法律的实施，强化文化的法治保障和依法行政。二是深化文化领域行政体制改革。《国家"十三五"时期文化发展改革规划纲要》提出，深化文化市场综合行政执法改革，理顺执法机构与有关行政管理部门之间的关系，全面落实行政执法责任制。《"十四五"文化发展规划》提出推进"放管服"改革，转变政府职能。三是促进行业协会的规范发展。《国家"十三五"时期文化发展改革规划纲要》提出，推进文联、作协、记协等文化类社会组织和行业自律组织的建设与改革；《"十四五"文化发展规划》也提出要加强文化领域行业组织建设。2017年，中共中央办公厅、国务院办公厅印发《关于加强文化领域行业组织建设的指导意见》，要求行业组织提升自治水平和自我发展能力，在服务会员发展、规范行业秩序、开展行业自律、制定团体标准、维护会员权益、调解贸易纠纷等方面发挥积极作用。四是加强对新型文化载体的管理。针对互联网与传统媒体融合不断深化的现状，《国家"十三五"时期文化发展改革规划纲要》提出"强化网站主体责任，健全网站分级分层管理体制"。2014年8月，中央全面深化改革领导小组第四次会议审议通过的《关于推动传统媒体和新兴媒体融合发展的指导意见》要求，"一手抓融合，一手抓管理，确保融合发展始终沿着正确的方向推进"。2020年中共中央办公厅、国务院办公厅印发《关于加快推进媒体深度融合发展的意见》，提出要按照资源集约、结构合理、差异发展、协同高效的原则，完善中央媒体、省级媒体、市级媒体和县级融媒体中心四级融合发展布局；《"十四五"文化发展规划》提出"建立健全传统媒体和新兴媒体一体化管理的工作机制，进一步加强网络综合治理体系建设"。

二、文化体制方面的存在的问题

随着我国文化体制改革由点到面、由浅入深的不断推进，我国文化建设取得巨大成就，中华优秀传统文化得到创造性转化、创新性发展，文化事业日益繁荣，但是人民不断增长的精神文化需求、建成社会主义现代化强国奋斗方向以及技术、经济条件和国际竞争环境的变化，要求进一步深化文化体制改革，不断解放文化生产力，大力发展社会主义先进文化。

（一）文化发展面临的安全问题凸显

当今世界正经历百年未有之大变局，逆全球化、单边主义、保护主义思潮暗流涌动，全球自由贸易和高度分工的全球价值链受到挑战，产业链的韧性与安全问题凸显，在新冠疫情等突发事件的冲击下，全球产业链供应链进一步加速重构，呈现多元化、本土化、近岸化趋势。随着中国科技和产业实力的升级，特别是高科技领域的快速发展和向全球价值链中高端的攀升，中美之间博弈加剧，美国采取加征关税、禁止技术出口、限制高技术领域交流、市场准入限制等手段加强对中国产业发展的打压遏制。大国间的博弈不仅体现在科技、产业、军事等领域，对文化的影响和控制也是其重要内容，包括对国际话语权的争夺、对国内外舆论的引导等。因此，需要进一步完善文化领域的法律和制度，在统筹发展与安全的国家大战略之下，推动文化事业和文化产业的发展坚定不移贯彻总体国家安全观，通过舆论宣传、文化教育增强人民群众的安全意识，主动维护国家主权、安全、发展利益。

（二）实现社会效益和经济效益仍有提升空间

我国文化体制改革总体上坚持了市场化导向，但同时要注意到市场化改革的几个限度，包括市场化范围限度、社会效益限度和意识形态限度。通过文化事业和文化企业的划分，我国文化领域的市场化改革明确了市场化范围的限度，即主要针对文化企业[①]。文化既有经济属性，也有社会属性，文化体制改革需要把社会效益放在首位、社会效益和经济效益相统一。在社会效益方面，包括如何实现公共文化服务的均等化提供，如何吸引文化企业为特殊类型地区、农村地区等经济欠发达地区提供更加丰富的

---

① 陈庚：《四十年来的中国文化体制改革研究：一个理论述评》，《山东大学学报（哲学社会科学版）》2019 年第 5 期。

精神文化产品；在经济效益方面，包括如何进一步改善事业单位内部的激励与创造力，如何更好地激发国有文化企业活力，如何更好地吸引非公有制企业参与文化产业发展。

（三）文化发展面临数字化的挑战

数字技术在促进文化产品创作、丰富文化供给、加快文化传播等方面发挥了重要作用，但是也为文化管理带来新的挑战。一是随着智能终端的普及与具有文化生产和传播性质的互联网平台的涌现，文化和新闻创作的门槛被极大地拉低，普通人也可以成为内容的生产者。其有利的方面在于能够动员社会力量生产文化内容，文化内容更加丰富多彩，新闻的报道更加及时，文化内容生产者与消费者以及消费者之间的连接更加紧密、交流更加频繁。但是也产生文化内容的质量良莠不齐的现象，出现虚假新闻、不符合社会主义核心价值观的内容等问题。二是基于用户数据和人工智能算法的智能推荐在新闻、社交、短视频等互联网平台中被广泛采用，在为用户提供更精准的内容推送、节约用户时间、改善用户体验的同时，也造成"信息茧房"问题，即人们所能看到的内容被限制于其感兴趣的范围。"信息茧房"限制了对多元化信息的获取，强化受众的既有观点，从而造成不同群体间的交流障碍，甚至会造成各种误会、偏见和极端行为。

（四）我国文化的国际影响有待提高

随着综合国力、科技创新水平和产业实力的增强，我国企业通过贸易和投资等形式"走出去"的步伐加快。我国商品出口额从 2012 年的 20487.14 亿美元增加到 2022 年的 35605.4 亿美元，对外直接投资额从 2012 年的 878.04 亿美元增加到 2021 年的 1788.2 亿美元，相比之下文化产业国际化和文化的国际影响存在较大差距，与我国经济"走出去"规模和范围不断扩大的要求不相适应。一是文化产业本身的出口和海外投资规模较小，缺少有影响力的文化产品、文化平台，由此限制了中国优秀文化的输出和国际影响的扩大。二是文化不能对产业的"走出去"形成有力的支撑。消费者在购买国外产品或服务时会受到对该国固有印象（原产国形象）的影响，即"原产国效应"（Country-of-Origin Effects）。所谓原产国形象，是指与特定国家的产品相联系的形象、声誉以及企业和消费者的模式化形象①，而原产国形象的形成又受到一国消费者对特定国家文化接受和认可程度的影响。三是改革开放以来，我国取得了经济快速发展和社会长期稳定两大奇迹，中国工业化和经济发展的经验对于广大发展中国家具有重要的借鉴意义。文化的国际化水平低制约了中国智慧、中国方案的国际传播。

三、文化体制改革的方向

我国文化体制改革应以习近平新时代中国特色社会主义思想为指导，全面贯彻落实党的二十大精神，按照国家"十四五"规划纲要和《"十四五"文化发展规划》的具体要求深入推进。

一是深化公益性文化事业单位改革。推进公益性文化机构的分类改革，图书馆、博物馆、文化馆、美术馆、党报党刊、非遗机构、少量文艺院团继续保留在事业单位序列，与国家事业单位分类改革接轨，同时探索成本核算等市场化趋向的公益性文化事业单位内部机制改革，其他公益性文化机构可以进行改企转制。探索多层次、多元化的公益性文化事业投资和运行管理模式，准公益、半公益性质的文化机构允许社会资金、非营利机构的参与②。

二是深化国有文化企业分类改革。借鉴其他行业和领域国有经济改革与管理的经验，推动政府对文化领域的管理从管企业、管资本向管资产转变，完善国有文化资产管理的体制机制；推进国有文艺院团等更多领域的国有文化机构进行企业化改革，扩大国有文化企业的混合所有制改革范围，鼓励国有文化产业投资基金发展，加强国有资本在文化领域的领导力；在国有文化企业进行特殊管理股制度的探索③。

---

① Nagashima A，"A Comparison of Japanese and U. S. Attitudes Toward Foreign Products"，Journal of Marketing，Vol. 34，No. 1，1970.

② 陈庚：《四十年来的中国文化体制改革研究：一个理论述评》，《山东大学学报（哲学社会科学版）》2019 年第 5 期。

③ 潘爱玲、郭超：《国有传媒企业改革中特殊管理股制度的探索：国际经验与中国选择》，《东岳论丛》2015 年第 3 期。

三是加强对新兴媒体的综合治理。围绕媒体的融合化、用户参与内容生产等新趋势，加快互联网文化活动监管的法律法规和政策制定，建立数字经济条件下的全媒体治理体系。紧密跟踪元宇宙、Web3.0等最新数字技术和商业模式发展对文化领域的影响，探索"沙盒监管"模式，建立事前与事后相结合的监管机制。完善法律法规和政策，推动媒体机构加强企业社会责任，发挥互联网平台、行业协会、社会团体、社会公众在文化内容监管方面的作用。

四是完善文化"走出去"的体制机制。加快构建我国文化机构"走出去"的法律法规体系，明确鼓励文化产业"走出去"的可行模式、产业范围和国别范围，规范文化机构开展文化贸易和文化产业投资的申报或审批流程，完善海关通关、财政、税收等方面支持政策。借鉴其他国家的成功经验，建立对我国在海外文化机构的监管机制，确保我国在海外机构坚持正确的政治方向，主动维护我国国家利益和国家安全，积极宣传中国传统文化、中国经验，展示当代中国形象。

作者简介：

李晓华，中国社会科学院工业经济研究所国际产业研究室主任、研究员，经济学博士，中国社会科学院大学应用经济学院教授、博士生导师。兼任中国工业经济学会常务理事、中国区域经济学会常务理事、中国服务型制造联盟专家委员会副主任等。研究方向为工业化与工业发展、全球产业链价值链、数字经济与产业数字化转型、产业政策。

人才篇

文化产业人才发展成就、
挑战及展望

文化产业是一个朝阳产业。现在文化和技术深入结合，文化产业快速发展。从业人员也在不断增长，这既是一个迅速发展的产业，也是一个巨大的人才蓄水池，必须格外重视。

——习近平在马栏山视频文创产业园考察时的寄语
（2020 年 9 月 17 日）

人才篇

文化产业人才发展成就、挑战及展望

在党的二十大报告中，繁荣发展文化事业和文化产业成为推进文化自信自强，铸就社会主义文化新辉煌的重要方向。健全现代文化产业体系和市场体系，实施重大文化产业项目带动战略成为推动文化产业转型升级、实现高质量发展的重要路径。发展文化产业不仅是满足人民群众多样化精神文化需求的必然选择，还是增强文化自信、推进文化强国建设的必然要求。我国文化产业发展正处在两个百年交汇的历史转折期、百年未有之大变局的持续深化期和新一轮科技革命的深刻变革期。随着《中华人民共和国国民经济和社会发展第十四个五年规划和 2035 年远景目标纲要》《"十四五"文化和旅游发展规划》《"十四五"文化产业发展规划》《"十四五"文化发展规划》等规划的相继出台，"十四五"时期我国文化产业进入大有可为的重要战略机遇期。

党的十八大以来，我国文化事业日益繁荣，文化产业取得了长足发展，总量规模实现健康稳步增长，产业结构逐步调整优化与转型升级，文化产品资源要素和文化产业内容文化服务方式更为丰富多样、优质高效，对我国经济的拉动作用不断增强。规模级以上重点文化企业总营收增速在过去的"十三五"期间保持在 10% 以上，实现了文化产业对 GDP 贡献率的一个大幅跨越式提升。2019 年底，新冠疫情暴发，文化产业受到持续巨大冲击，2020 年文化产业增加值出现下滑现象。但在 2022 年第一季度，我国传统文化行业及各相关文化产业重新呈现出恢复性快速增长的发展态势，全国规模级以上经营性文化产业及文化产业相关配套产业企业规模（以下简称"文化企业"）企业实现当年营业性收入总额 26973 亿元，按可比口径计算，较 2021 年第一季度环比增长 5.0%。

随着新科技革命和产业变革的进一步发展，创新驱动发展战略的深入实施，新产品、新业态、新模式持续涌现，为文化产业转型升级提供了源源不断的动力。加之疫情打破了传统文化产品供给的线下市场壁垒，促进了文化内容与科技的深度融合，催生了数字化、虚拟化、体验化、跨界化、分众化等线上文化消费内容供给品类。习近平总书记指出："文化和科技融合，既催生了新的文化业态、延伸了文化产业链，又集聚了大量创新人才，是朝阳产业，大有前途。"党中央在"十四五"规划中也明确提出实施文化产业数字化战略，规范发展文化产业园区，推动文化和旅游融合发展，创新推进国际传播等健全现代文化产业体系的具体举措。

在推动我国文化产业发展的进程中，人才是第一资源。文化产业转型升级和高质量发展离不开高水平人才队伍的支撑。党的二十大报告明确指出，坚持以人民为中心的创作导向，推出更多增强人民精神力量的优秀作品，培育造就大批德艺双馨的文学艺术家和规模宏大的文化文艺人才队伍。文化产业人才不同于任何普通社会公益性文化事业单位从业人员，他们主要从事以文化为核心内容而进行的创作、生产、传播、展示文化产品和提供文化服务的经营性活动，涵盖文化艺术、新闻出版、广播影视、网络文化等领域，其发挥的作用贯穿于文化产业发展的整个产业链。建设一支规模宏大、素质优良、结构合理的人才队伍成为推动文化产业高质量发展、释放文化产业潜能的重要力量。

一、党的十八大以来我国文化产业人才发展成就

功以才成，业由才广。党的十八大以来，我国在促进文化产业人才队伍发展、学科体系建设、培育模式塑造、发展通道梳理等方面取得了一批标志性突出成就，为深入实施文化强国战略提供了有力支持，为中国文化事业的大发展与大繁荣提供了强大、坚实、稳定的人才支撑，为加快实现文化产业快速可持续发展目标积蓄了丰富的人力资本。

（一）文化产业人才队伍规模日益壮大

近年来，我国文化产业人才总量不断增长，知识层次不断提高。从规

模来看，2018 年，全国各类文化、体育休闲和旅游娱乐业法人单位共56.7 万个，从业人员共计 419.8 万人，相比 2013 年分别同比增长约146.4%和35.9%。文化产业从业人员整体受文化教育程度持续高于全国的总体水平。根据第六次全国人口普查数据，我国文化产业中大专及以上学历的就业者占 19.3%，比全国总就业人口的平均水平高 9.3 个百分点。

从就业方向来看，文化产业人才聚集于文化服务业。第四次全国经济普查结果显示，在文化法人单位从业人员中，共有文化服务业从业人员1213.7 万人，占 59%，接近六成。从全国 2021 年企业平均工资来看，文化产业规模以上企业中层及以上管理人员、专业技术人员、办事人员和有关人员的平均工资分别为 118985 元、215792 元、173311 元和 96562 元，远超各类型人员的平均工资水平。但在文化产业中，从事社会生产服务和生活服务人员、生产制造及有关人员的平均工资分别为 62636 元和 58130元，低于各类型人员的社会平均工资水平。

除此之外，文化产业还通过赋能其他各行各业，在为社会创造更多就业机会的同时，也为文化产业的进一步发展积蓄了大量后备力量。例如，依托于数字平台迅速发展的短视频行业提供了大量的就业岗位，尤其是自2020 年我国实体经济遭受新冠疫情冲击以来，短视频行业展现了较强的抗压和发展能力，在缓解经济下行压力、稳定就业、乡村振兴等方面发挥了重要的作用。根据中国人民大学劳动人事学院课题组发布的《短视频平台促进就业与创造社会价值研究报告》，截至 2021 年底，快手平台网络上共带动就业机会总量为 3463 万个，其中来自内容创作者直接带动的就业机会共 2000 万个。

（二）文化产业人才学科体系逐渐健全

党的十八大以来，我国文化产业人才培育体系逐渐健全。一方面，文化产业相关学科建设取得巨大成就。高等院校在我国文化产业人才队伍建设方面发挥着重要作用，是文化产业人才学科发展的主力军。"文化艺术事业管理"是首个以"文化经济"为专业方向的四年制本科专业。该专业于 1993 年在上海交通大学成立。自该专业成立以来的 30 年中，200 多所高校开设了文化产业相关学科及专业。2004 年，教育部批准北京广播学院（现中国传媒大学）、山东大学、中国海洋大学、云南大学四所院校开设文化产业相关学科及方向，2004~2005 年教育部又新增批准约 10 所高校开设此专业。2006 年以后，开设文化产业相关专业的院校数量呈现快速增长态势。截至 2022 年，共有 85 所"211"院校开设了文化产业管理专业。

根据《中华人民共和国学科分类与代码简表》（GB/T 13745-2009），文化产业相关学科也在不断健全，形成横跨社会学、民族学与文化学、新闻学与传播学等多个一级学科的重要学科群。高等院校在文化产业人才培养以及文化产业学科建设过程中起到了重要作用，而一流高校更是起到引领性和示范性作用。根据《普通高等学校本科专业目录（2022 年版）》，文化产业相关专业包括文化产业管理、文化遗产、非物质遗产保护、中国语言与文化四个专业，分属管理学、历史学、艺术学、文学门类。在国家公布的"双一流"建设名单中，上海交通大学、同济大学、中国海洋大学、山东大学等多所高校均开设有文化产业管理本科层次以上专业。

此外，文化产业学科已从最初的本科教育逐步转向以"高职高专—本科—研究生人才培养"为核心的链式结构。此外，为适应文化产业的迅猛发展，许多高校成立了文化产业研究院或文化产业研究中心，如原文化部与清华大学、北京大学、上海交通大学等九所大学联合建立国家文化产业创新与发展研究基地，许多省份地方政府也与地方高校成立了类似的研究机构，这些机构在文化产业跨学科研究、参与地方政府文化产业规划制定、重大文化产业项目策划论证、文化产业园区建设等方面做了大量卓有成效的工作，有力地促进了文化产业的发展。

（三）文化产业人才培养模式不断完善

在文化产业人才培养的具体措施上，逐渐形成"工作室制""项目牵引式""订单式""协同式"四种产学研一体化人才培养模式。

"工作室制"人才培养模式起源于欧洲模式，强调知识创新与专业技术实践并兼，重视学术理论探讨与技术实践相结合，彻底打破了理论传授与专业实践操作相分离的传统课程教学桎梏。在这种模式下，教师成立工作室，作为员工的学生在教师带领下承接市场需求，师生之间教学相长，相互促进。这种模式主要以实现校企合作为就业导向,注重于培养真正适应我国社会文化与经济产业实际需要紧缺的高层次文化产业人才,从而逐步实现中职院校人才专业供给与未来就业服务市场人才需求规模的基本匹配,在为就业市场提供源源不断的新生力量的同时,促进学生迅速适应行业要求。

"项目牵引式"人才培养模式是一种依托项目的新型教学方式,这种模式突破了传统的围绕固定知识点的教学模式。教师从三尺讲台的"传道授业解惑者"转变为项目负责人,带领学生共同参与从项目申请到实施落地的全流程。考核方式采用行业标准对学生进行评定,提高了学生对专业理论知识的扎实掌握,提升了学生在项目实际运作中的规范和技能。

"订单式"人才培养模式是指高职院校、高等院校与文化企业共同签订培养协议,企业全程参与人才培养方案的制订与培养过程的教学模式。"订单式"人才培养模式对接文化企业,提升了人才培养的针对性。在这种模式下,学生具有明确的学习目标、扎实的专业知识和较强的实践能力,促进了学生职业素养的形成,缩短了学生进入企业的适应期,达到了校、企、生三方共赢的效果。

"协同式"人才培养模式是指学校、研究机构和文化企业通力合作,将学校学习、研究机构研究和文化企业实践有机结合的文化人才培养模式。学生在学校学习理论知识,在文化企业实践与应用,在科研领域进行知识拓展与创新,三者紧密联系、相互补充、融为一体。

(四) 文化产业人才涌现模式日趋多元

随着互联网、大数据、人工智能软件等各类高新技术手段在文化产业发展中的广泛运用,文化产品技术和产品服务模式的数字化进程在不断加快。当前集成网络播控、数字内容、动漫游戏、在线直播、视听娱乐载体、手机动漫出版、互联网文化娱乐平台服务等一系列数字文化产业新业态发展强劲,成为支撑文化产业快速发展的新动能和新增长点。2021年,数字文化新业态特征较为明显的 16 个文化行业小类市场营业综合收入合计 39623 亿元,比上年增长 18%,两年平均年增长 20.5%,高于文化企业平均水平 11.6 个百分点。

随着新兴业态的蓬勃发展，文化产业人才的涌现模式也日趋多元。"出圈"成为新时代文化产业人才脱颖而出的重要写照。直播、短视频、网络脱口秀等一系列新兴互联网文化产业形态不仅为满足普通大众日益丰富的文化消费需求提供了更多的可能性，而且为造星提供了更多的新兴渠道，当前文化产业已经进入到"人人皆可成明星"的全新时代。源源不断的自媒体创作者凭借优质的作品内容输出，赢得了观众的追捧和喜爱。高价值的热门个人 IP 的打造，吸引来运营团队的支持，这也促进了个人 IP 的持续健康稳定发展。

此外，电子竞技逐渐进入大众视野，成为年轻人的娱乐方式之一，也吸引了众多文化人才的聚集。根据伽马数据发布的《2022 上海电子竞技产业发展评估报告》显示，2022 年上海电子竞技产业总收入预计达到 268.9 亿元，电竞行业直播收入成为上海电竞产业除电竞游戏收入外主要的收入来源，电竞行业直播正在成为年轻人进入文化产业赛道的重要渠道。

二、当前文化产业人才发展面临的重要问题与挑战

尽管成就卓著，但我国文化产业发展方面还面临着一些问题与挑战，与我国建设社会主义文化强国、增强创新型国家文化软实力的中长期发展总体目标相比，尚有不小的差距。目前，我国存在现代文化产业创新发展总水平整体较低，创新驱动活力较弱，地区间发展不平衡，产业协同发展不充分等问题。此外，文化产业人才队伍建设也面临诸多重大问题，无法为新形势下推动中国文化产业高质量发展提供充足强劲的驱动力。

（一）文化从业人员思想道德水平参差不齐

文化事业担负着塑造精神、化育心灵的崇高使命。在媒体融合发展、新技术加持的背景下，文化从业人员作为公众人物产生的社会影响越来越大，相应地也就要求他们切实担负起社会责任。"流量越大，责任越大"，文化产业迫切需要从业人员积极响应社会责任和担当的使命召唤。

然而，近年来文化领域尤其是娱乐业接连"爆雷"，出现了一些从业

人员"翻车"事件，这些事件出现的原因归纳起来可以总结为以下三点：一是政治意识薄弱，立场不够坚定。例如，人教版小学数学教材插画事件闹得沸沸扬扬，不管是插画的作者还是编审人员，均折射出了薄弱的政治意识。二是法制观念淡薄，不少"流量明星"缺乏基本的法律素养，私生活不检点、沾染"黄赌毒"恶习、恶意偷逃税款等问题频频爆出。三是道德素质低下，甚至形成了畸变的"饭圈"生态。谩骂、挑动性别对立关系等各类极端恶意追星等行为一再刷新社会公众的"三观"，冲击现行社会道德底线，给中国广大普通网民尤其是当代青少年世界观、人生观、价值观的自我塑造带来极大的不良影响。

近年来，党中央通过多重手段对文化产业各种乱象进行了及时整治。中央网信办牵头部署实施了互联网"清朗·'饭圈'乱象整治"专项行动，随后发布《关于进一步加强"饭圈"乱象治理的通知》，提出包括全面规范取消网络明星经纪艺人榜单、优化及合理调整明星艺人排行发布规则、严管互联网明星演艺经纪公司等行为准则等方面共计十项措施，对"饭圈"乱象问题进行了进一步整治。然而，文化清风的树立非一日之功，在重拳整治乱象之外，更应该探索有利于文化从业人员开展政治法律学习、提升思想道德水平的根本途径。

（二）文化从业人员创新意识需进一步加强

文化产业同样应坚持创新驱动发展战略。文化产业的创新涵盖了管理机制创新、内容产品形态创新、技术创新、制度创新、教育创新等多个层面，文化从业人员创新意识的培育也应该贯穿于这些创新活动之中。然而，当前我国文化产业从业人员大多在创新观念、内容、技术、制度、教育环境等几个方面存在自主创新能力不足的问题，具体而言：

一是在观念上，受传统惯性思维模式束缚，不少文化从业人员思想较为保守，IP打造能力和商业转化能力不强，导致文化产品开发缺乏故事性，无法通过创意对好的内容和素材进行深度开发，文化资源没有得到有效开发和利用。例如，《功夫熊猫》《花木兰》等具有中华优秀传统文化特色的素材漂洋过海，在经过好莱坞包装之后才成为了畅销世界的故事。此外，近年来各地上马的主题公园缺乏文化内涵，在模式和内容上存在盲目山寨和粗制滥造问题，没有形成核心竞争力。

二是在内容上，我国文化从业人员的原创力缺失问题不容回避，不少文化作品模仿和复制痕迹严重。文化产业成功运作的基础在于其内容本身，内容产品自身的核心精神或生命内核在于自身文化原创。近年来，不少文化作品内容雷同化现象严重，如宫斗同名电视剧、玄幻系列电影等题材电视剧长期霸屏。一些热门网络影视及 IP 剧集的小说原著作品陷入海外版权或抄袭盗版的风波之中。与此同时，荧幕上较为活跃的某些综艺节目，也是模仿国外的创意。

三是文化产业人才无法紧跟时代技术前沿，国外已将虚拟现实、增强现实、混合现实、人工智能等新技术运用在文化产品创新中，但我国文化创意人才很难充分运用这些新技术创造出可广泛共享的产品，为公众提供沉浸式的文化参与体验。一个主要原因就在于文化产业创意人才的培养过程中没有注重前沿技术的学习。部分院校教学环境设备硬件相对落后，导致文化学科的本科学生接触、使用不到先进的专业教学辅助设备仪器和实验室教学设备仪器，在这种情况下他们很难在创作中充分使用先进的数字技术。

四是在法规制度建设上，尽管中国著作权法目前已经全面实施已经多年，但盗版侵权与盗版抄袭现象至今仍然屡见不鲜，严重影响了中国文化产业培养原创文化人才工作的内在积极性，不利于国内文化产业创新的长远、健康、快速、有序、良性发展。

五是在文化产业人才培养过程中，尽管不少高校积极开设一系列与促进文化创意产业人才培养直接相关的课外实践类活动，但是尚未将科技创新思维从课外创新实践层面融入到具体课堂教学活动之中，导致学校在启发学生创新思维和创新发展能力方面后劲不足。

（三）文化产业人才队伍专业化程度有待提升

人才队伍专业化程度是支撑文化产业高质量发展的基础。然而，我国文化产业人才队伍专业化程度还处于较低的水平，演艺业、动漫业、文化娱乐业、游戏业、文化会展业、文化旅游业、艺术品评估鉴定咨询、中国传统民族工艺美术、艺术展览策划、创意产业策划、动漫设计、网络文化等相关专业存在较大的人才缺口。此外，高端文化创意人才严重不足。文化创意公司是在文化产业链条的最前端，高端文化创意人才对于整个产业的发展起到"领头羊"的关键作用。缺乏文化创意人才严重制约了文化产业的创新与品位的提升，导致文化产业低层次的重复建设。从文化传承来看，各类民间艺人和乡土文化人才的文化传承面临严峻挑战。由于产业化程度低，各类民间艺人和乡土文化人才的文化传承面临严峻挑战，一些民间艺术甚至出现后继无人的困境。

文化产业承担着增强中华文明传播力影响力的责任。党的二十大报告明确指出，坚守中华文化立场，提炼展示中华文明的精神标识和文化精髓，加快构建中国话语和中国叙事体系，讲好中国故事、传播好中国声音，展现可信、可爱、可敬的中国形象。加强国际传播能力建设，全面提升国际传播效能，形成同我国综合国力和国际地位相匹配的国际话语权。从人才素质来看，我国缺乏具有国际化格局和视野的文化交流传播人才。这种人才的缺乏严重制约了我国文化产业在国际领域的话语权与竞争力。我国是文化资源大国，文化产业的发展需要大批能够"讲好中国故事"的人才；如果缺乏这类人才，我国丰富的文化资源就不可能转化为具有国际竞争优势的文化产业。

文化产业人才队伍专业化程度还取决于管理层的专业化建设水平。当前我国文化产业发展中缺乏高素质的文化经营管理人才。文化产业是文化、经济、技术、管理等多学科交叉的复合型产业，文化产业经营管理人才需要具备复合型的心智模式，但现实中，接受过三级以上复合型教育的从业者少之又少，很多从其他行业"嫁接"过来的管理者，常常会出现水土不服或"我是个好的专家，但不是好的管理者"等现象，这在客观上难以满足市场对文化产业经营管理的要求。此外，企业家队伍专业水平不足。发展文化产业客观上需要能够融通文化与产业的文化产业企业家，这类企业家熟悉文化，也熟悉产业经营，是复合型的企业家。缺乏文化产业企业家，文化产业就难以实现跨越式发展。

从人才保障来看，我国尚未针对文化产业人才现实需求和成长规律构建数字化公共服务平台，无法有效赋能我国文化产业发展。首先，线上服务平台还主要集中于招聘就业领域，其他领域服务管理平台体系还亟待完善，当前文化产业人才公共就业管理服务系统中还存在信息内容重复单一、呈现形式不规范、时效率低、更新披露不及时等问题。其次，线下配套服务保障措施不完善，针对各类文化产业人才开展的基本公共管理服务职能范围有待深入拓展。除此之外，社会福利、服务保障、法律援助、劳动关系仲裁保障等基础性工作落实不到位，这在一定程度上导致了文化产业人才的外流。

三、加快文化产业人才队伍建设的思路与对策

发展文化产业要坚持把社会效益放在首位，坚持社会效益和经济效益相统一，深化文化体制改革，完善文化经济政策。在文化产业由原先单一的注重外延、粗放式高增长模式向强调内涵、创新式高质量发展方式转型升级过程中，应充分认识到人才发挥的重要作用，尤其是在重点文化产业领域，既要关注文化产业人才自身素质的提高，又要重视人才发展软硬环境的优化，培养造就一支规模宏大、素质优良、结构合理的人才队伍。

（一）加强文化产业人才提升自身政治素养与思想道德水平的自觉性

在重拳整治文化产业乱象之外，探索建立长效机制，激发文化产业人才进行政治素养学习、主动提升自身思想道德水平的内在驱动力。意识形态工作是为国家立心、为民族立魂的工作。意识形态属性是构成社会文化产业体系存在形态的基本核心价值属性，公众在享受社会特定类型文化产品时，必然还会潜移默化地受到这种文化产品内容及其所传达的特定价值观和情感的影响。我们要坚持马克思主义在意识形态领域指导地位的根本制度，着力加强文化产业人才提升自身政治素养和思想道德水平的自觉性，努力履行文化产业社会责任，传播正能量，弘扬社会主义核心价值观。一是在文化产业相关学科中加强思政教育的主体地位，健全用党的创新理论武装全党、教育人民、指导实践的工作体系。以"润物细无声"的方式提高文化产业人才的政治素养和思想道德水平。二是加强文化企业基层党组织的建设工作，在绩效评价和职位晋升中建立政治素养与思想道德一票否决制，牢牢掌握党对意识形态工作领导权，全面落实意识形态工作

责任制，巩固壮大奋进新时代的主流思想舆论，发挥基层党组织对文化产业人才思想政治的核心引领作用。三是建设新时代中国特色文化产业发展示范基地，对文化产业人才思想道德水平的提升发挥辐射带动作用，注重利用互联网新技术手段树立弘扬当代文化产业人才典型，引导青年文化产业人才自觉做到心中有责、行之有界，坚持贯彻以艺术人民需求为服务中心的正确创作需求导向，把深入讴歌全党、讴歌整个祖国、讴歌艺术人民、讴歌社会主义作为主要任务，不断丰富提升主旋律文化产品的内涵和作品质量，推出更多真正深入百姓生活、扎根广大人民创作的文化产业精品力作。

（二）充分调动文化产业人才投身创新创业实践的自主性和主动性

创新创业是文化产业得以持续繁荣发展的驱动力量，是开辟发展新领域新赛道、塑造发展新动能新优势的重要手段。文化产业人才是文化企业开展创新创业活动的主体，应鼓励他们坚持创造性转化、创新性发展，以社会主义核心价值观为引领，发展社会主义先进文化，弘扬革命文化，传承中华优秀传统文化，满足人民日益增长的精神文化需求。时刻怀有开拓进取之心，在文化传承中积极自主寻求创新机会，实现自我突破，创造出更多反映时代精神、贴近现实生活、引领推动全国人民思想解放的文化现实主义精品力作。一是进一步扶持鼓励青年文化人才扎根本土文化，在文化传承中深入探索并挖掘提炼中华优秀传统文化精髓。中华优秀传统文化源远流长、博大精深，是中华文明的智慧结晶，其中蕴含的天下为公、民为邦本、为政以德、革故鼎新、任人唯贤、天人合一、自强不息、厚德载物、讲信修睦、亲仁善邻等，是中国人民在长期生产生活中积累的宇宙观、天下观、社会观、道德观的重要体现。广大青年文化人才应致力于将宝贵的中华民族传统文化资源提升发展为特色文化产业资源、文化产业优势。二是积极推动文化产业产学研深度全面融合与协同发展，鼓励引导国内具备政策条件、资金支持优势的一批大中型现代文化产业创意型企业单位挂牌成立文艺人才工作站，与高等院校、高职院所合作探索建立国内优秀高校文化产业人才和科研创新联合人才教育及培养等工作基地。三是推动高端文化人才主动选择走进全国大中型文化企业，积极投身于线下线上互动多媒体演播、数字影像及创意、数字艺术、数字影音多媒体娱乐、沉浸感互动式文化体验馆建设等国内外诸多优秀新型和现代数字文化业态企业发展实践项目，了解国内外优秀互动文化产业与数字化创意的产品设计、生产、销售、服务等整个系列产业化过程。四是建立健全知识产权保护法，切实保护文化原创者的合法权益，营造健康有序的文化产业环境。

（三）营造有利于文化产业人才成长、成才、成功的良好生态环境

良好适宜的人才生态为文化产业人才的成长、成才、成功提供了资源。首先，在成长方面，尊重社会市场总体发展需求和文化产业人才自身个性特征，实施具有专业化、个性化的创意人才培养专项计划。鼓励指导各高等院校根据当地创意文化产业整体发展目标，建设具有鲜明产业特色的专业社会人才培养实践与创新教学基地，设立示范性专业教师工作室，提升高校文化产业人才综合实践和培训活动的效果与专业水平。在培养内容上，提升文化产业人才在内容创意、设计开发中的实际操作技能和知识应用能力。其次，在成才方面，坚持"人人皆可成才、人人尽展其才"的理念，充分发挥人才在文化产业发展中的重要作用。将现代文化产业人力资源综合开发利用与产业结构转型调整相结合，增强各类人才终身学习的意识。加强文化产业政府资源支持，引导文化企业积极制定长期人才培训发展战略，完善文化企业中高层在岗专业人员与相关管理人员岗位提升培训制度体系。发挥文化产业社会专业教育机构培训类机构优势，创新各类职业高级管理研修班制度与教育理念，满足文化产业人才个性化的发展需求。最后，应为文化产业人才的职业成功搭设平台。文化人才是人类精神文化产品的创造者、生产者，而良好的文化软环境能为他们极具个性化和创新性的工作提供有力支持。文化软环境建设是一项系统性大工程。随着文化体制改革的进一步深化，应继续加强对高层次文化人才的重视，不断优化社会主义文化软环境体系，着力促进形成尊重个人劳动、尊重创造知识、尊重创作人才、尊重艺术价值的优良社会氛围。构建文化产业人才集聚发展战略平台，促进文化产业人才潜能得到进一步充分释放，全面提升文化产业人才的个体效能和群体效能。

（四）构建利于文化产业人才多元发展的职业生涯发展体系

文化产业人才能力得以充分发挥的关键在于激发其积极主动性，而构建完善的职业生涯通道则是促进文化产业人才开展自主创新的重要载体。首先，围绕文化产业重点领域，如创意文化科技、文化艺术创意设计等，试点构建文化产业人才技能等级体系，打通文化产业人才发展和流动的通道。例如，在文化产品生产与流通环节、文化服务的提供环节增设相应的专业序列的职称评价体系，建立文化产业人才储备机制，为文化产业的持续、健康、稳定发展构筑人才蓄水池。设立文化人才技能培训认证体系，为现有文化创意人才的长期发展提供相应的制度措施和配套设施。其次，在文化企业人才开发方面，加强成熟度考核评价、等级评定与资格认定的体系建设，将产业应用发展评价指标纳入文化创意人才培训与开发体系建设中，持续关注与评估他们的成长潜力以及对产业发展的功能潜力，如可以将技术应用成果创新情况、研发创新能力、成熟度等指标纳入评估体系中。再次，探索与市场环境、经济发展相适应的文化产业人才培育与激励举措，保障文化创新人才的社会尊重与创新自由，在薪酬福利、岗位薪级晋升、培训提升方面给予政策照顾。健全完善全方位市场化的文化激励机制，引导文化企业进一步发挥主体作用。建立物质奖励和精神奖励相结合的事业发展导向激励制度，对文化创意人才专业知识、专业技能、工作责任心、创造性贡献等及时进行认可，鼓励员工成长为具有高水平专业创作才能的人才。鼓励文化企业通过实战演练、情景模拟等方式满足现代文化创意人才追求新鲜未知事物的学习兴趣，在加强文化前沿知识学习的同时，激发他们寻找新的创意灵感与设计思路。此外，还应鼓励文化产业人才了解新兴智能科技业态的发展特点与未来发展趋势，积极将5G、人工智能、大数据、云计算、物联网、区块链等新技术融入到文化产品创作和文化服务设计之中，形成优秀的技术创意成果和商业化应用成果。最后，鼓励文化企业以文化知识产权、无形资产收益作为文化创意人才投资参股回报和进行利润再分配决策的直接依据，增强企业文化创意人才成长的归属感和主人翁意识。

（五）推动文化产业人才公共服务的数字化、平台化转型

党的十八大以来，文化和旅游部（原文化部）不断加强对文化产业发展的服务与保障功能，已建成文化消费服务平台、文化人才培养平台、文化产业项目服务平台等多个公共平台，为文化企业提供项目展示推介、人才培训交流及政策引导等各类服务。然而，这些信息化平台在赋能现代文化产业人才市场的功能作用发挥方面效果欠佳。搭建文化产业人才公共服务平台是推动文化产业人力资源有效配置的载体。首先，未来应继续完善文化人才公共服务平台的保障功能，完善其信息化工程系统建设，加强公共服务平台的信息化安全与支撑，同时完善创新服务支持手段，构建与文化产业发展新需求高度匹配的人才管理体系。加快国家人才资源信息数据库基础建设，推进文化产业人才信息数据资源的开放以及共享，建立文化产业人才服务统计评估框架和分析监测标准体系。其次，建立健全文化产业人才公共服务法规制度，及时依法进行文化产业人才及其公共信息服务资源的动态需求及预测，根据人才需求科学制定实施相应项目的布局规划。最后，坚持市场需求导向，继续探索有利于文化产业人才流动的公共服务资源运作模式。创新文化产业人才公共化服务理念，革新服务方式和管理模式，积极引导推动文化产业人才制度改革，建立高素质、专业化、高效率的产业线上、线下专业服务支撑团队，让当代文化产业人才拥有着更多实实在在的幸福感和获得感，能够切切实实投入到文化产品设计或者文化服务提供之中。此外，着力搭建多层次动态融合的公共文化产业人才创业平台，支持公益性文化企业孵化器、众创空间、服务管理平台、互联网文化创业空间和投融资交易合作平台等创新创业实践示范基地，同时建设创新孵化与大众创业、孵化管理与股权投资、线上开放与线下无缝结合互动的现代文化科技"双创"产业服务平台。

作者简介：

高中华，中国社会科学院工业经济研究所研究员，博士生导师，兼任国家协调劳动关系三方会议专家委员会委员、《中国人才资源开发》编委会评审委员。研究方向为组织行为、人力资源管理与人才开发。

保障篇

建立中国特色文化发展保障体系

坚持把社会效益放在首位、社会效益和经济效益相统一，深化文化体制改革，完善文化经济政策。

——习近平在中国共产党第二十次全国代表大会上的报告

（2022 年 10 月 16 日）

保障篇

建立中国特色文化发展保障体系

习近平总书记在党的二十大报告中指出，深化体制改革、完善文化经济政策、健全现代公共文化服务体系、健全现代文化产业体系和市场体系在推进文化自信自强、铸就社会主义新辉煌过程中发挥的重要作用，明确强调了文化发展保障制度和机制在文化发展中的重要地位。实际上，党的十八大以来，在以马克思主义理论为根本制度、习近平总书记社会主义文化建设理论体系为核心的指导下，我国文化建设在迅速发展的同时，文化建设保障体系也日益健全，初步建立了党建引领、党政协同、社会参与的文化建设组织模式，资金保障、政策保障和制度保障日趋完善。然而，随着数字经济的发展、文化体制机制改革的不断推进，我国文化发展的保障体系也面临着诸多不足，成为我国未来优化文化发展保障体系建设的重要突破方向。以下将对我国文化发展保障体系的发展现状进行评估，并指出当前文化发展保障体系建设的关键难题及未来建设方向。

一、我国文化发展保障体系的发展现状

党的十八大以来，我国文化建设取得历史性成就、发生历史性变革，其中行之有效的体制机制保障是文化建设的坚实基础，在文化强国的战略进程中扮演了重要的角色。经过多年，我国已初步形成了"组织、资金、政策、制度"四位一体的文化发展保障体系。

（一）初步构建党建引领、党政协同、社会参与的文化建设组织模式

第一，在我国文化建设的组织实践中，党的领导发挥了核心引领作

用。尽管文化繁荣需要"百花齐放、百家争鸣",但通过坚持马克思主义指导思想地位不动摇,坚持社会主义核心价值观为文化建设之"魂",坚持党建在社会主义文化建设中的主导地位,我国目前逐渐形成了有主导、有活力的"文化雁阵"格局,形成了一元主导、多元共荣的社会主义文化繁荣体系。2017 年 10 月,党的十九大报告提出"要坚持中国特色社会主义文化发展道路,激发全民族文化创新创造活力,建设社会主义文化强国",此后印发了《中共中央关于繁荣发展社会主义文艺的意见》《关于加快构建现代公共文化服务体系的意见》,通过发挥党建工作对社会主义核心价值观、公民道德建设、公共文化服务体系和文化市场建设中的引导作用,我国公共文化事业和文化产业获得了迅速发展,文化基础设施建设数量与服务水平大幅提升,公共文化服务体系正在向高质量迈进,文化产业规模及竞争力迅速增强。2021 年,规模以上文化及相关产业营业收入同比增长 20.86%,文化服务业营收占比达 47.25%①,文化内容生产等高附加值产业收入占比大幅增加,文化市场及文化产业的高质量发展成果显著。

第二,党政协同成为高质量公共文化服务体系建设的主要抓手。党政协同,政府主导高质量公共文化服务体系建设成效显著。正如习近平总书记所述,文化建设已经越过"够不够""缺不缺"的阶段,进入到"好不好""精不精"的阶段,党的十八大以来,以各级政府为主导的公共文化服务体系建设朝着高质量方向硕果颇丰。一是政府作为公共文化服务体系的建设者,其文化建设思路由"送文化"向"送文化"和"要文化"相结合转变,从各级群众的文化需求出发进行有效的文化供给,有效推进了公共文化的供给侧结构性改革。二是政府主导开启公共文化服务的"补短板",文化基础设施与文化服务距离群众较远的难题大幅解决,通过图书馆总分馆制、鼓励社会力量兴建文化基础设施等制度创新、政策优惠,使公共文化服务的普惠性和便利性得到明显提升。

第三,社会力量广泛积极参与成为我国文化强国建设的持久推动力。一方面,党建引领、国企带动、民企参与,凝聚了我国经济中最广泛的微观主体力量参与文化建设。随着党建工作在国有企业和各大民营企业中的有力开

---

① 根据《中国文化文物和旅游统计年鉴 2021》数据计算而得。

展，以党建工作为桥梁引领企业文化建设，有效提升了我国企业微观经济主体参与国家文化建设的深度。其一，国有企业的党建引领文化建设效果显著，而国有企业作为国民经济发展的"中流砥柱"，在行业中、社会中的示范带动作用较强，其党建引领企业文化建设的实践模式为其他所有制企业提供了借鉴，有效带动了整个社会文化氛围的提升。其二，随着党建工作在民营企业中的有力开展，民营企业党建与企业文化建设之间的相互促进作用日益彰显，随着社会主义核心价值观在企业文化价值观中的融合，民营企业通过积极履行社会责任、谋求可持续发展践行社会主义核心价值观的行为准则成为民营企业员工所共同认可的行为准则，有力地渗透并带动了整个社会层面的文化价值观念和文化氛围。另一方面，社会力量参与国家文化建设的模式多元化发展，在建设文化强国中正在发挥越来越强的支撑力。以社会资本、社会组织为主体，通过设立基金会、兴办文化实体、自主参与、捐赠、参与政府文化服务购买、民办政助等多元化创新渠道，积极参与公共文化基础设施、公共文化市场、公共文化服务建设，通过加强与政府合作，从过去单纯的文化基础设施或服务供应者，走向项目与资本深度融合的参与者、模式创新的开拓者，成为辅助政府开展文化建设的重要支撑力量。

（二）多元资金助推文化建设的渠道不断拓展

国家文化建设的过程，也是公共文化基础设施与服务质量提升、文化市场与产业发展的过程，只有通过高质量的文化载体服务和文化产品供应，才能有效提升人民群众的文明程度并实现文化强国的远景目标。过去，资金保障在支撑公共文化基础设施与服务提升、文化产业高质量发展方面发挥了重要作用，已形成多元协作的资金渠道助推文化建设。

1. 财政资金对文化建设的支撑能力不断优化

第一，财政资金扶持强度不断加强，占财政支出的比重有所增加。我国公共财政用于文化投入的资金总额由 2010 年的 640.41 亿元增长为 2020年的 1878.85 亿元，增长了近 2 倍。其中，2015 年以来，公共文化投入占财政支出的比重持续增长，由 2015 年的 1.95% 增长为 2020 年的

2.16%①。由此可见，政府财政资金对文化建设的支持力度在持续提升。

第二，财政助力文化建设的资金结构不断优化，惠及人群范围明显拓展。"十三五"期间，财政用于支持文化建设的资金结构更偏重于乡村文化建设、社区文化建设、公共文化服务建设等关系到共同富裕、公共服务均等化的领域，在推动文化建设成果的普惠共享方面成果明显。2021年，中央财政用于支持公共文化服务体系建设的资金达230.3亿元，相比2013年的169.63亿元增长了36%；面向群众文化机构的财政拨款规模2020年相比2010年增长了238%，文化机构组织文艺活动次数增长了89%②，让更大范围群众能够享受到国家文化建设的成果。

第三，财政助力文化建设的方式不断创新。其一，中央与地方关于文化建设的经费分级投入机制不断创新，2020年国务院办公厅印发《公共文化领域中央与地方财政事权和支出责任划分改革方案》，继续推进中央与地方在公共文化不同领域的财政事权与支出责任的划分标准，优化各级地方政府对文化建设支出的层级结构，有效提升了基层政府文化建设的积极性。其二，过去依靠直接财政补贴的模式有所改变，各级政府创新政府财政对文化建设的扶持模式，通过构建文化产业功能平台、财政引导基金、文化产业发展专项资金等方式带动区域公共文化建设及文化产业发展。

2. "文化+金融"发挥社会资本活力

自2015年中共中央办公厅、国务院办公厅印发《关于加快构建现代公共文化服务体系的意见》并提出鼓励和引导社会力量参与公共文化服务发展以来，社会资本参与公共文化服务建设、文化产业发展的模式不断创新，社会资本活力被大大激发。

第一，"文化+金融"助力公共文化建设的协作模式创新不断涌现，推动了公共文化基础设施与服务的发展。目前，通过设立文化基金、文化PPP项目等方式，鼓励社会资本参与具有一定收益性质的公共文化基础设施建设，全国各地涌现出一批城市书房、文化驿站、公共图书馆和文化馆等增量的城市公共文化基础设施，有声图书馆、数字文化馆等数字文化企

①② 根据《中国文化文物和旅游统计年鉴2021》数据计算而得。

业参与的新型数字文化基础设施与服务种类。同时，也带动了乡村公共文化基础设施与农村文化产业的发展，私人资本与乡村基层单位共同协作带动了特色文化乡村建设，促进了乡村图书室、文化馆等文化基础设施的增建，带动乡村群众文艺汇演等主题活动大幅增加，推进了公共数字文化服务“进村入户”，实现了公共文化服务的均等化和城乡一体化。

第二，“文化+金融”助力文化产业金融支撑体系建设，为文化产业高质量发展提供了关键的环境支撑要素。文化产业作为我国社会主义先进文化方向和建设社会主义核心价值体系的重要载体，是经济结构战略性调整的重要支点。但是由于我国文化产业企业目前具有规模小、价值难确定、收入波动大的特点而面临融资困难，限制了文化产业的做大做强。过去十年里，全国各地探索将金融引入文化产业的创新方式，通过由政府设立文化产业基金引导社会资本参与文化产业投资的方式，通过培育文化产业类基金、推进知识产权融资模式创新、信贷产品服务创新、供应链金融等方式，逐渐形成了多层次、多渠道、多元化的文化产业投融资体系，文化产业企业发展的投融资环境明显改善。

（三）文化政策保障体系日益完善

党的十八大以来，在文化强国战略方针的指引下，我国文化政策体系日趋完善，为公共文化建设、文化产业做大做强提供了日渐优化的发展环境。

第一，支持型和保障型公共文化政策被广泛使用，公共文化基础建设不断强化，文化可持续发展能力不断提升。援引我国学者对我国 1981～2019 年出台的各类文化政策共计 351 份文件的聚类分析数据发现[①]，尽管我国各地区公共文化建设的制度保障体系特征有所不同，但我国各地区文化建设相关政策中，以加强基础设施建设、资金引导、示范建设的供给型政策为最多，之后是法律法规、服务管制和目标规划等公共文化建设保障型政策。这些政策一方面直接促进我国公共基础设施总量的蓬勃发展，文化建设成果惠及更多人群，2020 年每万人拥有群众文化设施建筑面积相

① 尚子娟、郑梧桐、任禹崑：《公共文化建设 70 年：从政策工具视角看我国省级公共文化发展》，《文化学刊》2022 年第 1 期。

比 2010 年增长了 76%。另一方面以支持和保障型政策为主的政策体系逐渐培育起我国的生态文化，《中国生态文化发展纲要（2016—2020 年）》《国家级文化生态保护区管理办法》《关于进一步加强非物质文化遗产保护工作的意见》让不可再生的物质和非物质文化遗产得以保护，从而可继续发挥其可持续性文化价值。

第二，文化市场发展环境日趋改善，文化产业主体活力激发。一方面，国家、地方不断出台文化创意产业发展规划，营造文化企业公平竞争的市场发展环境，打破国有企业垄断，文化创意产业、文化旅游产业规模不断增加，盈利能力不断增强，做大做强成效明显。据统计，2013～2020年，我国文化市场经营机构资产总额增长了 244%，营业收入增长了 6.3倍，利润总额增长了 2 倍以上①。另一方面，鉴于数字技术对文化产业发展的影响，通过知识产权保护政策等法律法规文件，为文化产业、影音产业、博物馆文化创意产业等承载着文化传播和经济发展双重角色的文化创意细分产业领域创造了良好的知识产权保护政策环境。总而言之，文化产业的高质量发展使文化行业的性质定位渐渐发生了改变，从单纯思想和文化资源、辅助性社会资本建设，目前已转变为国家资本和核心战略资源建设必不可缺的部分。

（四）初步形成与文化建设目标相适应的制度机制

如果将协同高效的组织模式、多元资金渠道和日益健全的政策体系类比为文化强国建设中的"三元支柱"，那么与文化建设目标相适应的制度机制则是保障"三元支柱"各司其职、各发其力的顶层安排。党的十八大以来，随着公共文化建设和文化市场的迅速发展，我国的文化制度机制也在不断健全，初步形成了与文化强国建设目标相适应的文化制度设计。

1. 马克思主义为指导的文化根本制度地位稳固

坚持以马克思主义为指导，是当代中国文化区别于其他文化的根本标志；坚持马克思主义在意识形态领域指导地位的根本制度，是我国文化制度机制建设的根基。党的二十大报告提出，"要坚持马克思主义在意识形

---

① 根据《中国文化文物和旅游统计年鉴 2021》数据计算而得。

态领域指导地位的根本制度",表明以马克思主义为指导的文化根本制度已经基本确立。

一方面,党的十八大以来,习近平新时代中国特色社会主义思想日渐成熟,包括历史虚无主义思潮、"普世价值"思潮、新自由主义思潮、"宪政民主"思潮在内的各种错误思潮其政治本质和严重危害得到深入揭示,被错误思潮严重污染的各个文化领域得到明显净化。另一方面,在文化领域错误思潮的挑战时刻存在、挑战不断加剧的当下,以马克思主义为指导的文化根本制度对于如何应对文化建设中意识形态复杂性和艰巨性挑战问题方面发挥着重要的指导作用和纠偏作用。

2. 文化法治制度建设攻坚克难成果显著

文化立法一直是我国文化产业发展的短板,近年来,我国通过文化法治制度建设实现了重大突破,为公共文化建设及文化市场的繁荣发展提供了日渐改善的规范化法治环境。2015 年以来,我国先后在博物馆行业领域、电影行业领域、公共文化服务行业领域推出了《博物馆条例》《中华人民共和国电影产业促进法》《中华人民共和国公共文化服务保障法》,它们分别是保障我国博物馆事业的第一个全国性法规、保护电影文化产业发展的第一部正式法律,以及推进公共文化服务标准化均等化发展、保障人民群众基本文化权益的系统化法律制度保障,让文化立法日渐成为我国文化建设中的重要制度保障。2018 年,中共中央印发《社会主义核心价值观融入法治建设立法修法规划》制定了将社会主义核心价值观全面融入我国法律法规的规划方案,明确了"力争经过 5 年到 10 年时间,推动社会主义核心价值观全面融入中国特色社会主义法律体系"的战略目标及关键任务,由此可以预见以核心价值观融合为主要模式的文化领域立法工作将会日趋完善,对文化建设领域的保障作用发挥将会持续显现。

3. 文化体制机制创新有效促进了文化建设成果普惠

党的十八大以来,文化体制机制领域的改革创新不断推进,围绕习近平总书记在 2013 年 8 月全国宣传思想工作会议上提出的"继续大胆推进改革、推动文化事业全面繁荣和文化产业快速发展、建设社会主义文化强国"的文化体制机制改革路径,近年来不断尝试把握意识形态属性和产业属性、社会效益和经济效益的关系,我国文化体制机制改革以创造社会效益为目标实现了文化建设成果向更广大群体的普惠发展，调动了更多群体参与文化建设的热情。

第一，基层文化建设让更多基层群众共享文化建设成果。长期以来，由于重视程度不够、责任主体不够明确以及主体责任落实不够等原因，我国农村基层和城市社区一直存在着公共文化设施缺乏、资源总量不足、布局不合理等问题。党的十八大以来，各级地方政府带领开展基层文化发展模式创新，根据实际情况创新文化机构的管理与运营机制，通过文化馆所管理与行政部门脱钩、国有文化企业的市场化改革等手段，让市场发挥在资源配置中的决定作用，有效提升了基层文化馆所、国有企业向基层人民群众提供多元化、高质量、复合化需求的文化基础设施、文化产品及服务，各地日渐形成了各具特色的基层文化管理制度，成为确保文化建设成果向基层人民群众普惠的重要保障。

第二，文化市场体制改革激发科技与市场活力，让文化产业蛋糕越做越大、越做越好。党的十八大以来，文化及相关产业增加值的 GDP 贡献率逐年增加，主要得益于市场体制的不断完善，在数字经济蓬勃发展的科技环境下，激发了民营企业、混合所有制企业、人民群众共同参与文化创新创造的活力。一方面，通过建立文化领域的市场化运营机制，以人民为中心、以普通大众为对象的产品及服务创新机制日渐形成，文化消费门槛降低，群众对文化产品的消费热情需求得到满足，一度出现了"国潮热""中国风""东方美"等国家文化产品消费热潮。另一方面，文化市场执法管理机制日渐完善，各地通过创新文化执法机制、知识产权保护机制、文化市场准入与退出机制、文化产业反垄断机制等，为保护文化市场主体的创新成果、维护其合法权益营造越来越公平公开的市场竞争环境①。

二、我国文化发展保障体系建设的关键问题

尽管党的十八大以来我国文化发展保障体系建设取得了瞩目的进展，但在新发展阶段，在数字经济飞速发展、文化全球化的时代背景下，文化

---

① 张永奇：《中国之治的文化根基及其制度伦理建构》，《宁夏社会科学》2020 年第 2 期。

发展保障体系建设还面临许多挑战和短板。为确保对公共文化建设及文化市场建设发挥长效保障作用，以下关键问题仍亟待解决。

（一）文化建设工作的组织协同性有待创新

1. 社会力量参与文化建设仍显不足

在党政协同、社会参与的文化建设组织模式下，尽管各地政府纷纷采取了多元化激励政策鼓励社会力量参与公共文化建设以及文化市场创新与生产，但是由于依然存在传统体制机制难突破、激励不足、人力投入保障等问题，社会力量参与文化建设的协同力仍未得到充分发挥①。在公共文化建设与服务领域，由于公共文化基础设施建设与服务的公共物品属性，缺乏合理的协同运营模式设计将无法对社会力量参与产生持久激励，目前尽管各地政府积极出台了激励社会力量参与文化建设的系列政策，但是也存在对既定激励政策落实不够、政府与社会力量协同建设模式不明等问题，很多地区仍然是以"送文化"的公益文化事业模式开展文化建设，社会力量从"政社联动"中获得经济效益的合作建设运营模式创新难度大，从而难以维系长效文化建设参与动力。

2. 城乡文化建设缺乏组织协同

2021年，文化和旅游部印发《"十四五"公共文化服务体系建设规划》，提出了着力推进城乡公共文化服务一体化和均等化建设的协同行动方案，指明了"十四五"时期着力破除城乡文化建设与服务差距的文化协同建设方向，也从侧面指出了我国文化建设中缺乏城乡组织协同的现状。

从历史因素来看，我国农村文化建设长期滞后于城市，城乡之间的文化建设失衡仍需要在中长期的时间维度上加以协同解决。由于城乡二元结构的存在，城市与农村的经济社会发展存在长期差距，农村的文化基础设施建设严重不足，特别是文化产品的供给大大滞后于城市，使得农村文化体系不断被边缘化，这种二元矛盾的解决需要在较长的时间维度上进行协同规划、组织与推进才能有所突破。从现实因素来看，政府在文化建设上的协同管理模式创新不足，导致文化发展成果在城乡之间的普惠程度有所

---

① 王子舟：《社会力量参与公共文化服务体系建设是文化发展的理性选择》，《图书馆杂志》2015年第11期。

不同。一方面，以政府为主导的文化建设推动模式在乡村及城市基层文化的发展驱动力不足，政府与社会力量的协同行动模式单一且不具有可持续性。另一方面，城乡文化缺乏互动，城市文化资源难以流通到农村文化市场，农村的文化资源向城市文化市场的流动也存在门槛，城乡文化市场的二元割裂又进一步加剧了政府进行城乡文化协同建设的难度，陷入城乡文化二元矛盾难以弥合的困境。

（二）文化建设资金投入效率有待提升

尽管文化建设的财政投入资金总量规模不断增加，文化产业发展日益繁荣并发挥了对文化强国的驱动作用，但我国文化建设的资金保障体系仍存在如下不足：

1. 资金投入结构有待优化

尽管党的十八大以来我国文化建设的财政支出规模增幅显著，文化基础设施建设、公共文化服务提升显而易见，但在很多领域仍然存在资金投入短板、资金利用率低的问题。

第一，在很多文化建设的关键领域存在资金投入短板。一方面，由于我国文化建设财政投资的地区性差异，东部地区与中西部地区在文化建设领域的财政投入存在较大差异且差距日渐拉大，城乡二元矛盾的解决仍面临较大压力，在经济欠发达地区、欠发达的城市基层及乡村，公共文化服务与基础设施建设投入费用不足的情况尤为明显[1]，进一步加大了文化服务与设施供给不足难以满足欠发达地区群众文化产品和服务消费需求的矛盾。另一方面，我国针对文化产业新兴业态的财政投资仍有不足，对于近年来新兴的文化产业新业态，动漫游戏、视频直播、互联网广告服务、数字出版等"互联网+文化"新业态，以及娱乐用智能无人飞行器制造、可穿戴智能文化设备等"数字+文化"新业态，由于产业新、行业企业规模小、创意类产品价值效用评价多元化等特征，其发展亟须财政资金支持和引导，却由于难以满足传统财政文化投资模式的要求，因此难以获得财政资金的直接支持。

---

① 马欢、杨怡倩：《乡村文化建设助力乡村振兴：意义、困境与路径选择》，《经济研究导刊》2022 年第 19 期。

第二，部分领域财政资金投资利用效率低。尤其是基层文化建设存在文化建设投入与实际需求不相符的情况，存在建设资金缺口大但文化基础设施的建设维护不及时、公共文化服务的提供与人民群众的实际需求不相符等情况，很多关键领域、新兴业态、关键群体的文化需求仍然无法得到充分满足，财政资金在文化建设中的利用效率有待进一步优化。例如，全国各地投资兴建了很多文化活动中心，但由于配套文化服务提供不足出现了文化活动中心闲置的情况，其中尤以乡村文化基础设施为突出，很多乡村书屋、村史馆等"不接地气"、无法满足群众的文化需要，导致了资金浪费。

2. 财政投入对社会资本的撬动效果不明显

尽管各地出台了很多政策用于激励社会资本参与公共文化建设和文化市场建设，但由于社会资本参与文化建设的渠道整体通道不畅，政府财政资金在文化建设中仍然发挥着主导作用，对社会资金参与文化建设的引导和撬动效应不足。一方面，在以政府财政投入为主的投资模式下，对资本市场的撬动效果还较为有限，未形成科学的投融资体系、风险保障体系以及文化基础设施合作建设运营模式，导致财政资金的示范效应不强。尽管财政投入的规模连年增加，但是由于无法形成辐射带动力，仍然表现出投入不足、捉襟见肘的情况。另一方面，社会资金参与文化建设的渠道有待拓展，参与模式有待创新。目前，社会资本参与文化建设的方式主要包括参与文化市场的生产与服务创造，或参与公共文化基础设施建设和服务提供，如文化基础设施建设、文旅融合、艺术普及等。但是由于目前社会资本通过文化建设获取盈利的模式缺乏创新，仍然以政府购买产品或服务为主，缺乏其他参与渠道和盈利模式，因此社会资金参与文化建设仍处于既没有动力也没有渠道的情况。

（三）激励型文化建设政策有待加强

在党政协同、社会参与的文化建设组织模式下，我国各地政府纷纷利用多元化政策工具激励社会力量参与公共文化建设，并且通过文化体制机制改革来健全文化市场体系以激发社会资本参与文化创新创造的积极性。

然而，援引学者尚子娟等①对我国 31 个省份公共文化建设领域文化建设保障政策的聚类分析来看，尽管利用基础设施、资金和法律法规的供给和保障型政策为多元主体参与文化建设提供了政策环境优化，但是仍然存在如下政策体系短板：

第一，激励多元主体参与公共文化建设的相关政策工具单一且质量有待提升。通过对出台了鼓励和引导社会力量参与文化建设政策的市级、县级政府部门的政策文件进行文本聚类分析后发现，目前已经出台激励多元主体参与文化建设的相关政策多是通过政府购买服务、公共文化知识传播、资金奖惩、税收减免、简政放权、项目补贴等方式来吸引社会多元主体参与公共文化建设及文化产业项目的建设中。这些政策的针对性较弱，可执行性和可操作性较低，社会力量和社会资金从这些政策中可获得的收益或者较低或者难以评估，激励政策的针对性和可执行可操作性有待进一步提升。

第二，文化产业发展的激励政策对象相对较窄。通过对我国各省、地市和县出台的有关扶持文化产业发展的激励政策进行分析后发现，各地有关文化产业高质量发展的激励政策往往设置一定的条件门槛，对企业规模、成立年限、税收规模等进行限定，而对于能切实带来文化市场繁荣但处于成长初期且规模较小的文化创意产业或文化旅游类企业、数字文化产业等新兴文化业态企业，往往难以被文化建设激励政策所覆盖。

（四）动态环境下文化制度体系面临关键挑战

我们正处于数字技术革命带来的"乌卡时代"②，文化交流空前开放，人民群众对文化的需求日益多元化、动态化，文化建设面临着前所未有的动态环境，对文化制度体系保障的要求日渐提升，已有文化制度体制机制的缺失越来越不足以应对文化数字化时代的挑战。

第一，数字技术变革为国家文化制度体系转型带来新挑战。随着数字

---

① 尚子娟、郑梧桐、任禹崑：《公共文化建设 70 年：从政策工具视角看我国省级公共文化发展》，《文化学刊》2022 年第 1 期。

② "乌卡时代"，即 VUCA 时代，指人们生活在一个充满易变性（Volatile）、不确定性（Uncertain）、复杂性（Complex）和模糊性（Ambiguous）的世界里。

技术革命在经济社会各个领域的深度融合，2022 年 5 月中共中央办公厅、国务院办公厅发布的《关于推进实施国家文化数字化战略的意见》，正式将文化数字化列为文化建设的战略性目标，预期在"十四五"末期基本建成文化数字化基础设施和服务平台，实现文化机构数据中心的布局和文化产业数字化布局。然而，由于我国现有的文化建设制度保障体系难以灵活应对"文化新基建"、数字文化产品及服务、文化产业及市场数字化等新兴公共文化基础设施、新兴文化业态带来的体制机制改变、技术服务标准改变，在数字文化产品生产技术标准及服务标准、数字文化产品及服务知识产权保护、数字文化产品及服务的市场竞争等方面存在制度空白并亟待补充。

第二，政府主导的文化体制机制改革难以应对社会多元力量参与文化建设的局面。随着各地政府在引导社会资本和社会主体参与公共文化建设和文化产业建设方面的政策创新层出不穷，以及文化数字化战略实施过程中新兴文化形态的培育，未来预期将会有越来越多的社会主体参与到公共文化建设中来，也会有越来越多元化的企业参与到文化市场中来。然而，随着文化体制机制改革进入"深水区"，亟待突破瓶颈为多元力量共同参与文化建设提供制度环境[①]。在公共文化建设方面，以政府为主导的公共文化服务机制有待创新突破，政府主导、以政府购买为主要模式的公共文化建设机制的弊端越来越突出，政府作为公共文化基础设施和服务的采购者和协同建设者，由于其文化基础设施的运营管理能力局限，很多文化基础设施的运营存在"不会管、管不好"的问题，不但造成了公共文化资源的浪费，而且无法发挥其文化服务功能。在文化市场建设方面，尽管国有文化企业垄断逐渐被打破，文化市场监督执法等监管体系不断改善，但仍然存在文化市场准入的显性和隐性壁垒，以及平台经济等新兴经济形态下的新型市场垄断。前者表现为网络游戏、文化娱乐等文化产业市场进入壁垒较高；后者表现为新闻出版、广播电视与影视等领域的市场集中度仍然过高，且数字平台企业利用资本力量对部分文化行业领域进行垄断。由此可见，文化市场制度建设越来越难以应对新型垄断、新兴行业壁垒对市场

---

① 乔丽：《扎实推进文化体制机制改革创新》，《改革与开放》2018 年第 1 期。

公平竞争秩序带来的挑战。

三、我国文化发展保障体系建设的未来方向

习近平总书记在党的二十大报告中为我国文化发展保障体系建设指明了重点，也意味着以文化体制改革、文化经济政策、文化资源优化配置为主的文化发展保障体系建设将会持续为国家文化发展保驾护航。因此，结合我国文化保障体系建设的已有成果及问题挑战，沿着党中央对未来文化繁荣发展的保障体系设计，可从组织推进、资金支持、政策环境与制度保障四个角度分别提出我国文化发展保障体系建设的几个发展方向。

（一）重在协同：构建组织有力、多元协同的文化建设生态

在文化建设的组织推进方面，继续坚持党建领导、党政协同、社会参与的组织模式，但应着力提升政府多元协同、城乡协同的组织能力，争取突破协同社会多元力量共同参与文化建设的瓶颈，打破城乡文化"二元割裂"的矛盾，实现"政—社"协同、城乡协同。

1. 提升政府对多元协同的文化建设生态的组织与治理能力

无论是公共市场服务领域，还是文化市场领域，社会力量参与都是未来文化建设模式的发展趋势。政府应当根据不同的文化建设情景需要，组织多元化、相匹配的文化建设生态①，并针对不同的文化建设生态组织模式开展有效治理。

对于"政府+"主导下的社会力量参与文化建设生态，政府要加强对社会力量的组织引导与行为协同，各级政府与文化管理部门应发挥政策引导的杠杆作用，坚持将社会力量作为参与公共文化服务建设的有效载体，实现政府主导、社会参与的文化建设生态。

对于"市场+"主导下的社会力量参与文化建设生态，各地政府可一方面通过政府购买、补贴等方式引导文化企业等社会经济组织经营承办，促进公共文化服务的社会化、市场化；另一方面可通过间接的文化市场引

---

① 王可园：《"政党社会化"内涵的系统建构与实践考察——基于城市社区治理的分析》，《社会科学》2021 年第 12 期。

导干预手段，培育公共文化消费市场，逐渐让市场发挥在文化建设中的资源配置作用。

对于"社会+"主导下的社会力量参与文化建设生态，政府应在实践中探索如何创新"文化联动"模式，将尽可能多的利益相关方引入到公共文化建设和文化市场生产消费中来，探索如何创新"文化自治"模式，引导文化从业者、学者、企业家、艺术家等社会群体开展自主互动，提供文化产品服务，进行文化基础设施建设，形成文化建设的社会主导生态。

2. 以文化数字化为契机探索城乡文化协同发展的实现方式

针对目前文化建设推进过程中出现的城乡文化建设二元矛盾，结合我国"十四五"规划中正在推进的文化数字化战略，数字技术的应用为城乡文化协同提供了契机。一方面，近年来数字化技术的应用极大地开发了乡村文化资源，丰富了乡村文化市场，如通过乡村文化数字云平台、乡村数字档案馆和图书馆等将乡村风貌、非遗、民间技艺等通过移动终端设备、虚拟现实技术等让更多人看到乡村文化；另一方面，数字化技术让文化建设成果更多地共享到乡村，可通过数字博物馆、数字图书馆、数字景区等方式让乡村群众更加便捷地获取城市文化建设成果。在文化建设的组织推进过程中，如何在城乡之间协同组织开展文化数字化建设、同步提升乡村文化数字素养，需要以政府为主导开展协同组织模式探索。

第一，通过数字包容构建城乡共享的新型数字文化基础设施。一方面，协同整合已有的数字文化资源，着力推进文化资源的跨城乡共享，利用文化领域已建或在建数字化工程和数据库，依托现有有线电视网络设施、广电5G网络和互联互通平台等数字文化传播网络，鼓励多元主体、各类文化机构通过已有文化网络传播平台开展文化作品、文化服务共享，通过文化资源的数字化实现城乡文化资源的共享传播。另一方面，随着我国网络可达性在城乡之间基本铺设完成，为利用数字工具消除城乡之间的"文化鸿沟"奠定了基础，政府可兴建新型数字文化基础设施，将文化建设的成果经由数字技术同步向乡村地区进行传播，通过兴建数字图书馆博物馆、数字文化体验中心等，大力发展线上线下一体化、在线在场相结合的数字化文化新体验。

第二，通过乡村文化数字化素养与技能培训，提升乡村群众对文化资源及成果的输出与接收能力。2022 年中央一号文件指出要"加强农民数字素养与技能培训"。通过提升农民利用手机等"新农具"的能力，通过云直播、短视频等数字化手段，让乡村广大农民群众既具备向外界输出乡村旅游、休闲康养、农村电商等农村文化资源的能力，又具备接入城乡文化资源平台消费和享受城市文化发展成果的能力。

（二）补齐短板：精准加强资金支持并优化资金利用效率

以政府投入为主导的文化建设资金保障体系存在投入结构有短板、资金利用率低、财政资金撬动效果不明显等问题，未来应以政府主导、社会参与为核心，强化利用效率补短板，实现政府资金的撬动作用、财政与社会资金的协同利用。

1. 设立专项资金精准补齐短板

财政资金在文化建设中应当发挥引导作用，将财政资金投入到文化建设中的短板区域，通过杠杆效应吸引社会资金投入，以更高效率补齐短板。未来在加强如下几个短板领域财政资金投入的同时，还应该提升政府利用财政资金对社会资金的撬动能力。

第一，"政社协同"推进公共文化基础设施短板建设。对于公共文化基础设施及公共文化服务领域等具有公共物品属性的文化建设关键领域，可通过专项资金引导方式开展精准财政投入与建设，尽快补齐短板，建立完善的公共文化基础设施网络和公共文化服务体系。在公共文化基础设施网络建设方面，通过以政府财政资金为主、社会投资主体联动的方式进行投融资合作，设立专项资金支撑公共文化机构兴建与对公开放、公共文化基础设施整合与跨区域、跨领域联通①；通过文化惠民工程、专项政府购买等方式，推动公共文化基础设施建设的社会参与、社会化发展与专业化运营。在公共文化服务体系建设方面，通过发挥财政资金投入的"风向标"作用，通过专项资金支持公共文化服务和资源向农村地区、城市社区基层、中西部地区倾斜，以缩小城乡之间、区域之间公共文化服务质量的差距，推动公共文化服务的城乡均等化和区域均等化。

---

① 刘红：《乡村振兴背景下农村公共文化服务体系建设研究》，《社会科学战线》2022 年第 3 期。

第二，引导社会资金加强对文化产业新业态的培育。2021年，"互联网+文化"新业态以及"数字+文化"新业态共计16个行业小类累计实现营业收入18204亿元，比上年同期增长32.9%，表现出强势增长态势，但社会金融资本与新业态之间的融合不足，限制了这些能够为人民群众提供更加丰富的文化产品与服务的文化产业企业的发展。以广东省为代表的东部发达省份通过推进文化与金融的深度融合政策，由政府文化产业投资引导基金为先导，投资组建文化产业子基金，吸引各类社会资本投资文化产业效果明显，并逐渐形成了多层次、多渠道、多元化的"政—社"联动的文化产业投融资体系，为我国各地探索政府产业基金与社会资本共同培育文化产业新业态的融合模式提供了借鉴。

2. 提升公共财政支出对社会资金参与文化建设的带动力

第一，推进文化建设投资由政府"直接主导"向"间接引导"转型[1]。尽管公共文化建设与文化市场的繁荣离不开政府财政手段的直接补贴与支持，但考虑过去政府连年增加财政投入却仍然捉襟见肘的困境，如何发挥政府财政投入的辐射作用成为解决问题的关键。这就要求各地政府应当积极探索如何转变政府财政投入在文化建设领域"一手包办"的角色，让社会资本成为文化基础设施投资、建设与运营的主体，让文化事业单位、机构、场馆及文化企业成为公共文化服务的主要生产者与提供者，让社会金融资本成为文化产业企业成长及文化新兴业态培育的主要推动力。

第二，继续拓宽社会资本参与文化建设的多元渠道。其一，可通过开放融资平台建设为社会资金参与文化建设提供渠道，由政府搭建公共文化融资平台、文化产业发展基金，面向国内外资本市场进行融资，为社会资本参与公共文化建设、文化产业发展提供可广泛参与的平台渠道，打造开放型社会化公共文化服务融资平台、文化产业发展基金平台等。融资平台和产业发展基金的设置应当多样化、有层次，可面向广泛的企业、团体及个人，针对文化基础设施、公共文化服务、文化产业等不同文化建设领域的融资需求进行精准对接。其二，完善社会捐赠参与文化建设的渠道设

---

① 王馨、李雪其:《中国共产党百年文化治理及其历史经验》,《边疆经济与文化》2022年第4期。

置，尤其是在公共文化基础设施与服务提供方面，各级政府、文化场馆及基础设施的运营管理者应妥善规划并设置公开、透明的社会捐助渠道，提供针对社会捐助者的各类优惠政策及激励政策，激励企业、团体及个人等社会力量以灵活多样的形式捐赠或赞助公共文化服务事业。

（三）强化激励：优化多元主体参与文化建设的政策体系

在文化建设中，文化基础设施、产品及服务的供给方、消费方和组织管理方通过频繁且形式多样的互动联结，形成了文化发展的生态关系网络。而要想实现国家文化发展，就需要为文化发展生态关系网络的良性发展提供适宜的政策环境。因此，基于未来我国文化建设的社会多元参与生态特征，以及政府在文化建设中由直接主导者向间接引导者进行角色转变的发展趋势，未来文化建设的政策体系也应探索从强调制度供给与投入保障向激励引导转型。

1. 为文化生产创造良好的政策环境

第一，激励依托文化单位和文化企业联合社会力量开展文化创作与表达。通过建设文化创作生产平台、设立文化创意作品征集服务扶持计划，激励和引导文化生产单位及文化企业面向广大社会和市场凝聚文化生产力量，通过调动广大人民群众的文化生产与创造热情，向社会及市场输出更多优秀的文化产品及服务，如高质量的文化作品如文学、艺术、动漫、音乐、体育和游戏等，以及高质量的数字文化产品，如数字游戏、短视频、网络影视及电视作品等，实现文化生产的繁荣与高质量发展。

第二，通过加强版权保护和开发利用，为文化生产者的创意成果提供政策保障。一方面，继续完善知识产权保护政策体系，通过完善著作权登记、集体管理制度，健全版权保护和交易系统，强化版权全链条保护和经营开发，促进展会版权集中交易，为创作者提供良好的知识产权创作与交易环境[①]。另一方面，加强在文化生产特殊领域的知识产权保护，如数字版权保护、传统文化及知识领域的知识产权保护，通过应用数字区块链技术、建立健全版权资产管理与评估体系，防止文化作品及创意被滥用，切

---

① 姚林青：《知识产权保护促进影视文化市场供给侧改革》，《人民论坛》2021 年第 17 期。

实保护文化生产者的创作积极性。

2. 建立文化建设组织者的绩效考核政策体系

各地政府及下属文化场馆等事业单位作为公共文化建设的组织者和管理者，在各地公共文化建设、文化市场及产业的高质量发展过程中依旧扮演着主导角色。由于手握财政决策权和政策制定权，针对政府文化部门及下属单位的绩效考核政策体系的有效性，将直接影响文化建设成果。

第一，通过建立针对文化建设主体的绩效考核体系，对地方政府的文化建设绩效进行长效评估，有助于提升公共文化建设及服务的效能。这一方面需要以政府为主导从社会大众对公共文化服务的需求出发建立令社会大众满意的考核指标体系，确保评价指标是"从民出发""以民定量"；另一方面需要由政府相关机构、社会组织、公众及第三方评估机构等组成的多元主体开展绩效评价，让社会力量的意志和利益充分体现在服务绩效考核之中。

第二，建立针对文化建设主体的惩处问责机制，激励文化建设主管部门接受社会大众监督并不断改进文化建设效率。一方面，确立公众参与为基础的问责主体，推行社会监督，强化监督力度，在社会上下树立"民本思想""有权必有责"的观念；另一方面，开辟以公众需求为导向的问责路径，通过建立健全法律法规，对群众参与问责的程序、路径等进行明确，对问责、究责的内部问责流程进行优化，实现"有责可究、有责必究"，从而激励政府等文化建设主体在文化建设组织过程中进行自我监督和自我纠正。

3. 完善文化消费市场监管政策

公共文化服务和文化市场的发展目标是通过提供丰富的文化基础设施、产品及服务满足社会大众的文化需求。因此，除了激励文化生产者和文化建设的组织者以外，对消费者的文化产品及服务进行消费、对文化基础设施进行高效率的使用，是文化发展的重要判断依据。而文化消费政策能够通过将消费者文化需求转化为文化消费动机、补足文化消费者的资源短板，实现对文化基础设施、产品及服务的消费，在文化生产与消费之间形成高效率互动，促进文化繁荣与发展。

第一，加强市场监督，为文化消费者提供优良的文化消费环境。在文化消费群体迭代与消费需求多样化的背景下，消费者在满足基本需求的基础上对更高品质、更深层次、更广范围的需求逐渐增多，良好的市场监督环境是保障消费者消费权益、维持其消费动机的重要内容①。基于此，应当从文化消费需求的实际出发，制定文化消费法律法规和消费政策，如文化生产和服务标准、文化市场信用监管政策、文化消费者权益保护政策，对扰乱文化市场秩序、侵犯消费者权益的情况进行监管打击。

第二，补给消费者资源，激发文化消费动机。制约消费者需求转化为行为的原因，往往是消费者的资金、休闲时间、知识积累和文化偏好等资源不足。从提高收入总量、增加闲暇时间、提升居民文化素养三个方面制定相应策略，消除文化消费者的后顾之忧，是激发消费动机，促进文化消费的必然选择。具体可通过发放文化消费券等消费补贴政策、打造文化消费空间、完善居民休假安排等政策内容来减少文化消费者享受公共文化服务、购买文化产品及服务的消费约束，实现文化消费与文化生产之间的互动与繁荣。

（四）深化改革：创新市场机制培育文化繁荣持续驱动力

党的二十大报告指出，要坚持把社会效益放在首位、社会效益和经济效益相统一，深化文化体制改革；要实施国家文化数字化战略，健全现代公共文化服务体系。这表明在数字技术革命和文化体制机制改革双重背景下，文化体制机制改革面临着文化数字化战略变革和市场化体制机制改革的挑战；但同样也可以预见未来文化体制机制改革和创新将会持续深化，发挥市场在资源配置中的决定作用将会是未来文化制度改革的目标所指。基于此，未来可从如下几个方面开展文化制度建设，逐渐奠定市场及社会力量在文化建设中的主导地位。

1. 继续加固根本制度在文化建设中的领导作用

以马克思主义为指导的文化根本制度是我国文化制度的根基与灵魂②。随着数字技术对文化发展环境的影响、文化体制机制改革的不断深入，文化发展的外部环境越来越复杂，根本制度在文化建设中的保障作用也变得尤为重要。而要想落实好这一根本制度，首要要求就是推动全党全社会全

---

① 郭力源：《"双重发展"维度中健全人民文化权益保障制度的基本逻辑》，《江西师范大学学报（哲学社会科学版）》2021 年第 2 期。
② 揭锡捷、陈联俊：《中国共产党意识形态文化建设百年实践》，《青海社会科学》2022 年第 2 期。

面贯彻落实习近平新时代中国特色社会主义思想，果断不移用习近平新时代中国特色社会主义思想武装脑筋、指导理论、推动工作，坚持和加强党对宣传思想文化工作的全面领导，把党的领导落实到国家文化治理各领域各方面各环节，是文化发展的根本制度保障。

2. 建立数字文化治理机制应对文化数字化战略变革

党的二十大报告提出"实施国家文化数字化战略"，表明支撑数字文化数字战略落地的数字文化治理机制建设有待进一步深化。其中，文化治理是文化建设参与主体为了共同的文化发展方向而协同行动的行为机制，是协调文化资源配置、实现文化发展的重要保障①。数字文化治理机制则是在文化数字化战略环境下，通过协调数字文化参与主体之间的相互关系、形成行之有效的协同行动以对抗文化数字化带来的风险、推进公共文化及文化产业的持续发展的一系列约束、激励和保障措施体系。根据参与数字文化治理的主体不同，可通过如下机制建设协助推进文化数字化战略变革。

第一，着手建设数字文化制度规范。目前，我国有关公共文化的法律法规制度虽不断完善，但有关数字文化制度的相关法律法规还很缺乏，这也是我国文化数字化过程中出现诸多发展乱象的重要原因。建立与文化数字化发展相适应的标准体系、立法监管体系、内容治理政策机制、组织保障机制等数字文化制度规范，是加速推进文化数字化的首要制度保障。

第二，建立多主体参与的数字文化协同治理机制。由于数字文化发展的核心在于内容创造，内容创造环境的优劣很大程度上影响文化数字化过程的风险及绩效。因此，通过推动建立多主体参与的数字文化规范治理公约、规范，对文化数字化的参与主体及其行为产生共有约束②，将有助于减少文化数字化过程中的一系列风险，如知识产权保护风险、虚假销售风险、恶意炒作风险等。

3. 继续推进文化建设的市场机制建设

鉴于文化市场建设方面仍然存在市场壁垒及垄断等问题，公共文化建

---

① 杨滟、田吉明：《基于科技与人文融合的数字文化治理体系建设研究》，《现代情报》2020 年第 10 期。

② 郑燃、石庆功、唐义：《社会力量参与公共数字文化资源整合制度研究》，《图书馆论坛》2021 年第 8 期。

设领域仍然难以调动多元社会力量的参与积极性，推进建设高标准的文化市场体系仍然是未来文化制度建设的重中之重。

第一，要继续健全文化市场体系基础制度。针对文化市场领域出现的隐性进入和退出壁垒、部分文化市场领域存在的垄断问题，一方面可加强制度规制，通过落实统一的市场准入负面清单制度、市场监管与执法制度，清理破除文化市场准入的隐性壁垒，打破部分文化市场领域存在的垄断现象；另一方面可加强引导文化企业履行社会责任，通过政府牵头、文化产业及行业联盟等行业协会组织等方式，引导文化企业自觉履行其社会责任，将社会效益放在首位，公平参与竞争、抵制垄断，创造健康向上、品质优良、种类丰富、业态多样的文化产品和服务。

第二，要健全文化要素市场运行机制。人才、资本、土地、技术和数据等市场资源是数字时代公共文化领域和文化市场领域发展所必需的关键要素，这些要素市场化流动的关键在于要素市场化交易平台的建设，以及要素交易规则体系的建立。在文化要素市场化交易平台建设方面，以地方政府、产业联盟、有影响力的文化企业为主导，基于闲置空间、文旅资产、文化资源、产业应用人才等资源开展文化交易平台建设，配套创新文化要素市场化交易的融资模式，盘活文化建设要素资源的市场化流动。在文化要素市场化交易规则的建立方面，通过建立健全要素交易的价格机制、产权确权机制、融资融券机制，让文化要素在公平公正的环境中持续有效流动[1]。

作者简介：

肖红军，中国社会科学院工业经济研究所研究员，博士生导师，管理学博士。研究方向为企业社会责任与企业成长、数字治理研究。

---

[1] 刘永佶：《系统研究中国特色社会主义文化建设的力作——〈公共文化服务与文化产业协同发展研究〉简评》，《河北地质大学学报》2020年第2期。

后　记

　　本书是中国社会科学院产业与区域发展智库重点课题"新时代社会主义文化强国建设的主要任务、挑战和方向"的成果，同时也受到中国社会科学院创新工程学术出版资助项目的资助。

　　本书得到了中国社会科学院多个研究所专家学者和部分高校专家的支持。他们的参与确保了本书以跨学科的视角和多专业的知识对新时代新文化进行了多领域、全方位的研究。

　　参与本书编撰的作者主要有（按篇章顺序排序）：

　　季为民，中国社会科学院工业经济研究所副所长、研究员，《中国经营报》社社长、总编辑；

　　樊鹏，中国社会科学院政治学研究所研究员；

　　龚云，中国社会科学院金融研究所党委书记、副所长、研究员；

　　连俊华，中国社会科学院马克思主义研究院助理研究员；

　　常晨，中国社会科学院习近平新时代中国特色社会主义思想研究中心助理研究员；

　　解扬，中国社会科学院古代史研究所明史研究室主任、研究员；

　　李涛，中国社会科学院哲学研究所马克思主义哲学史研究室副研究员；

　　向芬，中国社会科学院新闻与传播研究所马克思主义新闻学研究室主任、研究员；

　　刘瑞生，中国社会科学院新闻与传播研究所科研处处长、副研究员，《新闻与传播研究》副主编；

　　徐刚，中国社会科学院文学研究所副研究员；

左灿，中国社会科学院新闻与传播研究所助理研究员；

曾昕，中国社会科学院新闻与传播研究所助理研究员；

沙垚，中国社会科学院新闻与传播研究所新闻传播与中国式现代化研究室主任、副研究员；

叶俊，中国社会科学院新闻与传播研究所马克思主义新闻学研究室副主任、副研究员；

王锋，中国社会科学院民族学与人类学研究所副所长、研究员；

李霞，中国社会科学院法学研究所宪法与行政法研究室主任、研究员；

徐玖玖，中国社会科学院法学研究所网络与信息法研究室助理研究员；

周鸿雁，湖北大学公共管理学院教授；

孙若晨，湖北大学公共管理学院公共管理专业 2021 级硕士研究生；

邓洲，中国社会科学院工业经济研究所工业发展研究室主任、副研究员；

吴海军，中国社会科学院工业经济研究所助理研究员；

金准，中国社会科学院财经战略研究院副研究员；

叶振宇，中国社会科学院工业经济研究所区域经济室主任、研究员；

张毓强，中国传媒大学教授，中国传媒大学出版社社长；

李晓华，中国社会科学院工业经济研究所国际产业研究室主任、研究员；

高中华，中国社会科学院工业经济研究所研究员；

肖红军，中国社会科学院工业经济研究所研究员。

在本书出版之际，向这些积极参与撰稿的作者表示诚挚谢意。同时，向推动本书出版的经济管理出版社和本书编辑胡茜、杜羽茜表示感谢。